Oldenbourgs Lehr- und Handbücher der Wirtschafts- und Sozialwissenschaften

Input-Output-Rechnung:
Input-Output-Tabellen

Einführung

Von
Dr. Hans-Werner Holub
o. Univ.-Professor
an der Universität Innsbruck
und
Dr. Hermann Schnabl
Professor an der Universität (TH)
Stuttgart

Dritte, unveränderte Auflage

R. Oldenbourg Verlag München Wien

Die Deutsche Bibliothek – CIP-Einheitsaufnahme

Holub, Hans-Werner:
Input-Output-Rechnung: Input-Output-Tabellen : Einführung / von Hans-Werner Holub und Hermann Schnabl. – 3., unveränd. Aufl. – München ; Wien : Oldenbourg, 1994
(Oldenbourgs Lehr- und Handbücher der Wirtschafts- und Sozialwissenschaften)
ISBN 3-486-22127-2

NE: Schnabl, Hermann:

Gesamtherstellung: Passavia, Passau

ISBN 3-486-22127-2

Inhaltsverzeichnis

Vorwort zur 3. Auflage

Aufgrund der unverändert großen Nachfrage erscheint diese Auflage geradezu unverändert.

Vorwort zur 2. Auflage

Die vorliegende zweite Auflage enthält im Tabellenteil anstelle der Tabelle des Statistischen Bundesamtes für das Jahr 1975 die zur Zeit neueste verfügbare Tabelle des Statistischen Bundesamtes für das Jahr 1980, Version B.

Für die Bundesrepublik Deutschland liegen damit zum jetzigen Zeitpunkt (September 1984) offizielle Input-Output-Tabellen für die Jahre 1965, 1970, 1974, 1975, 1978 und 1980 vor, sowie die damit kompatibel gemachten Tabellen des Ifo-Institutes der Jahre 1962 und 1964.

Sowohl bei der 1978er als auch bei der 1980er Tabelle des Statistischen Bundesamtes wurde im Gegensatz zu den früheren Tabellen beim Nachweis der Umsatz-(Mehrwert-) steuer vom Bruttosystem auf das Nettosystem übergegangen (Siehe S. 89 in diesem Buch). Im Nettosystem werden im ersten und zweiten Quadranten der IOT die nach Gütergruppen gegliederten Angaben, sowie im dritten Quadranten die Produktionssteuern, Wertschöpfung, Produktionswerte und die Einfuhr gleichartiger Güter grundsätzlich ohne jede Umsatzsteuer (d.h. Mehwertsteuer und Einfuhrumsatzsteuer) dargestellt.

Diese Entscheidung führt im Vergleich zur Verbuchung der Umsatzsteuer nach dem Bruttosystem zu einer Reihe von Unterschieden, die in der Fachserie 18: Volkswirtschaftliche Gesamtrechnungen, Reihe 2: Input-Output-Tabellen 1978, des Statistischen Bundesamtes auf den Seiten 19 ff. ausführlich erläutert werden. Insbesondere stellt sich dadurch der rechnerische Zusammenhang zwischen den drei Preiskonzepten (siehe S. 88 dieses Buches) wie folgt dar:

Güter aus inländischer Produktion

Herstellungspreis
+ Produktionssteuern (ohne Umsatzsteuer)
− Subventionen

Ab-Werk-Preis (ohne Umsatzsteuer)
+ inländische Transportkosten
+ inländische Handelsspannen
+ nichtabzugsfähige Umsatzsteuer

Käuferpreis (= Anschaffungspreis einschließlich nichtabzugsfähiger Umsatzsteuer)

Analoges gilt für die Güter aus der Einfuhr.

Eine zweite Änderung gegenüber den früheren IOTs betrifft die Gliederung der Produktionsbereiche, der die „Systematik der Produktionsbereiche in Input-Output-Rechnungen (SIO)" zugrundeliegt. Hier ergaben sich größere systematische Änderungen gegenüber der IOT 1975 vor allem durch die Anpassung an die „Systematik der Wirtschaftszweige (SYPRO)". Ferner wurde die Gliederung der Bereiche der IOT noch stärker der Bereichsgliederung in der Sozialproduktsrechnung angepaßt.

Somit sind die offiziellen IOTs für die Jahre 1978 und 1980 mit denen der früheren Jahre nicht voll vergleichbar. Die grundsätzlichen Ausführungen zu IOTs im vorliegenden Lehrbuch erfahren dadurch allerdings keine Änderungen.

Hingewiesen werden soll schließlich auch auf das in den letzten Jahren von den statistischen Ämtern verstärkt eingesetzte Make- und Absorptionskonzept der SNA 1968 (Siehe S. 37ff. dieses Buches). Hier wollten die Autoren die noch im Fluß befindliche Entwicklung, insbesondere die Erfahrungen bei der Erstellung großer Tabellen, abwarten, ehe sie in dem vorliegenden Lehrbuch konkrete Beurteilungen abgeben.

H.W. Holub H. Schnabl

Aus dem Vorwort zur 1. Auflage

Die Input-Output-Rechnung (IOR) ist ein Gebiet, das sich in den letzten zwei Jahrzehnten stürmisch entwickelt hat. Dies gilt sowohl für die Versuche der theoretischen Grundlegung als auch der empirischen Anwendung. Es versteht sich von selbst, daß in einem sich so schnell entwickelnden Bereich die Obsoleszenzrate höher liegt als in etablierten Gebieten, in denen vornehmlich Randgebiete diskutiert werden. Die Dynamik dieser Situation verhindert oder verzögert deshalb üblicherweise die Entstehung entsprechender Lehrbücher, die auf dem „gesicherten Wissensbestand" einer Disziplin aufbauen sollten. Trotzdem schien es dringend geboten, gerade wegen dieser Dynamik dem interessierten Praktiker sowie dem Studenten einen Leitfaden in die Hand zu geben, der ihn befähigen soll, diese Entwicklung nachzuvollziehen und zu verstehen. Nicht zuletzt kann der Versuch, die Ergebnisse der IOR zu systematisieren, auch Anstoß für neue Denkrichtungen sein.

Das vorliegende Lehrbuch beginnt bewußt mit der Analyse einfach gehaltener Kreislaufzusammenhänge und versucht von dort aus schrittweise in die schwierigeren Bereiche der IOR, d.h. die Problematik der Tabellenerstellung sowie der Analyse der Tabellen vorzudringen. Wir haben uns dabei bemüht, nicht zu viele Fachausdrücke zu verwenden und unverzichtbare Fachwörter möglichst einfach im Text zu erklären. Zum Auffinden bereits definierter Begriffe kann das Register herangezogen werden.

Bei der Abfassung dieses Lehrbuchs waren die Autoren naturgemäß auf die Mithilfe und Kritik der Fachleute angewiesen. Diese Hilfe ist uns in unerwartet großem Ausmaß zuteil geworden, dementsprechend ist auch unsere Dankesschuld.

1. Kapitel: Einleitung

1.1 Der Ausgangspunkt: das Kreislaufdenken

1.1.1 Das Kreislaufdenken als Ordnungsvorstellung

Einer der ersten Eindrücke, die ein Student der Volkswirtschaftslehre von seinem zukünftigen Untersuchungsgebiet bekommt, ist die **ungeheure Zahl und Komplexität der gegenseitigen Abhängigkeiten** in einer modernen Volkswirtschaft.

So berührt etwa ein wirtschaftspolitischer Eingriff des Staates, z.B. eine Erhöhung der staatlichen Ausgaben für den Straßenbau, nicht nur die Summe der Staatsausgaben und damit den Saldo des staatlichen Budgets. Es sind grundsätzlich im weiteren betroffen: die Unternehmen und die Haushalte, die daraus Gewinn und Lohneinkünfte beziehen, somit die Einkommensverteilung, die Ausgaben dieser privaten Sektoren, der Umfang der anderen staatlichen Ausgaben, die eventuell eingeschränkt werden müssen, die Einkünfte des Staates aus der gesteigerten privaten Aktivität, das relative Gewicht der Branchen zueinander, die Höhe der Arbeitslosigkeit mit ihren Folgen bezüglich der Höhe der staatlichen Transfers, die Produktivitäten, die Preisstruktur, das Preisniveau bis hin zu internationalen Rückwirkungen. Mit dieser Aufzählung ist nur ein Teil der möglichen Auswirkungen *einer* wirtschaftspolitischen Maßnahme genannt. Berücksichtigt man, daß es noch weitere derartige Auswirkungen gibt und daß diese Auswirkungen wiederum aufeinander einwirken und sich vielfältig überlagern, dann bekommt man einen ersten Eindruck von der Vielschichtigkeit der wirtschaftlichen Zusammenhänge. Der ausgebildete Volkswirt steht nun vor der Aufgabe, dieses den Anfänger überwältigende Chaos zu ordnen. Anders ausgedrückt, er muß die für seine jeweilige Fragestellung wesentlichen Teile herauslösen, um zu verwertbaren Stellungnahmen zu gelangen und oft auch, wie in unserem Beispiel, mögliche Rückwirkungen einer wirtschaftspolitischen Maßnahme auf den wirtschaftspolitisch Handelnden selbst einkalkulieren.

Das Denkschema, mit dem er diese Ordnung herstellen und die vielfältigen Zusammenhänge in den Griff zu bekommen versucht, ist das **Kreislaufdenken.** Wir veranschaulichen das dahinterstehende Konzept zunächst an einem einfachen Beispiel.

Der Angestellte A arbeitet beim Unternehmen U und erhält dafür monatlich DM 1800,–. Er verwendet davon im Monat DM 800,– für Konsumgüterkäufe bei anderen Unternehmen. Fassen wir die Unternehmen alle in einem einzigen Unternehmenssektor zusammen, dann können wir diese Vorgänge durch das folgende kleine Bild illustrieren:

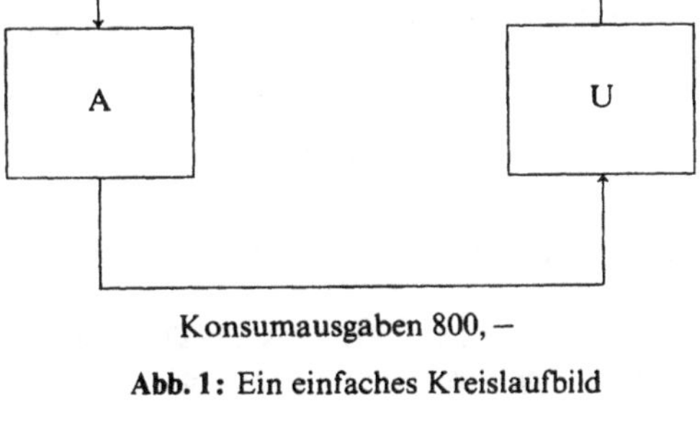

Abb. 1: Ein einfaches Kreislaufbild

Bei den dargestellten Pfeilen handelt es sich um **Ströme,** wobei durch die Spitze des Pfeiles die **Richtung des Stromes** eindeutig festgelegt ist. Die Bezeichnung „Strom" deutet bereits an, daß hier eine zeitliche Abhängigkeit vorliegt: Je länger der Strom fließt, desto mehr Einheiten fließen am Betrachter vorbei. In unserem Beispiel: bei einem Betrachtungszeitraum von einem Jahr beträgt das Einkommen von A DM 21600,–, in einem Tag beträgt sein Einkommen DM 60,–.

Es ist also wichtig, bei der Beurteilung von Strömen stets die Zeitspanne anzugeben, innerhalb derer der Strom fließen soll. Anders ausgedrückt: **Stromgrößen haben die Dimension „Einheit pro Zeit".**

Im Gegensatz dazu werden **Bestandsgrößen** zu einem Zeitpunkt, dem „Stichtag", erhoben. Diese Zeitpunktbetrachtung führt dazu, daß eine Bestandsgröße, wie etwa die Forderungen von A, **die Dimension „Einheiten am Stichtag"** hat.

Betrachtet man die Differenz zweier Bestände an verschiedenen Stichtagen:

Anfangsbestand (1.1.) – Endbestand (31.12.),

so ergeben sich die **Bestandsänderungen,** die eine **Variante von Stromgrößen,** hier für den Zeitraum ein Jahr definiert, darstellen. Daneben gibt es **reine Stromgrößen,** wie etwa den Wert an Dienstleistungen in einer Periode. Sie lassen sich auf keine Differenz von Beständen zurückführen, da Dienstleistungen im Augenblick ihrer Erstellung untergehen und somit kein Bestand definiert werden kann.

Doch kehren wir zu unseren Stromgrößen, seien es nun Bestandsveränderungsgrößen oder reine Stromgrößen, zurück. Wir können kurz zusammenfassen: **Ströme haben eine Richtung, sie sind auf einen bestimmten Zeitraum bezogen** und sie haben, jedenfalls bei quantitativer Betrachtung, auch eine Strombreite, d.h. **dem Strom kann ein bestimmter Zahlenwert zugeordnet werden.**

Die beiden Sektoren, die in Abb. 1 auftreten, sind zum einen ein Individuum, nämlich der Angestellte A, und zum anderen eine Gruppe von Unternehmen: U. Ein Pol kann aber nicht nur ein einzelnes Wirtschaftssubjekt oder einen Industriezweig repräsentieren, es kann sich auch um ein geographisch begrenztes Gebiet, einen Staat, ja sogar um eine abstrakte „Funktion" wie etwa die Vermögensbildung, handeln.

Diese **Sektorenbildung** erfolgt, weil Sozialwissenschaftler und Politiker für ihre Zwecke Aussagen über Zusammenhänge zwischen überschaubaren Gruppen des Wirtschaftslebens benötigen. Man faßt in der Regel die Vielzahl von einzelnen Wirtschaftseinheiten oder ökonomischen Handlungen deshalb zu einheitlichen, möglichst gleichartigen (homogenen) Sektoren oder Strömen zusammen und nennt diesen Vorgang dann **Aggregation.** Daß eine solche Aggregation nicht unproblematisch ist, weil dabei u.a. Informationen verloren gehen, wird uns später noch ausführlich beschäftigen.

Alle diese Blöcke, von denen aus Ströme fließen und in die Ströme münden, nennt man **„Sektoren"** oder **„Pole".** Die zweite Bezeichnung verrät die enge Beziehung des Schaubildes zur Elektrotechnik und tatsächlich hat man ökonomische Schemata auch in Analogie zu elektrotechnischen Blockschaltbildern mit Widerständen, Transistoren usw. dargestellt.

Wir gehen diesem Gedanken hier aber nicht weiter nach, sondern liefern nun eine **erste Definition eines „Wirtschaftskreislaufes"** (im folgenden kurz „Kreislauf" genannt):

Ein Kreislauf ist ein geordnetes System von Polen, zwischen denen Ströme derart fließen, daß

(a) von jedem beteiligten Sektor mindestens ein Strom wegfließt **und** zu jedem beteiligten Sektor mindestens ein Strom hinfließt (Input- und Outputeinbindung des Sektors),

(b) alle Sektoren **direkt** (über *einen* Strom) oder **indirekt** (über *mehrere* Ströme) miteinander verbunden sind (indekomposibles, d.h. nicht zerlegbares System).

Schauen wir uns die einzelnen Teile dieser Definition etwas genauer an. Das *geordnete System von Polen* bedeutet, daß es sich um wohlunterscheidbare Sektoren handeln muß, die in eine für die Zwecke der Darstellung geeignete Anordnung gebracht werden können. Es sei bereits hier angemerkt, daß die Konstruktion unterscheidbarer Sektoren in der Praxis oft unangenehme Abgrenzungsprobleme aufwirft.

Bedingung (a) soll ausschließen, daß ein Sektor lediglich *Ströme abgibt* **(Quelle)** oder lediglich *Ströme aufnimmt* **(Mündung).**

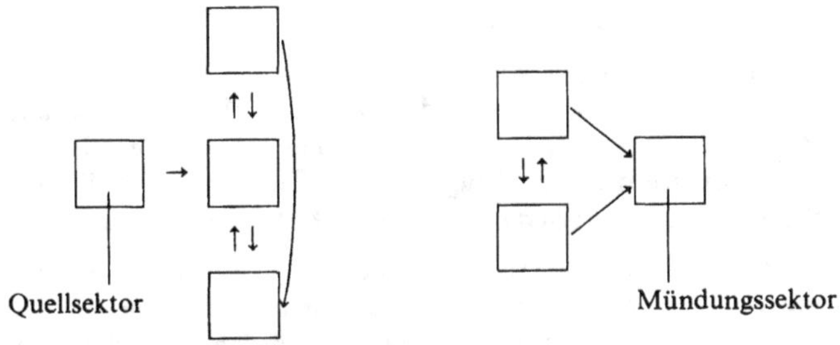

Abb. 2: Quell- und Mündungssektor

Der Grund für diese strengere Kreislaufdefinition liegt in dem anfangs aufgeführten Allzusammenhang ökonomischer Größen, d.h. in der Idee, daß alle ökonomischen Sektoren wechselseitig miteinander verknüpft sind. Bei bestimmten Fragestellungen, wie etwa der qualitativen Input-Output-Analyse oder der Triangulation (siehe Abschnitte 9.3 und 9.4), geht man allerdings von dieser strengen Definition ab und begnügt sich mit der **schwächeren Formulierung:** Ein Kreislauf ist ein nicht zerlegbares, geordnetes System von Polen, zwischen denen Ströme derart fließen, daß von jedem beteiligten Sektor mindestens ein Strom wegfließt **und/oder** zu jedem beteiligten Sektor mindestens ein Strom hinfließt.

Die Kreislaufidee liefert also zusammenfassend eine **Ordnungsvorstellung,** die es ermöglichen soll, die vielen vom Ökonomen als relevant erachteten Vorgänge der Realität in einen geordneten, überschaubaren Zusammenhang zu bringen, ohne daß dadurch die unbestreitbare Tatsache der gegenseitigen Abhängigkeit der betrachteten Sektoren verlorengeht.

Diese „Ordnungsleistung" der Kreislaufvorstellung kann kaum überschätzt werden. Bevor man Theorien aufstellt, benötigt man Begriffe und Schemata, in die man die theoretischen Zusammenhänge einbetten kann. Dies darf nun allerdings nicht als ein striktes zeitliches Nacheinander von Kreislaufschema und Theoriebildung mißverstanden werden. **Theorie und Kreislaufschema beeinflussen sich vielmehr in den meisten Fällen wechselseitig.** Diese auch für die Input-Output-Rechnung wichtige Feststellung soll im folgenden kurz anhand eines historischen Kreislaufschemas illustriert werden.

1.1.2 Ein historisches Beispiel: das Kreislaufschema von F. Quesnay

Unser Beispiel stammt aus dem 18. Jhd., genauer aus dem Jahre 1758. Der Autor, *Francois Quesnay* (1694–1774), Leibarzt Ludwig XV., war Haupt der sogenannten **Physiokraten,** einer naturrechtlich orientierten Gruppe von Philosophen und Ökonomen. Nach Auffassung der Physiokraten konnte ein **Reinertrag nur in der landwirtschaftlichen Produktion** erzeugt werden, denn nur der Ackerbau sei im Stande, in der Produktion einen Überschuß über die Kosten zu erwirtschaften. Die übrigen Sektoren, wie etwa Handwerk, Gewerbe und Handel sind „unproduktiv“, d.h. sie tragen nach Ansicht der Physiokraten nichts zum Nettoprodukt bei (Quesnay 1758).

Dieser sozialphilosophische Hintergrund führt bei *Quesnay* zu den drei folgenden aktiven Sektoren (ein 4. Sektor, die besitzlose Bevölkerung, wird als rein konsumtiver Sektor von *Quesnay* zwar erwähnt, aber nicht in das Kreislaufschema aufgenommen):

CLASSE PRODUCTIVE, der produktive Sektor, d.h. die Landwirte
CLASSE STERILE, der Sektor der Händler und Manufakturisten,
CLASSE DES PROPRIETAIRES, der Sektor der Grundeigentümer, das sind der Adel, die Geistlichkeit und schließlich der König.

Man sieht bereits aus der ersten Auflistung, daß sich die drei Sektoren eng an das theoretische Konzept der Physiokraten anlehnen: der *Produktive Sektor* als der einzig Werterzeugende, die *Besitzende Klasse*, der die Pacht an den Erträgen des Bodens zusteht (*Quesnay* war zu sehr Höfling, um dies je in Frage zu stellen), und die *Sterile Klasse*, die durch eine nur stoffumwandelnde bzw. ortsverändernde Tätigkeit gekennzeichnet ist.

Dem Kreislaufschema *Quesnays*, dem sogenannten **„Tableau économique,“** liegt die Annahme zugrunde, daß der *Produktive Sektor* pro Jahr Nahrungsmittel und Rohstoffe im Wert von 5 Milliarden Livres erzeugt. Davon sind 2 Milliarden Überschuß, der als Pacht an die *Besitzende Klasse* abgeführt wird. Die Hälfte dieser Summe kehrt bei Käufen von Nahrungsmitteln durch die Grundherren zum Produktiven Sektor zurück. Die andere Hälfte wird zu Käufen bei Handel und Gewerbe verwandt. Da die Angehörigen der *Sterilen Klasse* jedoch nur die Fähigkeit zur B- und Verarbeitung haben, müssen sie, was an die Besitzenden verkauft wird, vorher in Form von Rohstoffen bei den Urproduzenten erworben haben. Da die Urproduzenten selbst für eine Milliarde die Dienste von Handel und Gewerbe in Anspruch nehmen, müssen auch in dieser Höhe Rohstoffe angeschafft werden. Insgesamt betragen die Käufe der *Sterilen Klasse* bei den Urproduzenten also 2 Milliarden. Die verbleibenden Erzeugnisse des Produktiven Sektors im Wert von 2 Milliarden Livres werden für eigene Zwecke (für Eigenverbrauch, als Saatgut, Dünger und Futtermittel) benötigt.

In unserer Darstellungsweise ergibt dies das folgende Schaubild:

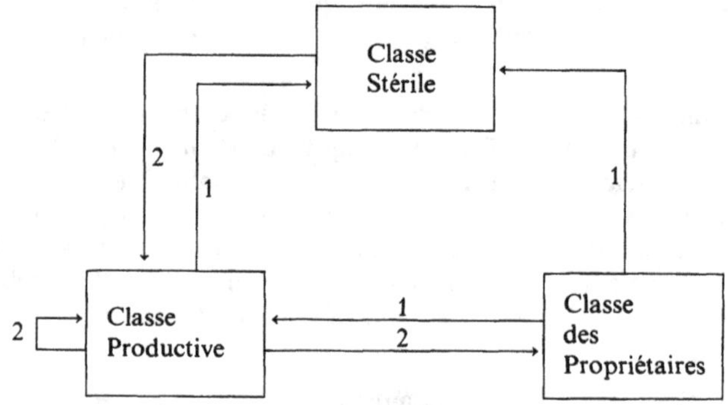

Abb. 3: Das Kreislaufschema von *F. Quesnay*

Die Sektoreneinteilung und die eingezeichneten Ströme können unseres Erachtens durchaus als repräsentativ für das agrarische Frankreich um 1750 gelten. Dabei sei noch angemerkt, daß es sich hier um eine vereinfachte Lehrbuchdarstellung des *Quesnay*schen Kreislaufes handelt, die *Quesnays* tatsächlicher wissenschaftlicher Leistung nur ungenügend gerecht wird (zum Originalschema Quesnays siehe Kap. 3).

So überlegte er unter anderem, welche Klasse den Kreislauf in Gang setzt (bei ihm die *Besitzende Klasse*), wie ein unterschiedliches Ausgabenverhalten der *Besitzenden Klasse* die anderen Kreislaufströme ändert, und versuchte, die Ströme auch zahlenmäßig zu schätzen.

Wir brechen hier die Schilderung des Kreislaufes von *Quesnay* ab, die nur zeigen sollte, wie sich Theorie und Kreislaufschema gegenseitig beeinflussen. Als Warnung läßt sich hieraus für die Beurteilung moderner Kreisläufe folgern:

Es gibt kein sogenanntes wahres Kreislaufschema. Die Kreislauftheorie stellt vielmehr ein Gerüst dar, das je nach Fragestellung, politischen und philosophischen Vorstellungen, sowie gesellschaftlichen Gegebenheiten mit ganz unterschiedlichen Sektoren und Strömen ausgestattet werden kann.

Auch das uns selbstverständlich gewordene moderne Kreislaufschema der Volkswirtschaftlichen Gesamtrechnung muß unter diesem Aspekt als eine mögliche Ausprägung der Kreislaufidee und nicht als etwas Naturgegebenes gesehen werden. Zwar werden die augenblicklich geübten Konventionen wie z.B. die Sektorengliederung: Unternehmen, Staat, Haushalte, in den Lehrbüchern in aller Regel in einer Form präsentiert, als wären sie der einzig mögliche, ja gleichsam natürliche Weg, die in einer Periode abgelaufenen gesamtwirtschaftlichen Vorgänge abzubilden. Daß dies nicht der Fall ist, hoffen wir mit den vorstehenden Bemerkungen gezeigt zu haben.

Man kann die bisherigen Ergebnisse auch noch nach einer anderen Seite hin interpretieren: **Die Kreislaufbetrachtung ist, was die Wahl der Sektoren und Ströme angeht, eine sehr flexible Methode.** Sie reicht von den konventionellen ökonomischen Kreislaufsystemen bis hin zu ökologischen Kreisläufen und ist keinesfalls darauf angewiesen, nur Ströme zuzulassen, die in Geldbeträgen ausdrückbar sind.

1.1.3 Reale und monetäre Kreisläufe

In der Regel werden bei ökonomischen Kreisläufen **monetäre und reale Ströme** unterschieden. Nehmen wir dazu nochmals das einfache Beispiel der Abb. 1, das unter Berücksichtigung der realen Ströme folgendermaßen aussieht:

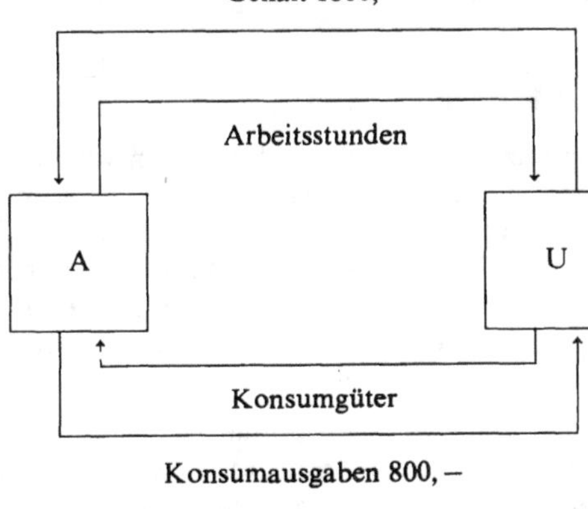

Abb. 4: Reale und monetäre Ströme

Zunächst stellen wir fest, daß **die realen und monetären Ströme einander entgegengesetzt verlaufen.** Während wir aber die monetären Ströme, die nicht mit „Bargeldströmen" gleichgesetzt werden dürfen, jedenfalls gedanklich leicht aus der Multiplikation von Mengen und Preisen bilden können, tun wir uns bei der Interpretation der realen Ströme wesentlich schwerer. Was bedeutet z. B. der reale Strom „Konsumgüter", der den Konsumausgaben des A in Höhe von 800,– Geldeinheiten (GE) entgegensteht? In der Praxis sind dies z. B. 8 Pfund Fleisch, 12 Pfund Obst, 1 Hemd, 1 Elektrorasierer etc. Es ist einsichtig, daß wir eine einfache Addition der angegebenen Mengen nur durchführen können, wenn es sich um ein gleichartiges (homogenes) Gut handelt, denn die sich aus 8 Pfund Fleisch und 1 Hemd ergebende Summe von 9 „Mengeneinheiten" läßt sich so nicht vernünftig interpretieren.

Echte Mengenangaben haben also nur einen Sinn, wenn es sich jeweils um homogene Güter handelt. Da sich die meisten Ströme in der ökonomischen Kreislaufanalyse, wie etwa die Konsumausgaben, aber aus verschiedenartigen *(heterogenen) Gütern* zusammensetzen, braucht man, um sie zu einem einzigen Strom zusammenfassen zu können, **ein Gewichtungssystem,** das die verschiedenen Mengenangaben in eine addierbare Maßeinheit übersetzt und gleichzeitig noch die verschieden große Bedeutung für den Gesamtstrom ausweist. In der Regel besteht dieses „*Wägungsschema*" aus Güterpreisen.

Was unterscheidet dann die monetären Ströme eines Kreislaufschemas noch von den gegenläufigen realen Strömen? Beide Typen von Strömen werden in der Regel in Geldeinheiten ausgedrückt. Während aber die **monetären Ströme einen wertmäßigen Anspruch darstellen,** d.h. **eine Forderung,** wie sie z. B. als Bargeld, in verbriefter Form (Wechsel, Pfandbrief, Hypothek) oder auch unverbrieft (Lieferantenkredit) auftritt, versinnbildlichen **die realen Ströme ein „Gegengut",** d.h. eine Ware oder eine Dienstleistung.

Hier kommen wir allerdings u. U. in Schwierigkeiten. Es scheint naheliegend, daß zunächst das Gut gegeben ist, und dann der monetäre Gegenstrom ermittelt werden muß. In der Kreislaufanalyse ist es jedoch gerade umgekehrt: Für einige wohldefinierte Monetärströme fehlt ein plausibles Gegengut, z. B. bei Steuern oder beim Sparen. Auf diese Problematik wird später bei der Input-Output-Rechnung noch genauer eingegangen. Auf einen parallel zur obigen Auffassung des Begriffs „real" in der Literatur üblichen Gebrauch dieses Wortes sei jedoch schon hier verwiesen: Auch für deflationierte, d.h. um Preisniveauveränderungen bereinigte Wertgrößen wird häufig der Begriff „real" verwandt. Doch bedeutet er hier klar etwas anderes. Der Leser sei also gewarnt: der Zusammenhang, in dem der Begriff „real" auftaucht, darf nicht vernachlässigt werden. Wir werden in diesem Buch, soweit nötig, auf die jeweils zutreffende Bedeutung verweisen.

1.1.4 Die Darstellungsformen der Kreislaufschemata

Wir haben die Kreislaufschemata bisher ausschließlich in Form von Schaubildern dargestellt. Diese sogenannte **graphische Darstellung** stellt die Pole als Kreise oder Rechtecke, die Ströme als Pfeile dar. Diese Art der Darstellung hat den Vorzug, daß sie anschaulich ist. Sie wird dementsprechend vor allem für didaktische Zwecke gerne eingesetzt. Außerdem erlaubt sie die Ausweitung zu Blockschaltbildern, bei denen die Steuerung der Ströme aufgezeigt wird, Informationsströme gegen Güterströme abgesetzt werden können und das Instrumentarium der Graphentheorie einsetzbar ist.

Zumindest die didaktische Zielsetzung wird aber bei mehr als 6 Sektoren durch die zunehmende Zahl der Ströme und die damit einhergehende Unübersichtlichkeit der Darstellung rasch problematisch, gilt doch der Satz: „In einem Kreislaufschema mit n Polen sind, die In-sich-Ströme eingerechnet, n^2 verschiedene Ströme *möglich.*" Für die angegebenen 6 Sektoren bedeutet dies die Möglichkeit von immerhin bereits 36 Strömen, ohne daß dabei eine weitere Aufspaltung einzelner Ströme eingerechnet ist. Auf Grund des Quadrates in der Formel wird die Anzahl der möglichen Ströme mit zunehmender Zahl der Sektoren sehr rasch größer, sodaß die Schemata dann tatsächlich unübersichtlich werden. Hinzu kommt, daß die quantitative Höhe der Ströme nur durch eine unterschiedliche Strombreite dargestellt werden kann, die keine weitere rechnerische Umformung bzw. Weiterverarbeitung der in ihr enthaltenen quantitativen Information mehr erlaubt.

Vor allem die letztere Unzulänglichkeit hat dazu geführt, daß man sich um weitere Darstellungsformen von Kreisläufen bemüht hat. Grundsätzlich kann man die folgenden vier Darstellungsformen unterscheiden:

- **Die graphische Darstellung;**
- **Die Darstellung in Konten;**
- **Die algebraische Formulierung;**
- **Die Darstellung in Matrix-Form.**

Bei der Darstellung in Konten teilen wir einfach jeden Sektor in eine Zufluß- und eine Abflußseite:

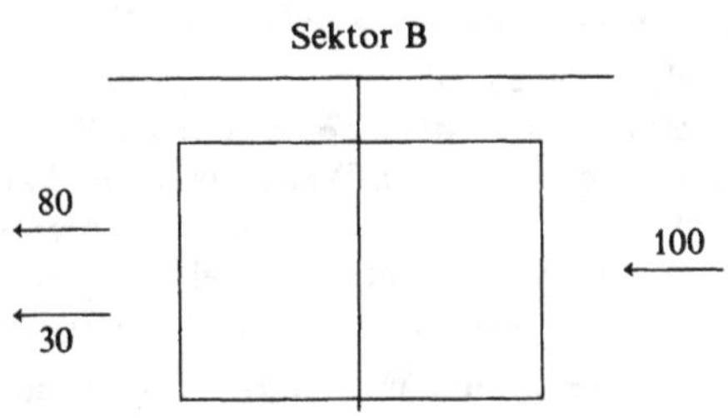

Abb. 5: Der Übergang von der graphischen zur Kontendarstellung

und erhalten damit die zwei Seiten eines Kontos:

S	Sektor B	H
	80	100
	30	

Abb. 6: Die Kontendarstellung

Dabei ist es grundsätzlich egal, ob man die Zuflüsse auf den linken (Soll-Seiten) oder auf den rechten (Haben-Seiten) Kontenseiten verbucht. Hat man sich aber einmal entschieden, dann muß man die weiteren Buchungen im Einklang mit dieser Entscheidung, also konsistent (widerspruchsfrei) ausführen.

Das **Quesnay'sche Kreislaufschema** sieht in **Kontenform** z. B. folgendermaßen aus:

Classe Productive

an classe prod. 2	von classe prod. 2
an classe stérile 1	von classe stérile 2
an classe propr. 2	von classe propr. 1
5	5

Classe Stérile

an classe prod. 2	von classe prod. 1
	von classe propr. 1
2	2

Classe des propriétaires

an classe prod. 1	von classe prod. 2
an classe stérile 1	
2	2

Abb. 7: Der Quesnay'sche Kreislauf in Kontenform

In diesem Beispiel sind die rechten Kontenseiten jeweils gleich den linken Kontenseiten für jeden Sektor. Wir werden einen solchen Kreislauf im Folgenden als **geschlossenen Kreislauf** bezeichnen (siehe zu geschlossenen Kreisläufen Abschnitt 1.1.5).

Die Vorzüge dieser Darstellungsform liegen auf der Hand: **bei vielen Sektoren und Strömen ist die Kontendarstellung übersichtlicher als die graphische Darstellung.** Außerdem erscheinen die Ströme explizit mit ihren quantitativen Werten und man kann durch „Abschließen" der Konten, also durch Saldieren, feststellen, ob und um wieviel die beiden Kontenseiten voneinander abweichen. Diesen Vorzügen steht aber immer noch der Nachteil gegenüber, daß eine weitere mathematische Verarbeitung nicht möglich ist.

Diesen Nachteil vermeidet man bei der dritten aufgeführten Darstellungsart, der **algebraischen Darstellung.** Hier werden die beiden Seiten jedes Kontos (Sektors) bzw. in den Ausdrücken der graphischen Darstellung: der Wert der einfließenden Ströme und der Wert der ausfließenden Ströme einander gegenübergestellt und durch ein „>", „<" oder „=" miteinander verbunden.

Handelt es sich um einen **geschlossenen Kreislauf,** bei dem ja die Wertsumme aller zufließenden Ströme gleich der Wertsumme der abfließenden Ströme **für jeden Sektor** ist, so läßt sich **ein solches Kreislaufschema ausschließlich durch Gleichungen beschreiben.** Der *Quesnay*'sche Kreislauf hätte dann, wenn wir den *Produktiven Sektor* als Sektor 1, den *Sterilen Sektor* als Sektor 2 und den *Sektor der Grundbesitzer* als Sektor 3 bezeichnen und die Ströme S_{ij} so indizieren, daß jeweils der erste Index i den abgebenden Sektor und der zweite Index j den empfangenden Sektor bezeichnet, folgendes Aussehen:

classe productive:

$$S_{11} + S_{12} + S_{13} = S_{11} + S_{21} + S_{31}$$
$$(2) + (1) + (2) = (2) + (2) + (1)$$

classe stérile:

$$S_{21} = S_{12} + S_{32}$$
$$(2) = (1) + (1)$$

classe des propriétaires:

$$S_{31} + S_{32} = S_{13}$$
$$(1) + (1) = (2)$$

Diese Darstellungsart ist sicher nicht so anschaulich wie etwa die graphische Darstellung und die Darstellung in Konten. Sie erlaubt es aber, das ganze **Arsenal mathematischer Methoden für die Kreislaufbetrachtung nutzbar** zu machen. Wir werden dies im Anschluß an die Diskussion der Kreislaufdarstellungen anhand einiger einfacher Beispiele vorführen.

Schließlich kann man Kreislaufschemata auch in **Matrix-Form** darstellen. Dazu konstruieren wir zunächst eine Tabelle mit doppeltem Eingang, bei der die Sektoren in den Zeilen und Spalten in derselben Reihenfolge angeordnet sind:

	1	2	3	......
1				
2		S_{22}	S_{23}	
3				
⋮				

S_{23} = Strom von Sektor 2 an Sektor 3

Abb. 8: Die Matrixdarstellung

Verwenden wir für die Bezeichnung der Ströme wieder die oben vereinbarte Indizierung und legen wir fest, ob die ausfließenden Ströme in den Zeilen oder in den Spalten der Tabelle eingetragen werden, dann können wir ein Kreislaufschema ohne Schwierigkeiten mittels der Tabelle abbilden.

Einigen wir uns etwa darauf, daß die ausströmenden (abgegebenen) Ströme in den Zeilen der Tabelle verbucht werden, so sieht unser mittlerweile wohlbekanntes *Quesnay*'sches Kreislaufschema wie folgt aus:

empfangender Sektor / abgebender Sektor	Classe des Propriétaires	Classe Stérile	Classe Productive	Summen
Classe des Propriétaires	–	1 Mrd.	1 Mrd.	2 Mrd.
Classe Stérile	–	–	2 Mrd.	2 Mrd.
Classe Productive	2 Mrd.	1 Mrd.	2 Mrd.	5 Mrd.
Summen	2 Mrd.	2 Mrd.	5 Mrd.	

Abb. 9: Der *Quesnay*'sche Kreislauf in Matrixform

Im Gegensatz zur Kontenform braucht bei der Matrixdarstellung jeder Strom nur einmal verbucht werden. Durch das Verfahren der Doppelindizierung ist es auch ohne Schwierigkeiten möglich, Ströme den entsprechenden Sektoren zuzuordnen, wie überhaupt der Aufbau der Tabelle eine optimale Übersichtlichkeit gewährt.

Noch wichtiger ist aber, daß auf diese Darstellungsform die **Matrizenrechnung** angewendet werden kann, die nicht nur mathematisch ausgereift ist, sondern die sich auch für numerische Berechnungen mittels Großrechenanlagen besonders gut eignet. Läßt man nämlich alle Trennstriche zwischen den Feldern der Tabelle weg und verzichtet auf die in Kopfspalte und Kopfzeile stehenden Sektorenbezeichnungen, so reduziert sich die Tabelle auf ein rechteckiges (hier sogar quadratisches) Zahlenschema, eben eine Matrix (die der Tabelle von Abb. 9 entspricht):

$$\begin{pmatrix} 0 & 1 & 1 \\ 0 & 0 & 2 \\ 2 & 1 & 2 \end{pmatrix}$$

Wir können somit in bezug auf die vier vorgestellten Darstellungsformen das folgende Zwischenergebnis festhalten: **Die vier Darstellungsformen sind vom Ergebnis her äquivalent,** d.h. es werden dieselben Ströme registriert und es resultieren dieselben Salden. Ihre Brauchbarkeit für ökonomische Analysen ist jedoch unterschiedlich zu beurteilen. Während die graphische Darstellung mehr der Veranschaulichung von Kreislaufschemata dient und die Kontenform den buchhalterischen Aspekt, also die Zu- und Abflüsse der einzelnen Konten in den Vordergrund stellt, liegt der Vorzug der beiden verbleibenden Darstellungsformen eindeutig in der Möglichkeit ihrer mathematischen Aufbereitung und Weiterverarbeitung.

1.1.5 Geschlossene und offene Kreisläufe

Um einige der Vorzüge der mathematischen Formulierungen bei Kreisläufen illustrieren zu können, gehen wir kurz zum Begriff des **geschlossenen Kreislaufs** zurück.

Ein Kreislauf hieß geschlossen, wenn:

bei der graphischen Darstellung: die Wertsumme aller einfließenden Ströme gleich der Wertsumme aller ausfließenden Ströme *für jeden Sektor* ist. Diese Forderung wird in der Literatur auch zuweilen als **Kreislaufaxiom** bezeichnet. Der Zusatz **für jeden Sektor** ist dabei wichtig, da die Aussage: „Wertsumme aller einfließenden Ströme ist gleich der Wertsumme aller ausfließenden Ströme“ ohne den Zusatz „für jeden Sektor“ eine Trivialität ist, die für jeden richtig gebuchten Kreislauf gilt. (Die Anzahl der *Pfeilspitzen* ist gleich der Anzahl der *Pfeilenden,* unabhängig von der Anzahl und Richtung der Pfeile, also Wertsumme aller Zuflüsse gleich Wertsumme aller Abflüsse).

Bei der Kontendarstellung: bei *jedem Konto* ist die linke Seite (Wertsumme der Soll-Buchungen) gleich der rechten Seite (Wertsumme der Haben-Buchungen), die Konten sind also alle abgeschlossen.

Bei der algebraischen Darstellung: für *jeden Sektor* muß sich eine lineare Gleichung derart ergeben, daß auf der einen Seite des Gleichheitszeichens die einfließenden Ströme und auf der anderen Seite die ausfließenden Ströme angeordnet sind.

Bei der Matrixdarstellung: für *jeden Sektor* muß dessen Spaltensumme gleich dessen Zeilensumme sein.

Untersucht man die in der Literatur vorhandenen Kreislaufschemata, so wird man feststellen, daß es sich dabei in der Regel um geschlossene Kreisläufe handelt. Dies wird verständlich, wenn man sich die Vorzüge eines Arbeitens mit geschlossenen Kreisläufen vor Augen hält. So kann man etwa Definitionen bilden, indem man einzelne Ströme der Sektorengleichungen isoliert auf eine Seite der Gleichung bringt und durch die anderen Ströme ausdrückt, d.h. definiert. Ein Beispiel hierfür ist die Definition des Sparens als desjenigen Teiles des zugeflossenen, verfügbaren Einkommens, das nicht für Konsumzwecke (bzw. für Eigenverbrauch) ausgegeben wurde. Wir werden im folgenden sehen, daß gerade die Salden auf den jeweiligen Kreislaufkonten eine sinnvolle ökonomische Interpretation erlauben, sodaß auch unter diesem Aspekt ein geschlossener Gesamtkreislauf wünschenwert erscheint.

Als Demonstration der Vorteile des Arbeitens mit mathematischen Kreislaufdarstellungen sei in diesem Zusammenhang hinzugefügt, daß man **in einem geschlossenen Kreislauf mit n Sektoren (im Höchstfall) n – 1 Ströme aus den anderen errechnen kann.**

Dazu schreiben wir die n Gleichungen, die einen n-poligen Kreislauf charakterisieren, in folgender Weise an (dabei ist nicht ausgeschlossen, daß einige S_{ij} auch 0 sind):

$$\begin{array}{l} S_{11} + S_{12} + S_{13} + \ldots + S_{1n} = S_{11} + S_{21} + \ldots + S_{n1} \\ S_{21} + S_{22} + S_{23} + \ldots + S_{2n} = S_{12} + S_{22} + \ldots + S_{n2} \\ \vdots \\ S_{n1} + S_{n2} + S_{n3} + \ldots + S_{nn} = S_{1n} + S_{2n} + \ldots + S_{nn} \end{array}$$

Wir zeigen zunächst, daß dieses Gleichungssystem **nicht linear unabhängig** ist. Addiert man die ersten n – 1 Gleichungen, streicht die auf beiden Seiten auftauchenden gleichen Summanden und addiert auf beiden Seiten S_{nn} hinzu, so erhält man genau die n-te Gleichung. Das heißt, eine Gleichung läßt sich aus den übrigen n – 1 Gleichungen errechnen, das Gleichungssystem ist linear abhängig und nur **höchstens n – 1 Gleichungen sind linear unabhängig.**

Bringen wir nun k (wobei $k \leq n-1$) *unbekannte* Ströme $S_{ij} (i \neq j)$, die wir U_{ij} nennen wollen, auf die linken Gleichungsseiten und alle übrigen (bekannten) S_{ij} auf die rechten Seiten, so muß die Koeffizientenmatrix A zum Vektor der U_{ij} (die hier aus Nullen und Einsen besteht), damit das lineare Gleichungssystem lösbar ist, d.h. alle k Unbekannten errechnet werden können, den Rang k haben.

Wir können also das Fazit ziehen: In einem vorgegebenen Kreislauf mit n Sektoren müssen nicht alle Ströme ihrer Höhe nach bekannt sein, man kann auf eine gewisse Zahl unbekannter Ströme schließen. Die Zahl von Strömen, die man dabei ermitteln kann, hängt von der Verteilung der bekannten und unbekannten Ströme im System ab. Auch bei „optimaler" Verteilung der unbekannten Ströme kann man jedoch aus einem Gleichungssystem eines geschlossenen Kreislaufes mit n Sektoren höchstens n – 1 Ströme errechnen. Wenn man nicht alle Ströme statistisch ermitteln kann bzw. will, stellt dies einen nicht unbeträchtlichen Vorteil dar.

Als Illustration dieser Behauptungen wählen wir wiederum den *Quesnay*'schen Kreislauf.[1] Nehmen wir an, die Größe der Ströme S_{13} und S_{32} sei nicht bekannt. Nennen wir die beiden Unbekannten U_{13} und U_{32} und schreiben den geschlossenen *Quesnay*'schen Kreislauf in Gleichungen an, so ergibt sich:

$$\begin{array}{ll} S_{11} + S_{12} + U_{13} & = S_{11} + S_{21} + S_{31} \\ S_{21} & = S_{12} \qquad + U_{32} \\ S_{31} + U_{32} & = U_{13} \end{array}$$

Die dritte Gleichung läßt sich aus den ersten beiden errechnen, liefert also keine zusätzliche Information und wird deshalb weggelassen.

Ordnen wir nun die beiden verbleibenden Gleichungen in der beschriebenen Weise um:

$$\begin{array}{l} U_{13} = S_{21} + S_{31} - S_{12} \\ U_{32} = S_{21} - S_{12} \end{array}$$

und übertragen wir das Gleichungssystem in Matrizenschreibweise, wobei wir für die bekannten S_{ij} die Werte des *Quesnay*'schen Systems von S ... übernehmen, so folgt:

$$\begin{pmatrix} 1 & 0 \\ 0 & 1 \end{pmatrix} \begin{pmatrix} U_{13} \\ U_{32} \end{pmatrix} = \begin{pmatrix} S_{21} + S_{31} - S_{12} \\ S_{21} - S_{12} \end{pmatrix} = \begin{pmatrix} 2 \\ 1 \end{pmatrix},$$

---

[1] Das Nachvollziehen dieses Beispiels ist für das weitere Verständnis des Buches nicht erforderlich.

bzw.:

$$A \cdot u = b, \text{ wobei } b = \begin{pmatrix} 2 \\ 1 \end{pmatrix}, \; A = \begin{pmatrix} 1 & 0 \\ 0 & 1 \end{pmatrix};$$

Da der Rang der Koeffizientenmatrix A gleich 2 ist:

$$\text{rg}(A) = 2,$$

und ebenfalls der Rang der erweiterten Koeffizientenmatrix:

$$\text{rg}(A/b) = 2, \text{ folgt:}$$

$$\text{rg}(A) = \text{rg}(A/b) = n - 1 = 2;$$

Das Gleichungssystem ist eindeutig lösbar und als Lösungen ergeben sich nach der *Cramer*'schen Regel:

$$U_{13} = \frac{\begin{vmatrix} 2 & 0 \\ 1 & 1 \end{vmatrix}}{\begin{vmatrix} 1 & 0 \\ 0 & 1 \end{vmatrix}} = 2;$$

$$U_{32} = \frac{\begin{vmatrix} 1 & 2 \\ 0 & 1 \end{vmatrix}}{\begin{vmatrix} 1 & 0 \\ 0 & 1 \end{vmatrix}} = 1;$$

Diese Lösungen, die sich im Beispiel sofort den Ausgangsgleichungen hätten entnehmen lassen, stimmen mit den bisherigen Strömen des *Quesnay*'schen Kreislaufschemas überein.

Es ist hierbei anzumerken, daß das *Quesnay*'sche Kreislaufschema es trotz der Einfachheit seines Aufbaues (sieht man von den In-sich-Strömen ab) nicht immer erlaubt, auf 2 beliebige unbekannte Ströme zu schließen. So lassen sich etwa in diesem Beispiel die Ströme S_{21} und S_{12} bzw. S_{31} und S_{13} nicht getrennt, sondern nur als Differenz $S_{21} - S_{12}$ bzw. $S_{31} - S_{13}$ aus den anderen Größen errechnen. Dies läßt sich dahingehend verallgemeinern, daß man bei dem vorgeführten Aufbau der Gleichungen die Ströme S_{ij} und S_{ji} (für festgehaltenes i und j) stets nur als Differenz und nicht einzeln ermitteln kann.

Mit dieser Überlegung sind aber die Vorzüge des Arbeitens mit geschlossenen Kreisläufen in mathematischer Darstellungsweise noch nicht erschöpft. So kann man **jeden Kreislauf durch Einführung von Hilfssektoren schließen.**

Es sei das folgende dreipolige offene Kreislaufschema (gemäß der schwachen Kreislaufdefinition von Abschnitt 1.1.1) gegeben:

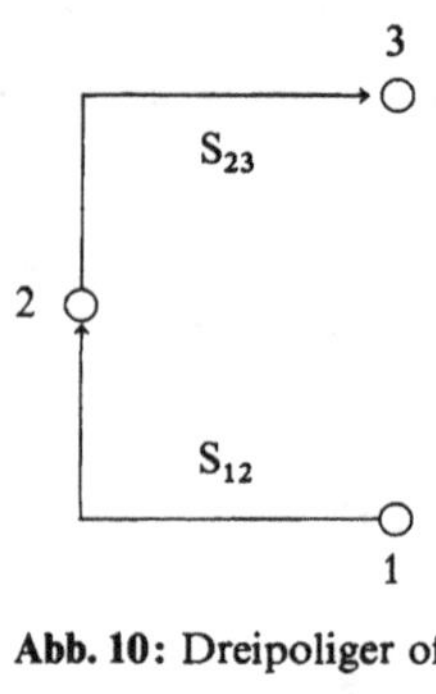

Abb. 10: Dreipoliger offener „Kreislauf“

Zur Schließung dieses offenen Kreislaufes führt man einen *Hilfssektor 4* ein, von dem die folgenden (gestrichelt gezeichneten) neuen Ströme weg bzw. hinfließen:

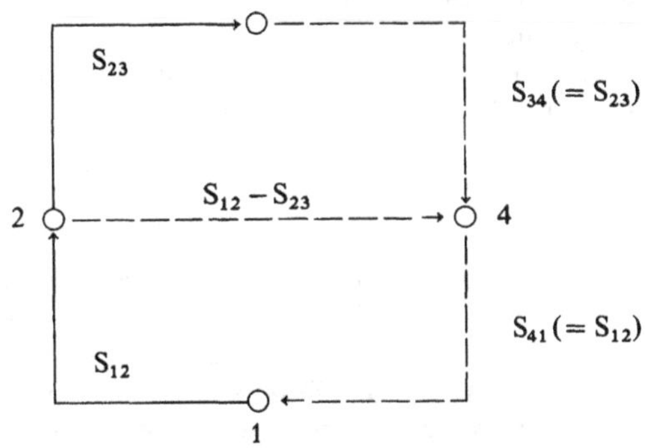

Abb. 11: Schließung des Kreislaufs

Dieser 4-polige Kreislauf ist, wie man sich durch Vergleich der Wertsumme der ein- und ausfließenden Ströme für jeden Sektor überzeugen kann, nunmehr geschlossen. Diese Überlegung läßt sich für n Sektoren verallgemeinern, für den entsprechenden Beweis verweisen wir allerdings auf die einschlägige Literatur (*Krelle* 1967, S. 22).

Ein weiterer nützlicher Satz für das Arbeiten mit geschlossenen Kreisläufen ergab sich quasi als Zwischenprodukt unserer Überlegungen zum Schließen auf unbekannte Kreislaufströme. Wir stellten dort fest, daß bei einem geschlossenen n-poligen Kreislauf die n-te Gleichung aus den übrigen $n-1$ Sektorengleichungen ermittelt werden kann. Daraus können wir folgern, daß **wenn in einem Kreislauf von n Polen für $n-1$ Pole das Kreislaufaxiom gilt, für den n-ten Pol ebenfalls das Kreislaufaxiom gilt** und damit der ganze Kreislauf geschlossen ist.

Der Beweis ergibt sich aus der oben erwähnten Zwischenüberlegung: Zählt man die nach der Voraussetzung des Kreislaufaxioms vorhandenen $n-1$ Gleichungen der ersten $n-1$ Sektoren zusammen, streicht die auf beiden Seiten vorkommenden gleichen Glieder und addiert *links* und *rechts* S_{nn} hinzu, so ergibt sich wiederum eine Gleichung, die genau das Kreislaufaxiom für den n-ten Sektor darstellt.

1.2 Das spezielle Anliegen der Input-Output-Rechnung

Wir haben bereits im Abschnitt 1.1 festgestellt, daß die Kreislaufschemata je nach den politischen und philosophischen Vorstellungen ihrer Autoren, sowie insbesondere nach den konkreten Fragestellungen, die daran angelegt werden, mit unterschiedlichen Sektoren und Strömen aufgefüllt werden. Es sei mit Nachdruck darauf hingewiesen, daß die erste und zugleich wichtigste Überlegung, die allen Diskussionen über volkswirtschaftliche Kreislaufschemata notwendig vorauszugehen hat, dabei die Frage nach der **Zielsetzung der jeweiligen Rechnung** ist. Dies mag für den Außenstehenden selbstverständlich erscheinen, tatsächlich stammt aber ein Großteil der Verwirrung bei den Diskussionen über die Ausgestaltung volkswirtschaftlicher Kreislaufschemata davon, daß eine klare Stellungnahme zu dieser Frage unterlassen wird.

Volkswirtschaftliche Kreislaufschemata werden explizit oder implizit unter anderem zur Beantwortung folgender **Fragestellungen** herangezogen (dabei ist dieser Katalog nicht vollständig, er beschränkt sich vielmehr auf die wichtigsten Fragestellungen, die an kreislauforientierte volkswirtschaftliche Rechenwerke angelegt werden):

(a) Messung der auf Inländer bzw. auf das Inland gerichteten monetären Gesamtnachfrage (abgekürzt: Nachfragemessung);
(b) Analyse der Entwicklung der Wohlfahrt (abgekürzt: Wohlfahrtsmessung);
(c) Analyse des Produktionspotentials sowie der Produktivität;
(d) Analyse der Produktionsstruktur;
(e) Analyse der Finanzierungsstruktur;
(f) Messung der Einkommensverteilung.

Erst wenn die Zielsetzung bzw. die Zielsetzungen eines Kreislaufschemas festliegen, können Aussagen darüber gemacht werden, ob die Sektoren und Ströme des Schemas geeignet gewählt wurden, ob es ein realer oder monetärer Kreislauf sein sollte etc. Wir werden diese einfache aber wichtige Überlegung bei der Diskussion der Input-Output-Tabelle (IOT) als grundsätzliches Beurteilungskriterium immer im Auge behalten müssen. Deshalb erstellen wir noch ein kurzes Schema, das bei der Beurteilung von Kreislaufschemata von oben nach unten geprüft werden sollte.

I. Zielsetzung der Rechnung;
II. Axiomatik der Rechnung;
III. Reale oder monetäre Rechnung;
IV. Selektionsnormen der Rechnung;
IV. 1 Welche Vorgänge werden überhaupt in der Rechnung erfaßt?
IV. 2 Erhöhen die erfaßten Vorgänge das Endergebnis oder senken sie es?
IV. 3 Gehen die erfaßten Vorgänge in der laufenden Periode unter oder gehen sie in für die folgenden Perioden relevante Bestandsgrößen ein? („Zukunftsbezug“).

Die wichtigsten Zielsetzungen wurden oben bereits aufgelistet. Sie beeinflussen letztlich jeden der Punkte II bis IV des Schemas. Deshalb ist immer *zuerst* zu fragen, welcher Zielsetzung bzw. welchen Zielsetzungen das Kreislaufschema dient. Sind es mehrere Zielsetzungen gleichzeitig, ist zu prüfen,

- ob das *vorliegende* Kreislaufsystem diese Zielsetzungen *gleichzeitig* beantworten kann (Problem der Zielkonflikte),
- ob gegebene Zielkonflikte überhaupt ein Kreislaufschema zulassen, das diese Zielsetzungen gleichzeitig beantworten kann,
- ob die Verbesserung des Kreislaufschemas durch die Punkte II–IV für die Beantwortung *einer* Fragestellung möglicherweise die Brauchbarkeit des Schemas für die Beantwortung der anderen Fragestellungen verschlechtert.

Liegt die Zielsetzung bzw. liegen die Zielsetzungen fest, so ist als nächstes die Entscheidung über die **Axiomatik** des Schemas zu treffen. Dies bedeutet für volkswirtschaftliche Kreislaufschemata, ob man mit offenen oder geschlossenen Kreisläufen arbeiten will. Wir haben bereits ausgeführt, daß wegen der Vorzüge des Arbeitens mit geschlossenen Kreisläufen **praktisch alle in der Literatur verwendeten Kreislaufschemata geschlossen** sind.

Dies darf aber nicht den Blick auf die Anforderungen verbauen, die dem Konstrukteur geschlossener Kreisläufe erwachsen. So muß für jeden Vorgang eine Soll- *und* eine Habenbuchung bei genau festgelegten Sektoren gefunden werden, alle entstehenden **Salden müssen gegengebucht** und außerdem ökonomisch interpretiert werden. Es ist wegen dieser „Zwänge“ des geschlossenen Kreislaufschemas nicht verwunderlich, daß manche Autoren die exakte kreislaufmäßige Darstellung ihres Rechenschemas umgehen, indem sie, ausgehend von Größen der VGR, wie etwa dem BSP, einfach einzelne Größen hinzuaddieren oder abziehen und auf diese Weise zu modifizierten VGR-Größen kommen (so z.B. *Nordhaus*, *Tobin* 1972).

Über einige Probleme des Punktes III, die Entscheidung für reale oder monetäre Kreislaufströme, haben wir bereits vorne berichtet (Abschnitt 1.1.3). Es verbleiben schließlich die unter Punkt IV aufgeführten Selektionsnormen, die darüber Auskunft geben, ob und auf welche Weise ein bestimmter Posten in das Kreislaufschema aufgenommen werden soll. Da wir bei der Ausgestaltung der IOR diese Frage an Hand konkreter Einzelprobleme diskutieren, können wir uns hier mit diesen allgemeinen Bemerkungen zum vorgestellten Beurteilungsschema begnügen.

Es verbleibt nun noch eine kurze vorweggenommene *Charakterisierung des Input-Output-Schemas* an Hand der bisher erarbeiteten Begriffe. Es sei nochmals darauf verwiesen, daß die genauere Charakterisierung in den folgenden Kapiteln erfolgt.

Die Zielsetzung (I) des Input-Output-Schemas ist die systematische Erfassung der Bezugs- und Liefer-Ströme, die als Input- und Output-Ströme zwischen den Wirtschaftsbereichen einer Volkswirtschaft, sowie zum Ausland fließen. Sie soll die wechselseitigen strukturellen Beziehungen dieser Wirtschaftsbereiche im Produktions- bzw. Handelsbereich aufdecken und rechenbar machen (Analyse der Produktionsstruktur).

In der Formulierung des Statistischen Bundesamtes klingt dies folgendermaßen: „Die Input-Output-Tabelle beschreibt die güter- und produktionsmäßigen Verflechtungen in der Volkswirtschaft einschließlich der Güterströme mit der übrigen Welt. Im einzelnen zeigt sie,

- wie sich das Gesamtaufkommen an Gütern (Waren und Dienstleistungen) aus der inländischen Produktion und der Einfuhr auf einzelne Gütergruppen verteilt,
- wie die Güter in der Volkswirtschaft verwendet werden, wobei zwischen Vorleistungen der einzelnen Produktionsbereiche, Privatem Verbrauch, Staatsverbrauch, Anlageinvestitionen, Vorratsveränderung und Ausfuhr unterschieden wird,
- welche Einkommen im Zuge der Produktion in den einzelnen Produktionsbereichen entstehen." (Mai 1974, S. 167).

Die IOR basiert auf einem **Kreislaufschema** (Punkt II), **das in Matrixform dargestellt wird.** Dabei ist das Augenmerk auf die **Flußrichtung der realen Güterbewegungen** gerichtet (Punkt III). Sie ist in der Regel auf ein Kalenderjahr bezogen, das als repräsentativ für den mittelfristigen Wirtschaftsablauf gelten kann. Die Selektionsnormen der Rechnung (Punkt IV) sind zum überwiegenden Teil der volkswirtschaftlichen Gesamtrechnung entnommen (siehe dazu Abschnitt 5.2). Es wird zu prüfen sein, ob diese Normen für die spezielle Zielsetzung der Rechnung geeignet sind.

2. Kapitel: Der Aufbau der Input-Output-Tabelle als Kreislaufschema

2.1 Die Input-Output-Tabelle als Kreislaufschema

Damit der **Kreislaufcharakter der IOR** ganz klar wird, wollen wir in diesem Kapitel eine vereinfachte IOT direkt aus einem 5-poligen Kreislaufschema ableiten. Als Pole verwenden wir dabei 2 Industriesektoren (z.B. Konsumgüterindustrie und Produktionsmittelindustrie), die Haushalte, den Staat sowie die Vermögensveränderung als funktionelle Kategorie. Auf diesem Vermögensveränderungspol werden die vermögensrelevanten Ströme *aller* 4 Sektoren zusammengefaßt. In den Ausdrücken unseres Beurteilungsschemas bedeutet dies, daß durch diesen Pol alle die Ströme erfaßt werden, die gemäß Selektionsnorm IV. 3 nicht in der laufenden Periode untergehen. Dies sind gemäß den herrschenden Konventionen die Bruttoinvestitionen (Anlage- und Vorratsinvestitionen) minus die Abschreibungen, also die Nettoinvestitionen, die Ersparnis, die empfangenen und geleisteten Vermögensübertragungen sowie die Finanzierungssalden. In unserem einfachen Illustrationsschema tauchen die beiden letzten Ströme allerdings nicht auf, da sich bei einem aggregierten Vermögensveränderungskonto die inländischen Vermögensübertragungen und Finanzierungssalden aufheben und unser Kreislaufschema ja ohne den Sektor Ausland konzipiert wurde.

In der angenommenen Modellwirtschaft wurden im Beobachtungszeitraum die folgenden Lieferverflechtungen zwischen den beiden Industriesektoren beobachtet: Sektor 1 kauft von Sektor 2 Vorleistungen im Werte von 250 (wir vernachlässigen in diesem Stadium der Überlegungen die Unterscheidung zwischen realen und monetären Strömen), Sektor 2 kauft von Sektor 1 Vorleistungen im Werte von 200, die In-sich-Ströme betragen beim ersten Sektor 150 (V_{11}), beim zweiten Sektor 50 (V_{22}).

Da die IOR auf die Flußrichtung der *realen* Ströme abstellt, ein Sachverhalt, der bei der Konstruktion der Kreislaufmatrix von Anfang an berücksichtigt werden muß, bedeutet dies für die gegenseitigen Vorleistungskäufe: $V_{21} = 250$ und $V_{12} = 200$.

Sektor 1 liefert weiter an die Haushalte Konsumgüter im Werte von 800 (C_{pr1}) und an den Staat Güter und Dienste im Werte von 50 (C_{st1}). Sektor 2 liefert an den Staat im Werte von 100 (C_{st2}) und an beide Industriesektoren langlebige Investitionsgüter in Höhe von 500.

Die Wertschöpfung (Löhne und ausgeschüttete Gewinne) beträgt beim ersten Sektor 600 (W_1) und beim zweiten Sektor 450 (W_2). Die Haushalte erhalten darüber hinaus vom Staat Transfers in Höhe von 200 (Tr), zahlen an den Staat direkte Steuern in Höhe von 110 (T^{dir}) und sparen den Rest ihres verfügbaren Einkommens, nämlich 340 (S_{pr}).

Der Staat bezieht aus indirekten Steuern Einkommen von 150 (T_1^{ind}) und 140 (T_2^{ind}). Die Gesamteinkünfte des Staates aus der Besteuerung von 400 werden durch Transfers (200) und Käufe (150) verringert, sodaß sich ein verfügbares Einkommen des Staates von 50 ergibt, das voll gespart wird (S_{st}). Die nutzungsbedingten Abschreibungen werden mit $A_1 = 50$ (Sektor 1) und $A_2 = 60$ (Sektor 2) veranschlagt.

Stellen wir diesen Kreislauf in Matrixform dar, so kann man aus den Zeilen der Matrix die Werte der Gütermengen (Güterströme, ausgedrückt in Geldeinheiten) entnehmen, die der betreffende Sektor an die anderen Sektoren abgegeben hat. Die Spalten zeigen dann die Werte der Gütermengen, die der betreffende Sektor von den anderen Sektoren erhalten hat.

	Industrie Sektor 1	Industrie Sektor 2	Haushalte	Staat	Vermögens-veränderung	Σ
Industrie Sektor 1	V_{11} (150)	V_{12} (200)	C_{pr1} (800)	C_{st1} (50)	—	(1200)
Industrie Sektor 2	V_{21} (250)	V_{22} (50)	—	C_{st2} (100)	I_2^b (500)	(900)
Haushalte	W_1 (600)	W_2 (450)	—	Tr (200)	—	(1250)
Staat	T_1^{ind} (150)	T_2^{ind} (140)	T^{dir} (110)	—	—	(400)
Vermögens-veränderung	A_1 (50)	A_2 (60)	S_{pr} (340)	S_{st} (50)	—	(500)
Σ	(1200)	(900)	(1250)	(400)	(500)	(4250)

Abb. 12: Matrixdarstellung des Kreislaufbeispiels

Diese sich an der **Flußrichtung der realen Güterströme** orientierende Darstellung wirft eine Reihe von Interpretationsproblemen auf. So werden die **indirekten und direkten Steuern als Ströme vom Staat zu den anderen Sektoren verbucht,** also als realer Gegenstrom zu den monetären Steuerzahlungen. In diesem Zusammenhang sei nochmals auf unsere Ausführungen zu der Unterscheidung zwischen realen und monetären Strömen im Abschnitt 1.1.3 hingewiesen. Der durch die Matrix dargestellte Kreislauf unserer Modellwirtschaft ist geschlossen, denn es gilt: Spaltensumme = Zeilensumme für jeden Sektor.

Um aus einem derartigen Gesamtkreislauf eine **IOT** zu erhalten, muß man alle die Teile abtrennen, die nicht *direkt* mit der Produktion zu tun haben. (Siehe dazu auch Abschnitt 2.2, in dem eine axiomatische Grundlegung der IOT vorgestellt wird.) Das sind die Felder, in denen die Einkommensumverteilung abgebildet wird (hier T^{dir} und Tr) sowie *die* Felder des Vermögensveränderungspols, die keine unmittelbare Beziehung zur Produktion haben (S_{pr} und S_{st}).

Der nach diesem „Schnitt" *verbleibende Teil* der Kreislaufmatrix, die IOT, sieht dann für unser Beispiel folgendermaßen aus (s. Seite 18 oben):

Die **IOT ist somit ein Kreislaufschema, das im wesentlichen diejenigen Güterbewegungen beschreibt, die mit der Erstellung des gesamtwirtschaftlichen Bruttoproduktionswertes zusammenhängen,** und zwar disaggregiert nach branchenmäßigen Gesichtspunkten. Interpretiert man sie von der VGR (siehe dazu Kap. 5.2) aus, so handelt es sich bei der IOT grob vereinfacht um eine Sammlung sektoraler, bezüglich der Vorleistungen unkonsolidierter, um die Einkommensentstehung erweiterter Produktionskonten.

	Industrie Sektor 1	Industrie Sektor 2	Haushalte	Staat	Vermögens-veränderung	Σ
Industrie Sektor 1	V_{11} (150)	V_{12} (200)	C_{pr1} (800)	C_{st1} (50)	—	(1200)
Industrie Sektor 2	V_{21} (250)	V_{22} (50)	—	C_{st2} (100)	I_2^b (500)	(900)
Haushalte	W_1 (600)	W_2 (450)				
Staat	T_1^{ind} (150)	T_2^{ind} (140)				
Vermögens-veränderung	A_1 (50)	A_2 (60)				
Σ	(1200)	(900)				

Abb. 13: Die Entstehung der IOT aus der Kreislaufmatrix

2.1.1 Der Aufbau der Input-Output-Tabelle

Diese Definition bedarf nun sicherlich noch der Interpretation. Wir betrachten dazu als Ausgangspunkt ein sektorales, um die Einkommensentstehung erweitertes Produktionskonto, z. B. des Industriesektors 2:

Erweitertes Produktionskonto Sektor 2

Vorleistungskäufe		Vorleistungsverkäufe	
von Sektor 1	V_{12}	an Sektor 1	V_{21}
von sich selbst	V_{22}	an sich selbst	V_{22}
von Sektor 3	V_{32}	an Sektor 3	V_{23}
⋮		⋮	
von Sektor n	V_{n2}	an Sektor n	V_{2n}
Kauf von Importg.	M_2	Verk. von Konsumgütern	C_2
Ind. Steuern abzgl. Subvent.	T_2^{ind}	Verk. von Investitionsg.	I_2^b
Abschreibungen	A_2	Verk. an das Ausland	Ex_2
Löhne	L_2		
Sonstige Eink.	G_2		
Bruttoproduktionswert	BPW_2	Bruttoproduktionswert	BPW_2

Abb. 14: Beispiel eines erweiterten sektoralen Produktionskontos

Ordnet man die Aufwandsseite als Spalte, die entsprechende Ertragsseite als Zeile einer Matrix derart „über Kreuz“ an, daß der In-sich-Vorleistungsstrom im Schnittpunkt beider Balken auf der Hauptdiagonale liegt, so ergibt sich für das erweiterte Produktionskonto des Sektors 2 die folgende Anordnung:

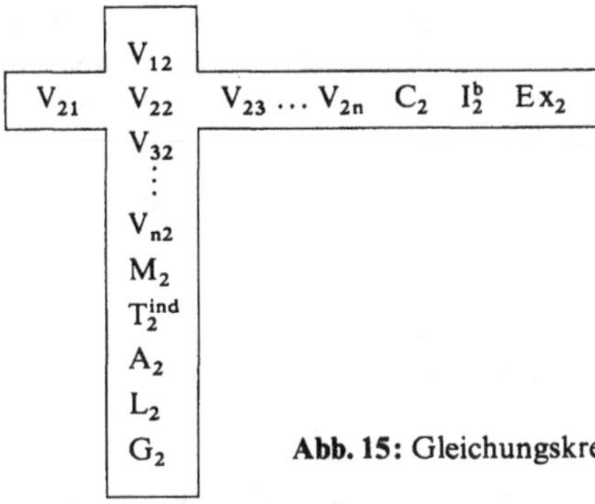

Abb. 15: Gleichungskreuz des sektoralen Produktionskontos

Erstellt man nun analog die Gleichungskreuze für die übrigen n – 1 Sektoren und fügt man die n Gleichungskreuze so zusammen, daß die In-sich-Ströme auf der Hauptdiagonalen die Reihenfolge V_{11} bis V_{nn} haben, so ergibt sich das bekannte Bild der IOT, dieses Mal allerdings nicht mit der Sektorenbezeichnung Haushalte, Staat und Vermögensveränderung, sondern mit der direkten Bezeichnung der verbuchten Ströme, also Konsum, Bruttoinvestition, usw.:

Vorleistungsmatrix					Endnachfragematrix		
V_{11}	V_{12}	V_{13}	$\dots$	V_{1n}	C_1	I_1^b	Ex_1
V_{21}	V_{22}	V_{23}	$\dots$	V_{2n}	C_2	I_2^b	Ex_2
V_{31}	V_{32}	V_{33}	$\dots$	V_{3n}	C_3	I_3^b	Ex_3
$\vdots$							
V_{n1}	V_{n2}	V_{n3}	$\dots$	V_{nn}	C_n	I_n^b	Ex_n
M_1	M_2	M_3	$\dots$	M_n			
T_1^{ind}	T_2^{ind}	T_3^{ind}	$\dots$	T_n^{ind}			
A_1	A_2	A_3	$\dots$	A_n			
L_1	L_2	L_3	$\dots$	L_n			
G_1	G_2	G_3	$\dots$	G_n	Primäraufwandsmatrix		

Abb. 16: IOT zusammengefügt aus n Gleichungskreuzen

Bei näherer Betrachtung der Abbildung 16 lassen sich drei **Teilmatrizen** unterscheiden:

- **die Vorleistungsmatrix,**
- **die Endnachfragematrix,**
- **die Primäraufwandsmatrix.**

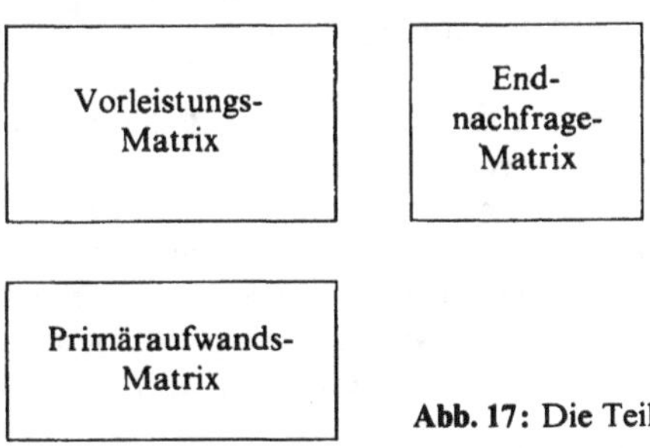

Abb. 17: Die Teilmatrizen der IOT

Die **Vorleistungsmatrix** (Zentralmatrix) als Herzstück der IOT enthält die Vorleistungslieferungen der n Sektoren untereinander, einschließlich der In-sich-Ströme. (Zu den Abgrenzungskriterien bezüglich der Vorleistungsmatrix siehe Abschnitt 2.2.5.1).

Die Vorleistungsmatrix ist in der Regel quadratisch (zu rechteckigen Vorleistungsmatrizen siehe Abschnitt (5.1.2). Ihre Zeilensummen weisen dann die gesamten Vorleistungslieferungen eines Sektors an alle anderen Sektoren aus, die Spaltensummen enthalten den gesamten Vorleistungsverbrauch eines Sektors.

Die **Endnachfragematrix** enthält die Lieferungen der n Produktionssektoren für den Endverbrauch. Sie wird zumeist in die Spalten: privater Konsum, öffentlicher Konsum, Bruttoinvestitionen, Exporte aufgeteilt. Gemäß den Konventionen der VGR enthält der private Konsum dabei den Eigenverbrauch des jeweiligen konsumierenden Sektors und die Investitionen enthalten die selbsterstellten Anlagen sowie die Bildung von Vorräten an eigenen Erzeugnissen. Je nach der Fragestellung sind dabei grundsätzlich weitere Disaggregationen wie etwa der Bruttoanlageinvestitionen in Bau- und Ausrüstungsinvestitionen oder des privaten Konsums in dauerhaften und nichtdauerhaften privaten Konsum möglich.

Die **Primäraufwandsmatrix** schließlich enthält so heterogene Posten wie Gewinne, Löhne, Abschreibungen, indirekte Steuern und Importe (zu den Importen siehe Abschnitt 5.4). Sie ist genau wie die Endnachfragematrix in der Regel nicht quadratisch.

Wir können somit kurz zusammenfassen: Die IOT ist ein Kreislaufschema, bei dem die durch Kombination von Inputs erzeugte **Produktion im Mittelpunkt** steht. Die Zeilen der IOT zeigen die **Output-Struktur** der Sektoren, die Spalten die **Input-Struktur.** Die *Inputs* werden dabei in zwei Typen unterteilt:

- produzierte Güter, die in der laufenden Produktion untergehen (Vorleistungsmatrix),
- von den primären Produktionsfaktoren erbrachte Leistungen (Primäraufwandsmatrix),

und analog bei den *Outputs:*

- Güter für die Weiterverarbeitung in der Produktion derselben Periode (Vorleistungsmatrix),
- Güter für die Endnachfrage (Endnachfragematrix).

Manchmal wird bei der IOT noch ein **vierter Quadrant** explizit verwendet, der dann die Lieferungen von primären Inputs an die Endnachfragesektoren angibt. Da dies aber bei den Tabellen der Praxis eher *unüblich* ist, haben wir hier darauf verzichtet, den vierten Quadranten einzuführen.

2.1.2 Die Input-Output-Tabelle als geschlossener Kreislauf

Wir haben die IOT aus einem geschlossenen Kreislaufschema heraus entwickelt. Dies besagt aber noch nicht, daß sie deshalb ebenfalls ein geschlossenes Kreislaufschema ist. Geht man ohne weitere Überlegungen nach dem Matrixkriterium für geschlossene Kreisläufe vor, nämlich Spaltensumme gleich jeweiliger Zeilensumme, so gilt dies zwar für die n Spalten und Zeilen der n Industriesektoren, denn diese wurden ja aus den geschlossenen sektoralen Produktionskonten übernommen. Die einzelnen Zeilensummen der Primäraufwandsmatrix stimmen aber in der Regel nicht einmal der Zahl und noch viel weniger dem Wert nach mit den Spaltensummen der Endnachfragematrix überein. Tatsächlich ist die **Tiefengliederung von Endnachfrage und Primärfaktoren** auch **voneinander unabhängig.** Daraus könnte der Schluß gezogen werden, eine IOT stelle keinen geschlossenen Kreislauf dar, sicherlich ein in Anbetracht der Vorzüge des Arbeitens mit geschlossenen Kreisläufen überraschendes Ergebnis. Diese Schlußfolgerung ist allerdings, wie sich gleich zeigen wird, etwas verfrüht.

Da Gesamtoutput (Summe der Zeilensummen) und Gesamtinput (Summe der Spaltensummen) definitionsgemäß gleich groß sind, ergibt sich, da die Vorleistungsmatrix bei dieser Aggregationsweise zweimal vorkommt, daß die Summe aller Elemente der Endnachfragematrix genau so groß sein muß wie die Summe aller Elemente der Primäraufwandsmatrix:

$$\sum_i \sum_j V_{ij} + \sum_i \sum_k E_{ik} = \sum_j \sum_i V_{ij} + \sum_j \sum_l PA_{lj}$$

$$\sum_i \sum_k E_{ik} = \sum_j \sum_l PA_{lj}$$

wobei E_{ik} die k-te Endnachfragekomponente ist, die von Sektor i geliefert wird und PA_{ij} der l-te Bestandteil der Primärfaktoren, den Sektor j aufnimmt.

Löst man die Endnachfrage- und die Primäraufwandssumme in ihre einzelnen Komponenten auf, so folgt:

$$\sum_i C_i + \sum_i I_i^b + \sum_i Ex_i = \sum_j M_j + \sum_j T_j^{ind} + \sum_j A_j + \sum_j L_j + \sum_j G_j$$

bzw. umgeformt:

$$\sum_j L_j + \sum_j G_j = \sum_i C_i + \sum_i I_i^b + \sum_i Ex_i - \sum_j M_j - \sum_j T_j^{ind} - \sum_j A_j$$

und man erhält eine der Definitionsgleichungen des Nettoinlandsproduktes zu Faktorkosten.

Betrachtet man jetzt die gesamte Endnachfragematrix als *eine* zusätzliche Spalte und die gesamte Primäraufwendungsmatrix als *eine* Zeile, dann gilt für die neue (n + 1)-te Spalte und Zeile, wie gezeigt: Die Summe der (n + 1)-ten Zeile ist gleich der Summe der (n + 1)-ten Spalte **und die Geschlossenheitsforderung, also das Kreislaufaxiom, ist wieder erfüllt.**

Diese Beweisführung ist kein Trick, der das Kreislaufaxiom quasi durch eine Hintertür doch noch einführt. Die Konstruktion des künstlichen (n + 1)-ten Sektors läßt sich nämlich ökonomisch durchaus rechtfertigen. Es handelt sich hier um den Sektor, der alle die Pole zusammenfaßt, die nicht Produktionssektoren sind. Er nimmt alle Ströme auf, die nicht als Vorleistungen an Produktionssektoren fließen, und er gibt alle Ströme ab, die nur Input für andere Sektoren, aber eben nicht Vorleistungsinputs von Produktionssektoren sind. Wir können also guten Gewissens festhalten, daß es sich auch bei der IOT um einen geschlossenen Kreislauf handelt.

Eine kurze Warnung sei noch angeschlossen: die Ausführungen zur Geschlossenheit der IOT besagen *nicht*, daß die jeweiligen *sektoralen* Zeilen- und Spaltensummen der *Vorleistungsmatrix* gleich groß sind und sie besagen auch *nicht*, daß Primärinput und Endnachfrage eines *einzelnen Sektors* gleich groß sind.

2.2 Versuch einer axiomatischen Grundlegung der Input-Output-Tabelle

In Abschnitt 2.1 haben wir den Zusammenhang bzw. die Herleitung der IOT aus der Kreislaufanalyse kennengelernt. Im 8. Kapitel werden konkrete IOTs für verschiedene Länder bzw. Regionen vorgestellt. Es wird sich dort zeigen, daß die realisierten Tabellenschemata in einigen Punkten von dem im Abschnitt 2.1 hergeleiteten Grundmodell abweichen. Diese Unterschiede in den verwendeten Schemata sind darauf zurückzuführen, daß bei der Tabellenkonstruktion der IOT analog zur VGR *grundsätzlich* eine gewisse Gestaltungsfreiheit herrscht.

Will man jedoch verstehen, warum bei einer IOT gerade ein bestimmtes Schema zugrundegelegt wurde, dann muß man sich vor Augen halten, daß die Entscheidung für ein bestimmtes Schema nicht nur Konsequenzen im Hinblick auf die Konsistenz der Darstellung hat, sondern auch eng mit den unterschiedlichen Verwendungszwecken verknüpft ist (vgl. Abschnitt 1.2).

Hieraus wird klar, daß es **nicht nur ein Schema der IOT geben kann,** sondern daß es je nach Aufgabenstellung sinnvoll ist, verschiedene Varianten mit unterschiedlichen Eigenschaften zu konzipieren. Dies zu zeigen, wird u.a. Gegenstand der Kapitel 5 und 7 sein. Im vorliegenden Abschnitt wollen wir als Bezugspunkt ein Schema vorstellen, das es erlaubt, die unterschiedlichen Konzeptionen gemeinsam zu beurteilen.

2.2.1 Die Matrix-Darstellung des volkswirtschaftlichen Kreislaufs als Bezugspunkt

In Abschnitt 2.1 wurde die IOT aus dem Kreislaufschema in Matrix-Darstellung hergeleitet.

Für unsere Überlegungen gehen wir von einer **verallgemeinerten Transaktionsmatrix des volkswirtschaftlichen Kreislaufs** aus, wie sie in Abb. 18 dargestellt ist.

	U	St	HH
U			
St			
HH			

Abb. 18: Transaktionsmatrix des volkswirtschaftlichen Kreislaufs mit den Sektoren U = Unternehmer, St = Staat und HH = Haushalte

Diese Matrix enthält sämtliche Transaktionen, die zwischen den dargestellten *Institutionen* stattgefunden haben. Die hier noch grundsätzlich bestehende Gestaltungsfreiheit bezüglich der Wahl der Stromrichtung schränken wir nun ein, indem wir statt der *monetären* Ströme, dem Sinn der IOR entsprechend analog der Vorgehensweise in Abschnitt 2.1 die *realen* Ströme zwischen den Sektoren bilden.[1]

Eine derartige Matrix wäre aber im Sinn einer IOR noch recht unbefriedigend. Es fehlen nämlich gerade die Charakteristika, die ein Kreislaufschema zur IOT machen. Diese wollen wir nun schrittweise herausarbeiten und im gleichen Zuge die **notwendigen bzw. möglichen Einschränkungen der grundsätzlichen Gestaltungsfreiheit** zeigen, die zu den verschiedenen Konzeptionen bzw. Versionen der IOT führen.

Dieses Vorgehen beruht auf den Annahmen,
- daß man die IOT aus einer volkswirtschaftlichen Transaktionsmatrix herleiten kann,
- daß Unterschiede in der Setzung von Abgrenzungskriterien zu unterschiedlichen Konzeptionen bzw. Versionen der IOT führen,
- daß die Herleitung aus einer gemeinsamen Ausgangsmatrix eine Basis zum Verständnis der unterschiedlichen Versionen liefert.

---

[1] Selbstverständlich werden hierbei die realen Ströme ebenfalls in Werteinheiten gemessen.

Die durch die Umkehr der Stromrichtung gewonnene **Matrix der (realen) Transaktionen** betrachten wir im folgenden für dieses Vorgehen als **Basismatrix.** Sie hat eine wichtige Eigenschaft: für die Aussage der Matrix spielt es grundsätzlich keine Rolle, in welcher Anordnung die Zeilen und Spalten vorliegen. Zeilen und Spalten lassen sich beliebig anordnen. Dies gilt sowohl für die Anordnung der Sektoren (U, St, HH) bzw. (HH, U, St) in Zeilen *und* Spalten, als strenggenommen auch für beliebige andere Anordnungen von Zeilen *oder* Spalten. Gewöhnlich sind wegen der besseren Überschaubarkeit jedoch Zeilen und Spalten gleichsinnig geordnet.

2.2.2 Institutionen und Funktionen im Sinne der VGR

Im nächsten Schritt **erweitern wir die Basismatrix,** indem wir analog zur Kreislaufanalyse die Tatsache berücksichtigen, daß im Prinzip *jede* der dargestellten Institutionen: U, St und HH **mehrere ökonomische Funktionen** ausüben kann, z.B. in einer immer noch recht einfachen Gliederung: produzieren, Einkommen erzielen/verwenden, Vermögen bilden, Kredite vergeben/erhalten.

Wie ein Blick in die VGR des Statistischen Bundesamtes zeigt, lassen sich diese Funktionen noch weiter spezifizieren. Dies soll aber hier nicht unser Ziel sein. Wir konzentrieren uns stattdessen auf die drei wichtigsten Funktionen: produzieren, Einkommen erzielen/ verwenden, und Vermögen bilden und nennen sie schematisch f1, f2, f3. Übertragen wir diese Erweiterung auf eine entsprechende Matrixdarstellung, so erhalten wir das folgende Bild:

		U			St			HH		
		f1	f2	f3	f1	f2	f3	f1	f2	f3
	f1									
U	f2									
	f3									
	f1									
St	f2									
	f3									
	f1									
HH	f2									
	f3									

Abb. 19: Erweiterung der Darstellung um ökonomische Funktionen

Da wir drei Funktionen und drei Institutionen gewählt haben, erhalten wir eine 9 × 9 Funktionenmatrix, die zusätzlich nach Institutionen gegliedert ist. Auch hier spielt die Anordnung der Zeilen/Spalten noch keine Rolle, wir könnten also **einzelne Zeilen und Spalten vertauschen,** ohne daß dies den Inhalt oder die Aussage der Matrix beeinflußt. Aus Gründen einer **besseren Übersichtlichkeit** würde man hier jedoch nicht beliebig vorgehen, sondern eine Anordnung wählen, die, wie in Abb. 19, eine **sinnvolle Systematik** aufweist. Dies ist jedoch strenggenommen nicht notwendig: jede Permutation einzelner Zeilen oder Spalten ist zugelassen.

2.2.3 Aggregation und Disaggregation

Die in Abb. 19 dargestellte Matrix hätte wegen ihrer Spezifikationen, dabei vor allem der Abtrennung der Funktion „Produzieren“ von den übrigen Funktionen, schon eher Aussicht auf den Titel „IOT". In verschiedener Hinsicht können wir jedoch immer noch nicht ganz zufrieden sein. Zur Konstruktion des **Grundmodells der IOT** muß vielmehr noch sowohl aggregiert als auch disaggregiert werden.

Wir **disaggregieren** zunächst den Sektor U. Dies wirft die in Kapitel 7 genauer behandelte Frage nach Zahl und Abgrenzung von **Teilsektoren** auf. In unserem schematischen Beispiel genügt es, lediglich zwei Teilsektoren einzuführen, um die Wirkung der Disaggregation zu zeigen. Natürlich besitzt nun jeder der beiden Teilsektoren seine eigenen Funktionen f1, f2, f3. Wir erhalten die in Abb. 20 dargestellte Matrix:

		U1			U2			St			HH			
		f1	f2	f3	f1	f2	f3	f1	f2	f3	f1	f2	f3	
	f1													
U1	f2													
	f3													
	f1													
U2	f2													
	f3													
	f1													
St	f2													
	f3													
	f1													
HH	f2													
	f3													

Abb. 20: Disaggregation des Unternehmenssektors

Nun kommen wir zum zweiten Schritt: Wir aggregieren die Funktionen f2 (Einkommen erzielen/verwenden) und f3 (Vermögen bilden) über alle Sektoren und erhalten das folgende Schema:

		U1 f1	U2 f1	St f1	HH f1	$St + U_{1+2} + HH$ f2	$St + U_{1+2} + HH$ f3
U1	f1						
U2	f1						
St	f1						
HH	f1						
$St + U_{1+2} + HH$	f2						
$St + U_{1+2} + HH$	f3						

Abb. 21: Der Aggregationsschritt

Diese Aggregation ist natürlich willkürlich. Wir hätten ebensogut f2 + f3 jeweils nach einem der institutionellen Sektoren U, St oder HH aggregieren können, oder noch differenzierter: f2 + f3 für U, dann f2 für St + HH, ebenso f3 für St + HH usw. Die Frage, welche **Aggregation** man wählt, ist letztlich eine **Frage der Zweckmäßigkeit,** d.h. welcher Fragestellung die Aggregation dienen soll.

Aufgrund des bisher erreichten Ausmaßes an Disaggregation (Institutionen, teildisaggregiert in U1, U2, Funktionen f1, f2, f3) stellt sich die Frage nach den Prioritäten bezüglich der Informationen, die die durch die Disaggregation bewirkte Vermehrung der Matrixfelder mit sich bringt (dies zusätzlich zu der Frage der damit einhergehenden Vermehrung der Kosten, um diese Felder auch mit empirischen Zahlen füllen zu können).

Was die IOR **von der VGR unterscheidet,** ist vor allem **die Priorität der Funktion f1, d.h. des Produzierens,** während die anderen Funktionen dementsprechend in den Hintergrund treten. Wir haben uns also in unserem Schema der IOT insofern noch etwas mehr angenähert, als wir der Dominanz der Funktion „Produzieren" in Abb. 21 dadurch Ausdruck gaben, daß im f1-Bereich disaggregiert wurde, während die restlichen Funktionen eine stärkere Aggregation (entsprechend ihrer geringeren Priorität) hinnehmen mußten.

Vergleichen wir, bevor wir den letzten Schritt tun, kurz noch die in Abb. 16, Abschn. 2.1 *gewählte* Aggregation: T^{ind} ist eine f2-Funktion des Staates, ebenso C_{st}, A bzw. I^b beziehen sich auf die Funktion f3,[1] L und C_{pr} entsprechen der f2-Funktion der HH, die G schließlich der f2-Funktion der Unternehmen.

Es bleiben M und Ex, die die Transaktionen mit dem Ausland darstellen. Hier erhebt sich die Frage, ob das Ausland prinzipiell als Institution oder als Funktion zu betrachten ist. Diese Frage ist selbst in der VGR nicht bündig gelöst. Naheliegend wäre eine Behandlung als Institution, in der VGR taucht das Ausland jedoch mit dem (total über die Institution hinweg aggregierten) Auslandskonto quasi als weitere Funktion auf. Auch die Behandlung im Grundmodell der IOT scheint auf diese Einstufung hinzuweisen. Wir werden dieser Frage jedoch noch genauer auf den Grund gehen.

Halten wir also fest: **Durch Prioritätensetzung für die ökonomische Funktion des Produzierens** und der damit sich ergebenden Vorrangstellung der Produzenten (Industrien) ergibt sich eine **Zweiteilung in der Behandlung** unserer bisher stark disaggregierten Zeilen und Spalten der erweiterten Basismatrix. Die Zeilen/Spalten, die der f1-Funktion **Produzieren** zugeordnet sind, **bleiben disaggregiert,** die der anderen Funktionen (f2 bzw. f3 im Schema) werden je nach Zweckmäßigkeit wieder mehr oder weniger aggregiert. Die Prioritätenregel schränkt somit die Willkür der Zeilen/Spaltenanordnung ein: der disaggregierte f1-Teil der Matrix dominiert.

2.2.4 Die Bildung der Quadranten

Wir kommen nun zum letzten Schritt. Hierfür unterteilen wir unsere erweiterte und teilweise wieder aggregierte Basismatrix aus Abb. 21 in die folgenden 4 Quadranten:

I. Quadrant: Die Teilmatrix der disaggregierten f1-Funktion (Zentralmatrix),
II. Quadrant: Die Teilmatrix, die sich durch die realen Lieferungen der Sektoren U1, U2 an die übrigen (f2, f3)-Bereiche ergibt (Endnachfrage E),

[1] Man könnte auch die Auffassung vertreten, daß A eine Vorleistung darstellt und darum f1-Funktion ist. In der VGR wird sie jedoch, wie die Buchung auf dem Einkommensentstehungskonto und dem Vermögensveränderungskonto zeigt, als f3-Funktion betrachtet. In Analogie zu den privaten Haushalten ist der Konsum des Staates C_{st} als f2-Funktion zu sehen, obwohl der Staat den „Eigenverbrauch" selbst produziert.

III. Quadrant: Die realen Ströme, die von dem (f2 + f3)-Bereich an die Sektoren U1 und U2 geliefert werden. Eine durchgängige Interpretation dieser Ströme als „real" scheint allerdings nicht ohne Schwierigkeiten möglich, wenn man z. B. an die indirekten Steuern denkt. Der III. Quadrant wird auch als Matrix des Primäraufwands (PA) bezeichnet.
IV. Quadrant: Die Lieferungen der f2/f3-Bereiche an f2/f3-Bereiche.

Damit ergibt sich folgendes Bild:

	U1 (f1)	U2 (f1)	f2/f3
U1 (f1) U2 (f1)	I		II
f2/f3	III		IV

Abb. 22: Das Vierquadrantenschema

Es erscheint nun auch nicht mehr verwunderlich, daß entsprechend der Anwendung der Prioritätenregel, die zur Unterteilung der Basismatrix in das 4-Quadranten-Schema geführt hat, das typische Input-Output-Tabellen-Muster dadurch erhalten wird, daß wir den Quadranten IV entfernen: er interessiert unter der Fragestellung der Input-Output-Rechnung am wenigsten. Quadrant II und Quadrant III enthalten immerhin noch die Verknüpfungen mit den *produzierenden* Sektoren des Quadranten I, Quadrant IV hingegen hat nur noch mit den f2- und f3-Funktionen zu tun, die in der Prioritätenskala ganz am Schluß stehen. Durch Wegnahme von Quadrant IV entsteht das aus Abb. 16 bekannte Bild der IOT in Form eines auf dem Kopf stehenden „L". Weitere Willkür hinsichtlich der Einordnung von Bereichen in die Quadranten I, II oder III scheint nun ausgeschlossen oder doch zumindest stark eingeschränkt. Wir haben damit eine Basis, von der aus wir Zuordnungsprobleme systematisch behandeln können. Sie lassen sich in zwei Kategorien einteilen: Probleme, die die **Ausgestaltung** der Tabelle im Bereich der reinen „Produktion" betreffen und Probleme, die die **Zugehörigkeit** zu diesem Bereich betreffen.

2.2.5 Axiomatisierung des Input-Output-Schemas

2.2.5.1 Eigenschaften der Quadrant-I-Sektoren

Die Differenzierung des Quadranten I nach U1 und U2 legt eine Einteilung nach Unternehmen nahe. Dies wäre jedoch ein voreiliger Schluß. Wenn wir wieder nach dem **Prioritätsaspekt** verfahren, zeigt sich, daß nicht in Unternehmen, sondern in Betrieben oder noch enger, in Produktionsstätten, produziert wird. Es ist jedoch unmöglich, soweit zu disaggregieren, daß jede Produktionsstätte eine eigene Spalte bzw. Zeile erhält. Wir sind also gezwungen, über derartige „Keimzellen der Produktion" hinweg zu aggregieren. In der Literatur werden dafür folgende Idealvorstellungen genannt (*Skolka* 1974, S. 22):

- **Jeder** derart abgegrenzte **Input-Output-Bereich** erzeugt bzw. liefert **nur ein einziges Produkt,**
- In jedem derart definierten Input-Output-Bereich wird **nur eine einzige Produktionstechnologie** angewendet,
- **Jedes Produkt** wird **nur in einem einzigen Input-Output-Bereich** produziert.

Diese Definitionskriterien verlangen eine **eineindeutige Zuordnung zwischen den Produkten und den sie produzierenden Input-Output-Bereichen,** die wir als Sektoren verwenden.

Es zeigt sich schnell, daß diese axiomatischen Grundregeln zur Ausgestaltung des Quadranten I nicht zu erfüllen sind, da es zuviele Güter gibt, um die Eineindeutigkeit (jeder Sektor nur ein Produkt, dieses Produkt nur in einem Sektor) erfüllen zu können. Deshalb müssen wir zulassen, daß über Güter nach Maßgabe ihrer Ähnlichkeit bzw. Homogenität aggregiert wird.

Damit kommen wir zu **Produktkategorien als Hauptbestimmungsgröße der Sektoreneinteilung.** Eine *Produktkategorie* ist jedoch nicht etwas Vorgegebenes, sondern entsteht durch Definition. Wir müssen also ein Kriterium entwickeln, das es erlaubt, *homogene Produktkategorien* zu definieren.

Man kann solche Produktkategorien mindestens nach den folgenden 3 Kriterien bilden:
- dem verwendeten **Produktionsverfahren,**
- dem **Verwendungszweck** des produzierten Gutes,
- der **Typologie des Produzenten.**

In der Praxis hat diese Unterscheidung zu zwei deutlich voneinander unterscheidbaren Formen von IOTs geführt, nämlich zur **funktionellen** und zur **institutionellen** IOT, die in Abschnitt 5.1.1 und 7.1.4 genauer behandelt werden.

Die *funktionelle Abgrenzung* orientiert sich an den Produkteigenschaften und versucht hier möglichst homogene *Güter* zugrundezulegen und danach abzugrenzen, gleichgültig, zu welchen Unternehmen die Produktionsstätten gehören.

Die Orientierung am *Produzenten* führt zu einer Einteilung nach *Institutionen* und hier meist zu einer Abgrenzung nach Unternehmen. Wird bei der (meist funktionellen) Kategorisierung zusätzlich nach dem verwendeten Produktionsverfahren unterschieden (z.B. ob elektrischer Strom durch ein Wasserkraftwerk oder durch ein Kohlekraftwerk erzeugt wurde), so können für ein Produkt auch mehrere Zeilen entstehen, so daß der Quadrant nicht mehr quadratisch ist, sondern eine $n \times m$ Matrix bildet, mit $n \neq m$. Dies ist jedoch die Ausnahme. (Zu nichtquadratischen Zentralmatrizen siehe Abschnitt 5.1.2).

Die Entscheidung für eine funktionell oder institutionell orientierte IOT hat noch weitere Implikationen, deren Darstellung an dieser Stelle jedoch zu weit führen würde (vgl. Abschn. 5.1).

2.2.5.2 Das Problem der Zugehörigkeit zu Quadrant I

Wie wir gesehen haben, ist die IOT zwar unmittelbar aus der Kreislaufanalyse hergeleitet, aber ihr gegenüber durch eine Dominanz der ökonomischen Funktion „Produzieren" gekennzeichnet. Wir haben weiter oben gesehen, daß dieses dem Quadranten I zugeordnete *Produzieren* unzulässigerweise häufig auf die Produktion der Industriesektoren eingeschränkt wird. Wir wissen jedoch, daß gemäß Konvention der VGR auch in den anderen Sektoren, also Staat (St), Haushalte (HH) und, wenn wir auch dies als Sektor betrachten (und nicht als „Funktion"), im Ausland, produziert wird. Dementsprechend haben wir auch die f1-Funktionen dieser 3 Sektoren zu berücksichtigen.

Darüberhinaus besteht grundsätzlich die Möglichkeit, abweichend von der strengen Gültigkeit der Dominanz von f1, den Quadranten I auch für produktions*nahe* ökonomische Funktionen des Nicht-f1-Bereichs zu öffnen. In der Praxis heißt das, daß man überlegen kann, eine IOT zu konstruieren, bei der Abschreibungen, die eigentlich zur Vermögensbildung zählen, in den Verflechtungsteil hereingenommen werden. Dies ist jedoch eine sehr weitgehende Alternative. Sie macht das die IOT kennzeichnende Abgrenzungskriterium der Dominanz der ökonomischen Funktion „Produzieren" teilweise wieder rückgängig.

2.2.5.3 Die mögliche Einordnung der Nicht-Produktionssektoren

Die in der bisher gezeigten „strengen" Abgrenzung miteinander verflochtenen, im Quadranten I berücksichtigten Sektoren bezeichnet man auch häufig als *endogene* Sektoren, weil sie untereinander durch ihre gegenseitigen Vorleistungslieferungen und -bezüge verflochten sind, im Gegensatz zu den *exogenen* Sektoren, z. B. Exporte an das Ausland, wo eine solche Verflechtung nicht angenommen wird, die also als *autonom* behandelt werden.

Bezeichnet man demgemäß die Einbeziehung eines Sektors oder einer Funktion in den Quadranten I als Endogenisierung, so können wir die These aufstellen, daß prinzipiell, wenn auch unter zunehmender Aufgabe des Abgrenzungskriteriums Produktionsdominanz, *jeder* Sektor/Funktion endogenisierbar ist.[1] In der Praxis ist diese These allerdings nicht so radikal angewandt worden, wie es theoretisch möglich wäre, was die mögliche Typenvielfalt auf einige wenige Standardtypen reduziert. Hier hat man sich bei der Tabellenerstellung enger an das Definitionskriterium Produktionsdominanz gehalten, so daß die Typenvielfalt sich in erster Linie aus der abweichenden Beantwortung der Frage ergibt, inwieweit man die Aktivitäten der Sektoren Staat, Haushalte, Ausland als f1-Aktivitäten behandeln und endogenisieren soll, oder ob man sie als exogen behandelt. Besonders hinsichtlich der Behandlung des Auslandes und hier wieder der unterschiedlichen Behandlung der Importe sind unterschiedliche Tabellentypen entworfen worden. (Mehr darüber in Abschnitt 5.4). Ähnliches gilt in abgeschwächtem Maße für die Behandlung des Staates. Bei den **Haushalten** hat man sich weitgehend auf eine **Nicht-Endogenisierung** geeinigt, d. h. die Haushalte werden mit den Löhnen in der Primäraufwandsmatrix (Quadrant III) und mit dem Privaten Konsum in der Endnachfrage (Quadrant II) berücksichtigt. Sie tauchen zwar u. U. im Verflechtungsteil als „Häusliche Dienste" auf (so z. B. als Sektor 59 in der Tabelle des Statistischen Bundesamtes), haben aber dort keinerlei echte Funktion, da sie analog der VGR auf die Dienste von Hausmädchen u. ä. beschränkt sind. (In der Tabelle 1975 weist z. B. sowohl die Input-Spalte als auch die Output-Zeile des Verflechtungsteils für die Häuslichen Dienste keinen positiven Wert aus).

Für den **Staat** ergibt sich die Frage, ob seine Leistungen eher als **Vorleistungen** (dann Endogenisierung) oder als **Endnachfrage** zu betrachten sind. In der Praxis hat man sich aus Gründen, die in Abschnitt 5.3 genauer beleuchtet werden, für die Endnachfragelösung entschieden.

Beim **Ausland** schließlich ist der **Export in jedem Falle exogen** (also Bestandteil der Endnachfragematrix). Die Importe werden teils endogenisiert, teils als reine Primäraufwandsgröße behandelt. Dabei kann die endogisierte Version die Importe integrieren (Totalwerte), oder getrennt zu den heimischen Vorleistungsinputs *hinzu* als eigene, nach **Herkunfts- und Verwendungsbereichen** gegliederte **Importmatrix** ausweisen. In jedem Falle wird bei der Endogenisierung eine Korrektur entweder der Endnachfragematrix (mit negativen Importwerten) oder der Primäraufwandsmatrix (mit positiven Werten) nötig, um die Einhaltung des Kreislaufaxioms (Zeilensumme = Spaltensumme des betreffenden Sektors) zu sichern. (Genaueres findet sich, wie schon erwähnt, in Abschnitt 5.4).

[1] In der Input-Output-Analyse wird dies auch gemacht, es entstehen dann sog. „geschlossene Input-Output-Tabellen".

3. Kapitel: Kurze Geschichte der Input-Output-Rechnung

Wir haben bereits angemerkt, daß sich die Idee der Erfassung der Wirtschaftsstruktur einer Volkswirtschaft auf Francois *Quesnays* „Tableau économique“ aus dem Jahre 1758 zurückführen läßt (siehe Abschnitt 1.1.2). Daß es sich hierbei um den ersten Vorläufer der IOR handelt, sieht man dem Original-Tableau allerdings nicht ohne weiteres an (siehe Abbildung 23). Stellt man *Quesnays* **Zick-Zack-Schema** aber in Matrix-Form auf (siehe Abbildung 9), dann tritt die Ähnlichkeit mit den zeitgenössischen IOTs doch ziemlich stark zutage.

Dabei darf man die Gleichsetzung des *Quesnay*'schen Schemas mit den zeitgenössischen IOTs allerdings nicht zu weit treiben: So folgt die Sektorendefinition, die aufgrund des Abstellens auf Personen hier eher einer institutionellen Sektorabgrenzung ähnelt, nicht streng der für die IOT vorherrschenden Prioritätenregel für die Produktion. Trotzdem war dieses Tableau in seiner Konzeption den damaligen wirtschaftswissenschaftlichen Erkenntnissen aber so weit voraus, daß es nach der kurzen Blütezeit der physiokratischen Ideen wieder in Vergessenheit geriet. Erst Karl *Marx* nahm dann die Vorstellung einer quantitativen Erfassung der Wirtschaftsstruktur einer Volkswirtschaft mittels Kreislaufströmen wieder auf, übrigens unter explizitem Bezug auf den *Quesnay*'schen Entwurf, den sogar den „unstreitig genialsten Einfall, dessen sich die politische Ökonomie bisher schuldig gemacht hat“, nannte. Für die IOR ist das *Marx*'sche Schema allerdings aufgrund der gänzlich anderen Fragestellung nicht als weiterführender Ansatz zu werten.

Somit dauerte es nach dem Beitrag von F. *Quesnay* mehr als 100 Jahre, bis **Strukturprobleme ganzer Volkswirtschaften** wieder als behandlungswertes Problem aufgegriffen wurden. Hier leistete *Leon Walras* (1874) von der theoretischen Seite her kommend in seinem Werk „Elements d'économie politique pure“ einen wichtigen systematischen Beitrag. Er stellte ein System linearer, simultan zu lösender Gleichungen auf, in dem ausgehend von den Entscheidungseinheiten Haushalte und Unternehmungen das Konzept der allgemeinen Interdependenz eindrucksvoll formuliert wurde. Hierbei wurde auch die Produktionsseite berücksichtigt, ja es wurden sogar „Produktionskoeffizienten“ eingeführt, die allerdings als die Faktormengen definiert sind, die zur Erzeugung einer jeden Art von Endprodukt erforderlich sind. Sein **allgemeines Gleichgewichtsmodell** muß somit sicherlich als wichtiger Vorläufer für die moderne IOR eingestuft werden, auch wenn *Walras* für seine Zeit zurecht der Auffassung war, es sei nur sehr schwer bzw. unmöglich mit empirischen Daten aufzufüllen.

Der in der zeitlichen Abfolge nächste beachtenswerte Beitrag zur Input-Output-Rechnung stammt aus der UdSSR und geht von einer ganz anderen Zielsetzung aus. Ging es *Walras* um rein theoretische Überlegungen, so ging es hier um konkrete Planungsprobleme, die mit Hilfe von Verflechtungsbilanzen behandelt werden sollten. Hierfür waren direkt aus der Empirie zu gewinnende statistische Daten notwendig. Die erste derartige rudimentäre IOT, die **Volkswirtschaftsbilanz der UdSSR für das Jahr 1923/1924,** wurde 1925 veröffentlicht (*Zwer* 1981, S. 28). In dieser Bilanz sind Austauschbeziehungen in Form von Angebots-, Nachfrage- und Produktionsinterdependenzen berücksichtigt, die allerdings sektoriell noch nicht sehr tief gegliedert sind, und auch der Einkommensseite wird keine große Beachtung geschenkt.

Einige Jahre später (1933) erschien unabhängig davon ein empirischer Beitrag des deutschen Wirtschaftswissenschaftlers *Ferdinand Grünig*, in dem aufbauend auf einer funktionellen Sektorengliederung die Verflechtungen zwischen diesen Sektoren analysiert werden. Auch diese Tabellen weisen bereits viele Entsprechungen zu den modernen IOTs auf (*Zwer* 1981, S. 28).

Den **entscheidenden Anstoß für die moderne IOR** lieferte dann 1936 *Wassily W. Leontief* (Leontief 1936), dessen Arbeiten allgemein als Ausgangspunkt der IOR gelten. Wie sehr sich *Leontief* dabei auf *Walras* bezieht, zeigt der Untertitel seiner Arbeit *The Structure of American Economy 1919–1929* (Leontief 1941): „An Empirical Application of Equilibrium Analysis". Er schreibt:

„This modest volume describes an attempt to apply the economic theory of general equilibrium – or better, general interdependence – to an empirical study of interrelations among the different parts of a national economy as revealed through covariations of prices, outputs, investments and incomes" (*Leontief* 1941, S. 3). Aber auch auf *Francois Quesnay* wird explizit Bezug genommen: „The statistical study presented in the following pages may be best defined as an attempt to construct, on the basis of available statistical material, a Tableau Economique of the United States for 1919 and 1929" (*Leontief* 1941, S. 9).

Leontief untersucht in seiner Analyse die innergewerblichen Verflechtungen und die abgegebenen und erhaltenen Leistungen einzelner Wirtschaftssektoren in einer bestimmten Periode im Rahmen einer statischen Analyse. Dabei kann er **neben den primären Effekten ökonomischer Vorgänge auch die indirekten „unsichtbaren, aber trotzdem sehr realen Zusammenhänge"** der Sektoren herausarbeiten, mit seinen eigenen Worten: eine Steigerung der Automobilverkäufe in New York City steigert die Lebensmittelnachfrage in Detroit (*Leontief* 1941, S. 3), und diese nicht offensichtlichen Zusammenhänge sind es, die für Ökonomen bei der Beurteilung wirtschaftspolitischer Maßnahmen von besonderer Bedeutung sind.

Es ist müßig, sich die Frage zu stellen, warum die Entwicklung von gesamtwirtschaftlichen Verflechtungsschemata in der Geschichte der Volkswirtschaftslehre bis hin zu *Leontief* nur von wenigen Einzelgängern getragen wurde. Sicher ist, daß die für **eine empirische Analyse notwendigen Daten** vor den ersten Jahrzehnten dieses Jahrhunderts auch in den Ländern mit entwickelten statistischen Diensten nicht vorlagen. Mit der besseren Verfügbarkeit des Datenmaterials und, vor allem in den letzten Jahrzehnten, der Möglichkeit des Einsatzes qualifizierter Rechenanlagen hat die IOR dann allerdings einen Siegeszug ohnegleichen angetreten. So werden von der UN bereits im Jahre 1973 64 Länder angegeben, die mehr oder weniger regelmäßig IOTs erstellen (UN 1973, Annex II).

Die stürmische Weiterentwicklung der IOR ist aber nicht bei einer breiten empirischen Anwendung stehengeblieben. Es wurden in den letzten Jahren auch zunehmend **Erweiterungen des Grundmodelles** vorgeschlagen und die **IOR auf zusätzliche Gebiete** ausgedehnt. So wurden unter anderem die der üblichen Input-Output-Analyse zugrundeliegenden linear-limitationalen Produktionsfunktionen durch **Cobb-Douglas- und CES-Funktionen** ersetzt, Teile der Endnachfrageströme wurden **endogenisiert,** die IOTs wurden in **gesamtwirtschaftliche ökonometrische Modelle integriert** und es wurden **dynamische Input-Output-Ansätze** konstruiert.

Gerade die letztere Entwicklung zeigt, daß die Theorie der IOR oft den Anwendungsmöglichkeiten in dem Sinne vorauseilt, daß die zur empirischen Auffüllung notwendigen Daten noch gar nicht zur Verfügung stehen. Von den neuen Gebieten, die mittlerweile mit dem Instrument der IOR analysiert werden, seien beispielhaft nur die **Behandlung von Umweltproblemen** (siehe Kapitel 10), die **multiregionale IOR** (siehe Abschnitt 6.2) und die **demographischen Input-Output-Modelle** genannt.

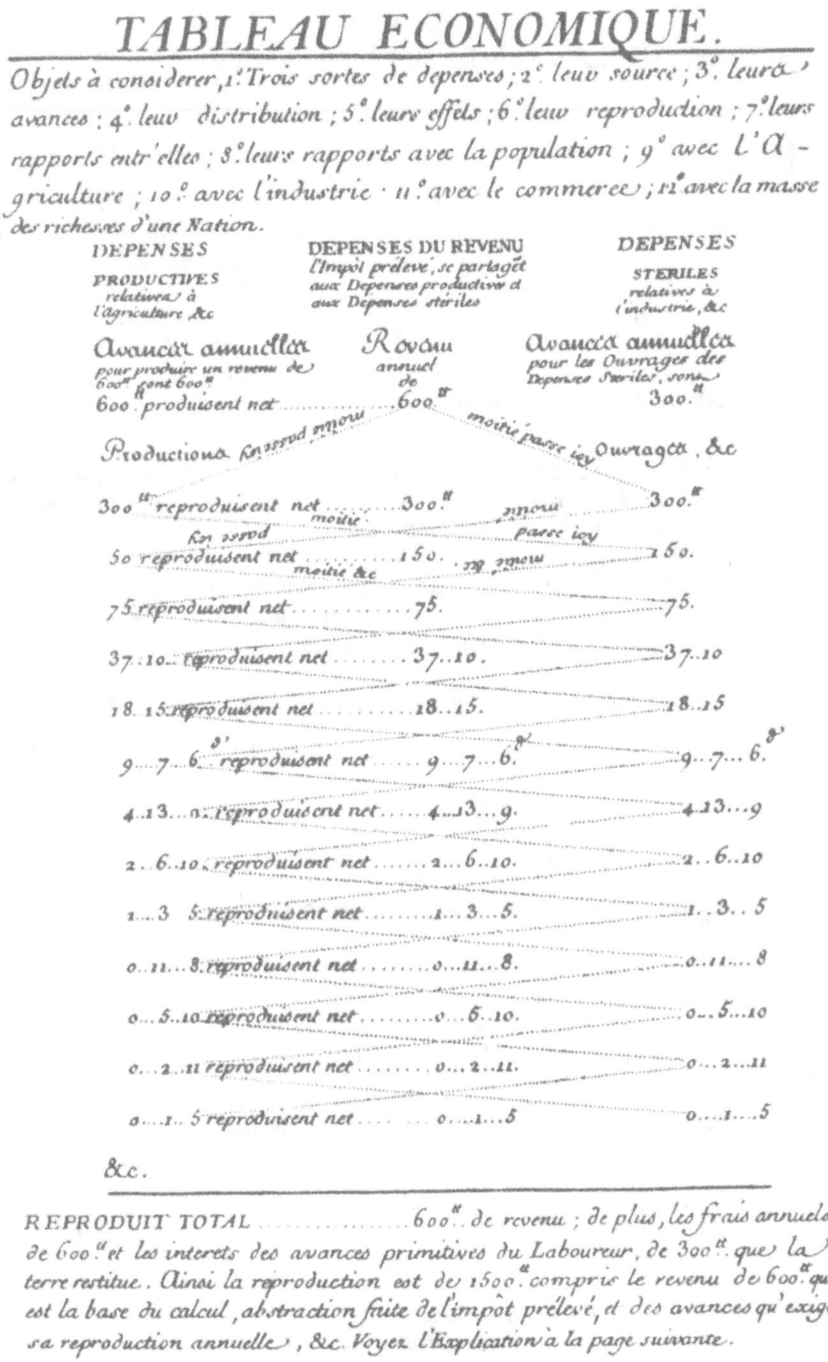

TABLEAU ECONOMIQUE.

Objets à considerer, 1.° Trois sortes de depenses; 2.° leur source; 3.° leurs avances; 4.° leur distribution; 5.° leurs effets; 6.° leur reproduction; 7.° leurs rapports entr'elles; 8.° leurs rapports avec la population; 9.° avec l'Agriculture; 10.° avec l'industrie; 11.° avec le commerce; 12.° avec la masse des richesses d'une Nation.

DEPENSES PRODUCTIVES relatives à l'Agriculture, &c.	DEPENSES DU REVENU l'Impôt prélevé, se partagent aux Depenses productives et aux Depenses steriles	DEPENSES STERILES relatives à l'industrie, &c.
Avances annuelles pour produire un revenu de 600.^tt sont 600.^tt	Revenu annuel de	Avances annuelles pour les Ouvrages des Depenses Steriles, sont
600.^tt produisent net	600.^tt	300.^tt
Productions	moitié passe ici / moitié passe ici	Ouvrages, &c.
300.^tt reproduisent net	300.^tt	300.^tt
150 reproduisent net	150.	150.
75 reproduisent net	75.	75.
37..10.. reproduisent net	37..10.	37..10
18..15 reproduisent net	18..15.	18..15
9...7...6 reproduisent net	9...7...6.	9...7...6.
4..13...9 reproduisent net	4..13...9.	4..13...9
2..6..10 reproduisent net	2...6..10.	2..6..10
1...3...5 reproduisent net	1...3...5.	1..3..5
0..11...8 reproduisent net	0...11...8.	0..11...8
0...5..10 reproduisent net	0...5..10.	0...5...10
0...2..11 reproduisent net	0...2..11.	0...2...11
0...1..5 reproduisent net	0...1...5	0...1...5

&c.

REPRODUIT TOTAL .... 600.^tt de revenu; de plus, les frais annuels de 600.^tt et les interets des avances primitives du Laboureur, de 300.^tt que la terre restitue. Ainsi la reproduction est de 1500.^tt compris le revenu de 600.^tt qui est la base du calcul, abstraction faite de l'impôt prélevé, et des avances qu'exige sa reproduction annuelle, &c. Voyez l'Explication à la page suivante.

Abb. 23: Das Tableau Economique von *F. Quesnay*
Quelle: Tableau economique von Francois Quesnay, 3. Auflage, Versailles 1759, herausg., eingeleitet und übersetzt von Kuczynski, M., Berlin 1965

4. Kapitel: Input-Output-Tabelle und Input-Output-Analyse

Die **IOT** ist ein definitorisches Rechenschema. Unter wissenschaftstheoretischem Blickpunkt handelt es sich hierbei um ein deskriptives, geschlossenes Ex-Post-Kreislaufschema, das keine modellmäßigen Hypothesen enthält, sondern „nur" der **Abbildung der intersektoralen Güterströme** dient. Auch diese Beschreibung der strukturellen Zusammenhänge liefert bereits wertvolle Aufschlüsse über die betrachtete Volkswirtschaft, so etwa über die Importabhängigkeit bestimmter Sektoren, über die hauptsächlichen Liefer- und Empfängersektoren ausgewählter Industrien, über den Vorleistungsanteil im Vergleich zum Anteil des Primäraufwandes am Bruttoproduktionswert etc. Wir fassen diese durch Vergleich von Absolutströmen und Quotienten gewonnenen Informationen unter der Überschrift **deskriptive Auswertungen der IOT** zusammen und rechnen sie zur **Ex-Post-Rechnung.**

Die **Input-Output-Analyse** geht über eine reine Beschreibung der strukturellen Verflechtungen hinaus, indem **Hypothesen über produktionstheoretische Zusammenhänge** und in manchen Modellen auch **Verhaltensannahmen** eingebaut werden. Es handelt sich hier also um eine **Ex-Ante-Rechnung,** die das ex post vorgegebene Zahlenmaterial der IOTs modellmäßig auswertet. Zumeist geht es dabei um die bedingte Vorausschätzung der **direkten und indirekten Wirkungen** vorgegebener Endnachfrageänderungen, es werden aber auch andere Ex-Ante-Fragestellungen mit ihrer Hilfe beantwortet.

In einem einfachen Schaubild sehen die geschilderten Zusammenhänge dann folgendermaßen aus:

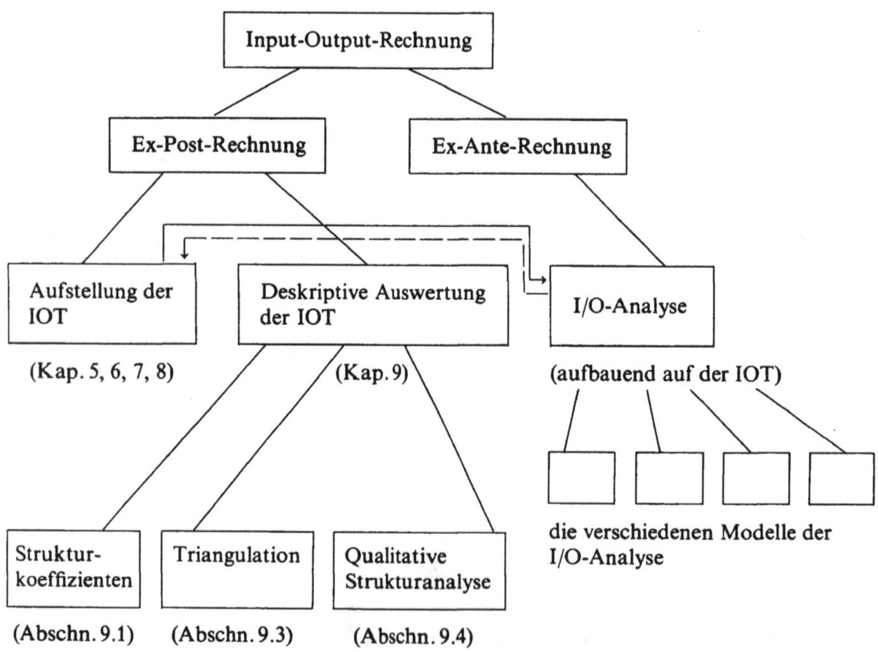

Abb. 24: Begriffsschema der IOR

Die eingeführte Unterscheidung zwischen IOT und Input-Output-Analyse darf nicht zu dem Mißverständnis führen, diese beiden Teilbereiche der IOR wären *unabhängig* voneinander. Tatsächlich ist das Gegenteil der Fall: Die Input-Output-Analyse baut direkt auf der IOT auf, sie fügt dieser Hypothesen hinzu und kann damit Erklärungen und (zumeist bedingte) Prognosen vorlegen. Im Schaubild wird dieser Zusammenhang durch den Pfeil angedeutet, der von der IOT zur Input-Output-Analyse hinführt.

Umgekehrt wird die Ausgestaltung der IOTs auch durch die Bedürfnisse der Input-Output-Analyse geprägt. Dies wird im Schaubild 24 durch den gestrichelten Pfeil angedeutet. Obwohl sich dieser Band nicht mit den Problemen der Input-Output-Analyse beschäftigt, wurde, wo es ohne tieferes Eingehen auf die Input-Output-Analyse möglich war, auf diese Zusammenhänge hingewiesen.

5. Kapitel:
Konzeptionelle Probleme beim Aufbau der Input-Output-Tabelle

5.1 Die Sektorenbildung

Wir haben in Abschnitt 1.1 die **Ordnungsfunktion des Kreislaufdenkens** für die Wirtschaftswissenschaften betont. Die dortige Argumentation gilt in vollem Umfange auch für die IOT. Um die ungeheure Zahl von wirtschaftlichen Einzelbeziehungen überschaubar zu machen und in eine handhabbare Form zu bringen ist es auch hierbei notwendig, Sektoren und Ströme zu Aggregaten zusammenzufassen. Es geht also nicht darum, *ob* man aggregieren soll oder nicht, sondern stets nur darum, **nach welchen Kriterien** und **in welcher Tiefe** man aggregiert (siehe auch die Ausführungen in Abschnitt 2.2). Im ersten Kapitel wurde weiter ausgeführt, daß die Wahl der Sektoren und Ströme insbesondere von der zugrundeliegenden Fragestellung abhängt. In der Praxis hat sich die IOT **grundsätzlich den Selektionsnormen des herrschenden Kreislaufschemas,** wie sie in den Volkswirtschaftlichen Gesamtrechnungen aufscheinen, angeschlossen. Damit ist allerdings nur die **Grobstruktur** der IOT umrissen. Die Ausgestaltung im Detail hängt außer von der Fragestellung vor allem auch von den **statistischen Möglichkeiten** ab, das vorgegebene Schema mit konkreten Zahlen zu füllen.

Die damit angesprochenen praktisch-statistischen Schwierigkeiten dürfen bei der Erstellung eines so komplexen Systems wie einer IOT keinesfalls unterschätzt werden. Die Art und Tiefe der Aggregation, die schließlich tatsächlich durchgeführt wird, ist deshalb stets als **Kompromiß zwischen theoretischen Forderungen,** die vor allem aus der Fragestellung resultieren, **und praktischer Machbarkeit** zu verstehen. Erst durch diese Sichtweise werden eine Reihe von Inkonsistenzen in der IOT (siehe z.B. Abschnitt 5.3), aber auch in anderen volkswirtschaftlichen Rechenwerken erklärbar.

Wir zeigen, aufbauend auf den Überlegungen zur Axiomatik der IOT in Abschnitt 2.2, in Kapitel 5 zuerst von einem theoretischen Standpunkt aus die grundsätzlichen konzeptionellen Probleme, die sich beim Aufbau einer IOT ergeben. In Kapitel 7 werden dann anhand tatsächlich erstellter IOTs die oft durch die statistische Machbarkeit diktierten Vorgehensweisen der Praxis diskutiert.

5.1.1 Funktionelle versus institutionelle Sektoreneinteilung

Die beiden wichtigsten Prinzipien der Sektorenbildung in der IOT sind das **funktionelle** und das **institutionelle Prinzip.** Da in der Bundesrepublik Deutschland IOTs nach beiden Prinzipien erstellt werden und da die Vertreter des jeweiligen Prinzips in der Regel die Vorzüge ihrer Vorgehensweise ausdrücklich herausstellen, werden wir der Diskussion der funktionellen und der institutionellen Sektorenabgrenzung vergleichsweise breiten Raum widmen.

Wir beginnen mit der **funktionellen Sektoreneinteilung.** Sie zielt auf eine Wiedergabe der von technischen Relationen determinierten **Produktionsverflechtung** ab und gliedert deshalb die Sektoren nach bestimmten Produkten oder zumindest in sich möglichst homogenen Produktgruppen (Produktkategorien, siehe auch Abschnitt 2.2.5.1) auf. Theoretisch steht dahinter die **Idealvorstellung,** daß

- jeder Sektor nur *ein* einziges Produkt erzeugt,
- in jedem Sektor nur *eine* Produktionstechnologie angewendet wird,
- jedes Erzeugnis in nur *einem* Sektor erzeugt wird.

Vor allem die **erste Bedingung** ist so weitgehend, daß sie **für die Praxis als unerfüllbar** angesehen werden muß. Sie würde zu Riesenmatrizen führen, die weder mit Zahlen auffüllbar, noch analytisch bearbeitbar wären.

Auch wenn diese Forderungen in der Praxis somit nicht eingehalten werden können, haben sie doch zur Folge, daß

- bei **Mehrproduktunternehmen** die einzelnen Aktivitäten **genau der jeweiligen Produktgruppe zugeordnet** werden müssen, was in diesen Fällen eine Aufteilung des Unternehmens auf verschiedene Sektoren impliziert,
- neben den über den Markt umgesetzten Produktströmen grundsätzlich auch die **firmeninternen Ströme** ausgewiesen werden sollten, die den Markt nicht berühren.

Man kann die **funktionelle IOT** somit als eine

- **an homogenen Gütergruppen** (und nicht an Produzenten) **ausgerichtete,**
- **an der Gesamtproduktion orientierte** (es werden auch die zur internen Weiterverarbeitung bestimmten Produktströme ausgewiesen),
- **produktionstechnisch ausgerichtete Matrix der Produktions-Verflechtung** bezeichnen.

Die **institutionelle Sektoreneinteilung** beruht auf einer Zusammenfassung von **Produktionseinheiten** (und nicht Produkten), die genügend gemeinsame Merkmale haben. Als solche gemeinsame Merkmale kommen etwa in Frage: die Produktion ähnlicher Güter, die Verwendung des gleichen Rohstoffes oder ähnliche Produktionsverfahren (*Stäglin* 1968, S. 20).

Da die einzelnen Organisationseinheiten oft mehrere verschiedenartige Produkte herstellen bzw. mehrere Rohstoffe einsetzen und verschiedene Produktionsverfahren benutzen, benötigt man ein Prinzip, das die eindeutige Zuweisung einer Organisationseinheit zu nur **einem bestimmten Sektor** erlaubt. In der Praxis wird hier das sogenannte **Schwerpunktprinzip** angewendet, d.h. man stellt aufgrund der Wertschöpfung bzw. der Beschäftigtenzahl fest, in welchem Sektor der überwiegende Teil der wirtschaftlichen Tätigkeit liegt und ordnet dann die Organisationseinheit als Ganzes ohne Rücksicht auf die angesprochenen Heterogenitäten ausschließlich diesem Sektor zu. Als institutionelle Organisationseinheiten können dabei das **Unternehmen,** der **Betrieb** sowie auch **fachliche Unternehmens- und Betriebsteile** verwendet werden. Ein Beispiel für ein Unternehmen wäre etwa die Siemens AG, ein Betrieb als örtliche Einheit wäre deren Produktionsniederlassung in einer Stadt, ein fachlicher Betriebsteil wäre z.B. die Produktionsstätte für elektronische Bauteile.

Die **institutionelle Sektorenbildung** eignet sich für die Darstellung der **Marktverflechtungen** des betrachteten Gebietes, die intrasektoralen Ströme enthalten demgemäß nur die über den Markt gelaufenen Transaktionen.

Man kann die **institutionelle IOT** somit als eine

- **an Produktionsorganisationen** (und nicht an Gütergruppen) **ausgerichtete,**
- an der über den Markt laufenden Produktion orientierte **Marktverflechtungsmatrix** bezeichnen.

Vergegenwärtigt man sich die Zielsetzung der IOR, wie sie etwa das Statistische Bundesamt definiert: „Beschreibung der güter- und produktionsmäßigen Verflechtungen in der Volkswirtschaft ..." (Mai 1974, S. 167), so scheint die funktionelle Sektorenabgrenzung dieser Zielsetzung mehr zu entsprechen und tatsächlich erstellt das Statistische Bundesamt auch funktionelle IOTs. Eine genauere Analyse zeigt allerdings, daß **beide Tabellentypen ihre charakteristischen Vorzüge und Schwächen haben** und daß mit ihnen letztlich auch **unterschiedliche Fragestellungen** beantwortet werden sollen: einmal

Abbildung der technisch determinierten Produktionsstruktur (funktionelles Prinzip) und einmal **Abbildung der absatzwirtschaftlich orientierten Marktverflechtung** (institutionelles Prinzip).

Zu den **Vorzügen des institutionellen Prinzips** zählt das **leichter verfügbare Datenmaterial für die Primäraufwandsmatrix,** das auf Unternehmens- oder Betriebsebene bereits weitgehend vorliegt. (Dies gilt nicht für den I. und II. Quadranten der Tabelle, wo die Daten in der Spaltengliederung institutionell und in der Zeilengliederung funktionell vorliegen).

Außerdem wird von den Befürwortern dieses Prinzips behauptet, daß **Marktverflechtungstabellen** wegen der größeren Heterogenität der Sektoren **eine größere Strukturkonstanz** aufweisen als die sensitiveren Produktionsverflechtungen (*Stäglin* 1968, S. 33).

Dagegen wird allerdings eingewandt, daß Änderungen der Schwerpunkte der Unternehmen in der institutionellen Aufteilung zu erheblichen Änderungen der Input-Strukturen führen können. So kam z.B. Krupp vom Maschinenbau zum Leichtmetallbau, die Firma „Nordsee" von der Fischerei zur Nahrungsmittelindustrie. Ähnliches gilt, wenn Unternehmen fusionieren, denn dies führt dazu, daß Marktumsätze abnehmen, was erhebliche Auswirkungen auf die Koeffizienten hat. Auch sich ändernde Produktionsprogramme der Unternehmen (product mix) können Koeffizientenänderungen nach sich ziehen.

Auf die engere Verbindung der institutionellen Tabellen zur VGR und sich dadurch ergebende Vorzüge wird in Abschnitt 5.2 ausführlicher eingegangen.

Die **Nachteile des institutionellen Prinzips** resultieren vor allem aus dem dabei angewendeten **Schwerpunktprinzip.** Dies führt zwangsläufig zu einer vergrößerten **Heterogenität der Transaktionen** eines Sektors. Darüberhinaus werden gleichartige Produkte zum Teil in verschiedenen Sektoren ausgewiesen. Obwohl diese Nachteile des Schwerpunktprinzips durch ein Abstellen auf das Betriebskonzept, bei dem weniger Produzenten heterogener Güter auftreten als beim Unternehmenskonzept, teilweise abgemildert werden können, bleiben sie doch grundsätzlich bestehen.

Ein weiterer Einwand gegen das institutionelle Prinzip lautet, man könne wegen des Fehlens homogener Güterströme hierbei keine technischen Koeffizienten ableiten. Diese Aussage ist zwar richtig, übersieht aber, daß dies auch nicht die Absicht bei der Erstellung institutioneller IOTs ist. Hier sollen vielmehr **ökonomische Koeffizienten** (*Stäglin* 1968, S. 32) gebildet werden, die **auf Marktverflechtungen beruhen.**

Der hauptsächliche **Vorzug des funktionellen Prinzips** ist bereits mehrfach angesprochen worden: die im Vergleich zum institutionellen Prinzip zumindest in der Theorie größere Homogenität der Güterströme führt zu einem engeren produktionstechnischen Zusammenhang innerhalb der jeweiligen Produktionssektoren. Anders formuliert: Diese Homogenität erlaubt eine bessere Abbildung der sich aufgrund technischer Relationen im Produktionsbereich zwangsläufig ergebenden Abhängigkeiten als die über den Markt laufenden Ströme beim institutionellen Prinzip. Die größere Homogenität der Güterströme wirkt sich auch bei Deflationierungsproblemen und bei internationalen Strukturvergleichen vorteilhaft aus.

Ein **Nachteil des funktionellen Prinzips** ist, daß das Datenmaterial auf Unternehmens- und Betriebsebene nicht wie beim institutionellen Prinzip weitgehend unverändert übernommen werden kann, sondern daß quer durch dieses Material eine Aufspaltung in Produktgruppen vorgenommen werden muß. Diese Aufspaltung ist mangels exakt vorliegenden Datenmaterials zumeist auf Schätzungen aufgrund von statistischem Sekundärmaterial und von Expertengesprächen angewiesen, wodurch oft eine nicht unbeträchtliche Ungenauigkeit in die Rechnung kommt.

Interessante Unterschiede zwischen den beiden grundlegenden Prinzipien ergeben sich auch im Hinblick auf die **verschiedenen Aggregationsebenen.** Unterscheiden wir hierbei:

- Aggregation auf Unternehmensebene,
- Aggregation auf Betriebsebene,
- Aggregation auf Betriebsteilebene,

so folgt für die institutionelle Sektoreneinteilung: mit zunehmender Disaggregation nimmt der Umfang der Transaktionen zu, die Heterogenität der Transaktionsströme nimmt ab, es werden grundsätzlich alle Transaktionsströme der Tabelle berührt.

Bei der **funktionellen Sektoreneinteilung** führt zunehmende Disaggregation ebenfalls zu einem größeren Umfang der Transaktionen, der Homogenitätsgrad der Transaktionsströme bleibt aber – im theoretischen Idealfall – gleich. Die Zunahme der Güterströme wirkt sich außerdem sehr stark in der Hauptdiagonale der funktionellen Tabelle aus (siehe dazu das instruktive Beispiel bei Stäglin 1968, S. 21–31).

Es sei angemerkt, daß die Hauptdiagonalelemente für die IOA höchst problematisch sind. Ein oft gewählter Ausweg besteht darin, die Analyse ohne sie durchzuführen, da die Verflechtung ohnehin nicht von den intrasektoralen Strömen abhängt.

Grundsätzlich gilt: Je mehr die Organisationen der Marktverflechtungstabelle disaggregiert werden, desto näher kommt man der funktionellen Tabelle, da die verzerrenden Auswirkungen des Schwerpunktprinzips umso schwächer werden, je kleiner die zugrundegelegte Einheit ist. Ebenso gilt, daß sich die beiden Tabellentypen bei hochgradiger Aggretion annähern.

Welches Gliederungsprinzip und welche Aggregationsebene man auch wählt, der Output eines Sektors wird auch beim funktionellen Vorgehen nie vollständig homogen im Sinne der Wirtschaftstheorie sein. Es liegt vielmehr immer eine **Produktmischung** (product mix) bzw. **Prozeßmischung** (process mix) vor. Neben die Grobstruktur der IOT, wie sie durch unsere bisherigen Überlegungen charakterisiert ist, tritt also stets noch die **Feinstruktur der einzelnen Felder** der IOT, da jedes Feld durch eine Zusammenfassung vieler Einzelströme gebildet wird.

Fazit: Sowohl das institutionelle als auch das funktionelle Gliederungsprinzip haben ihre speziellen Vorzüge und Nachteile. Eine allgemeingültige Antwort über die Vorzugswürdigkeit eines der beiden Prinzipien kann von vorneherein nicht gegeben werden. Je nach der Fragestellung der Untersuchung und nach dem vorliegenden statistischen Material wird man einmal der Marktverflechtungstabelle und einmal der Produktionsverflechtungstabelle den Vorzug geben (weitere Überlegungen zur funktionellen versus institutionellen Sektorenabgrenzung finden sich in Abschnitt 7.1).

5.1.2 Der von den United Nations vorgeschlagene Tabellenaufbau

Wir haben im Rahmen unserer bisherigen Ausführungen die IOT strikt aus der Matrixdarstellung des Kreislaufschemas entwickelt (Siehe Abschnitt 2.1). Dies hatte zur Folge, daß ausschließlich **quadratische Vorleistungsmatrizen** resultierten und daß ein besonderes Augenmerk auf die Vorteile der Geschlossenheit von Kreisläufen, d.h. auf die Bedingung **„Input ist gleich Output für jeden Sektor“** (Konsistenzbedingung) gerichtet wurde. Diese Vorgehensweise scheint uns aus didaktischen Gründen gerechtfertigt, erlaubt sie doch, ausgehend von bekannten Überlegungen zum Wirtschaftskreislauf, einen logischen Aufbau der Argumentation. Es ist allerdings nunmehr an der Zeit, die zentrale Stellung, die wir dieser Konsistenzbedingung eingeräumt haben, etwas abzuschwächen und dazu parallel auch auf die Vorzüge des Arbeitens mit rechteckigen (nicht quadratischen) Vorleistungsmatrizen hinzuweisen.

Die VGR im engeren Sinne und die IOR wurden zunächst unabhängig voneinander entwickelt. Wie aus dem bisher Gesagten hervorgeht (s. Kap. 2), sind die beiden Rechenwerke aber tatsächlich nicht unabhängig voneinander. Ihre **Einordnung in eine gemeinsame Systematik** ist sowohl unter theoretischem wie auch unter praktischem Aspekt von großem Interesse. Es ist deshalb nicht verwunderlich, daß bereits in den fünfziger Jahren die Möglichkeiten einer solchen Integration diskutiert wurden. Die Pionierarbeiten auf diesem Gebiet kamen von Richard Stone (*Stone*, *Utting* 1953), (*Stone* 1954), (*Stone* 1961). In seinen Arbeiten werden bereits die wichtigsten Vorzüge, aber auch die Schwierigkeiten einer solchen Integration gezeigt.

Anknüpfend daran entstand das System of National Acounts (SNA), das Vorschläge für einen konsistenten Einbau der IOTs in ein umfassendes System der nationalen Buchführung enthält (United Nations 1968). Abb. 25 zeigt die hierauf aufbauende Input-Output-Systematik, wie sie vom Statistical Office des Department of Economic and Social Affairs der Vereinten Nationen in der Schrift „Input-Output Tables and Analysis" vorgeschlagen wird (United Nations 1973). Ausgangspunkt ist ein Schema, in dem statt der bisherigen *einen* Vorleistungsmatrix, die entweder durchgehend funktionell (Commodity-Ansatz) oder durchgehend institutionell (Industry-Ansatz) gegliedert war, mehrere Matrizen für den Produktionsbereich aufgeführt sind:

<table>
<tr><th></th><th></th><th colspan="2">Produktion</th><th colspan="3">Endnachfrage</th><th></th></tr>
<tr><th></th><th></th><th>Commodities</th><th>Industries</th><th>C</th><th>I^b</th><th>Ex-M</th><th>Summen</th></tr>
<tr><td rowspan="2">Produktion</td><td>Commodities</td><td></td><td>1</td><td colspan="3">3</td><td>·</td></tr>
<tr><td>Industries</td><td>2</td><td></td><td colspan="3"></td><td>·</td></tr>
<tr><td rowspan="4">Primäraufwand</td><td>A</td><td colspan="2" rowspan="4">4</td><td colspan="3" rowspan="4">5</td><td rowspan="4">·</td></tr>
<tr><td>T^{ind}</td></tr>
<tr><td>L</td></tr>
<tr><td>G</td></tr>
<tr><td></td><td>Summen</td><td>·</td><td>·</td><td colspan="3">·</td><td></td></tr>
</table>

Abb. 25: Input-Output-Systematik der UN 1973

Matrix 1, die in der Terminologie des Statistical Office der UN als **absorption matrix** bezeichnet wird (in unserer Terminologie **Produktionsprogramm**), zeigt in den Zeilen die Aufteilung der Güter als Inputs auf die jeweiligen Industrien, in den Spalten die Aufteilung des Inputs der Industrien auf die jeweiligen Güter (commodities × industries). Sie ist somit eine Kombination des funktionellen und des institutionellen Prinzips, bei der die Zeilen funktionell und die Spalten institutionell gegliedert sind.[1]

[1] In der Bundesrepublik liegt das statistische Ausgangsmaterial in einer Mischform vor: Input-Strukturen der *Unternehmen* in der Aufgliederung nach *Gütergruppen* (z.B. die Material- und Wareneingangserhebungen). Daher empfiehlt sich als Basistabelle eine Tabelle mit gütermäßiger Zeilen- und institutioneller Spaltengliederung in der Art der Matrix 1.

Matrix 2, in der Terminologie des Statistical Office der UN als **make matrix** bezeichnet, zeigt in den Zeilen die Verteilung des Outputs der Industrien auf die verschiedenen Güter, in den Spalten die Verteilung der produzierten Güter auf die jeweiligen Industrien (industries × commodities). Typischerweise erscheinen hierbei die **größten Teile der Produktion auf der Hauptdiagonalen,** denn dort wird die Produktion des jeweiligen Hauptproduktes der Industrien abgebildet. Die Beträge außerhalb der Hauptdiagonalen, d.h. die übrigen Produkte der jeweiligen Industrien, sind dementsprechend sehr viel kleiner. Die Endnachfragevektoren 3 zeigen die Käufe der verschiedenen Güter durch die Endnachfrager, die Primäraufwendungen der Industrien werden in Feld 4 ausgewiesen. Feld 5 zeigt schließlich die Matrix der Primäraufwandswerte der Endnachfragekategorien.

Die in Abb. 25 ausgewiesenen Matrizen 1 und 2 sind, wie schon die Argumentation in bezug auf die Hauptdiagonalelemente zeigte, **quadratische Matrizen.** Das Statistical Office der UN bietet dazu noch verschiedene Überleitungsmethoden an, die es ermöglichen, „reine" commodity × commodity bzw. industry × industry Tabellen aus der (hier ebenfalls quadratischen) absorption- und der (quadratischen) make-Matrix abzuleiten (zum ähnlichen Überleitungsmodell des Statistischen Bundesamtes siehe Abschnitt 5.1.3).

Die Klassifikationssysteme, die bei den industry- und den commodity-Tabellen benutzt werden, gehen hier also (noch) von der gleichen Sektorenzahl beider Tabellen aus, da ja jede Industrie im Hinblick auf ihr Hauptprodukt definiert wird und deshalb auch die gleiche Zahl Industrien wie Hauptprodukte resultiert. Es kann nun aber für eine IOT vorteilhaft sein, **diese eineindeutige Zuordnung zwischen Industrien und ihren Hauptprodukten zu verlassen.** So kann man z.B. die Güter stärker disaggregieren, was vom statistischen Material her in aller Regel möglich ist, ohne daß man die Industrien gleichermaßen disaggregieren muß. Die resultierenden make- und absorption-Matrizen sind dann allerdings nicht mehr quadratisch, sondern rechteckig, was im übrigen ihre Weiterverwendung im Rahmen der Input-Output-Analyse aber nicht verhindert (United Nations 1973, S. 37f.). Da dieser Tabellentyp doch wesentlich anders konzipiert ist als die restlichen in diesem Buch vorgestellten IOTs, lohnt es sich, noch etwas genauer darauf einzugehen. Wir bedienen uns hierzu als Beispiel der kanadischen IOTs, die Pionierarbeiten auf diesem Gebiet darstellen. (Dominion Bureau of Statistics 1969, zu einem weiteren Beispiel nichtquadratischer Matrizen vgl. *Zwer* 1981, S. 194f.).

Die kanadischen IOTs lehnen sich eng an das vom Statistical Office der UN vorgeschlagene System an (siehe Abb. 25).

Im Gegensatz zu den Matrizen 1 und 2 der Abb. 25 handelt es sich hierbei von vorneherein um **rechteckige Matrizen,** bei denen die Anzahl der Güter die Anzahl der Industrien klar übersteigt. Beim niedersten Aggregationsniveau sind es immerhin 595 Güter, 191 Industrien, 136 Endnachfragekategorien und 7 Primäraufwandskategorien. Es existieren noch 2 höhere Aggregationsniveaus (*Lal* 1981, S. 4), die jährlich (und zwar die Matrizen 1, 2, 3) veröffentlicht werden sollen.

Die Vorteile, die die kanadischen Statistiker für ihre Vorgehensweise in Anspruch nehmen, sind nach ihren eigenen Aussagen:

- Es werden dem Benützer alle die Details zur Verfügung gestellt, die aus dem statistischen Ausgangsmaterial (hier speziell aus den Produktionsstatistiken) herausdestillierbar sind;
- Die Bedeutung jeder Zeile bzw. Spalte wird nicht durch „fiktive Transfers" verwässert;
- Das Rechenwerk stellt ein statistisches Instrument zur Verfügung, mit dem die Konsistenz und Vollständigkeit anderer Wirtschaftsstatistiken überprüft werden kann (*Lal* 1981, S. 1).

Denkt man die von den kanadischen Reformern begonnenen Ansätze konsequent weiter, so zielen sie letztlich darauf ab, **JEDEM BENUTZER SEINE EIGENE, DER JEWEILIGEN FRAGESTELLUNG ANGEMESSENE TABELLE, ZU ERMÖGLICHEN.** Das statistische Amt stellt stark disaggregierte Matrizen des Typs 1 und 2 (in konstanten und jeweiligen Preisen) zur Verfügung. Dem Benutzer werden dann **Überleitungsprogramme** angeboten, mit denen er nicht nur, falls für seine Fragestellung notwendig, auf „reine" Tabellentypen umsteigen kann, sondern die es ihm auch ermöglichen, sein angemessenes Aggregationsniveau zu verwirklichen. Trotz dieser daraus resultierenden Vielfalt bleiben die IOTs aber immer in dem Sinne konsistent, daß sie in nachvollziehbarer Form aus einem gemeinsamen Ausgangsmaterial entwickelt wurden. Das Kanadische Bureau of Statistics hat als ersten Schritt in diese Richtung ein Benutzerhandbuch entwickelt, das in seiner Informationsfülle und Benutzerfreundlichkeit wohl einmalig ist (*Lal* 1981, S. 4).

Die **Konsistenzbedingung im bisherigen Sinne,** nämlich Spaltensumme = Zeilensumme, ist hier schon wegen der rechteckigen Form der Matrizen **nicht mehr gegeben.** Durch geeignete Aggregation läßt sich jedoch überprüfen, daß das **Kreislaufaxiom:** Input eines Sektors gleich Output dieses Sektors, **auf Sektorenebene gewahrt** bleibt. Wesentlich schwieriger ist die Situation bei deflationierten Tabellen. Hier ist das Kreislaufaxiom auch auf Sektorenebene tangiert (s. Abschnitt 5.5).

5.1.3 Das Überleitungsmodell des Statistischen Bundesamts

Wir haben in Abschnitt 5.1.1 die beiden wichtigsten Sektoreneinteilungen, nämlich das funktionelle und das institutionelle Prinzip, in ihren Grundzügen dargestellt. Dabei kann nun der Eindruck entstanden sein, die Entscheidung für einen dieser Tabellentypen sei grundsätzlich irreversibel in dem Sinne, daß man dann ein für allemal festgelegt sei. Diese Auffassung soll durch die folgenden Ausführungen zum **Überleitungmodell des Statistischen Bundesamts** nunmehr revidiert werden (wir folgen hierbei *Stahmer* 1979).

Unterstellen wir als Ausgangspunkt eine institutionelle IOT. Um diese Tabelle in eine funktionelle Tabelle zu transformieren, muß die nach dem Schwerpunktprinzip erstellte **institutionelle Einteilung aufgebrochen** werden, d.h. die Tätigkeiten der institutionellen Sektoren müssen auf diejenigen funktionellen Produktionsbereiche umgelegt werden, zu denen sie von der **Art der produzierten Güter** her gehören. Dabei müssen vor allem die folgenden Probleme gelöst werden:

(1) Welche Inputstruktur, d.h. *Gesamtvorleistungs*koeffizient und *Primäraufwands*koeffizienten (siehe Abschnitt 9.1), soll die aus dem institutionellen Sektor herausgelöste, in einen anderen funktionellen Sektor überzuführende Nebenproduktion (vom institutionellen Sektor aus gesehen) haben? Unter Inputstruktur werden bei dieser Fragestellung also die in der Entstehungsrechnung auftretenden Komponenten als Anteile am Produktionswert eines Bereiches verstanden.

(2) Wie sieht die Inputstruktur im obigen Sinne der beiden betroffenen Sektoren (der, von dem die Nebenproduktion abgezogen wird, und der, dem sie zugeschlagen wird) **nach erfolgter Überführung** aus?

Da hierfür statistische Daten in aller Regel fehlen, kann man nur mit (möglichst akzeptablen) **Annahmen** arbeiten. Die dem Modell des Statistischen Bundesamts (*Stahmer* 1979) zugrundeliegende Hauptannahme ist, daß die **Inputstruktur der Nebenproduktion, die umgesetzt werden soll, gleich der Inputstruktur des Bereiches ist, dem sie zugeordnet wird.** Anders formuliert: die Produktion gleicher Produkte (im Sinne der funktionellen Unterteilung) erfolgt immer mit der gleichen Inputstruktur, und zwar unabhängig davon, in welchem (institutionellen) Sektor die Produktion tatsächlich stattfindet.

Nun beziehen sich die aus der (institutionellen) Ausgangstabelle bekannten Inputstrukturen auf (im Sinne der funktionellen Einteilung) gemischte Produktionsprogramme der Sektoren. Für eine funktionelle Struktur sind aber nur die **tatsächlichen Inputstrukturen der Hauptproduktion** zugelassen. Die Nebenproduktion muß, wie erwähnt, mit den Inputstrukturen der jeweiligen neuen Haupttätigkeiten umgesetzt werden. Diese sind zum Zeitpunkt der Umsetzung aber selbst noch nicht bekannt. Wie dieses Problem gelöst werden kann und welche Daten hierfür erforderlich sind, soll im folgenden anhand eines einfachen Beispiels vorgeführt werden.

Für die Umsetzung notwendig ist eine quadratische Matrix folgender Art, das sogenannte **Produktionsprogramm,** in der die **Produktionswerte der institutionellen Wirtschaftsbereiche** W_1, W_2, W_3 den **funktionellen Produktionsbereichen** (Gütergruppen) P_1, P_2, P_3 **zugeordnet** werden:

		W_1	W_2	W_3	Σ
Produktionswerte	P_1	X_{11}	X_{12}	X_{13}	$X_{1\cdot}$
	P_2	X_{21}	X_{22}	X_{23}	$X_{2\cdot}$
	P_3	X_{31}	X_{32}	X_{33}	$X_{3\cdot}$
	Σ	$X_{\cdot 1}$	$X_{\cdot 2}$	$X_{\cdot 3}$	$\Sigma\Sigma$

		W_1	W_2	W_3	Σ
Produktionswerte	P_1	18	10	12	40
	P_2	20	20	—	40
	P_3	20	—	20	40
	Σ	58	30	32	120

Abb. 26: Das Produktionsprogramm

In dieser Tabelle, die hier mit willkürlichen Werten gefüllt wurde, stehen **auf der Hauptdiagonalen** die **Hauptproduktionen** der Sektoren, **in den restlichen Feldern** die **Nebenproduktionen.** Daneben benötigen wir als unverzichtbares statistisches Ausgangsmaterial noch die (in der Regel aus der Entstehungsrechnung der VGR ermittelte) **Inputstruktur der Wirtschaftsbereiche im Sinne der obigen Definition:**

	W_1	W_2	W_3	Σ
Vorleistungen	29	10	21	60
Bruttowertschöpfung	29	20	11	60
Produktionswert	58	30	32	120

	W_1	W_2	W_3	Σ
Vorleistungen	V_{w1}	V_{w2}	V_{w3}	U
Bruttowertschöpfung	L_{w1}	L_{w2}	L_{w3}	L
Produktionswert	$X_{\cdot 1}$	$X_{\cdot 2}$	$X_{\cdot 3}$	$\Sigma\Sigma$

Abb. 27: Die Inputstruktur der Wirtschaftsbereiche

Wir haben für unser Beispiel eine vereinfachte Tabelle der Inputstrukturen der Wirtschaftsbereiche vorgegeben, in der Praxis können noch Abschreibungen, indirekte Steuern etc. extra ausgewiesen werden.

Um die weitere Argumentation anschaulicher zu machen, bringen wir die vorhandenen Informationen aus den Abb. 26 und 27 in einer einzigen Tabelle (Abb. 28) zusammen:

	W_1		W_2		W_3		Σ	
P_1	U_{11} L_{11}	X_{11}	U_{12} L_{12}	X_{12}	U_{13} L_{13}	X_{13}	V_{p1} L_{p1}	$X_{1\cdot}$
P_2	U_{21} L_{21}	X_{21}	U_{22} L_{22}	X_{22}	U_{23} L_{23}	X_{23}	V_{p2} L_{p2}	$X_{2\cdot}$
P_3	U_{31} L_{31}	X_{31}	U_{32} L_{32}	X_{32}	U_{33} L_{33}	X_{33}	V_{p3} L_{p3}	$X_{3\cdot}$
Σ	V_{w1} L_{w1}	$X_{\cdot 1}$	V_{w2} L_{w2}	$X_{\cdot 2}$	V_{w3} L_{w3}	$X_{\cdot 3}$	$\Sigma\Sigma$	

Abb. 28: Kombinierte Gesamttabelle

Man sieht in Abb. 28, daß die Spalten- und Zeilensummen wiederum die $X_{\cdot j}$ und $X_{i\cdot}$ aus der Abb. 26 sind. Die aus Abb. 27 entnommene Inputstruktur der Wirtschaftsbereiche führt zu der Aufspaltung der $X_{\cdot j}$ in V_{wj} und L_{wj}. Genauso werden die X_{ij} in U_{ij} und L_{ij} aufgeteilt.

Gegeben sind die X_{ij}, die $X_{\cdot j}$ und die $X_{i\cdot}$, sowie die V_{wj} und die L_{wj}. Gesucht ist die Aufteilung der $X_{i\cdot}$ in V_{pi} und L_{pi} (Überleitung von der Inputstruktur der Wirtschaftsbereiche zur Inputstruktur der Produktionsbereiche). Die Aufteilung der X_{ij} in U_{ij} und L_{ij} sieht unterschiedlich aus, je nachdem ob die institutionelle oder die funktionelle Produktionsstruktur unterstellt wird. Uns interessiert hier nur die Umsetzung der institutionellen in funktionelle Daten, d.h. wir wollen nur die Aufspaltung der $X_{i\cdot}$ in V_{pi} und L_{pi} vornehmen (und damit natürlich gleichzeitig die X_{ij} funktionell in U^P_{ij} und L^P_{ij} aufteilen, wobei der Index P für „Produktionsbereich" steht und damit ausdrückt, daß es um eine funktionelle Produktionsstruktur geht).

Die Ermittlung dieser Unbekannten erfolgt in einer ersten Methode, indem man Gesamtvorleistungskoeffizienten für die funktionellen Produktionsbereiche definiert:

$$v_i = \frac{V_{pi}}{X_{i\cdot}};$$

Hierbei sind nur die $X_{i\cdot}$ bekannt. Nun unterstellen wir, daß das Verhältnis zwischen den U^P_{ij} und den X_{ij} (s. Abb. 28) gleich dem jeweiligen v_i ist. Dies besagt, wie eingangs ausgeführt, daß die Produktion gleicher Produkte funktionell immer mit der gleichen Inputstruktur erfolgt und zwar unabhängig davon, in welchem institutionellen Wirtschaftsbereich sie stattfindet.

Im folgenden geht es nun darum, die unbekannten Gesamtvorleistungskoeffizienten v_1, v_2, v_3 zu ermitteln. Dazu stellen wir die bekannten Gesamtvorleistungen der institutionellen Wirtschaftsbereiche V_{wj} in der Struktur der funktionellen Produktionsprogramme dar:

$$V_{w1} = U^p_{11} + U^p_{21} + U^p_{31}$$
$$V_{w2} = U^p_{12} + U^p_{22} + U^p_{32}$$
$$V_{w3} = U^p_{13} + U^p_{23} + U^p_{33}$$

Setzen wir die oben definierten Gesamtvorleistungskoeffizienten v_i ein, so folgt:

$$V_{w1} = v_1 X_{11} + v_2 X_{21} + v_3 X_{31}$$
$$V_{w2} = v_1 X_{12} + v_2 X_{22} + v_3 X_{32}$$
$$V_{w3} = v_1 X_{13} + v_2 X_{23} + v_3 X_{33};$$

Mit den Zahlen unseres Beispieles lauten diese Gleichungen:

$$29 = 18\,v_1 + 20\,v_2 + 20\,v_3$$
$$10 = 10\,v_1 + 20\,v_2$$
$$21 = 12\,v_1 \qquad\qquad + 20\,v_3,$$

bzw.

$$\begin{bmatrix} 29 \\ 10 \\ 21 \end{bmatrix} = \begin{bmatrix} 18 & 20 & 20 \\ 10 & 20 & 0 \\ 12 & 0 & 20 \end{bmatrix} \begin{bmatrix} v_1 \\ v_2 \\ v_3 \end{bmatrix},$$

woraus folgt:

$$\begin{bmatrix} v_1 \\ v_2 \\ v_3 \end{bmatrix} = \begin{bmatrix} -0{,}25 & 0{,}25 & 0{,}25 \\ 0{,}125 & -0{,}075 & -0{,}125 \\ 0{,}15 & -0{,}15 & -0{,}1 \end{bmatrix} \begin{bmatrix} 29 \\ 10 \\ 21 \end{bmatrix}$$

$$\begin{bmatrix} v_1 \\ v_2 \\ v_3 \end{bmatrix} = \begin{bmatrix} 0{,}5 \\ 0{,}25 \\ 0{,}75 \end{bmatrix};$$

Da die Produktionswerte der Produktionsbereiche bekannt sind, ergibt sich **folgende Inputstruktur der funktionalen Produktionsbereiche:**

	P_1	P_2	P_3	Σ
Vorleistungen	20	10	30	60
Bruttowertschöpfung	20	30	10	60
Produktionswert	40	40	40	120

bzw. in Symbolschreibweise:

	P_1	P_2	P_3	Σ
Vorleistungen	V_{p1}	V_{p2}	V_{p3}	$\hat{U}$
Bruttowertschöpfung	L_{p1}	L_{p2}	L_{p3}	$\hat{L}$
Produktionswert	$X_{1.}$	$X_{2.}$	$X_{3.}$	$\Sigma\Sigma$

Abb. 29: Die Inputstruktur der Produktionsbereiche

In der Praxis kann man für jeden Input ein solches Gliederungssystem aufstellen und erhält nach Lösung dann die komplette Inputstruktur der Produktionsbereiche.

Ein zweites Verfahren, bei dem das gleiche Ergebnis resultiert, führt direkt zu den Gesamtvorleistungen der funktionellen Produktionsbereiche. Es unterstellt, daß der jeweilige Anteil eines institutionellen Wirtschaftsbereiches an dem Produktionswert eines (funktionellen) Produktionsbereiches konstant ist.

Für das in unserem Beispiel unterstellte Produktionsprogramm ergeben sich horizontal folgende Anteilswerte:

	W_1	W_2	W_3	Σ
P_1	0,45	0,25	0,3	1,0
P_2	0,5	0,5	—	1,0
P_3	0,5	—	0,5	1,0

Abb. 30: Das Produktionsprogramm in Anteilswerten

Das Gleichungssystem sieht dann folgendermaßen aus:

$$\begin{bmatrix} 29 \\ 10 \\ 21 \end{bmatrix} = \begin{bmatrix} 0{,}45 & 0{,}25 & 0{,}3 \\ 0{,}5 & 0{,}5 & 0 \\ 0{,}5 & 0 & 0{,}5 \end{bmatrix} \begin{bmatrix} V_{p1} \\ V_{p2} \\ V_{p3} \end{bmatrix}$$

wobei die V_{pi} die Gesamtvorleistungen der funktionellen Produktionsbereiche sind.

Daraus folgt:

$$\begin{bmatrix} V_{p1} \\ V_{p2} \\ V_{p3} \end{bmatrix} = \begin{bmatrix} -10 & 10 & 10 \\ 5 & -3 & -5 \\ 6 & -6 & -4 \end{bmatrix} \begin{bmatrix} 29 \\ 10 \\ 21 \end{bmatrix}$$

$$\begin{bmatrix} V_{p1} \\ V_{p2} \\ V_{p3} \end{bmatrix} = \begin{bmatrix} 20 \\ 10 \\ 30 \end{bmatrix};$$

Das Ergebnis dieses Verfahrens ist also gleich dem Ergebnis des vorherigen Verfahrens, es resultiert wiederum die Tabelle der Abb. 29. Nachzutragen ist, daß plausible Ergebnisse bei diesem unter Verwendung von Großrechnern durchgeführten Verfahren umso wahrscheinlicher sind, je höher der Anteilswert der Hauptproduktionen der Wirtschaftsbereiche am Produktionswert ist und je weniger sich die Inputstruktur des abgebenden Sektors von der des aufnehmenden Sektors unterscheidet.

Dies führt zu dem folgenden **Dilemma**: Sind die Strukturen nahezu identisch, dann funktioniert das Überleitungsmodell zwar ausgezeichnet, ist aber überflüssig. Sind die Strukturen sehr heterogen, dann wäre das Verfahren notwendig, es führt aber zu unplausiblen Ergebnissen und kann somit nicht angewendet werden. Dabei reicht es aus, daß ein einziger Wert „ausbricht". In der Praxis wird das Überleitungsmodell deshalb nur eingesetzt, wenn die Anteilswerte auf der Hauptdiagonalen für alle Sektoren größer oder gleich 0,8 sind.

Das Statistische Bundesamt führt, wie eingangs erwähnt, Umrechnungen von institutionellen Daten auf funktionelle Produktionsbereiche mit Hilfe dieses (sich an das Überleitungsmodell der UN anlehnenden) Überleitungsmodells durch (Interessenten seien auf die ausführliche Arbeit von *Stahmer* 1979 verwiesen).

So werden die Ergebnisse der Entstehungsrechnung in interner Gliederung zu 60 Wirtschaftsbereichen zusammengefaßt, was zu einem Produktionsprogramm in der Größe einer 60 × 60-Matrix führt, deren Spalten die 60 Wirtschaftsbereiche und deren Zeilen die 60 Produktionsbereiche in der Gliederung der zu veröffentlichenden funktionellen IOT enthält. Auf die dabei auftretenden Spezialprobleme, wie etwa bei der Behandlung des Handels und der Lohnarbeiten, wird hier nicht eingegangen.

Die **Vorzüge** dieses Verfahrens sind:

- Überschaubarkeit,
- geringer Arbeitsaufwand des eigentlichen Verfahrens (mittels EDV),
- Umkehrbarkeit des Verfahrens, d.h. man kann die Ergebnisse der funktionellen IOT auch auf die institutionellen Wirtschaftsbereiche zurückrechnen, das Überleitungsmodell ist also keine Einbahnstraße. Außerdem profitiert die VGR von den sehr detaillierten Ergebnissen auf Produktgruppenebene;
- die Benutzer können sich (nach einigen Erweiterungen) die für ihre Zwecke geeignete IOT selbst erstellen, wenn die entsprechenden Umsteigematrizen bekannt sind. (Dieser Vorzug wurde ausführlich in Abschnitt 5.1.2 diskutiert).

Als **Nachteile** sind anzumerken:

- in Einzelfällen können sich unplausible Werte für einzelne Produktionsbereiche ergeben,
- das Verfahren hat einen stark mechanischen Charakter, die Güte seiner Ergebnisse hängt sehr stark von dem Zutreffen der oben aufgeführten strengen Annahmen ab.

5.2 Input-Output-Tabelle und Volkswirtschaftliche Gesamtrechnungen

Die Volkswirtschaftliche Gesamtrechnung (VGR) im engeren Sinne (Kontensystem für die Sozialproduktsberechnung) bildet vor allem die makroökonomischen Aggregate wie Produktion, Konsum, Investition etc. ab. Die IOT stellt wegen ihrer Zielsetzung: **Abbildung der Produktionsstruktur** hingegen auf eine geeignete strukturelle Zerlegung der wechselseitigen Vorleistungen der Industriesektoren ab. Beide Darstellungen sind geschlossene Ex-Post-Kreislaufschemata, wobei die VGR zumeist in Kontenform, die IOT in Matrixform erstellt wird.

Wir haben bereits in Abschnitt 5.1.2 festgestellt, daß sich die VGR i.e.S. und die IOTs zunächst unabhängig voneinander entwickelten, daß aber bereits in den fünfziger Jahren die Möglichkeiten einer Integration beider Rechenwerke diskutiert wurden. Dabei lassen sich nach *Stahmer* (*Stahmer* 1981, S. 2ff.) drei Ebenen einer solchen Integration identifizieren:

(1) **eine totale Integration der IOT** in **ein** nationales Rechensystem. Hier müßten die Definitionen der Transaktoren und der Transaktionen in beiden Systemen übereinstimmen. Dann könnten die Daten der IOTs als Produktions- und Einkommensentstehungsdaten in das umfassende System eingebracht werden, das darüberhinaus auch die Einkommensverteilung und die Kapital- und Finanztransaktionen einschließt (Social Accounting Matrix). Die statistischen Einheiten wären hier die kleinsten institutionellen Einheiten mit eigener Bilanzierung, was zu den aufgeführten Unzulänglichkeiten der institutionellen Sektoreneinteilung in bezug auf die IOTs führt (siehe Abschnitt 5.1.1).

(2) Für die IOTs und die VGR i.e.S. soll die jeweils adäquateste statistische Einheit, also für die IOT Gütergruppen bzw. fachliche Betriebsteile (establishments), für die VGR

institutionelle Einheiten, herangezogen werden. **Die beiden Systeme sollen dann durch Überleitungsmodelle miteinander verknüpft werden.** Diese Vorstellung, nämlich die Verwendung verschiedener Klassifikationssysteme *zusammen* mit entsprechenden Überleitungsmodellen, sind ein Grundprinzip des revidierten SNA-Systems (United Nations 1968), auf dessen **Flexibilität für den jeweiligen Benutzer** wir bereits hingewiesen haben (s. Abschnitt 5.1.2).

(3) eine nur **lose Verknüpfung der IOTs mit dem Kontensystem** der Sozialproduktsberechnung (Konzept der ESA: European System of Integrated Economic Accounts). Hier gibt es ein komplettes Kontensystem für die Transaktionen in einer hochaggregierten institutionellen Klassifikation. Der Zusammenhang zwischen funktioneller (IOT) und institutioneller (VGR) Rechnung wird nur durch ein **gesamtwirtschaftliches Güterkonto** hergestellt.

Dem Vorzug der nahezu totalen Loslösung der IOT von der VGR i.e.S., der darin besteht, daß man die Gütergruppen unbeeinflußt in für die IOT adäquater Weise vornehmen kann, steht der Nachteil entgegen, daß die meist nach Institutionen klassifizierten statistischen Daten erst „übersetzt" werden müssen. Zudem entfällt die in der Praxis zunehmend wichtigere wechselseitige Kontrollfunktion der beiden Rechenwerke füreinander.

Die offiziellen IOTs des Statistischen Bundesamts sind eng an das Konzept der ESA angeschlossen (s. Abschnitt 8.1.1), d.h. sie werden als funktionelle Tabellen auf der Grundlage homogener Produktionseinheiten berechnet. Die VGR i.e.S. basiert auf institutionellen Sektoren, die Verknüpfung zur IOT erfolgt über das gesamtwirtschaftliche Güterkonto.

Dies scheint darauf hinzudeuten, daß sich das Statistische Bundesamt für den geringstmöglichen (dritten) Integrationszusammenhang entschieden hat. Unsere Ausführungen zum Überleitungsmodell haben aber gezeigt, daß es mittels geeigneter Matrizen (make- und absorption-matrix) möglich ist, einen Zusammenhang zwischen den institutionellen VGR-Daten und den funktionellen Daten der IOTs herzustellen. Da das Statistische Bundesamt dieses Überleitungsmodell verwendet, stellt dies eine Annäherung an die zweite von der UN propagierte Integrationsstufe, nämlich an das SNA-System, dar. Allerdings erlauben die statistischen Daten der BRD keine Klassifikation nach fachlichen Betriebsteilen, sondern nur nach Unternehmen (*Stahmer* 1981, S. 10). Man kann also zusammenfassend feststellen, daß das offizielle System der Gesamtrechnungen in der BRD in Bezug auf unsere Fragestellung zwischen den Integrationsniveaus 2 und 3 angesiedelt ist, wobei in letzter Zeit ein zunehmender Trend zum SNA-System des Niveaus 2 feststellbar ist.

Nach dem bisher Gesagten ist unmittelbar klar, daß eine **direkte Vergleichbarkeit der Zahlen der funktionellen IOT und der institutionellen VGR i.e.S. nicht gegeben** ist.

- So wird in der funktionellen Tabelle die gesamte Produktion an Waren und Dienstleistungen auf jeder Produktionsstufe unabhängig davon erfaßt, ob die produzierten Güter über den Markt abgesetzt werden. Insbesondere wird **nicht auf Lieferungen bzw. Bezüge von Warenströmen abgestellt, sondern auf die zur Produktion notwendigen Einsatzströme** (der Unterschied schlägt sich vor allem in der Lagerhaltung nieder). Hiermit soll vermieden werden, daß die Darstellung der Produktionsstruktur durch eine unterschiedlich tiefe vertikale Konzentration bei den Unternehmen beeinflußt wird. Dieses Vorgehen führt aber zu anderen Bruttoproduktionswerten als denen der institutionellen VGR.
- So werden die Größen in den IOTs zum Teil **anders bewertet** als in der VGR (s. Abschnitt 7.2). Dies betrifft insbesondere die Abgrenzung des Außenhandels (Generalhandel vs. Spezialhandel), sowie die Behandlung der Lagerhaltung.

- Um ein vergleichbares Bild der Güterströme ohne Rücksicht darauf zu geben, ob ein Erzeugnis mit zugekauften Vorleistungsgütern oder unter Verwendung von vom Auftraggeber beigestellten Waren produziert wird, weist die IOT Lohnarbeiten grundsätzlich einschließlich des Materialwertes aus **(Bruttoverbuchung von Lohnarbeiten).** In der VGR wird bei Lohnarbeiten dagegen nur der Wert des Veredelungslohnes berücksichtigt. Dies hat zur Folge, daß in der IOT entsprechend höhere Produktionswerte erscheinen (Fachserie 18, Reihe 2, S. 22f.).
- Da in der IOT der Zusammenhang zwischen Güterproduktion und -verwendung unmittelbar gezeigt werden soll, muß man die über den Handel abgesetzten Güter so verbuchen, als ob der Verwender sie direkt vom Produzenten bezogen hätte. Andernfalls würde ein aufgeblähter Handelssektor entstehen, der die Interpretationsmöglichkeit der IOT zerstören würde. Der Produktionswert und die Vorleistungen des Handelssektors werden dann anders als in der VGR **netto in Höhe der Handelsspanne,** d.h. ohne den Einstandswert der abgesetzten Handelsware ausgewiesen **(Nettoverbuchung des Handels).** Diese Vorgehensweise gilt auch für den **Transithandel** (Fachserie 18, Reihe 2, S. 23, zur genaueren Vorgehensweise siehe Abschnitt 7.3).

Aus der Reihe weiterer Abweichungen gegenüber der VGR, die sich aus der speziellen Fragestellung der IOT ergeben, sei hier nur noch auf die Verbuchung der Mineralölsteuer hingewiesen, die in der IOT unabhängig davon, welche Sektoren sie zahlen, vollständig beim Sektor „Herstellung von Mineralölerzeugnissen" ausgewiesen wird. Dies führt zu einer Erhöhung der entsprechenden Vorleistungen und Produktionswerte. (Zu weiteren Abweichungen zwischen IOT und VGR siehe Fachserie 18, Reihe 2, S. 20–25).

Wie später noch ausführlich gezeigt wird, stellt das DIW im Gegensatz zum Statistischen Bundesamt **institutionelle IOTs** auf. Hier ergeben sich keine grundsätzlichen Probleme einer Integration in die ebenfalls institutionell gegliederte VGR i.e.S. Im Detail ergeben sich allerdings durch die Nettoverbuchung des Handels trotzdem auch hier Schwierigkeiten.

5.3 Der Staat in der Input-Output-Tabelle

5.3.1 Der Endnachfrageansatz

Bevor die Einbeziehung des staatlichen Sektors in die IOT diskutiert wird, soll ganz kurz auf die entsprechende Debatte im Rahmen der VGR hingewiesen werden. In der VGR umfaßt der Sektor Staat alle Institutionen, die sich überwiegend aus Zwangsabgaben finanzieren und deren Aufgabe vorwiegend darin besteht, der Allgemeinheit Dienstleistungen spezieller Art (öffentliche Güter) zur Verfügung zu stellen. Diese Abgrenzung führt dazu, daß öffentliche Unternehmen wie z.B. die Bundesbahn, die Bundespost und die staatlichen Versorungsbetriebe zum Unternehmenssektor zählen, und zwar unabhängig von den Eigentumsverhältnissen und von ihrer Rechtsform.

Zumeist wird der Sektor Staat gemäß den Vorschlägen des SNA (System of National Accounts) und ESVG (Europäisches System Volkswirtschaftlicher Gesamtrechnungen) in die drei Untersektoren: zentraler Haushalt, lokale Gebietskörperschaften und Sozialversicherung zerlegt (*Bombach* 1975, S. 58).

Da die Produkte des Staatssektors im engeren Sinne, wie z.B. Bildung und Sicherheit, nicht auf Märkten angeboten werden und da meist auch keine vergleichbaren Marktpreise existieren haben sich die Gesamtrechner dafür entschieden, den Wert dieser Staatsleistungen einfach gleich der Höhe der dem Staat dafür entstandenen Kosten anzunehmen. Um die Staatsleistungen in vollem Umfange in die Endnachfrage einbeziehen zu können, werden sie als Nachfrage des Staates bei sich selbst verbucht **(Endnachfrageansatz).**

In Kontenform sieht dies vereinfacht folgendermaßen aus:

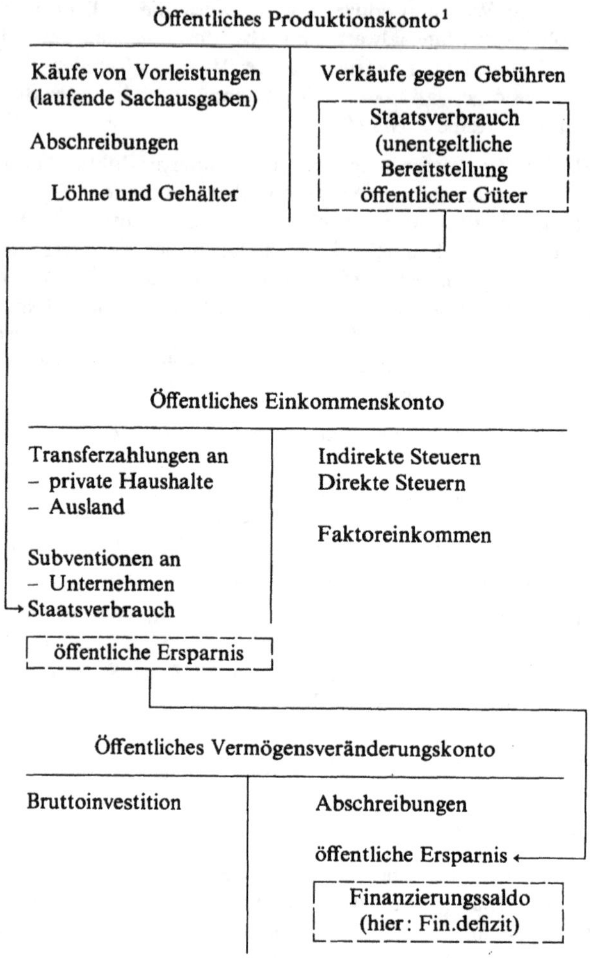

Abb. 31: Die Konten des öffentlichen Sektors

In der IOT hat man sich weitgehend der Abgrenzung des staatlichen Sektors in der VGR angeschlossen, allerdings werden die Leistungen der Gebietskörperschaften und der Sozialversicherung meist zusammen ausgewiesen (Fachserie 18, Reihe 2, S. 54ff.).

Klappt man das **Produktionskonto des Staates** derart auf, daß die **Inputseite als Spalte der Vorleistungsmatrix und der Primäraufwandsmatrix** und die **Outputseite als Zeile der Vorleistungsmatrix und der Endnachfragematrix** erscheint, und disaggregiert die Vorleistungen entsprechend dem Input-Output-Ansatz, so ergibt sich das folgende Bild:

[1] Es handelt sich hierbei um ein erweitertes Produktionskonto, das die Einkommensentstehung mit umfaßt.

	Sektor 1	Sektor 2	...	Sektor n	Staat	C_{pr}	I^b	C_{St}	Ex	Σ
Sektor 1					$V_{1\,St}$					
Sektor 2					$V_{2\,St}$					
⋮					$V_{3\,St}$ ⋮ $V_{n-1\,St}$					
Sektor n					$V_{n\,St}$					
Staat	$V_{St\,1}$	$V_{St\,2}$	$V_{St\,3}\,V_{St\,n-1}$	$V_{St\,n}$	$V_{St\,St}$	$C_{pr(St)}$	–	C_{St}	–	
A					A_{St}					
T^{ind}					T^{ind}_{St}					
M					M_{St}					
L					L_{St}					
Σ										

Abb. 32: Der Staat in der IOT

Im Schnittpunkt der Zeile *Staat* mit der Endnachfragekomponente *Staatsverbrauch* steht die Größe C_{St}. Überprüfen wir die Gleichheit der Zeilen- und Spaltensumme, so folgt:

$$\sum_{j=1}^{n} V_{Stj} + V_{StSt} + C_{pr(St)} + C_{St} = V_{StSt} + \sum_{i=1}^{n} V_{iSt} + A_{St} + T^{ind}_{St} + M_{St} + L_{St}$$

bzw.:

$$C_{St} = \sum_{i=1}^{n} V_{iSt} + A_{St} + T^{ind}_{St} + M_{St} + L_{St} - \sum_{j=1}^{n} V_{Stj} - C_{pr(St)},$$

was genau der Definition des Staatsverbrauches entspricht.

Die in Abbildung 32 vorgeführte Art der Einbeziehung des Staatssektors ist diejenige, die grundsätzlich auch vom Statistischen Bundesamt vorgenommen wird. Dies sichert zwar eine weitgehende **Übereinstimmung mit dem Endnachfrageansatz der VGR.** Es ist allerdings zu prüfen, ob es auch der Fragestellung der IOT entspricht.

Das vom Statistischen Bundesamt gewählte Verfahren betrachtet den Staat als Produzenten von staatlichen Leistungen, seine dafür erforderlichen Vorleistungsinputs werden deshalb *endogen* in der Vorleistungsmatrix ausgewiesen, d.h. über Input-Koeffizienten (siehe Abschnitt 9.1) linear mit dem entsprechenden Bruttoproduktionswert (Spaltensumme der Staatsspalte in der Vorleistungsmatrix) verknüpft. Seine Primärinputs erscheinen in der üblichen Form in der Primäraufwandsmatrix. Sein Output wird hingegen als *Eigenverbrauch des Staates*, abgesehen von den Verkäufen gegen Gebühren, in der Endnachfragematrix, also *exogen*, ausgewiesen.

Dies bedeutet, daß die staatlichen Leistungen in C_{St} nicht nach den **Empfängern:** private Haushalte und Unternehmen und nicht nach ihrem **Charakter** in Endverbrauch und Vorleistungen unterteilt werden.

5.3.2 Die Aufteilung der staatlichen Leistungen in Endverbrauch und Vorleistungen

Dieser letzte Punkt wurde in der Literatur unter verschiedenen Aspekten (z.B. Wohlfahrtsmessung versus Nachfragemessung, Holub 1977, S. 327) heftig und kontrovers diskutiert. Uns interessiert hier nur der Gesichtspunkt der Produktionsstrukturmessung. Die entsprechende Argumentation lautet, daß ein **wesentlicher Teil der unentgeltlich abgegebenen Staatsleistungen** für den Unternehmenssektor **Vorleistungscharakter habe** und somit eigentlich in der Vorleistungsmatrix ausgewiesen werden müsse. Der Endnachfrageansatz verschleiere dies, indem er die eigentlich für die Unternehmungen zur Produktion notwendigen Vorleistungen zu gering ansetze und damit insbesondere die direkten und indirekten Belastungen durch unentgeltliche Realtransfers an Unternehmen, die bei Wachstum und bei Strukturänderungen **endogen** aufträten, nicht ausweise.

Eine Berücksichtigung dieses Gesichtspunktes in Ex-Post-Kreisläufen hätte weitreichende konzeptionelle Konsequenzen. Durch ein Aufgeben des Endnachfrageansatzes und ein **Einbeziehen eines Teiles des Staatskonsums C_{St} als unentgeltliche Vorleistungen in die Produktionskonten der Unternehmen** wird (wenn man das Kreislaufaxiom aufrechterhält) deren Saldo, die Wertschöpfung, verändert, so daß sie nicht mehr mit der privatwirtschaftlich auf der Basis interner Kosten ermittelten Wertschöpfung übereinstimmt, sondern eine Art „echter volkswirtschaftlicher Wertschöpfung" darstellt. Dies bedeutet de facto eine Abkoppelung der Produktionssseite von der Einkommensverteilungsseite im Sinne der VGR.

Auf Seiten der privaten Haushalte würde über unentgeltlich zur Verfügung gestellte Realtransfers des Staates deren Konsum, d.h. die Größe, die unmittelbar der Befriedigung von Bedürfnissen dient und damit ceteris paribus ebenfalls die Einkommen der Haushalte verändert, erhöht. Das Produktionskonto des Staates bliebe zwar erhalten, da aber der Staatsverbrauch C_{St} nicht mehr als Eigenverbrauch auf dem staatlichen Einkommenskonto gegengebucht wird, sondern den anderen Sektoren als Vorleistung bzw. Endnachfrage zugerechnet wird, ändert sich das Aussehen dieses Kontos grundlegend.

Bei der Diskussion dieses Punktes ist nun noch ein weiteres Argument zu beachten. Die IOA verknüpft die Vorleistungsströme proportional mit den entsprechenden Bruttoproduktionswerten. Für eine Zuordnung eines Teiles der Staatsleistungen als Vorleistungen des Unternehmenssektors bedeutet dies, daß sich diese Ströme dann ebenfalls proportional mit den entsprechenden Bruttoproduktionswerten ändern. Diese proportionale Abhängigkeit ist bei den in Frage kommenden Staatsleistungen im engeren Sinne (C_{St}) aber recht fraglich (so steigen z.B. die Aufwendungen für polizeiliche Schutzmaßnahmen nicht proportional zur Produktion des beschützten Unternehmens).

Neben diese schwerwiegenden systematischen Problemen treten noch erhebliche **Quantifizierungsprobleme.** Damit wird ein in der Finanzwissenschaft schon seit langem heftig diskutiertes Problem angeschnitten, nämlich ob es möglich ist, von der staatlichen Einnahmeseite, hier vor allem von den Steuern aus, auf die Empfänger der staatlichen Leistungen zu schließen oder ob diese Aufteilung nach anderen Gesichtspunkten erfolgen muß.

Die erstere Aufteilung, der sogenannte **tax-payments-approach,** geht davon aus, daß die direkten Steuern gleich dem Wert der Staatsleistungen sind, die direkt an die Endverbraucher fließen, daß die indirekten Steuern die „Bezahlung" für Vorleistungen des staatlichen Sektors darstellen und daß der staatlichen Kreditaufnahme als Äquivalent die staatlichen Investitionen gegenüberstehen. Die auch bei den Modifikationen dieses Ansatzes beibehaltene These, es bestünde ein **festes Verhältnis zwischen Ausgaben des Staates für Konsumzwecke und direkter Besteuerung** einerseits und **zwischen Ausgaben für inter-**

mediäre Leistungen und indirekter Besteuerung andererseits, bedeutet nun aber eine willkürliche Durchbrechung des Prinzips der generellen Entgeltlichkeit.

Dies tritt bei einer Disaggregierung in Unternehmenssektoren für die Zwecke der IOR besonders eindeutig zutage. Die Höhe der indirekten Besteuerung z. B. wird durch staatliche Organisations- und Lenkungsaufgaben determiniert und nicht durch die Beanspruchung staatlicher Leistungen durch einen Sektor. Da es den Vertretern des tax-payments-Ansatzes nicht gelang, einen inneren Zusammenhang zwischen den durch sie zueinander in Verbindung gebrachten Posten herzustellen und da darüberhinaus in diesem Falle die Höhe des Sozialprodukts von der jeweiligen Gestalt des Steuersystems abhängig wäre, wird dieser Ansatz von den Fachvertretern u. E. zu Recht als willkürlich abgelehnt.

Eine zweite Möglichkeit, staatliche Vorleistungen und Endnachfrage zu trennen liefert der sogenannte *specific approach.* Er analysiert die einzelnen Posten auf der staatlichen Ausgabenseite und nimmt die **Abgrenzung** zwischen Vorleistungen und Endprodukten über deren **funktionale Analyse** vor, d. h. es muß bei jeder einzelnen Ausgabenart entschieden werden, welcher der beiden Verwendungskategorien sie zuzuordnen ist bzw. welche Anteile der Posten gegebenenfalls auf die beiden Verwendungskategorien entfallen. Auch hierfür wurden teilweise allgemein gehaltene Auswahlkriterien formuliert, wie etwa das **Kriterium der individuellen Nachfrage.** Es besagt, daß alle Leistungen, die dem Individuum nicht auf sein ausdrückliches Verlangen hin zukommen, sondern die ihm als Mitglied der Gesellschaft zufließen, nicht als Endnachfrage gewertet werden dürfen. Auch dieses Kriterium wurde jedoch als zu willkürlich verworfen.

Damit können wir als vorläufiges Fazit festhalten: unter dem Aspekt der Produktionsstrukturmessung wäre es durchaus sinnvoll, den Eigenverbrauch des Staates in eine Vorleistungskomponente und eine Endverbrauchskomponente aufzuspalten und den einzelnen Sektoren zuzuweisen. Für eine solche Zuweisung benötigte man eine Tabelle, in der der Staatsverbrauch in einer Gliederung nach Aufgabenbereichen und nach den Bereichen, die von den staatlichen Leistungen profitieren, aufgeschlüsselt wird. Dies eröffnete die Möglichkeit, die tatsächlich in die Produktion der Unternehmen eingegangenen Größen zu erfassen. Die Aufteilung „würde darüber hinaus den staatlichen Leistungen durch ihre Heraushebung als Komplementärfaktor zu den privaten Produktionsfaktoren einen Teil ihrer angeblichen politischen Determiniertheit nehmen und letztere auf die unter der politischen Oberfläche wirkenden ökonomischen Kräfte reduzieren." (Komarnicki, Neuhaus 1971, S. 26).

Als Hauptnachteile stehen dem gegenüber, daß man die IOT damit von der VGR abtrennt, was sich in einem anderen Einkommensbegriff als dem der VGR niederschlägt und spezielle Bewertungsprobleme nach sich zieht (Komarnicki, Neuhaus 1971, S. 34–36). Die Einführung neuer Größen in die Zeilen und Spalten der sektoralen Produktionskonten bedeutet aber in der Regel eine Neudefinition bestehender Posten, dabei vor allem der Salden, also der Wertschöpfungsgrößen. Außerdem wirft, wie schon erwähnt, die Durchführung der notwendigen Aufspaltung in Vorleistungen und Endnachfrage sowie deren sektorale Aufteilung schwierige Quantifizierungsprobleme auf, für die zumindest keine amtlichen Daten vorliegen.

Um die Änderungen zu illustrieren, die eine Aufgabe des Endnachfrageansatzes für den Staatssektor in der IOT nach sich ziehen würden, sei kurz die entsprechende Tabelle aus *Komarnicki* und *Neuhaus* vorgeführt. Dabei bezeichnen $1 \ldots m$ die (funktionell abgegrenzten) güterproduzierenden Unternehmensbereiche und $m+1 \ldots n$ die (ebenfalls funktionell abgegrenzten) staatlichen Produktionsbereiche wie Polizei, Justiz, Bildungswesen etc. Die durchgehenden Spalten des Staatssektors geben für jede Güterart die Vorleistungen und die Primärinputs an. Die durchgehenden Zeilen des

an → / von ↓			Zwischennachfrage			Endnachfrage					Bruttoproduktionswert
			Vorleistungen an Unternehmen		an den Staat	Privater Verbrauch		Investitionen der Unternehmer		des Staates	
			entgeltlich	unentgeltlich	entgeltlich	entgeltlich	unentgeltlich	entgeltlich	unentgeltlich	entgeltlich	
			1 … r … m	1 … r … m	m+1 … j … n	1 … k … p	1 … k … p	1 … r … m	1 … r … m	m+1 … j … n	
Intermediäre Inputs	Vorleistungen der Unternehmen	1 … q … m		n.d.	Käufe des Staates von Unternehmen für die laufende Produktion		n.d.		n.d.	Käufe des Staates von Investitionsgütern von Unternehmen[1]	Zeilensummen
	Vorleistungen des Staates	m+1 … i … n	(1) Verkäufe für d. lfde. Produktion der Unternehmen	(4) Realtransfers für d. lfde. Produktion der Unternehmen	(2) Lieferungen d. Staates an d. Staat für d. lfde. Produktion	(3) Verkäufe für den privaten Verbrauch	(5) Realtransfers für den privaten Verbrauch	(7) Verkäufe von Investitionsgütern an Unternehmen	(6) Realtransfers von Investitionsgütern an Unternehmen	(8) Lieferungen von Investitionsgütern vom Staat an den Staat	
Primäre Inputs	Indir. Steuern ./. Subvent.			n.d.	n.d.						
	Löhne			n.d.	Löhne der öffentl. Bediensteten						
	Kapitalverzinsung			n.d.	Verzinsung d. öffentl. Kapitals						
	Sonst. Eink. a. Unternehm.-tätigkeit und Vermögen			n.d.	n.d.						
Bruttoproduktionswert			Spaltensummen								

n.d. = nicht definiert – [1] Einschl. Vorratsinvestitionen

Abb. 33: Der Reformvorschlag von Komarnicki und Neuhaus

(Komarnicki – Neuhaus 1971, S. 27)

Staatssektors zeigen die Verwendung der Leistungen. Dabei handelt es sich hier um laufende Verkäufe an Unternehmen (1), an andere staatliche Bereiche (2) und an Haushalte (3); um Realtransfers – als Sammelposten für die bisher nicht zurechenbaren Vorleistungen – für die laufende Produktion der Unternehmen (4), für den Konsum der privaten Haushalte (5), für die Bildung von Anlagevermögen (6); um Verkäufe von Investitionsgütern an Unternehmen (7), und um die selbsterstellten Anlagen (8). (Komarnicki, Neuhaus 1971, S. 26ff.)

Diese Art der Einbeziehung des Staatssektors verlangt also zwei Aufspaltungen:

– erstens müssen die Staatsleistungen in die m + 1 bis n funktionell abgegrenzten staatlichen Produktionsbereiche aufgegliedert werden. Dabei unterscheiden *Komarnicki* und *Neuhaus* die folgenden **Funktionsbereiche:**

1. Allgemeine Verwaltung
2. Justiz und Polizei
3. Verteidigung
4. Beziehungen zu ausländischen Staaten
5. Verkehr und Bauwesen
6. Förderung der gewerblichen Wirtschaft
7. Landwirtschaft und Ernährung
8. Wissenschaft und Bildung
9. Soziale Maßnahmen
10. Öffentliches Gesundheitswesen
11. Beseitigung von Kriegsfolge- und Katastrophenschäden
12. Kommunale Einrichtungen,

– zweitens müssen die **Staatsleistungen nach ihrer Verwendung** in Endverbrauch und Vorleistungen **klassifiziert** werden, wobei der Endverbrauch auf Konsum und Investitionen und die Vorleistungen nach den begünstigten Sektoren der IOT zu verteilen sind.

Schon eine oberflächliche Durchsicht der staatlichen Funktionsbereiche zeigt, daß die Aufteilung in Endverbrauch und Vorleistungen quer durch die zwölf angegebenen Kategorien läuft. So wären etwa die Ausgaben für Justiz und Polizei, soweit es sich um Fälle des Handelsrechts und bürgerlich rechtliche Fälle handelt, die nicht zwischen privaten Wirtschaftssubjekten auftreten, sowie Ausgaben des Polizeiwesens zugunsten des Produktionssektors, zu den Vorleistungen zu rechnen. Die Ausgaben für Justiz und Polizei zur Sicherung der Rechte der Individuen außerhalb des wirtschaftlichen Bereiches wären hingegen dem Endverbrauch, hier dem Konsum der privaten Haushalte, zuzuschlagen. Ähnliche Abgrenzungsprobleme ergeben sich für fast alle anderen Kategorien (Maaß 1968, S. 228).

Noch schwieriger ist die Zuordnung der solcherart herausgerechneten Vorleistungen auf die einzelnen Industriesektoren. Aufgrund der oben ausgeführten Bedenken, sowie aufgrund dieses Zurechnungsproblems greifen *Komarnicki* und *Neuhaus* für ihre empirischen Berechnungen letztlich doch wieder auf eine konventionellere Version der IOT als die oben angeführte zurück.

5.4 Die Einfuhr in der Input-Output-Tabelle

Im vorherigen Abschnitt 5.3 haben wir verschiedene Möglichkeiten diskutiert, den Staatssektor in die IOT einzubauen. Auch dabei resultierte als Fazit, daß die **Ausgestaltung eines Kreislaufschemas,** hier der IOT, **nicht ein für alle Mal vorgegeben** ist, sondern daß sie vielmehr von der Fragestellung und in besonderem Maße bei IOTs von dem vorliegenden statistischen Material abhängt. (Siehe dazu auch die Ausführungen in Abschnitt 2.2.5.3). Um diese Einsicht zu vertiefen, beschäftigen wir uns nun noch mit der Darstellung der Einfuhr in der IOT.

In der Literatur findet man eine **Reihe von Vorschlägen zur Verbuchung der Importe** in IOTs. So werden etwa in der großangelegten Studie der United Nations (United Nations 1973, S. 53–63) die vier Varianten A, B, C und D unterschieden und deren Vor- und Nachteile gegeneinander abgewogen. Wir behandeln diese vier Varianten im folgenden aus didaktischen Gründen jedoch in einer anderen Reihenfolge.

5.4.1 Variante D: Gesonderte Importmatrizen

Bei der Berücksichtigung der Einfuhr in der IOT ist es außerordentlich wichtig, daß die Informationen über die eingeführten Güter möglichst vollständig sind. Dies ist am besten dann gewährleistet, wenn **getrennte Importmatrizen** vorliegen, bei denen die Einfuhren nach **Verwendung** und **Herkunft** gegliedert sind. Eine solche Importmatrix enthält die ganze benötigte Information bezüglich Struktur und Höhe der Einfuhren. Sie ist deshalb in der Praxis in aller Regel der Ausgangspunkt für die Einbeziehung der Importe in die IOT (auch wenn sie von den Tabellenerstellern aufgrund zu unsicherer Daten zuweilen nicht offengelegt wird).

Von einer solchen, die Importmatrix vollständig einbeziehenden IOT, lassen sich die anderen Versionen als Datenkomprimierungen (Varianten A und B) bzw. als Datenumschichtungen (Variante C) interpretieren. Damit ist auch hier der in Abschnitt 5.1.2 angesprochene Aspekt: **Jedem Benutzer eine der jeweiligen Fragestellung angemessene Tabelle,** gegeben.

Abb. 34 zeigt den Aufbau dieses Tabellentyps (Variante D der UN, „Separate Tables for imported and domestic products"):

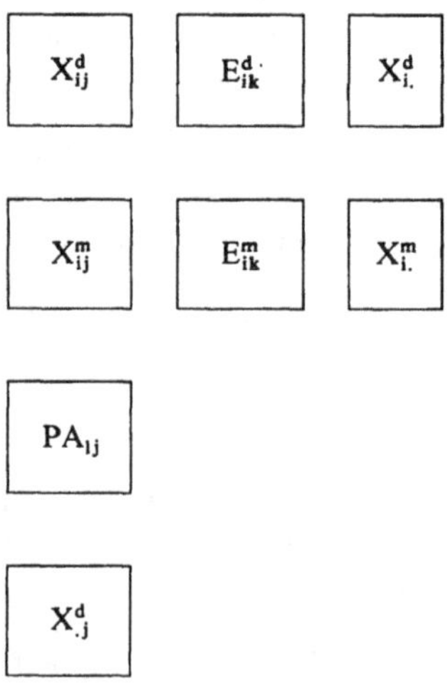

Abb. 34: Version D der IOT

wobei: X^d_{ij} = inländische Vorleistungen (wobei d für domestic steht),
E^d_{ik} = inländische Endnachfrage,
X^m_{ij} = importierte Vorleistungen,

E^m_{ij} = importierte Endnachfrage,
$X^d_{.j}, X^d_{i.}$ = inländische Produktion,
PA_{lj} = Primäraufwand;

Die Importmatrix X^m_{ij} ist dabei von derselben Dimension $n \times n$ wie die Zentralmatrix der heimischen Vorleistungen X^d_{ij}. Genauso gilt, daß die Matrix E^m_{ik} der importierten Endnachfrage dasselbe Format wie die Matrix der heimischen Endnachfrage E^d_{ik} hat. $X^d_{i.}$ und $X^d_{.j}$ sind jeweils die heimischen Bruttoproduktionswerte.

Der Vorteil dieser umfassenden Vorgehensweise zur Verbuchung der Importe besteht, wie erwähnt, zunächst darin, daß man **die Ursprungsbereiche als ausländische Lieferanten** und **die Verwendungsbereiche als inländische Abnehmer** interpretieren kann. Darüber hinaus lassen sich hier **Substitutionsvorgänge explizit ausweisen.**

Der Nachteil besteht in den relativ hohen Anforderungen an das statistische Ausgangsmaterial. (Wenngleich, wie wir oben ausführten, für eine befriedigende Einführung der Importe, gleich in welcher Variante, eine solche Importmatrix zumindest intern erstellt werden müßte.)

So enthalten die Aufzeichnungen der Firmen in der Regel keine Angaben über den Ursprung eines gekauften Gutes. Dies ist insbesondere dann der Fall, wenn das Gut durch den Handel besorgt wurde.

5.4.2 Variante B: Die Verbuchung der Importe nach Verwendungsbereichen

Variante B („Inputs classified by purchaser") weist in der **Zentralmatrix nur die inländischen Transaktionen** aus und **verteilt die eingeführten Waren und Dienstleistungen über eine Zeile bei den primären Inputs global auf die Produktions- und Endnachfragesektoren,** die die ausländischen Güter für ihre Leistungserstellung **verwenden.**[1] Man kann diese Vorgehensweise deshalb auch als Verbuchung der Importe nach Verwendungsbereichen bezeichnen.

Abb. 35 zeigt den Aufbau dieses Tabellentyps:

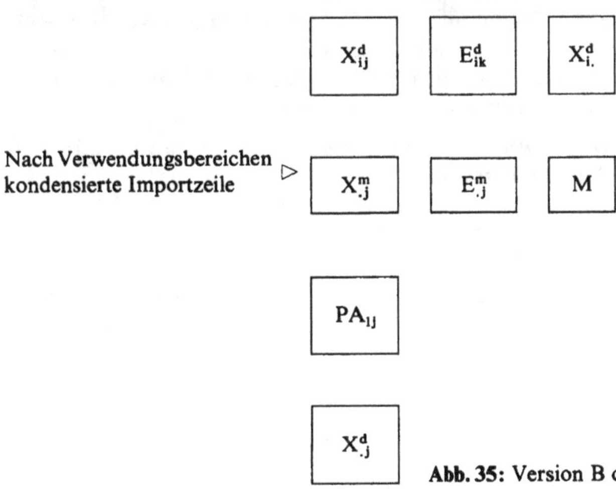

Abb. 35: Version B der IOT

[1] Es spielt dabei keine Rolle, ob die Einfuhren direkt durch den verwendenden Sektor oder über den Handel eingeführt werden

Diese Variante B entsteht aus der Variante D, indem man die Importmatrizen X_{ij}^m und E_{ik}^m über die Zeilen, d.h. die Herkunftsbereiche hinweg aggregiert, so daß **eine einzige Summenzeile,** nun **nach Verwendungsbereichen gegliedert,** entsteht.

Ein wesentlicher Vorteil dieser Version besteht darin, daß die Inputkoeffizienten der Zentralmatrix X_{ij}^d nur die inländische Produktionsverflechtung zeigen. Eine darauf aufbauende IOA ist deshalb in der Lage, die Verflechtungswirkungen auf die heimische Produktion zu isolieren.

Für eine funktionelle Tabelle ist diese Variante allerdings nicht sinnvoll, da sie **keine produktmäßige Aufspaltung der Importe** vornimmt und deshalb auch nicht den Gesamteinsatz an einzelnen Produkten bei einer Analyse der Vorleistungsverflechtung zeigt. Die Rolle der Importe bei der Produktion wird auch dadurch verschleiert, daß, wenn ein Importgut ein Substitut für ein im Inland erzeugtes Gut ist, eine Steigerung der inländischen Nachfrage dann auch zu Lasten des Importgutes gehen kann. Damit wird aber eine beträchtliche Änderung des Produktionskoeffizienten für das inländische Produkt hervorgerufen, die in dieser Art Tabelle nicht interpretiert werden kann (Siehe Abschnitt 9.1).

5.4.3 Variante A: Die Verbuchung der Importe nach Ursprungsbereichen

Variante A („Imports classified by commodity") erfaßt die **Importe nach Ursprungsbereichen,** d.h. sie schlägt sie denjenigen inländischen Produktionssektoren zu, die gleiche bzw. zumindest ähnliche Güter herstellen und verteilt sie dann zusammen mit deren Outputs auf die Abnehmer weiter. Bei dieser Variante werden also die Gesamtoutputs der Sektoren in den Feldern der IOT ausgewiesen, weswegen man sie auch als **Matrix der technischen Verflechtung** bezeichnet.

Die Variante A entsteht aus der Variante D durch Addition der n × n-Matrix der importierten Vorleistungen X_{ij}^m mit der Matrix der heimischen Vorleistungen X_{ij}^d bzw. durch analoge Addition der Matrizen der importierten und der heimischen Endnachfragegüter E_{ik}^m und E_{ik}^d.

Dieses Verfahren führt allerdings dazu, daß die **Zeilensummen um die Importe zu groß** sind, denn die **Zeilensumme eines Sektors** wäre dann nicht mehr gleich der Summe aller seiner Lieferungen, sondern gleich der Summe seiner Lieferungen **zuzüglich** der eingeführten gleichen bzw. ähnlichen Güter. Dies hätte die Konsequenz, daß die definitorische Gleichheit der jeweiligen Zeilen- und Spaltensummen verletzt würde. Um dies zu vermeiden, müssen entsprechende Korrekturen vorgenommen werden.

Dabei lassen sich grundsätzlich zwei Verfahren unterscheiden, die wir als Variante A1 (Abb. 36) und Variante A2 (Abb. 37) bezeichnen:

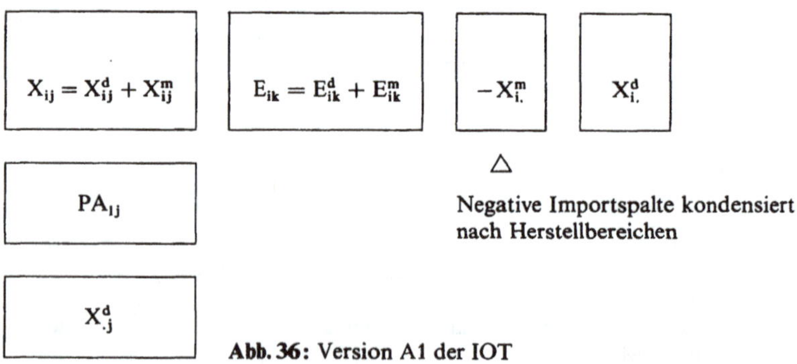

Abb. 36: Version A1 der IOT

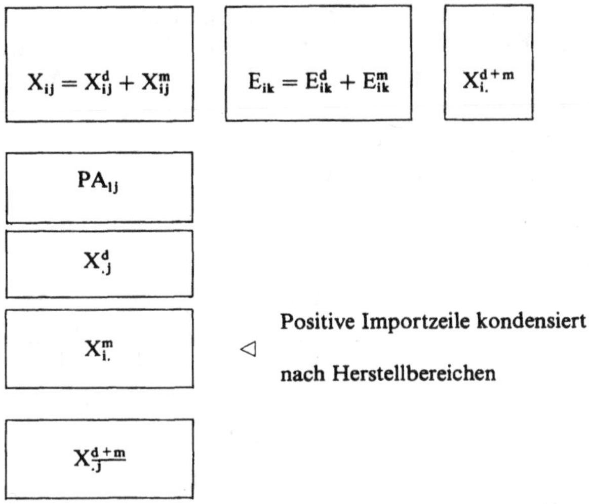

Abb. 37: Version A2 der IOT

In beiden Varianten (A1 und A2) wird die Korrektur durch einen **nach Herstellerbereichen gegliederten** Vektor vorgenommen. In **Variante A1** wird dieser Korrekturvektor als **negative Spalte von der Endnachfragematrix abgezogen.** Als Resultat erhalten wir als Spalten- und Zeilensummen wieder die üblichen Bruttoproduktionswerte $X_{i.}^d$ bzw. $X_{.j}^d$. Wegen der Berücksichtigung der technischen Verflechtung bei gleichzeitigem Resultieren der üblichen Bruttoproduktionswerte eignet sich Variante A1 gut für die Zwecke der IOA.

Die zweite Möglichkeit der Korrektur (Variante A2) besteht darin, die **nach Ursprungs-(Herstell-)Bereichen gegliederten Importe in einer Zeile** unterhalb der Primäraufwandsmatrix anzufügen. Um Mißverständnisse auszuschließen: Anders als in Variante B, wo die Importzeile nach Verwendungsbereichen gegliedert war, handelt es sich hier beim Korrekturvektor der Variante A2 um eine nach Ursprungs-(Herstell-)Bereichen gegliederte Importzeile. Da dieser Korrekturvektor für Variante A1 (als Negativ-Spalte) und Variante A2 (als Positiv-Zeile) inhaltlich identisch ist, haben wir die Zeile in Abb. 37 (entgegen der üblichen formalen Zeilennotation) mit $X_{i.}^m$ bezeichnet.

Variante A2 besitzt allerdings für die IOA den Nachteil, daß die Spalten- bzw. Zeilensummen nun nicht mehr die Bruttoproduktionswerte ausweisen, sondern das gesamte **zur Verfügung stehende Aufkommen an Gütern,** $X_{.j}^{d+m}$, $X_{i.}^{d+m}$, weswegen sie auch als **Aufkommensverflechtung** bezeichnet wird.

5.4.4 Variante C: Die Aufspaltung in komplementäre und konkurrierende Importe

Aus analytischen Gründen kann es sich bei den Importen manchmal als zweckmäßig erweisen, zwischen **konkurrierenden** und **komplementären** Waren und Dienstleistungen zu unterscheiden. Während die konkurrierenden Importgüter auch im Inland hergestellt werden, werden die komplementären Güter nur im Ausland produziert.

Die konkurrierenden Importe werden dabei mit der heimischen Produktion zusammen ausgewiesen und nach Ursprungsbereichen aufgegliedert. Die komplementären Inputs, die in der Regel einfacher statistisch zu erheben sind, da nur wenige Verwendungsbereiche in Frage kommen, werden dann zumeist nach Verwendungsbereichen zugeordnet. Dieses

Verfahren, das unter die Variante C der UN „Complementary and competitive Imports" fällt, bewirkt, daß in der Vorleistungsmatrix nur die inländischen Produkte und die konkurrierenden Importe enthalten sind ($X_{ij} = X^d_{ij} + \hat{X}^m_{ij}$, wobei $\hat{X}^m_{ij}$ die Matrix der konkurrierenden Importe bezeichnet).

Wenn wir bei dem Verfahren nach Ursprungsbereichen die Variante *Spaltenkorrektur* verwenden, ergibt dies die folgende Abbildung 38:

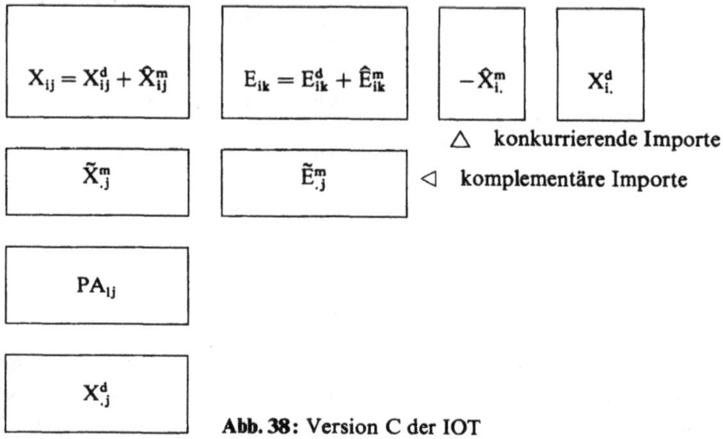

Abb. 38: Version C der IOT

Um in den Zeilen- und Spaltensummen die Bruttoproduktionswerte ausweisen zu können, müssen die in der Zentralmatrix enthaltenen konkurrierenden Importe $\hat{X}^m_{ij}$ durch eine entsprechende negative Spalte der $\hat{X}^m_{i.}$ korrigiert werden. Da die Zentralmatrix andererseits nur die konkurrierenden Importe enthält, müssen die fehlenden komplementären Importe analog Variante B in einer nach Verwendungsbereichen gegliederten Importzeile verbucht werden.

Die Aufteilung in konkurrierende und komplementäre Importe ist in der Praxis oft nur schwierig durchzuführen. So scheinen in der Regel um so mehr komplementäre Güter in der IOT auf, je feiner die gewählte Disaggregation ist. Wenn z.B. nur eine Zeile „Nahrungs- und Genußmittel" existiert, handelt es sich um ein konkurrierendes Gut. Wenn die Nahrungs- und Genußmittel weiter disaggregiert werden, tauchen einige komplementäre Güter auf, wie z.B. für die BRD Tabak und Zitrusfrüchte. Wenn bei einem Gut nur ein kleiner Anteil Inlandsproduktion und ein großer Anteil Importe sind, wird das Gut in der Regel zur Gänze als komplementärer Import ausgewiesen. Eine weitere Schwierigkeit ergibt sich beim internationalen Vergleich von IOTs. So kann ein Produkt für ein Land konkurrierend, für ein anderes Land komplementär sein.

5.5 Die Deflationierung der Input-Output-Tabelle[1]

Sicher ist es in vielen Fällen ausreichend, IOTs zu erstellen, denen die laufenden Preise des Berichtszeitraums zugrundegelegt sind. Will man jedoch einen Vergleich anhand zweier oder mehrerer IOTs durchführen, so muß man sich vor Augen halten, daß die

[1] Der häufig zu findenden Verwendung des Terminus „Preisbereinigung" werden wir uns im folgenden nicht anschließen, da es sich bei der Deflationierung nicht um eine Preisbereinigung, sondern um eine Bereinigung von Preisänderungen handelt.

Felderwerte Produktsummen aus Mengen und Preisen darstellen. **Erfolgen nun Preisänderungen,** die die einzelnen Bereiche ungleichmäßig treffen, so könnte man aus der Veränderung der Felderwerte auf eine mengenmäßige Veränderung schließen, die eigentlich nur auf eine Veränderung der Preiskomponente zurückgeht. Um diese Verfälschungen zu vermeiden versucht man die Effekte, die auf die Veränderung von Preisen zurückgehen, zu eliminieren. Diese Maßnahme wird **Deflationierung** genannt.

Eine Deflationierung hat in etwa den Effekt, als würde man die Mengen des Berichtszeitraumes zu Preisen eines Basiszeitraums bewerten, beantwortet also die Frage: „was würde das heute in Preisen von damals kosten“? Da man in der Praxis diese Grundidee nicht für jedes einzelne Gut realisieren kann, bildet man repräsentative Warenkörbe mit entweder fixiertem (= Laspeyres-Index) oder dem Berichtszeitraum entsprechendem (variablen) Mengengerüst (= Paasche Index). Definiert man diesen „repräsentativen“ Warenkorb als Gütervektor **q** und den Vektor der Preise, die den im Gütervektor erfaßten Gütern entsprechen, mit **p,** so kann man einen **Index der Preisentwicklung** bilden, indem man das Skalarprodukt der Vektoren für den Berichtszeitraum t zum entsprechenden Skalarprodukt für den Basiszeitraum 0 ins Verhältnis setzt. Je nach Wahl des Mengengerüsts erhält man dann den Paasche- oder den Laspeyres-Index der Preisentwicklung:

$$I_L = \frac{q_0 p_t}{q_0 p_0}; \qquad I_P = \frac{q_t p_t}{q_t p_0};$$

(0 $\hat{=}$ Basisperiode,
t $\hat{=}$ Berichtsperiode).

Der Laspeyres-Index gewichtet also mit dem Warenkorb der Basisperiode, der Paasche-Index mit dem Korb des Berichtsjahres.

Man deflationiert dann dadurch, daß man den Nominalwert des Berichtszeitraums durch den gewählten Index teilt und damit eine deflationierte Größe erhält, die zumeist als **reale Größe** bezeichnet wird. Für die Deflationierung einer IOT stellt sich nun u.a. die Frage, welche(n) Warenkorb (körbe) man zugrunde legen soll, d.h. welche bzw. wie viele Indizes man anwendet. Grundsätzlich ist hier zu unterscheiden zwischen **Felderindizes,** die jeweils nur ein spezielles Feld betreffen (z.B. Index aller Lieferungen von landwirtschaftlichen Produkten an die Nahrungsmittelindustrie oder Index der Exportpreise für Stahl) und **Zeilenindizes,** die die Output-Preisentwicklung eines ganzen Sektors erfassen sollen (Spaltenindizes hätten wenig Sinn, da der Input eines Sektors zu inhomogen ist). Felderindizes dürften die genaueren Ergebnisse liefern, werfen jedoch größere statistische Probleme auf, da hierfür oft die Datenbasis fehlt oder nur mit Mühe zu gewinnen ist.

Bevor wir nun auf die mit der Deflationierung einer IOT verbundene Problematik zu sprechen kommen, ist es noch notwendig, das hierzu verwendete Instrumentarium in den größeren Rahmen der Typologie der IOT sowie des damit verbundenen Erkenntnisinteresses zu stellen.

5.5.1 Der Einfluß des Tabellentyps

Wir kennen bereits den Unterschied zwischen den Tabellentypen der Produktionsverflechtung (funktionell, PV) und der Marktverflechtung (institutionell, MV). Daneben kann man eine weitere sinnvolle Unterscheidung der Tabellen bezüglich ihrer Ausrichtung auf die Erfassung von Mengen (M) oder Wertgrößen (W) machen (Neubauer 1981). Eine **mengenorientierte Erfassung** versucht – auch wenn dies wegen der Aggregationsnotwendigkeit in Wertgrößen geschieht – primär die **physische Seite des Produktionsprozesses** (Transformation der Inputs in Outputs) abzubilden. Dem käme z.B. eine weitgehend zeilenhomogene Bewertung mit einem einheitlichen Preis, zumeist einem produktionsorientierten Preis, wie dem Herstellerpreis, mindestens jedoch dem Ab-Werk-Preis, entgegen. Die mengenorientierte Erfassung soll also in erster Linie die technischen Relationen erfassen. Eine **wertorientierte Erfassung** hingegen würde stärker auf das **Zusammenspiel der geschaffenen Werte** (Wert der Outputs, Wert der Inputs) abstellen und damit versuchen, die ökonomisch relevanten Parameter zu erfassen. Die wertorientierte Erfassung würde also die Verkäufe nach Möglichkeit genauso bewerten, wie sie wirklich abgesetzt wurden. Ideal wäre hier eine felderspezifische (nicht zeilenhomogene!) Bewertung mit einem marktnahen Preis, wie z.B. dem Käuferpreis (Vgl. hierzu Abschnitt 7.2).

Die Betonung des einen oder des anderen Erfassungsaspektes beeinflußt die Aussagefähigkeit einer so gewonnenen IOT natürlich wesentlich. Unter dem Aspekt der Deflationierung ergeben sich außerdem auch Hinweise auf die Bevorzugung von Zeilen- oder von Felderindizes.

Wenn wir die mengenorientierte Erfassung mit M und die wertorientierte mit W bezeichnen, erhalten wir die folgenden 4 Möglichkeiten:

PV/M	PV/W
MV/M	MV/W

Da die Produktionsverflechtung dadurch gekennzeichnet ist, daß die Gruppierung von Strömen nach dem Kriterium eines möglichst homogenen Gutes (in der Praxis: Produktgruppe) vorgenommen wird, liegt eine mengenorientierte Bewertung zur Erfüllung des Erhebungszweckes nahe. Aber auch eine unter Produktionsverflechtungsaspekt erhobene Tabelle mit Wertansatz könnte durchaus Interesse beanspruchen, da hieraus die Rentabilität der Produktion ersichtlich wäre, weniger allerdings der technische Produktionsaspekt (vgl. Neubauer, 1981). Umgekehrt liegt eine höhere Affinität einer MV-Tabelle mit dem Wertansatz vor, während die Kombination von Marktverflechtung mit Mengenorientierung (MV/M) kaum sinnvoll zu interpretieren ist. Von besonderem Interesse sind somit die Kombinationen MV/W und PV/M, wobei die letztere dem Prioritätsaspekt der Input-Output-Theorie entspricht (siehe Abschnitt 2.2.5.2).

5.5.2 Der Einfluß des Bewertungskonzepts

Es liegt auf der Hand, daß eine Tabellenerstellung nach dem Wertgrößenkonzept W im Rahmen einer Deflationierung anders behandelt werden muß als eine Tabelle nach dem Mengengrößenkonzept M. Die Deflationierung einer M-Tabelle muß in erster Linie die Herausarbeitung der **reinen Mengenkomponente** im Auge haben. Dem kommt die Verfahrensweise der Deflationierung mit einem Preisindex weitgehend entgegen.

Haben wir nämlich ein Wertaggregat des Berichtsjahres A_t und wollen die Preisveränderung eliminieren, so dividieren wir diese Wertgröße durch einen geeigneten Preisindex, hier am besten einen Index nach Paasche (gewichtet mit den Mengen des Berichtszeitraums):

$$A_0 = \frac{A_t}{\frac{q_t p_t}{q_t p_0}}, \qquad \begin{array}{l} p = \text{Vektor der Güterpreise,} \\ q = \text{Vektor der Gütermengen,} \end{array}$$

wobei jeweils über alle Güter des Warenkorbes addiert wird.

Da A_t seinerseits ein solches Aggregat $q_t p_t$ darstellt, ergibt sich:

$$A_0 = q_t p_0$$

Setzt man dies in Beziehung zu $q_0 p_0$, so erhält man einen **Laspeyres-Mengenindex.** Die Deflationierung mit einem Preisindex führt also zu einer **Volumengröße,** die die **reale Veränderung** des entsprechenden wertmäßigen Aggregates spiegeln soll. In anderer Formulierung könnte man auch sagen, die Deflationierung mit einem Paasche-Preisindex mißt den Wert der aktuellen Mengen mit den Preisen einer Basisperiode. Man kann deshalb diese Vorgehensweise nach Neubauer auch als **volumenorientierte Deflationierung** bezeichnen (Neubauer 1978).

Die Frage, die sich nun stellt, ist: soll eine solche Deflationierung mit Zeilenindizes oder mit Felderindizes arbeiten? In der Praxis findet man beides. Oft zieht man sich auf eine Deflationierung mit dem Zeilenindex zurück, weil die Datenbasis für Felderindizes fehlt. Dieses Problem wollen wir hier jedoch ausschließen. Uns geht es um die innere Logik des Systems und die daraus folgende **optimale Wahl einer geeigneten Deflationierungsform.**

Handelt es sich um eine Tabelle nach den Kriterien PV/M, die bei der Erstellung dem Ideal der Zeilenhomogenität verpflichtet ist, was **einen** einheitlichen Zeilenpreis impliziert, so sollte man die Zeilen auch nur mit dem entsprechenden **Zeilenindex deflationieren.** Anders formuliert: Da die PV/M-Version dem Ideal homogenen Outputs noch am nächsten kommt ist es konsequent, für dieses „homogene" Gut nur einen einzigen Preis und damit zur Deflationierung auch nur jeweils *einen* Index anzusetzen.[1] Dieses Ideal läßt sich allerdings nur im Bereich des I. und II. Quadranten verwirklichen. Im III. Quadranten, der den Primäraufwand erfaßt, bekommen wir Schwierigkeiten, schon weil hier eine gewisse Inkonsistenz zur PV/M-Grundlage besteht: Der Primäraufwand weist nur teilweise eine Mengenkomponente auf. Einige Theoretiker bestreiten überhaupt, daß der Primäraufwand eine Mengenkomponente besitze (so z.B. Neubauer 1978). Zumindest bei Kostensteuern und Gewinnen ließe sich eine Mengenkomponente nicht ausmachen. (Vergleiche hierzu Abschnitt 1.1.3). Neubauer schlägt deshalb folgerichtig für derartige Ströme vor, sie überhaupt nicht in die „reale" IOT einzubeziehen, da sie keine Mengenkomponente besäßen. Dies würde jedoch bedeuten, daß man lediglich eine **Rumpftabelle** mit Werten nur noch im I. und II. Quadranten erstellen kann.

Das Erkenntnisinteresse einer MV/W-Version ist nicht die technische Abhängigkeit von Produktionsprozessen, sondern die **Verflechtung der Geschäftsbeziehungen.** Die Stabilität der Koeffizienten ist mithin nicht nur von Produktionsfunktionen bestimmt, sondern darüber hinaus von der Stabilität der Geschäftsbeziehungen (Kundentreue), sowie von der Existenz von Informationskosten, die das Umsteigen von einem Partner auf den anderen mit Kosten und mit zusätzlichem Risiko belegen. Da die Wertrechnung nicht die Produktionsverhältnisse sondern die ökonomische Rentabilität spiegelt, eine volumenorientierte Deflationierung aber diese Wertrelationen verzerrt (vgl. hierzu Abschnitt 5.5.5.1 über die doppelte Deflationierung und die dort gezeigten Wirkungen dieses Vorgehens) fragt es sich, ob eine MV/W-Tabelle nicht überhaupt mit einem Einheitsdeflator deflationiert werden sollte. Veränderungen der Gewinnsituation aufgrund eines geschickteren Wirtschaftens dürfen nicht nachträglich durch Bewertung zu konstanten Preisen verzerrt werden. Aus diesem Grunde ist für eine MV/W-Tabelle ein Einheitsdeflator, der die Verflechtungskoeffizienten unberührt läßt, anzuraten, oder **auf eine Deflationierung überhaupt zu verzichten.**

Wir sehen also, daß die Frage, **ob deflationiert werden soll** bzw. **wie dies geschehen soll,** vom Erhebungszweck bzw. Erkenntnisinteresse und dem damit festgestellten Typ der IOT mitgeprägt ist und von Fall zu Fall entschieden werden muß.

---

[1] In der Praxis ist häufig allerdings nicht einmal die Bedingung zeilenweise homogener Bewertung erfüllt. In diesem Fall würde die Deflationierung mit Felderindizes natürlich zu besseren Ergebnissen führen. Unangenehmerweise sind aber gerade diese benötigten Felderindizes im allgemeinen nicht verfügbar.

5.5.3 Der Zweck der Deflationierung

Bevor wir tiefer in die Problematik der Deflationierung eindringen, wollen wir die **Frage** stellen, **wozu überhaupt deflationiert werden soll.** Zur Beantwortung dieser Frage wird in der Literatur regelmäßig auf die analoge Problematik in der Volkswirtschaftlichen Gesamtrechnung zurückgegriffen. Dort wird das aktuelle Wertaggregat deflationiert, d.h. mit den Preisen einer Basisperiode bewertet, um den „realen" Kern der Entwicklung freizulegen, befreit von allen verzerrenden Wirkungen einer allgemein inflationären Entwicklung, die sich wie ein Schleier über die tatsächlichen Gegebenheiten zu legen scheint. Bereinigen wir solcherart das Sozialprodukt zu laufenden Preisen durch Eliminierung der Preisniveauänderungen, und vergleichen das nun gewonnene „reale Bruttosozialprodukt" mit dem ebenso gewonnenen einer früheren Periode, so können wir feststellen, es habe sich gegenüber diesem Zeitraum real um x% verändert. Diese Vorgehensweise scheint einleuchtend, auch wenn der Teufel im Detail steckt, auf das wir an dieser Stelle aber noch nicht eingehen wollen.

Statt dessen wollen wir noch etwas bei dem Ziel verweilen, das man im Auge hat, wenn man ein reales Bruttosozialprodukt (bzw. einen ähnlichen realen Begriff der VGR) ermittelt. Die zugrundeliegende Idee ist, daß sich der Wertausdruck des Aggregats im Sinne einer Volumenmessung nicht richtig, sondern **verfälscht** darbietet, weil der **Geldwert,** der dem Wertausdruck zugrundeliegt, **sich mittlerweile verändert hat** und ein direkter Vergleich nominaler Größen (also der Werte, die zu laufenden Preisen erhoben sind) somit zur Vorspiegelung falscher Tatsachen führt. Der Grundsatz Mark = Mark bzw. Schilling = Schilling läßt sich hier nicht aufrechterhalten. Vielmehr ist die allgemeine Steigerung des Preisniveaus, die in den nominalen Werten enthalten ist, wieder herauszurechnen, bevor man den Vergleich ansetzen kann. Die Veränderung des Preisniveaus wird durch einen geeignet gewählten Preisindex repräsentiert, über dessen Auswahl wir an dieser Stelle nicht weiter debattieren wollen.

In der VGR dient die Deflationierung also dem zeitlichen (bzw. dem interregionalen) Vergleich von Wertgrößen, die um globale Preisniveauveränderungen bereinigt wurden. In der **IOR** hingegen ist man nicht an einem Vergleich von **Wertgrößen** interessiert, sondern an der **Abbildung der Verflechtung,** sei dies nun eine Produktions- oder eine Marktverflechtung. Diese Verflechtung erfaßt man primär in entsprechenden Koeffizientenmatrizen, also in **Einsatz- und Ausstoß-Verhältnissen, nicht so sehr in absoluten Werten.** In einer **M-Version** stellen wegen der heterogenen Inputdimensionen solche Koeffizienten nur **Beziehungszahlen** dar, die den Beitrag eines Sektors oder eines bestimmten Primärinputs zum Gesamtoutput messen. Bei einer **W-Version** hingegen kann man solche Inputkoeffizienten, weil sie alle dieselbe Dimension: „Wert" besitzen, als **echte Anteilswerte des Bruttoproduktionswerts** interpretieren. In jedem Falle aber kommt es mehr auf den normierten Quotienten als auf den absoluten Felderwert an. Was macht dann eine Deflationierung für einen Sinn?

Um diese Frage näher zu beleuchten, wollen wir in Anlehnung an eine Differenzierung von Härtel (Härtel 1976) vorgehen. Wir können dann hierbei die folgenden vier Komponenten der Veränderung eines Feldwertes unterscheiden:

(1) **den Preisniveaueffekt,** der als proportionale Steigerung aller Inputs und Outputs die **globale Geldentwertungsrate** widerspiegelt,

(2) **den Mengeneffekt,** der eine Veränderung des Felderwertes durch eine **geringere oder größere Menge** hervorruft,

(3) **den Terms of Trade-Effekt** (TOT-Effekt), der die **Relativveränderungen zwischen den Input-Preisen und dem Output-Preis eines Sektors** angibt,

(4) **den Produktivitätseffekt,** der über **geänderte Produktivitäten** auf die Menge des zu produzierenden Gutes bzw. der zu seiner Produktion notwendigen Inputs einwirkt.

Der Unterschied zwischen dem Mengeneffekt (2) und dem Produktivitätseffekt (4) besteht darin, daß die Mengen bei (2) proportional mit dem BPW zunehmen und damit den absoluten Felderwert verändern, während bei (4) die Mengenveränderungen infolge von Variationen der Produktivität sogar bei gleichbleibendem BPW zu Veränderungen der Felderwerte führen.

Eine simultane Veränderung aller Einflüsse würde zu einer Addition dieser partiellen Effekte führen. Die **VGR** interessiert sich in erster Linie für die **Eliminierung des Preisniveaueffekts** und betrachtet die Addition des Mengeneffekts, des Terms of Trade-Effekts (der hier im Prinzip nur bezüglich des Außenhandels eine Rolle spielt) und des Produktionseffekts als „reale" Veränderung. Demgegenüber würde die **IOR** durch die Normierung der Felderwerte auf den jeweiligen Bruttoproduktionswert des Sektors **nicht nur den Preisniveaueffekt,** sondern darüber hinaus auch **den Mengeneffekt schon in der Koeffizientenbildung** ausschalten. (Beide Komponenten verändern sowohl den Zähler als auch den Nenner gleichsinnig.) Da bei den Input-Output-bezogenen Koeffizienten allgemeine Preisniveauveränderungen und Mengeneffekte ohnehin automatisch ausgeschaltet werden, braucht man hier auch keine zusätzliche Deflationierung vorzunehmen, sie würde die Koeffizienten ohnehin nicht verändern. Das bedeutet für die **MV/Versionen,** daß hier Deflationierungen überflüssig sind, sofern man nicht an den Absolutwerten interessiert ist. Dann jedoch sollte mit einem Einheitsdeflator deflationiert werden. Möglicherweise besteht z.B. Interesse an der Deflationierung absoluter Werte im zweiten Quadranten (Endnachfrage), doch ist dies eigentlich eher eine Fragestellung der Volkswirtschaftlichen Gesamtrechnung.

Das Erkenntnisinteresse der **PV/M-Versionen** orientiert sich an den technischen Relationen, d.h. an den Veränderungen der Produktivität, also nur am letztgenannten Effekt. Zu diesem Zweck muß der **Einfluß der relativen Preise** (Terms of Trade-Effekt) **noch ausgeschaltet** werden, was durch entsprechende volumenorientierte Deflationierung geschieht. In der Praxis wird darauf abzustellen sein, inwieweit eine Tabelle in laufenden Preisen vorliegt, die den Idealvorstellungen einer PV/M-Version entspricht. Ist die Nominaltabelle dem Ideal entsprechend **zeilenweise einheitlich bewertet,** so ist auch die **Deflationierung mit einem Zeilenindex** das beste.

	VGR	Input-Output-Tabelle	
		PV/M	MV/W
Preisniveaueffekt	eliminiert	mit der Koeffizientenbildung eliminiert	
Mengeneffekt	bleibt	mit der Koeffizientenbildung eliminiert	
TOT-Effekt	bleibt	eliminiert	keine Deflationierung wegen Wertansatz
Prod. Effekt	bleibt	bleibt	keine Deflationierung wegen Wertansatz

Abb. 39: Übersicht der Deflationierungswirkungen

Ist die Bewertung weniger einheitlich erfolgt, so wird man – sofern vorhanden – Felderindizes zur Deflationierung einsetzen.

Von den verschiedenen Versionen der IOT bedarf also **lediglich die PV/M-Version** einer Deflationierung **im Sinne der Ausschaltung der Terms of Trade zwischen den Sektoren.** Die so gewonnenen Koeffizienten spiegeln dann die „realen" Einsatzverhältnisse im physischen Sinne, wobei dieser physische volumenmäßige Aspekt auch Qualitätsveränderungen beinhaltet.

5.5.4 Eine Axiomatik der Deflationierung

Im Zuge der Praxis der Deflationierung haben sich sowohl bei der VGR als auch bei IOTs einige Prinzipien herausgebildet. Es ist u.E. zweckmäßig, diese Prinzipien explizit zu machen, um die Konsequenzen verschiedener Deflationierungsverfahren deutlich zu machen. Dabei folgen wir (Reich 1979).

Die angeführten Prinzipien lauten:

1) Es gibt einen objektiven Deflator, der die Geldwertveränderung mißt.
2) Es gibt im wesentlichen zwei sinnvolle und einander ergänzende Deflationierungsverfahren: Eine **Deflationierung mit produktspezifischen Indizes** bereinigt um Änderungen des Preisniveaus **und** der Preisstruktur.
   Eine **Deflationierung mit einem einzigen Deflator** (Einheitsdeflator, Standarddeflator) bewirkt eine „Inflationsbereinigung", d.h. eliminiert die Veränderung der Kaufkraft des Geldes.
3) Das Kreislaufaxiom gilt auch für reale Werte.
4) Einige Primärinputs haben kein Mengengerüst.

Diese Prinzipien sind nicht schlechthin akzeptiert, deshalb gibt es auch immer wieder theoretische Debatten, sie stellen jedoch einen Rahmen dar, nach dem gegenwärtig üblicherweise verfahren wird.

Zu 1) läßt sich sagen, daß damit eine sehr grundlegende Debatte der 20er und 30er Jahre angesprochen wird: „Gibt es einen allgemeingültigen Maßstab des Geldwertes (vgl. G. Haberler 1927) oder ist die Kaufkraft des Geldes nur auf den zu beziehen, der dieses Geld jeweils ausgibt?" Diese Debatte ging damals zugunsten der Subjektivisten aus. Obwohl in der Praxis weitestgehend auf subjektive Indizes abgestellt wird (so z.B. auf die verschiedenen Personengruppen im Rahmen der Ermittlung des Preisindex der Lebenshaltung), arbeitet die Theorie mit dem Konzept eines allgemeinen Preisniveaus und eines allgemeinen Deflators, der aus Nominalwerten Realwerte macht. Selbst wenn die für die Veränderung eines solchen „allgemeinen Preisniveaus" zu benennende Ursachenbasis nicht zu definieren ist, wird es doch weithin akzeptiert und mit diesem Begriff gearbeitet.

Zu 2) Die Frage, ob ein **Unterschied zwischen Inflationsbereinigung und Preisänderungsbereinigung** besteht, knüpft unmittelbar an Punkt 1) an. Formal läuft der Unterschied darauf hinaus, daß man Nominalgrößen einheitlich mit demselben Deflator (Einheitsdeflator, der der Kaufkraftveränderung entspricht) oder mit jeweils spezifischen Deflatoren deflationiert. Im ersten Fall wird jede einzelne Nominalgröße um denselben Prozentsatz gekürzt, im zweiten Fall um verschiedene Sätze.

Deshalb bleiben die Strukturen der einzelnen Größen im ersten Falle **(Inflationsbereinigung)** unberührt, im zweiten Fall **(Preisänderungsbereinigung)** werden sie mitverändert. Diese unterschiedlichen Wirkungen müssen klar gesehen werden. Ob sie als geeignet oder ungeeignet anzusehen sind, hängt vom Zusammenhang und dem verfolgten Zweck ab (siehe Abb. 39). Die Tendenz geht in etwa dahin, daß **reine Wertströme nur inflationsberei-**

nigt werden sollten und **Aggregate, die eine physische Komponente besitzen,** auch **preisänderungsbereinigt** werden sollten. Der Begriff **real** erhält damit eine **doppelte Bedeutung,** was in der Literatur immer wieder Verwirrung gestiftet hat. Es sollte darum immer präzisiert werden, ob eine reale Größe inflations- oder preisänderungsbereinigt wurde.

Zu 3) Daß das Kreislaufaxiom für nominelle IOTs gilt, wurde in Kapitel 2 ausführlich dargelegt. Gilt es aber auch für reale Tabellen? Bei **inflationsbereinigten** Tabellen tritt hier kein Problem auf, sie sind aber auch wenig sinnvoll, so daß wir sie deshalb hier ausklammern können. Bei **preisänderungsbereinigten** Tabellen hingegen treten **große Schwierigkeiten** auf. Gesetzt den Fall, wir würden auch für alle Primärinputs entsprechende Felderindizes beibringen, so würde die **Zeilensumme der deflationierten Werte eines Sektors in aller Regel nicht mehr mit der entsprechenden Spaltensumme übereinstimmen.** Preisbereinigung und Kreislaufaxiom scheinen also einen Widerspruch zu ergeben, dessen Lösung neue Probleme aufwirft.

Zu 4) Dieser Punkt hat in der Literatur eine grundlegende Diskussion hervorgerufen. Betrachtet man den **Primäraufwand global als Wertschöpfung,** so stellt er eine Leistung dar, einen **Produktionsertrag,** der dann per definitionem nicht durch die Aufwandsseite gemessen werden kann (Neubauer 1978, S.120). Eine gegenteilige Ansicht vertritt z.B. *U. Meyer*, wenn er versucht, jedem einzelnen Input in der Primäraufwandsmatrix einen Preisindex zuzuweisen, was der Isolierung von Mengenkomponenten entspricht (U. Meyer 1977).

Selbst wenn sich für einige Inputs auf diese Weise Mengensurrogate finden lassen, so bleibt doch das Problem der Nichtgüter-Ströme, wie z.B. indirekte Steuern und vor allem Residualgewinne, bestehen. Hier stellt sich die Frage, ob man diese Ströme, da sie **reine Werströme** darstellen, nicht mit **Verwendungsindizes** deflationieren sollte, also z.B. mit dem Index der Lebenshaltung oder der letzten inländischen Verwendung (vgl. hierzu U. Meyer 1977, S.299 bzw. Neubauer 1978, S.137).

Dies ist sicherlich nur als **pragmatisch diktierte Ersatzlösung** anzusehen und nicht unproblematisch, so z.B. wegen des Problems der Konsistenz der Tabelle, d.h. also der Gültigkeit des Kreislaufaxioms. Die dargestellten Probleme führten fast zwangsläufig zur Anwendung der **doppelten Deflationierung,** die den Primärinput oder doch wenigstens die Gewinne als Residuum ermittelt. Hier werden zwei Fliegen mit einer Klappe geschlagen: Man subtrahiert die realen Vorleistungen von den realen Bruttoproduktionswerten und erhält unter Einhaltung der Konsistenzbedingung einen Wert für die Nettoproduktion (bzw. für die „realen" Gewinne). Diese Methode, obwohl in der offiziellen Statistik fast ausschließlich geübt, hat jedoch in der Literatur zunehmend Widerspruch gefunden, aus Gründen, die nun ausführlicher besprochen werden sollen.

5.5.5 Lösungsansätze der Deflationierung

5.5.5.1 Die doppelte Deflationierung

Der nominale Nettoproduktionswert ergibt sich als Differenz zwischen dem nominalen Bruttoproduktionswert und den nominalen Vorleistungen, also

$$NPW = X - V\,.$$

Will man nun den nominalen Nettoproduktionswert deflationieren, wendet man die obige Formel auch auf die realen Werte an, also:

$$NPW_r = X_r - V_r = \frac{X}{P_B} - \frac{V}{P_v} \quad \text{wobei } P_B = \text{Preisindex des BPW, und } P_v = \text{Preisindex der Vorleistungen.}$$

Auf die IOT bezogen: die Summe der jeweils mit ihren Felderindizes deflationierten Vorleistungsströme (1. Deflationierung) wird von der deflationierten Inputspaltensumme (= BPW_r, 2. Deflationierung) subtrahiert. „Können Output und Input ohne allzu große Vorbehalte real erfaßt werden, so muß auch der Saldo einen realen Inhalt haben" (Bombach 1977, S. 120). Dieses Argument klingt eingängig, ist aber nicht zwingend. Betrachtet man die Subtraktion als mathematische Operation, so bedeutet dies, daß die Differenz zweier Größen nur dann gebildet werden kann, wenn beide Größen dieselbe Dimension besitzen. Sieht man z.B. als realen Output einer Kleiderfabrik die produzierte Menge an Kleidern (Stück) an, als realen Input die verbrauchten Mengen an Stoff und Garn (in Metern), so ist nicht ersichtlich, wie letztere von den ersteren subtrahiert werden können.

Darüber hinaus besitzt die doppelte Deflationierung den gravierenden Nachteil, daß aus einem positiven Nettoproduktionswert bei laufenden Preisen ein negativer Nettoproduktionswert bei konstanten Preisen werden kann. Dieser Umschlag wird von den Theoretikern und auch von den Statistikern als wesentlichste Schwäche des Verfahrens betrachtet. *Neubauer* bezeichnet deshalb das Ergebnis dieses Verfahrens sogar als „irreales" Sozialprodukt (Neubauer 1974).

Von den Verfechtern dieser Methode wird dagegen angeführt, daß die doppelte Deflationierung zu einer Wertschöpfung in konstanten Preisen führe, die zeige, wieviel Wertschöpfung erzielt worden wäre, wenn bei geänderten Mengen die Preise des Basisjahres unverändert geblieben wären. Daher sei eine negative Wertschöpfung ohne weiteres möglich (vgl. die sehr instruktive Abb. 40) und auch interpretierbar.

Wie ist es nun möglich, daß die doppelte Deflationierung einen **Vorzeichenwechsel des Nettoproduktionswertes** bewirkt, obwohl zu laufenden Preisen ein positives Ergebnis erzielt worden war? Betrachten wir hierzu den Fall, daß der Nettoproduktionswert gerade Null wird. Das ist der Fall, wenn:

$X/P_B = V/P_v$;

Durch Umformung erhalten wir:

$V/X = P_v/P_B$;

Der Nettoproduktionswert wird also gerade dann Null, wenn der Gesamt-Vorleistungskoeffizient dem Verhältnis der entsprechenden Preisindizes gleich ist.

Ist nun

$$V/X \quad > P_v/P_B .$$

dann ist der Nettoproduktionswert kleiner 0, da der Bruttoproduktionswert stärker deflationiert wird als die Vorleistungen. Der **Vorzeichenwechsel** entsteht also durch **unterschiedliche Preissteigerungsraten** der Input- und Outputgrößen.

Ein solcher Vorzeichenwechsel ist natürlich spektakulär. Die allgemein verzerrenden Effekte, die bei der doppelten Deflationierung auftreten, werden hieran jedoch nur besonders deutlich, sie sind auch bereits gegeben, wenn die Vorzeichenumkehr (noch) nicht eintritt. Dies ist einer der Gründe, warum Neubauer vorschlägt, den Nettoproduktionswert mit einem geeignet gewählten Einheitsdeflator zu deflationieren. Es darf jedoch nicht vergessen werden, daß die doppelte Deflationierung zwei Fliegen mit einer Klappe schlägt: Sie wahrt trotz Deflationierung die Konsistenzbedingung Input = Output für jeden Sektor. Es ist deshalb nicht verwunderlich, warum sie trotz ihrer bekannten Mängel immer noch Anwendung findet.[1]

---

[1] Der Vorschlag Freytags, die Felderindizes mit den Input-Koeffizienten zu gewichten, kann im Falle von Produktivitätsveränderungen, die hier besonders interessieren, auch nicht weiterhelfen.

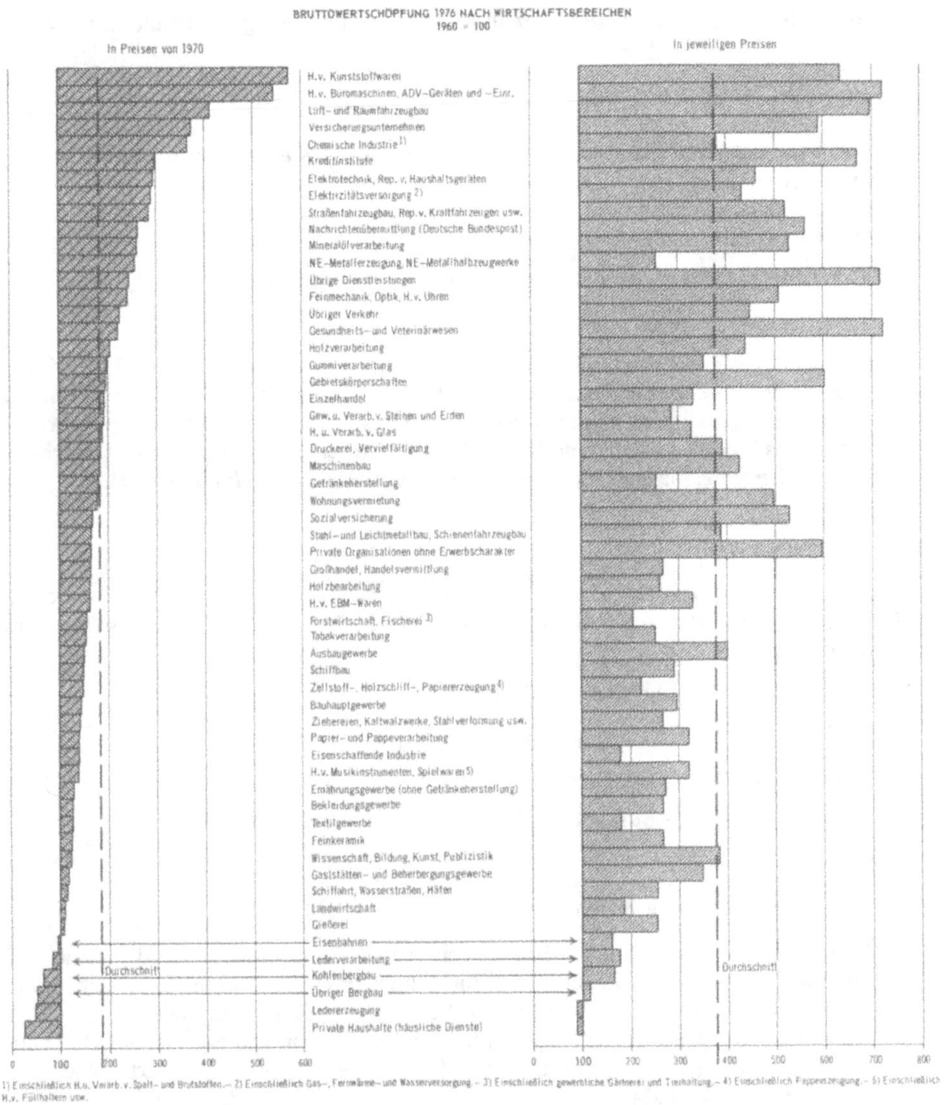

Abb. 40: Das „Umkippen" der Bruttowertschöpfung

Quelle: Wirtschaft und Statistik 10/1979.

5.5.5.2 Der Deflationierungsansatz von Reich

U.P. Reich sucht nach einer Methode, die die Schwächen der doppelten Deflationierung nicht aufweist. Zu diesem Zweck betrachtet er die Inputspalte eines Sektors und bewertet diesen Inputvektor neu mittels „Herstellungskosten". Diese Herstellungskosten basieren auf den Vorstellungen der klassischen Werttheorie, die in der Theorie neuerdings wieder aufgenommen wird (vgl. hierzu (Brody 1970), (Sraffa 1976)). Man könnte diese Herstellungskosten als die „realen" Kosten der Herstellung der Produkte des Sektors j betrachten. Bezeichnet man diese Herstellungskosten mit r_i, so ergibt sich die neue Bewertung zu:

(1) $$r_j = \sum_i r_i a_{ij} + r_0 l_j, \qquad j = 1, \ldots, n$$

r_j stellt dann die Herstellungskosten einer Einheit des Produkts j dar, die unter Mitwirkung der Inputs i mit den Mengenanteilen a_{ij}, bewertet mit den Kosten r_i plus dem mit seinen Herstellungskosten r_0 bewerteten Arbeitseinsatz l_j, der hier stellvertretend für die Primärinputs steht, geschaffen wurde.

Gleichung (1) läßt sich in Matrizenschreibweise formulieren als:

(1a) $$r = rA + r_0 l$$

worin r und l Zeilenvektoren mit $r = (r_j)$ und $l = (l_j)$ darstellen und $A = (a_{ij})$ die Matrix der technischen Koeffizienten ist. r_0 stellt hierbei die „Herstellkosten" des Faktors Arbeit dar, in einem allgemeineren Modell würde r_0 die Herstellkosten aller Primärinputs bedeuten. In Reichs Modell werden diese Herstellkosten nun gemäß der klassischen Werttheorie durch Gleichsetzung mit den Inputs, nämlich dem Konsum der Haushalte, erklärt.

Wir erhalten somit:

(2) $$r_0 = \beta \cdot r \cdot c,$$

worin β einen Koeffizienten mit $\beta \geq 1$, r den Zeilenvektor der Herstellkosten und c den Spaltenvektor der sektoriellen Konsumkoeffizienten der Haushalte (c_i) darstellt. r_0 ist dann ein Skalar.

Durch Einsetzen von (2) in (1a) erhalten wir:

(3) $$r = rA + \beta r c l$$

und durch Ausklammern von r wird dies zu:

(4) $$r(I - A - \beta c l) = 0;$$

oder ausgeschrieben:

(4a) $$\sum_i r_i(\delta_{ij} - a_{ij} - \beta c_i l_j) = 0, \qquad j = 1 \ldots n.$$

Wir haben somit eine **zirkuläre Abhängigkeit** vor uns. Die r_j ergeben sich durch die Aufaddition der Kosten der einzelnen Vorleistungsinputs plus der Kosten des Arbeitsinputs. Zur Ermittlung dieser Kosten werden aber die Herstellkosten r_i benötigt, $i = 1, 2, \ldots, n$, die durch den Additionsprozeß für jeden Sektor erst bestimmt werden sollen. Diese zirkuläre Abhängigkeit ist in der Matrixalgebra unter dem Namen Eigenwertproblem bekannt (vgl. Oberhofer 1978).

Das homogene Gleichungssystem (4) wird dadurch gelöst, daß man die Determinante der in Klammern stehenden Koeffizientenmatrix gleich Null setzt, daraus β bestimmt und mit Hilfe von β den Eigenvektor r der Matrix $(I - A - \beta c l)$.

Der dann immer noch bestehende Freiheitsgrad zur Bestimmung von r wird durch die folgende **Normierung** beseitigt:

$$\sum_i r_i X_i = \sum X_i$$

Um die Konsistenz zu wahren, muß er die authentische Information über die Preisveränderungen korrigieren, was ebenfalls problematisch ist. Außerdem braucht er zur Durchführung seines Vorschlags Volumenindizes, die gerade beim Primäraufwand nicht berechnet werden können. Alle diese Versuche, das Problem zu lösen, machen die Schwierigkeiten dabei deutlich (siehe Freytag 1966).

Darin wird die „Umwertung", wie Reich sie bezeichnet, sichtbar. Die r_i werden so bestimmt, daß die damit ermittelten realen Bruttoproduktionswerte in ihrer Summe den nominalen Produktionswerten gleich sind. Durch die Normierung, verbunden mit der Eigenwertlösung, ist die Konsistenzbedingung schon im Ansatz gewahrt. Gleichzeitig fängt dieses Vorgehen die Verschiebungen der Preisstrukturen zwischen den Sektoren, d.h. die Terms-of-Trade-Effekte, mit ein. Obwohl die Deflationierung mit einem Einheitsindex an dieser Stelle nicht mehr notwendig erscheint, vervollständigt Reich seinen Ansatz, indem er ihn nun um die speziellen Wirkungen einer Preisniveauanhebung verfeinert. Zu diesem Zweck definiert er einen Standardwarenkorb $u = (u_i)$ als Dual des Herstellungskostenvektors

(5) $$(I - A - \beta c l)u = 0,$$

mit (6) $$\sum u_i = 1;$$

Die Berechnung erfolgt analog zur Ermittlung von r. Dieser „Standardwarenkorb" ist ein Bruttoprodukt, dessen zugehöriges Nettoprodukt gerade proportional dem privaten Verbrauch ist. Er scheint deshalb geeignet, zur Berechnung eines allgemeinen Preisniveaus P herangezogen zu werden, wozu der Zeilenvektor $p = (p_j)$ von Zeilenindizes verwendet wird. Wir erhalten dann das Preisniveau P als:

(7) $$P = pu;$$

Bezeichnet man mit w_j die nominale Wertschöpfung des Sektors j und mit y_j deren deflationierten Wert, so erhalten wir unter Einbeziehung des Einheitsdeflators P:

$$y_j = \frac{1}{P}\sum_i r_i(\delta_{ij} - a_{ij})w_j, \qquad \text{wobei } \delta_{ij} = \begin{cases} 1 \text{ wenn } i = j, \\ 0 \text{ sonst}; \end{cases}$$

Reich gelingt es damit, die Wertschöpfung eines Sektors sowohl inflationsbereinigt als auch durch die Ermittlung der r_i preisbereinigt darzustellen, und zwar, wie er beweist (Reich 1979, S. 161), ohne daß hierbei „irreale" Salden entstehen können. Eine positive nominale Wertschöpfung behält auch deflationiert immer ihr positives Vorzeichen.

Da er zweifach deflationiert, einmal mit dem Generaldeflator P und zum anderen mit den die Terms-of-Trade bereinigenden r_i, sollte man diesem Verfahren vielleicht den Namen **Tandem-Deflationierung** geben, um es von der doppelten Deflationierung abzuheben. Inwieweit es akzeptabel ist, wird die weitere wissenschaftliche Debatte zeigen. Daß es rechenbar ist und auch zu plausiblen Ergebnissen führt, hat *Reich* bereits gezeigt.

Was an Skepsis bleibt, ist vor allem auf die möglichen Einschränkungen durch die werttheoretischen Implikationen des Ansatzes zurückzuführen. Vor allem reduziert *Reichs* Vorgehen den Primäraufwand auf die Komponente Arbeitseinsatz, was für komplexe Input-Output-Zusammenhänge sicherlich zu eng ist. Es kann jedoch angenommen werden, daß der Ansatz hier grundsätzlich erweiterungsfähig ist.

Eine zweite Einschränkung ergibt sich aus der „Erklärung" der Arbeitskosten aus den Inputs „Konsum" der Privaten Haushalte. Auch dies kann man jedoch als eine von mehreren Möglichkeiten sehen, die einer Erweiterung zugänglich ist. Formal funktioniert der Ansatz nämlich auch dann, wenn für r_0 andere Abhängigkeiten angesetzt werden.

Die in Abschnitt 5.5 dargestellte Debatte um Sinn und Möglichkeiten der Eliminierung verzerrender Preisveränderungen hat gezeigt, daß es sich um ein recht komplexes Problem handelt. Es ist aufgespannt zwischen Indexproblematik und Interpretationsmöglichkeiten der IOT, beides Gebiete, in denen das letzte Wort trotz teilweise traditionsreicher Geschichte noch nicht gesprochen ist. Es kann deshalb als sicher gelten, daß in der Deflationierung von IOTs die Entwicklung weitergehen wird, so daß derzeit ein abschließendes Urteil noch nicht möglich ist.

6. Kapitel: Regionale und multiregionale Verflechtung

6.1 Regionale Input-Output-Tabellen

In formaler Hinsicht besteht kein Unterschied zwischen einer IOT, die für eine Volkswirtschaft erstellt wird und einer regionalen IOT. Beide werden für ein bestimmtes Produktionsgebiet erstellt, das im Fall der gesamtwirtschaftlichen Tabelle durch die geographischen Grenzen des Gebietes der Volkswirtschaft, bei der Regionaltabelle durch das entsprechende Gebiet einer Region dieser Wirtschaft gekennzeichnet ist. Eine solche Region kann ein einzelnes Bundesland oder ein Kreis sein, aber auch ein nicht an eine einheitliche politische Struktur gebundenes, in sich aber einheitliches Wirtschaftsgebiet, wie z.B. das Ruhrgebiet.

Durch die Betrachtung nur eines Teiles eines Wirtschaftsraumes ist es besonders interessant, die die Grenzen dieses regionalen Teilraumes überschreitenden Güterströme abzubilden. Ein Teil dieser Ströme geht in (oder kommt aus) anderen Regionen desselben Wirtschaftsraumes (z.B. einem anderen Bundesland), der andere Teil überschreitet die Grenzen des gesamten Wirtschaftsraumes der Volkswirtschaft und betrifft somit die „übrige Welt“. Es ist sinnvoll, Exporte und Importe der Region danach zu unterteilen, ob sie aus **anderen Regionalbereichen** stammen oder **Bestandteil der Exporte bzw. Importe der ganzen Volkswirtschaft** sind. Dies kann durch eine entsprechende Aufspaltung der regionalen Importe bzw. Exporte geschehen.

In diesem Zusammenhang spielt nun die Wahl des Tabellentyps eine wichtige Rolle. Wie weiter unten näher ausgeführt wird, ist es für die Aussagekraft der Tabelle wesentlich, ob die Importe nach der Version A, B, C oder D ausgewiesen werden. Versionen, die **Importmatrizen** implizieren, wie die Version D, stellen allerdings hohe Anforderungen an die statistische Datenbasis. Gerade in dieser Hinsicht steht die Erstellung einer regionalen IOT aber vor besonderen Engpässen. Während eine gesamtwirtschaftliche IOT in der Regel vom Statistischen Amt des Staates erstellt wird oder aber bei der Erstellung auf diesen Apparat und seine Erhebungen zurückgegriffen werden kann, liegen die notwendigen Daten für eine Region oft nicht ohne weiteres oder nur sehr eingeschränkt vor. Hier kontrollieren keine Zöllner den grenzüberschreitenden Warenverkehr und kein Gesetz verpflichtet irgendeine Stelle zur statistischen Erfassung der Transaktionen, die zwischen dieser Region und allen anderen Regionen ablaufen.

Der bei der Erstellung einer IOT ohnehin immer **vorhandene Datenmangel** ist deshalb bei einer regionalen IOT noch beträchtlich verschärft. Deshalb besteht die Tendenz, Tabellenversionen zu wählen, die hinsichtlich einer genauen Spezifikation der Importstrukturen und Importverflechtung möglichst geringe Anforderungen an die Daten stellen.

Ein möglicher Ausweg aus dieser für Regionaltabellen besonders schwierigen Datensituation ist die Anwendung der sog. **derivativen Methode.** Diese unterstellt grundsätzliche Strukturkongruenz zwischen den Transaktionen der Region und den vergleichbaren Transaktionen der gesamtwirtschaftlichen IOT. Sie setzt damit weitgehende Konsistenz der Abgrenzung von Sektoren und des Tabellentyps (z.B. institutionell oder funktionell) voraus, wobei jedoch die Regionaltabelle durchaus stärker aggregiert sein kann. Sind diese Voraussetzungen einigermaßen erfüllt, so kann man die durch statistische Landesämter aufbereiteten Grobdaten für Bruttoproduktionswerte und Bruttowertschöpfungen unter dem **Aspekt der Strukturkongruenz** zu einer vorhandenen und zeitlich nicht zu entfernt liegenden gesamtwirtschaftlichen Tabelle entsprechend den sich ergebenden **Kür-**

zungsfaktoren auf die Felder verteilen. Verbleibende Unstimmigkeiten können durch Originaldaten oder mechanische **Fehlerverteilungsverfahren** (z.B. MODOP, siehe Abschnitt 7.4.4.2) bereinigt werden (Strassert 1968).

Es versteht sich von selbst, daß die Erstellung einer regionalen IOT mittels der derivaten Methode zu erheblichen Fehlern führt. Insbesondere gehen regionalspezifische Strukturen nicht in die Darstellung ein, da sie wegen der Durchschnittsbildung in der Gesamttabelle verloren gehen. Nur wenige der bisher veröffentlichten Regionaltabellen (so z.B. für Schleswig-Holstein, insbesondere aber für Hessen) greifen in stärkerem Maße auf Originaldaten zurück (Ott, Schwarz, Wagner 1970, S. 66). Der **Vorteil der derivaten Methode** ist die vergleichsweise **rasche und kostensparende Erstellung** (Strassert 1968, S. 75), während bei den präziseren Originärerhebungen eine verringerte Nutzbarkeit durch die längeren Veröffentlichungslags vorliegt. Festzuhalten bleibt jedoch, daß gegenüber einer Regionaltabelle, die derivativ erstellt wurde, eine gewisse Skepsis in bezug auf ihre Genauigkeit angebracht ist.[1]

Die oben angedeutete Problemsituation wird um so schärfer, je kleiner die Region ist, da dann erfahrungsgemäß die **Außenabhängigkeit** besonders stark in den Vordergrund tritt und das Import-Export-Geschehen sogar das rein innerregionale Wirtschaftsgeschehen dominieren kann. Die Frage nach der Verläßlichkeit bzw. Konstanz der Input (bzw. Output-)Koeffizienten (s. Abschnitt 9.1) stellt sich hier besonders deutlich.

Die Verwendbarkeit der Koeffizienten für die in diesem Band nicht mehr behandelte IOA hängt von ihrer intertemporären Stabilität ab. Gewöhnlich wird einem solchen Ansatz die Annahme eines vergleichsweise langsamen technologischen Wandels zugrundegelegt, der die der Produktion zugrundeliegenden *Leontief*schen Produktionsfunktionen und damit die Input- (bzw. Output-)Koeffizienten relativ stabil läßt.

Im Falle der Regionaltabelle spiegeln die Tabellenkoeffizienten – je nach Version – aber nicht nur die technologischen Verhältnisse, sondern darüber hinaus auch noch die Versorgungsstruktur der räumlichen Verflechtung. Es ist offenkundig, daß die Unterstellung einer Stabilität dieser Versorgungskoeffizienten eine ziemlich heroische Annahme darstellt, da die **Barrierewirkungen** einer Staatsgrenze, wie sie für den Wirtschaftsraum einer ganzen Volkswirtschaft durch internationale Rechts-, Zahlungs-, Währungs- und Sprachunterschiede vorliegen, bezüglich des regionalen „Außenhandels" mit anderen Bereichen dieser Volkswirtschaft weitestgehend entfallen.

Dieser **Außenhandel einer Region** kann **ebenso flexibel** sein **wie der regionale Binnenhandel,** was zu einer Instabilität der jeweiligen Importquoten führt. Diese trifft allerdings die verschiedenen Tabellenversionen in unterschiedlichem Ausmaß.

Die Aufstellung auf S. 72 oben zeigt die Zusammenhänge zwischen den Abgrenzungen der einzelnen Versionen und den damit verbundenen Implikationen für die abgeleiteten Koeffizienten (vgl. hierzu auch Abschnitt 9.1). Version A1 wird als **technische Verflechtung** bezeichnet. Der Inputkoeffizient drückt die Relation der gesamten Inputs (regionale und importierte) zu den Bruttoproduktionswerten des Sektors aus. In Version A2 spiegeln die Spaltensummen das **gesamte Güteraufkommen** (inklusive der importierten Güter). Diese

---

[1] Dies gilt insbesondere gegenüber der naiven Übertragung der gesamtwirtschaftlichen Strukturen auf regionale Verhältnisse. Die Anwendung verschiedener Methoden des „fine-tunings" der Strukturen kann aber durchaus erhebliche Verbesserungen bringen, vor allem dann, wenn nicht reine „Nonsurvey-Verfahren", wie z.B. bei der derivativen Methode, sondern sog. Semi-Surveyverfahren unter Einbeziehung teilweise originärer Daten verwendet werden. *Hübler* hat ca. 20 verschiedene Verfahren getestet und vergleichend gegenübergestellt (*Hübler* 1979).

Die für regionale IOTs wichtigen Varianten sind die folgenden:

Version	Typ	Inputkoeffizienten	Summen
A1	technische Verflechtung	$a_{ij} = \frac{{}_rX_{ij} + {}^mX_{ij}}{{}_rX_j}$	${}_rX_j$
A2	Aufkommensverflechtung	${}_aa_{ij} = \frac{{}_rX_{ij} + {}^mX_{ij}}{{}_rX_j + {}^mX_i}$	${}_rX_j + {}^mX_i$
B	Regionale Verflechtung	${}_ra_{ij} = \frac{{}_rX_{ij}}{{}_rX_j}$	${}_rX_j$

Abb. 41: Die Koeffizienten der Tabellenversionen

r tiefgestellt (links vom Symbol) bedeutet regional,
a tiefgestellt (links vom Symbol) bedeutet Aufkommen
(siehe auch Abschnitt 5.4).

Inputkoeffizienten sind deshalb zusätzlich von der Importstruktur abhängig und für eine Analyse nicht geeignet. Für die Koeffizienten der Version B, bei denen lediglich die **regionalen Vorleistungsströme** dem jeweiligen BPW gegenübergestellt werden, gilt, daß nur unter der fragwürdigen Annahme konstanter Handels- und Versorgungsstrukturen stabile Zusammenhänge zwischen Input und Output zu erwarten sind. Diese stabilen **trading patterns** oder **supply channels** sind jedoch, wie *Spehl* (1971) durch eine Umfrage ermittelt hat, nur in bestimmten Fällen zu erwarten: z.B. bei längerdauernden Geschäftsbeziehungen, bei denen Qualität und Sortiment eine besondere Rolle spielen, bei Gütern, die wenig preiselastisch sind, bei Zugehörigkeit eines Betriebs zu einer Unternehmensgruppe oder -kette, oder in Märkten, die nur wenige Anbieter haben. Instabilitäten sind hingegen zu erwarten: bei modischen Produkten, insbesondere in wettbewerbsaktiven Branchen, im Konjunkturaufschwung, wenn die bisherigen Versorgungskapazitäten nicht mehr ausreichen, sowie in Perioden stärkeren technischen Fortschritts. Die beschriebenen Umstände machen deutlich, daß man bei der Erstellung einer regionalen IOT mit noch größeren Problemen zu kämpfen hat als bei einer gesamtwirtschaftlichen Tabelle. Dies gilt sowohl im Hinblick auf die Datenbasis als auch für die Aussagefähigkeit der Tabelle. Trotzdem stellen regionale IOTs mittlerweile ein wertvolles und unverzichtbares Hilfsmittel einer regionalen Wirtschaftspolitik dar.

6.2 Multiregionale Input-Output-Tabellen

Bisher haben wir lediglich Tabellen kennengelernt, die hinsichtlich einer einzigen Region nach mehreren Sektoren disaggregiert waren. Interessiert man sich für die Spezifizierung der Input- und Outputströme für **mehrere Regionen,** benötigt man eine **multiregionale Tabelle.** In der Literatur sind mehrere Ansätze solcher Tabellen entwickelt worden, die unterschiedliche Ansprüche hinsichtlich der Datenbasis stellen.

6.2.1 Das Modell von Isard

Den Aufbau einer **multiregionalen Tabelle nach Isard** zeigt die folgende Abbildung 42 (*Isard* 1960, S. 316ff.):

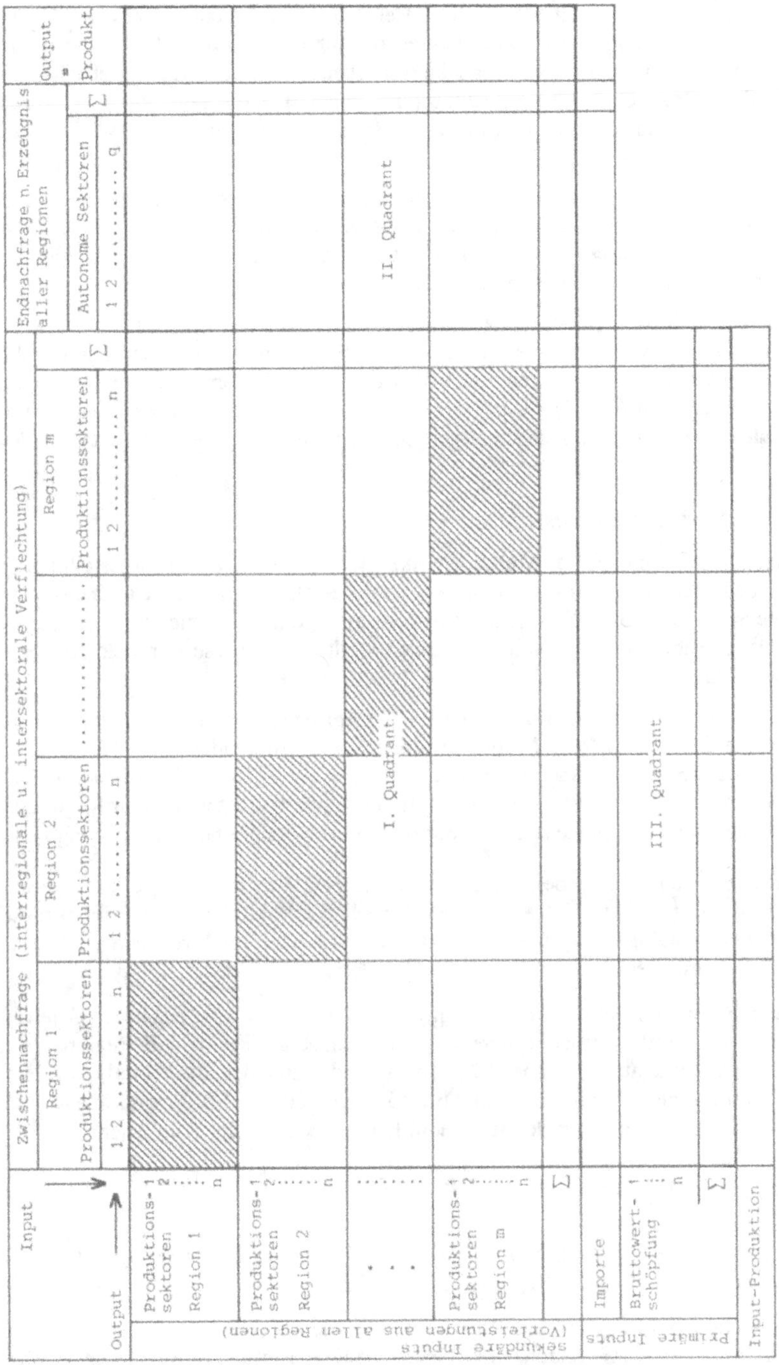

Abb. 42: Schema einer multiregionalen IOT nach *Isard*

Der I. Quadrant unterteilt sich bei m Regionen in m^2 Teilmatrizen der Größe $n \times n$ für je n Sektoren. Die schraffierten Felder auf der Hauptdiagonalen zeigen die jeweilige **intra**regionale Verflechtung, während die restlichen Felder ober- und unterhalb der Hauptdiagonale die **inter**regionale Verflechtung darstellen, d.h. die Bezüge bzw. Lieferungen an andere Sektoren in anderen Regionen, die sonst in den Importen bzw. Exporten einer Regionalmatrix stecken.

Es ist klar, daß eine derart stark disaggregierte Tabelle ein sehr detailliertes Bild der wirtschaftlichen Verflechtung zeigt. Die Kehrseite der Medaille ist allerdings ein entsprechend großer Erhebungsaufwand angesichts der deutlich erhöhten Felderzahl bei gleichzeitig schwierigerer Beschaffung der Daten.

So ergibt sich die Anzahl der zu ermittelnden Ströme mit $(m \cdot n)^2$, das sind bei einer multiregionalen Tabelle für 5 Regionen und 20 Sektoren schon 10000. Diese Zahlen sind so abschreckend, daß die Erstellung multiregionaler Tabellen mit originären Daten meist nicht erwogen wird (vgl. *Spehl* 1971, S. 20). Es wurden deshalb auch **Modelle von multiregionalen IOTs** entwickelt, die geringere Anforderungen an die Datenbasis stellen.

6.2.2 Das Modell von Moses

Formal gleicht eine nach der Methode von *L. Moses* (*Moses* 1955) aufgestellte multiregionale Tabelle der Tabelle von *Isard*, inhaltlich unterscheidet sie sich jedoch davon, da hierbei eine Stabilitäts- bzw. **Kongruenzhypothese** unterstellt wird, die die Erhebung von Originärdaten erübrigen soll. Dieses Vorgehen stellt eine gewisse Parallele zur derivativen Methode dar.

Durch die Verwendung der Hypothese kongruenter Handelsbeziehungen sinkt der Datenbedarf für das *Moses*-Modell auf $n \cdot m^2 + n^2 \cdot m$ Felder. Das bedeutet für unser Beispiel von 5 Regionen und 20 Sektoren statt der 10000 Felder bei *Isard* „nur" noch die Erhebung von 2500 Feldern, was angesichts der schmalen Datenbasis für Regionaltabellen zwar immer noch Probleme schafft, aber doch eine wesentliche Erleichterung bedeutet.

Die Tabellenerstellung bei *Moses* erfolgt in **zwei Schritten.** Als erstes werden die in Abb. 42 grau unterlegten **intra**regionalen Tabellen erhoben, d.h. im Prinzip die **Zentralmatrizen der jeweiligen Regionen, die miteinander zu einer multiregionalen Matrix zusammengefaßt** werden sollen.

In einem **zweiten Schritt** werden dann – und zwar aus dem Blickwinkel jeweils **eines** Sektors – die Handelsverflechtungen zwischen den Regionen, also die regionalen Import- und Exportströme aufgezeichnet. Dies führt wieder zu einer, diesmal aber anders gegliederten Hauptdiagonalmatrix, die in Abb. 43 dargestellt ist. Erfaßt sind hier $n \cdot m^2$ Felder der **Handelsströme zwischen den Regionen.** Dabei bedeutet der Koeffizient:

$$_{kl}h_i = \frac{_{kl}B_i}{_{l}B_i}$$

den Anteil der Bezüge (gleich ob für die Zwischen- oder Endnachfrage) des in Region l gelegenen Sektors i aus der Region k an allen Bezügen dieses Sektors: $_{l}B_i$.

Die **Grundhypothese des Modells** ist nun, daß **alle Verbraucher** eines bestimmten Gutes in der Region l dieses Gut nach einem **identischen Importschlüssel aus den anderen Regionen** beziehen. Konkret: die Eisenindustrie **und** die Autoindustrie in Nordrhein-Westfalen beziehen jeweils 20% ihres Gesamtbedarfs an Blechen aus dem Saarland, weitere 30% aus dem Ruhrgebiet usw. Mit dieser Hypothese läßt sich nun die ganze multiregionale Tabelle

	Sektor 1	Sektor 2		Sektor n
	Regionen			Regionen
	1 2 ... m	1 2 ... m	....	1 2 ... m
Regionen 1 2 Sektor 1 ⋮ m	${}_{11}h_1$ ${}_{12}h_1 \cdots {}_{1m}h_1$ ${}_{21}h_1$ ${}_{22}h_1 \cdots {}_{2m}h_1$ ⋮ ⋮ ⋮ ⋮ ${}_{m1}h_1$ ${}_{m2}h_1 \cdots {}_{mm}h_1$			
Regionen 1 2 Sektor 2 ⋮ m		${}_{11}h_2$ ${}_{12}h_2 \cdots {}_{1m}h_2$ ${}_{21}h_2$ ${}_{22}h_2 \cdots {}_{2m}h_2$ ⋮ ⋮ ⋮ ⋮ ${}_{m1}h_2$ ${}_{m2}h_2 \cdots {}_{mm}h_2$		
⋮			⋱	
Regionen 1 2 Sektor n ⋮ m				${}_{11}h_n$ ${}_{12}h_n \cdots {}_{1m}h_n$ ${}_{21}h_n$ ${}_{22}h_n \cdots {}_{2m}h_n$ ⋮ ⋮ ⋮ ⋮ ${}_{m1}h_n$ ${}_{m2}h_n \cdots {}_{mm}h_n$

Abb. 43: Das Schema einer Matrix der Handelskoeffizienten nach *Moses*

nach der Multiplikation der technischen Inputkoeffizienten mit einem Handelskoeffizienten (*Moses* 1955, S. 827):

$${}_{kl}a_{ij} = {}_{l}a_{ij} \cdot {}_{kl}h_i$$

gewinnen.

Ein *Spehl* (*Spehl* 1971, S. 22) entlehntes Beispiels zeigt als Ergebnis:

		Region 1		Region 2	
		Sektor 1	Sektor 2	Sektor 1	Sektor 2
Region 1	Sektor 1	${}_{11}a_{11} = {}_{1}a_{11} \cdot {}_{11}h_1$	${}_{11}a_{12} = {}_{1}a_{12} \cdot {}_{11}h_1$	${}_{12}a_{11} = {}_{2}a_{11} \cdot {}_{12}h_2$	${}_{12}a_{12} = {}_{2}a_{12} \cdot {}_{12}h_1$
	Sektor 2	${}_{11}a_{21} = {}_{1}a_{21} \cdot {}_{11}h_2$	${}_{11}a_{22} = {}_{1}a_{22} \cdot {}_{11}h_2$	${}_{12}a_{21} = {}_{2}a_{21} \cdot {}_{12}h_2$	${}_{12}a_{22} = {}_{2}a_{22} \cdot {}_{12}h_2$
Region 2	Sektor 1	${}_{21}a_{11} = {}_{1}a_{11} \cdot {}_{21}h_1$	${}_{21}a_{12} = {}_{1}a_{12} \cdot {}_{21}h_1$	${}_{22}a_{11} = {}_{2}a_{11} \cdot {}_{22}h_1$	${}_{22}a_{12} = {}_{2}a_{12} \cdot {}_{22}h_1$
	Sektor 2	${}_{21}a_{21} = {}_{1}a_{21} \cdot {}_{21}h_2$	${}_{21}a_{22} = {}_{1}a_{22} \cdot {}_{21}h_2$	${}_{22}a_{21} = {}_{2}a_{21} \cdot {}_{22}h_2$	${}_{22}a_{22} = {}_{2}a_{22} \cdot {}_{22}h_2$

Abb. 44: Schema einer Matrix der multiregionalen Inputkoeffizienten bei 2 Sektoren und 2 Regionen

Es ist klar, daß diese kurz skizzierte Grundhypothese eine starke Einschränkung der Aussagemöglichkeiten einer solchen Tabelle darstellen kann. Falls das Modell von *Moses* die Realität jedoch hinreichend genau abbildet, wird der Erhebungsaufwand einer multiregionalen Tabelle beträchtlich reduziert.

6.2.3 Das Modell von Leontief

Ein anderer Ansatz, der zur Umgehung des Erhebungsaufwandes **ebenfalls mit einer Hypothese arbeitet,** stammt von *W. Leontief*, dem „Vater" der IOR (*Leontief* 1963). Er legt seinem Modell eine **Gravitationshypothese** zugrunde, die die Annahme eines Angebotsfonds und eines Bedarfsfonds einer Region beinhaltet. Der Bedarfsfond für ein bestimmtes Gut entspricht der Summe der einer Region l zufließenden Ströme aus allen Angebotsfonds, der Angebotsfonds eines Gutes in einer Region entspricht der Summe aller von ihm ausgehenden Ströme, die in Bedarfsfonds fließen.

Der Güterstrom zwischen zwei Regionen ist nun **annahmegemäß proportional dem Output** dieses Gutes in der einen und dem Bedarf dieses Gutes in der anderen Region. Allgemeiner: Eine Region l *bezieht* Güter aus anderen Regionen gemäß deren Anteil an der Gesamtproduktion, eine Region k *liefert* an andere Regionen gemäß dem Anteil des regionalen Bedarfs am Gesamtbedarf. Diese hypothetische Idealstruktur wird noch durch Strukturkoeffizienten modifiziert, die analog dem Modell von *Moses* aus den Handelsverflechtungen, sowie dem Beitrag einer Region zum Gesamtprodukt der ganzen Wirtschaft gebildet werden.

Der Ansatz von *Leontief* setzt ebenfalls **weitgehende Strukturkonstanz** voraus, kommt aber mit noch weniger Originärdaten aus als das Modell von *Moses*.

6.2.4 Das Vierfelderschema von Ott/Schwarz/Wagner

Auch *A.E. Ott*, *D. Schwarz* und *A. Wagner* gehen von der enormen Anforderung an das statistische Material bei der Erstellung einer multiregionalen Tabelle aus. Sie schlagen unter Verzicht auf viele Felder der *Isard*-Tabelle ein neues Tabellenschema vor, das nach ihrer Auffassung trotzdem die Essenz der bisherigen Tabellen enthält, nämlich das sogenannte **Vierfelderschema** (*Ott*, *Schwarz*, *Wagner* 1970).

Ausgehend von einer multiregionalen Gesamttabelle des *Isard*schen Typs kombinieren bzw. rekombinieren sie bestimmte Felder dieser Tabelle zu einem neuen Tabellentyp, eben dem **Vierfelderschema,** das wegen der Weglassungen einen geringeren Erhebungsaufwand bedingt, ohne daß nach Ansicht der Autoren auf die wesentlichsten Informationen verzichtet werden müßte. Das Vierfelderschema ist schematisch in Abb. 45 dargestellt. Hierbei umfaßt:

Feld A – die **rein sektorale Verflechtung** des Quadranten I in der **Gesamtregion,**
Feld B – die (zusammengefaßte) **sektoral-regionale Verflechtung,** in der die **Inputs** nach ihrer sektoralen **und** nach ihrer regionalen **Verteilung** (Verbleib) aufgeschlüsselt sind,
Feld C – die (zusammengefaßte) Tabelle, in der die **Outputs** nach ihrer sektoralen **und** regionalen Verteilung (= Herkunft) dargestellt sind,
Feld D – die **rein regionale** Verflechtung der **Teilregionen,** sektoral unspezifiziert.

Es ist ersichtlich, daß diese Aufteilung die wesentlichen Informationen enthält, dabei aber sparsamere Forderungen an die Datenbasis stellt als die bisher bekannten Systeme. Allgemein ergibt sich für den Zentralteil dieser multiregionalen Matrix $(m+n)^2$ Felder, nach unserem Beispiel also ein Aufwand von 625 Feldern, was selbst gegenüber dem Modell von *Moses* noch einmal eine beträchtliche Einsparung bedeutet.

In der Praxis der IOR haben multiregionale Tabellen bislang noch keine allzu große Bedeutung erlangt. Dies erklärt sich vor allem daraus, daß es sehr schwierig ist, sie zu er-

Feld A: Zentralmatrix der Gesamtregion (Vorleistungsquadrant I)
Feld B: Regionale Aufspaltung der sektoralen Inputs
Feld C: Regionale Aufspaltung der sektoralen Outputs
Feld D: Verflechtungsmatrix der Teilregionen

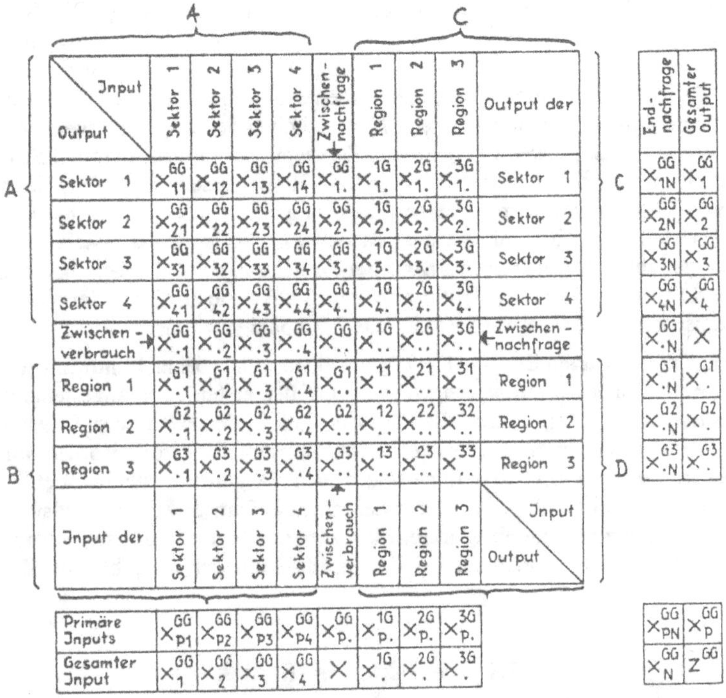

Abb. 45: Vierfelderschema einer interregionalen Input-Output-Tabelle

stellen. *W. Leontief* konstruierte allerdings eine multiregionale Tabelle ganz besonderer Art, nämlich eine **Welttabelle** nach multiregionalem Zuschnitt mit 15 regionalen Blöcken. Interessenten seien auf die Studie „The Future of the World Economy“ (Leontief, Carter, Petri 1977) verwiesen.

7. Kapitel: Praktische Probleme der Tabellenerstellung

Die in Kapitel 5 abgehandelten konzeptionellen Probleme haben gezeigt, daß eine Reihe von Entscheidungen getroffen werden muß, bevor man an die Erstellung einer Tabelle gehen kann. Hat man sich nun – unter dem Aspekt des späteren Verwendungszweckes der IOT – für eine bestimmte Tabellenversion entschieden, so ergeben sich in der Praxis neue Probleme durch das **Spannungsverhältnis** zwischen den **Implikationen der gewählten Konzeption** und der **empirischen Datenbasis.** Konzeptionen mögen theoretisch ideal sein, ihrer Realisation stellen sich in der Praxis jedoch Hindernisse in den Weg, die mehr oder weniger ein Abrücken von dem verlangen, was man sich als Ziel gesetzt hatte. Eine endgültig realisierte IOT stellt somit meist einen **vielfachen Kompromiß zwischen Erstellungszielsetzung, gewählter Konzeption, vorhandener Datenbasis sowie Rechen- und Erstellungsaufwand dar.** Diesen zusätzlichen Problemen und Implikationen, die aus der Konfrontation mit der statistischen Praxis erwachsen, ist das 7. Kapitel gewidmet.

Bereits aus dieser kurzen Einführung folgt, daß wir es hierbei nicht nur mit rein empirischen Datenproblemen zu tun haben, wie man auf den ersten Blick angesichts der Überschrift des Kapitels meinen könnte. Bei den Problemen, denen sich der Tabellenersteller faktisch gegenübersieht, ist vielmehr auch das konzeptionelle Grundproblem immer wieder zu beachten. Es läßt sich deshalb nicht umgehen, Argumente aus Kapitel 5 (Konzeptionelle Probleme beim Aufbau der IOT) wieder neu aufzunehmen oder auf sie zu verweisen, was zeigt, daß eine Trennung in rein konzeptionelle und praktische Probleme eine vielleicht didaktisch eben noch zulässige Simplifikation der tatsächlichen Zusammenhänge ist.

7.1 Die Sektorendefinition

Die Erstellung einer Tabelle beginnt damit, daß man sich auf den Rahmen festlegt, in den das Zahlenwerk gestellt werden soll. Dies bedeutet konkret, **welche** bzw. **wie viele Sektoren** der Tabelle zugrundegelegt werden sollen. Das Problem der Sektorendefinition läßt sich damit in zwei Teilbereiche aufspalten, die sicherlich nicht voneinander unabhängig sind:

- das **quantitative** Problem der Definition der **Sektorenzahl** (= Problem der Tabellengröße),
- das **quantitativ/qualitative** Problem der **Sektorendefinition,** d.h. die Frage, welche Sektoren auf welchem Aggregationsniveau (= Sektorenspezifikation), und schließlich
- das **qualitative** Problem der **Sektorenabgrenzung.** Dahinter versteckt sich die Frage nach der Aufstellung einer funktionellen oder institutionellen Tabelle.

7.1.1 Das Problem der Tabellengröße

Die Wahl der Tabellengröße stellt eine wichtige Entscheidung bei der Tabellenaufstellung dar, weil sie die Verwendbarkeit der Tabelle definiert.

Kleine Tabellen (bis zu 20 Sektoren) lassen sich relativ schnell (hohe Aktualität) und damit häufig (z.B. jährlich) erstellen. Sie verlangen keinen sehr großen Aufwand, so daß Tabellen dieser Größe in der Regel auch von Ländern mit noch gering ausgebildetem statistischen Apparat erstellt werden können. Sie zeigen zumeist die wesentlichen strukturellen Beziehungen, so daß man für eine deskriptive Tabellenauswertung auch aus einer kleinen Tabelle schon nützliche Strukturinformationen ziehen kann. Darüber hinaus besteht auch eine gewisse Korrelation zum Entwicklungsstand eines Landes: in höher entwickelten Volkswirtschaften sind die Beziehungen zwischen den Sektoren differenzierter, so daß auch ihre adäquate Abbildung nach einer stärker differenzierten, d.h. größeren Tabelle verlangt.

Ein derartiges Land hat dann meist auch den hierzu nötigen kostspieligen statistischen Apparat zur Verfügung. Dies ist vor allem angesichts der Tatsache wichtig, daß die Anzahl der gegebenenfalls mit Zahlen zu besetzenden Felder in der Zentralmatrix mit der zweiten Potenz anwächst. Der **Aufwand** zur Erstellung einer **größeren Tabelle** steigt somit **überproportional zur Sektorenzahl** an (dies betrifft nicht nur reine Geldkosten, sondern auch den Einsatz von Zeit und Arbeitskräften).

Auch **mittlere Tabellen** (zwischen 20 und 50 Sektoren) sind noch einigermaßen aktuell zu erstellen. Sie stellen aufgrund der Reichhaltigkeit an eingebrachten Daten für eine strukturelle Analyse in der Regel ausreichend Informationen zur Verfügung. Auch als Grundlage wirtschaftspolitischer Maßnahmen beginnen Tabellen in dieser Größe interessant zu werden. Auch dies ist aber vor dem Hintergrund des Entwicklungsstandes des betreffenden Landes zu sehen.

Mittlere Tabellen stellen einen Kompromiß zwischen gebotener Datenfülle und der wegen des doch noch relativ hohen Aggregationsgrades leichteren Schätzbarkeit der Felderwerte dar. Sie besitzen zudem eine Eigenschaft, die größere Tabellen mit steigender Größe zunehmend vermissen lassen: die für Analyse- und Prognosezwecke gebildeten Anteilskoeffizienten (vgl. hierzu Abschnitt 9.1) gelten wegen des höheren Aggregationsgrades und der damit gegebenen größeren Heterogenität im Zeitablauf als stabiler und als robuster für Prognosen. Dies betrifft auch die den Prognosen zugrunde gelegten Schätzdaten der Endnachfrage bzw. des Primäraufwandes.

Große Tabellen (mit mehr als 50 Sektoren) sind vor allem für die Diskussion wirtschaftspolitischer Maßnahmen nützlich. Sie erlauben präzisere Prognosen, da die Verflechtung differenzierter erfaßt wird. Für rein deskriptive Untersuchungszwecke sind sie allerdings teilweise schon zu unübersichtlich. Dem Vorteil der stärkeren Differenzierung der Informationen steht hier der Aspekt hoher Erstellungskosten und eines wesentlich höheren Zeitbedarfs für die Erstellung gegenüber. Da sich bei diesem Disaggregationsgrad viele Felderwerte nicht mehr direkt ermitteln lassen, müssen die **Lücken verstärkt durch Schätzverfahren geschlossen** werden, die neben der höheren Koeffizientenreagibilität im Hinblick auf wirtschaftliche Veränderungen zusätzlich die Verläßlichkeit des Datenmaterials tangieren.

Daraus ergibt sich die Frage, ob es sich überhaupt lohnt, so große Tabellen zu erstellen. In letzter Zeit kommt man hier immer mehr zu der Auffassung, daß es besser ist, den für die Tabellenverwendung **optimalen Aggregationsgrad dem Verwender der Tabelle zu überlassen,** d.h. eine Nachaggregation auf das für seine Zwecke optimale Maß durch eine entsprechend stark differenzierte Tabelle zu ermöglichen (siehe dazu auch Abschnitt 5.1.2). Die Ausgangstabelle wird bezüglich der Information also quasi „maximiert", was ihre unmittelbaren Anwendungen in dieser Form in der Regel ausschließt. So arbeitet das statistische Bundesamt, das bisher schon große Tabellen (z.B. 60 Sektoren für 1970, 1974 und 1975) veröffentlicht hat, in der Eingangsstufe mit einer nichtquadratischen Tabelle, die nach 3000 Gütergruppen zeilenweise und nach ca. 100 Verwendern (Produktionsbereiche) spaltenweise strukturiert ist.

Durch entsprechende Umsetzungsmatrizen ist es dann möglich, hieraus eine quadratische funktionelle 60×60 Matrix in einem reinen EDV-Rechengang zu erhalten und ebenso mit geeigneten anderen Umsetzungsmatrizen im Prinzip andere Abgrenzungskriterien (z. B. eine institutionelle Tabelle mit relativ homogenen Branchen) und/oder unterschiedliche Ausmaße der Aggregation zu realisieren (vgl. Abschnitt 5.1.3). Damit ist der zweite wichtige Punkt der Tabellenerstellung angesprochen: **das Abgrenzungskriterium.**

7.1.2 Sektorenspezifikation bei funktionellen Input-Output-Tabellen

In Abschnitt 2.2 wurde als ein Axiom der IOT die **eineindeutige Zuordnung zwischen Produkt und Sektor** genannt und zugleich gezeigt, daß dieses Prinzip in dieser Form nicht realisierbar ist. Es ist nach den Anmerkungen über die Tabellengröße klar, daß es z.B. unmöglich ist, eine Tabelle mit 3000 Produkten (Sektorenzahl = Produktgruppen), wie sie als Basis beim Statistischen Bundesamt verwendet wird oder sogar mit 5000 Produkten, wie sie das Ifo-Institut verwendete, zu erstellen. Eine solche Tabelle wäre weder ökonomisch sinnvoll machbar noch analytisch sinnvoll verwendbar.

Was wir brauchen ist also, wie in den Abschnitten 2.2 und 5.1 dargestellt, ein Kriterium zur sinnvollen Abgrenzung **(Verdichtung)** von Produktarten auf Sektoren, **um auf eine geeignete Anzahl von Sektoren zu kommen.** Dabei soll sich die Zusammenfassung von Produkten zu sie repräsentierenden Sektoren oder Branchen so vollziehen, daß möglichst **homogene Gruppierungen** entstehen.

Orientieren wir, was naheliegend ist, die Homogenität zunächst am Produkt selbst, so ergibt sich sofort die Frage, ob Inputhomogenität oder Outputhomogenität gemeint ist. Bei der **Outputhomogenität** kommt es auf den **Verwendungszweck** des Gutes an: Margarine und Butter wären danach hinreichend homogen, weil sie demselben Zweck dienen. Dies würde eine Abgrenzung im Sinne einer **commodity basis** bewirken. So ist z.B. Strom aus Kernkraftwerken in der Verwendung dem Strom aus Kohlekraftwerken gleichzusetzen, auf „activity basis" wären das jedoch verschiedene Sektoren.

Bei der **Inputhomogenität** kommt es hingegen darauf an, daß Güter, deren **Produktionsprozeß** ähnlich ist, die also eine ähnliche Inputstruktur aufweisen, zusammengruppiert werden. Dies kommt einer Gruppierung nach der **activity basis** gleich.

Beide Abgrenzungsprinzipien führen zu einer **funktionellen IOT,** die die Produktionsverflechtung abbildet und somit für alle Zwecke geeignet ist, die in der Analyse auf die technischen Relationen und ihre Zwangsläufigkeiten abstellen.

Damit können wir noch genauer differenzieren: für Analysen, die sich primär auf die Gegebenheiten der Verwendungsseite stützen (d.h. mit Outputkoeffizienten arbeiten, vgl. Kapitel 9.1), sollte die Tabelle nach **commodities** abgegrenzt sein, für Analysen, die stärker an den Inputgegebenheiten orientiert sind, jedoch nach dem **activity**-Prinzip. Diese Forderungen würden für die Praxis jedoch zu weit gehen. Hier gibt man sich damit zufrieden, eines der beiden Prinzipien, zumeist das **commodity-Kriterium,** zugrundezulegen.

Zur Ermittlung derartiger Gruppierungen gibt es nun **verschiedene statistische Verfahren:**

- man kann Expertenwissen zugrundelegen und die Gruppenzugehörigkeit von Produkten zu Sektoren aufgrund dieses exogenen Wissens einfach vorgeben. Damit ist uno actu die Frage der Sektorenzahl mit zu lösen und im Zuge der Aggregation dann auch festgelegt.
- Man kann statistische Verfahren zur Gruppierung verwenden, wie z.B. die Faktorenanalyse (vgl. *Katzenbeisser* 1975) oder die Clusteranalyse, die (jeweils spezifisch) das vorhandene Material selbst dazu benutzen, um über konstruierte „Ähnlichkeiten" oder faktorielle Determinanten die Gruppierung zu finden. Die Zahl der Sektoren liegt damit noch nicht automatisch fest. Sie läßt sich bei unterschiedlich starken Anforderungen an die Homogenität oder Ähnlichkeit der Sektoren in gewissem Umfang justieren.

Man sieht, daß beim Problem der Sektorenabgrenzung **qualitative** und **quantitative Implikationen eng verknüpft** sind, so daß die eine ohne die andere nicht denkbar ist. Daneben ist herauszustellen, daß **Homogenitätsgrad und Sektorenzahl** grundsätzlich **positiv korreliert** sind, so daß ein **höherer Aggregationsgrad** aus dieser Sicht nicht erstrebenswert scheint. Man sieht an den Argumenten auch, daß eine funktionell orientierte IOT prinzipiell eine etwas größere Sektorenzahl besitzen sollte als eine institutionelle Tabelle.

7.1.3 Sektorenspezifikation bei institutionellen Input-Output-Tabellen

Wir kommen nun zum zweiten Abgrenzungskriterium, der Sektorenabgrenzung nach **Organisationseinheiten, in denen produziert wird.** Diese Organisationseinheiten können Unternehmen, Betriebe oder auch Betriebsuntereinheiten sein. (Zur Definition und Problematik statistischer Einheiten siehe Abschnitt 1.3 bei *Zwer* 1981, S. 42–59).

Angesichts der in Kapitel 2 angestellten Überlegungen zum Definitionskriterium der IOT stellt man sich unwillkürlich die Frage, wozu in diesem Zusammenhang die institutionelle Abgrenzung gut sein soll, da es bei der IOT doch auf die Aktivität der Produktion und ihr Ergebnis, das Produkt, ankommt und nicht auf die Organisation. Es wurde auch bereits dargestellt, daß die **funktionelle** IOT die **Produktionsverflechtung** abbildet, die **institutionelle** IOT hingegen die **Marktverflechtung** der miteinander durch Lieferungen und Bezüge verbundenen Unternehmen, die einer unter Produktionsgesichtspunkten unterstellten Zwangsläufigkeit entbehrt.

Man könnte deshalb vermuten, daß die institutionelle IOT, die ihre Daten wegen der weitgehend ähnlichen Erhebungsbasis vielfach unmittelbar aus der Datenbasis der Volkswirtschaftlichen Gesamtrechnung gewinnt, nur ein Lückenbüßer für nicht oder nur mit allzugroßem Aufwand erstellbare funktionelle IOTs ist. In der Tat scheint sich dieses Argument historisch rechtfertigen zu lassen: so waren die ersten größeren deutschen IOTs, nämlich die des DIW, institutionelle Tabellen. Demgegenüber wurden funktionelle Tabellen (vom Statistischen Bundesamt bzw. vom Ifo-Institut) erst für die Jahre ab 1960 erstellt. Sicherlich ist die leichtere Erhebbarkeit der Daten ein Grund, der für eine institutionell abgegrenzte Tabelle spricht. Heute jedoch spricht man dem **institutionellen Abgrenzungsprinzip** einen **Eigenanspruch** zu, der aus der Erkenntnis herrührt, daß es strukturelle Phänomene gibt, die mit funktionellen Tabellen unzureichend oder überhaupt nicht analysiert werden können.

Solche Phänomene sind z.B. das Schrumpfen ganzer Branchen durch totale Produktionsumstellungen oder ökonomische Gründe, die nicht in der Produktionssphäre, sondern in mehr institutionellen oder gar politischen Bereichen liegen. Derartige Veränderungen können Bewegungen in die Input- oder Output-Relationen bringen, die primär Branchen (im Sinne institutioneller Abgrenzungen) betreffen und nicht Produktkategorien. In einem solchen Falle würde eine funktionelle Tabelle, die die Branchenwirkungen auf mehrere Zeilen/Spalten verteilte, eine Änderung der Produktionsverflechtung wiedergeben, die nur Grundlage von Fehlschlüssen sein könnte.

Eine hinreichend adäquate **Branchenspezifizierung** würde hingegen die **Zuordnung zwischen Veränderungen und dem betroffenen Wirtschaftszweig** (man denke z.B. an die Kohleindustrie in den 60er Jahren oder die Textilindustrie in den späten 70er Jahren) deutlich machen, insbesondere wenn man an die Möglichkeiten der Differenzierung zwischen Importkoeffizienten und heimischen Vorleistungskoeffizienten denkt.

Man muß also der **institutionell angelegten Tabelle** einen spezifischen Erklärungswert beimessen, der **neben** dem Erklärungswert der funktionellen Tabelle eine **Eigenständigkeit** beanspruchen darf. Dies führt weg von einem „entweder-oder"-Denken und liefert

Argumente in dem oben schon angesprochenen Sinne, daß das **Tabellen-Urmaterial** eine dem jeweiligen Verwendungszweck adäquate Aggregationsstufe **und** Abgrenzungswahl ermöglichen und diese nicht schon selbst vornehmen sollte.

Das institutionelle Prinzip ist jedoch insofern auch am Produkt orientiert, als die Sektorenzuweisung eines einzelnen Unternehmens bzw. Betriebes nach dem **Schwerpunktprinzip** erfolgt, d.h. die Erhebungseinheit wird demjenigen Sektor zugeordnet, dessen Produkt sie hauptsächlich (gemessen z.B. an der Mehrheit der beschäftigten Arbeitnehmer bzw. am Wertschöpfungsanteil) herstellt. Institutionell abgegrenzte Tabellen lassen sich unterscheiden nach der Vorgehensweise, wie die nach dem Schwerpunktprinzip fehlerfaßten **Nebenprodukte** behandelt werden. Darüber hinaus liegt ein weiteres Differenzierungskriterium darin, welche **Organisationseinheit** als Datenerhebungsbasis fungiert. Bei einer Tabelle, bei der Unternehmungen die Datenbasis lieferten, sind die Ziffern wegen des Schwerpunktprinzips unter Produktaspekten sehr inhomogen. Spielt hingegen die Organisation bei den Marktbeziehungen die ausschlaggebende Rolle (dies wäre z.B. dann der Fall, wenn das Unternehmen unter einheitlicher Leitung steht, die sich in allen Markttransaktionen niederschlägt, was bei einem Konzern in der Regel nicht gegeben ist), so wäre sie für alle Fragestellungen, bei denen eine Marktverflechtungstabelle das geeignete Analyseinstrument ist, die beste Basis. Demgegenüber würden höhere Organisationsstufen (z.B. ein Konzern) oder niedrigere (z.B. Betriebsteile) als Erhebungsbasis eine schlechtere Aussagequalität des Instrumentes Marktverflechtungstabelle bewirken, analog wie dies bei der funktionellen Tabelle eine Einschränkung des Homogenitätsgrades bewirkte.

Dies zeigt, daß die häufig geübte Praxis, institutionelle Tabellen durch Verwendung niedrigerer Organisationsebenen als Datenbasis (wie z.B. Betriebsteile in Annäherung an homogenere Produktgruppen) an das Idealbild funktioneller Tabellen anzunähern, von einer falschen Einschätzung der Aussagefähigkeiten der institutionellen Tabelle ausgeht. Eine derart angenäherte „homogenisierte" **quasifunktionelle** Tabelle ist weder Fisch noch Fleisch und hat als schlechter Kompromiß nur solange eine gewisse Berechtigung als es keine echten funktionellen Tabellen gibt. Eine institutionell abgegrenzte Tabelle läßt sich durch solche Manipulationen nicht funktionell interpretieren. Die häufig in der Literatur geäußerten Kompromißzielsetzungen im Hinblick auf die institutionelle Tabelle entbehren somit der Grundlage und sind nur unter dem Gesichtspunkt einer einseitigen Hervorhebung des Produktionsaspektes im Rahmen der IOT zu verstehen.

Wir haben in Abschnitt 2.2 gesehen, daß die IOT durch eine einseitige Hervorhebung des Produktionsaspektes ihre spezifische Ausdifferenzierung aus einer nach Institutionen und ökonomischen Funktionen disaggregierten Transaktionsmatrix erfährt. Wir haben andererseits im Zusammenhang mit der Fragestellung einer möglichen Endogenisierung einzelner Aktivitäten gesehen, daß diese Dominanz des Produktionsaspektes unter verschiedenen Fragestellungen teilweise rückgängig zu machen ist. Dasselbe Argument ließe sich auf die Tabelle als ganzes anwenden, so daß die Marktverflechtungstabelle von hier aus einen originären Stellenwert erhielte (vgl. hierzu *Neubauer* 1981).

Hieran würden sich einige Fragen anschließen, die in der Literatur gegenwärtig nicht diskutiert werden, so z.B., ob sich eine optimale Organisationsebene im Hinblick auf eine derart neu zu definierende Aktivität **Entscheiden** herauskristallisieren läßt. Die Übung, die kleinste bilanzierende Einheit als statistische Basis für institutionelle Tabellen zu wählen, mag diesem Anliegen gut angepaßt sein, trifft es aber sicherlich nicht völlig.

7.1.4 Institutionelle vs. funktionelle Sektorenabgrenzung

Die Gruppierungsprinzipien bei der **funktionellen Abgrenzung** sind schon mehrfach formuliert worden. Ziel der Darstellung ist eine Gliederung nach möglichst **homogenen Produkt-**

gruppen (z.B. elektrischer Strom). Dies soll die technischen Relationen im Zuge des Produktionsprozesses und seiner sektorspezifischen Ausprägungen wiedergeben. Die funktionelle Abgrenzung führt zu einer Matrix der Produktionsverflechtung und kann deshalb auch nur für solche Fragestellungen als geeignet angesehen werden, die diesen Aspekt in den Vordergrund stellen. Im Gegensatz zur **Marktverflechtung,** die nur Markttransaktionen abbildet, also auch nur solche Produktverkäufe (bzw. Produktionen), die den Markt berührten, muß bei der **funktionellen Abgrenzung** auch der rein **intrasektorale Umsatz an Produktionszwischenergebnissen** berücksichtigt werden, der sich zwischen den als Datenbasis gewählten statistischen Grundeinheiten abspielt. Daraus folgt, daß dieser intrasektorale Umsatz in seiner Höhe vom Ausmaß der Aufspaltung der statistischen Basis (Unternehmen, Betrieb, fachlicher Betriebsteil, Kostenstelle) abhängt, was beim **Hauptdiagonalwert der funktionellen Tabellen** zu **willkürlichen Werten** führt.

Dieses Problem kann man dadurch umgehen, daß man, wie es z.B. Eurostat (Statistisches Amt der Europäischen Gemeinschaften, deutsche Abkürzung: SAEG) macht, die Hauptdiagonalwerte einklammert und bei der Koeffizientenberechnung nicht berücksichtigt. Der Hauptdiagonalwert ist zwar wichtig, wenn es um absolute Größen, z.B. die Bruttoproduktion geht, jedoch nicht wichtig, wenn es um Verflechtungsaspekte geht. Das Vorgehen der **Eliminierung der Hauptdiagonalwerte** ist also unschädlich, solange man die Verflechtungswirkung analysieren will. Sie würde jedoch kritisch, wenn Kapazitätsgrenzen (z.B. im Sinne von Auslastungsgraden, Input begrenzter Ressourcen, auch im Hinblick auf die Zeit usw.) eine Rolle spielen. Dann kann nur eine möglichst tief angesetzte Erhebungsbasis (also fachlicher Betriebsteil oder Kostenstelle) hinreichend verläßliche Daten für die Hauptdiagonale liefern.

Es wird oft argumentiert, daß dieses Problem der willkürlichen Hauptdiagonalwerte bei der institutionellen Tabelle nicht existiere, da hierbei das Unternehmen die gültige Abgrenzung und damit die Definition liefere. Dieses Argument übersieht jedoch, daß es sich bei institutionellen Tabellen nicht nur um ein Problem der Datenbasis-Disaggregation handelt, sondern daß daneben auch andere Faktoren, wie z.B. Eigentumsverhältnisse, Zusammenfallen von Produktion und Konsumtion (Investition) im selben Betrieb, auf allen Stufen der Erhebungseinheiten eine Rolle spielen. Dies ist ein Grundproblem der Volkswirtschaftlichen Gesamtrechnung, das dort unter dem Kapitel „unterstellte Transaktionen" ausführlich abgehandelt wird. Die Abgrenzungen sind also letztlich ähnlich willkürlich wie bei der funktionellen Tabelle.

Nun darf bei dieser Argumentation aber nicht übersehen werden, daß in der statistischen Praxis einiger Länder, darunter auch des Statistischen Bundesamtes der Bundesrepublik Deutschland, gemäß den in den Abschnitten 5.1.2 und 5.1.3 skizzierten Verfahren der Tabellenerstellung vorgegangen wird. Hierbei liegt ein Schema zugrunde, in dem mehrere (eventuell auch rechteckige) Datenmatrizen auftreten (so die absorption matrix und die make matrix, siehe Abb. 25), die dann durch geeignete Verfahren in funktionelle **oder** institutionelle Tabellen umgesetzt werden können. Dies entzieht der in der Literatur ausgetragenen **Auseinandersetzung um die Vorzüge und Nachteile des funktionellen bzw. institutionellen Tabellentyps** aber **nur teilweise ihre Berechtigung:** Zum einen werden nach wie vor Tabellen ohne diesen Apparat des SNA-Vorschlages erstellt, zum anderen müssen die Charakteristika der beiden Tabellentypen, wie z.B. das Abstellen auf die Entscheidungseinheiten beim institutionellen Typ, dann eben bei der Umsetzung berücksichtigt werden. Schärfer formuliert: Das Problem der Adäquation bei der Konstruktion der beiden Tabellentypen **verlagert sich** damit **von der Konstruktion originärer Tabellen auf die Gestaltung des Ausgangsdatenmaterials und das computergestützte Überleitungsmodell.**

Zusammenfassend läßt sich also sagen, daß jede der beiden Tabellenarten ihre spezifischen Vorteile besitzt und sie sich in ihrem Erklärungswert gegenseitig **ergänzen und**

nicht substitutieren. Daraus folgt wiederum, daß man bei der Tabellenaufstellung bzw. bei der Überleitung diese Grundprinzipien nicht verwässern, sondern ganz im Gegenteil differenziert anwenden sollte. Es ist nicht sinnvoll, eine institutionell erhobene Tabelle durch Umsetzen von Nebenprodukten auf Betriebsebene an eine funktionelle Tabelle anzunähern. Eine solche Tabelle stellt zwar einen Kompromiß zwischen beiden Prinzipien dar, die Informationsmöglichkeiten werden durch die Mischung aber vermindert.

Unbeschadet dieser Forderung ist jedoch in der Praxis nicht zu verhindern, daß in jeder Tabelle die einzelnen Felderwerte immer eine Mischung von Transaktionen bezüglich verschiedener Produktionsverfahren (process mix) oder Produkte (product mix) darstellen, deren Bewegung im Zeitablauf sich auch in einer Veränderung der Koeffizienten niederschlagen. Dieser auch als **Feinstruktur** (gegenüber der durch die Sektorendefinition vorgegebenen **Grobstruktur**) bezeichnete Zusammenhang stellt ein besonderes Problem für die Deflationierung einer Tabelle dar (vgl. Abschnitt 5.5).

Funktionelle Tabellen sollten vor allem dann herangezogen werden, wenn es um Fragestellungen geht, die typisch produktionsbezogen sind, wie z.B. Produktinnovation, technischer Fortschritt, Mitzieheffekte, Wachstumswirkungen. Hingegen würden **Marktverflechtungstabellen** dort eine Rolle spielen, wo es stärker auf ökonomische Entscheidungen bzw. auf Einflüsse ankommt, die die Organisationseinheit als Wirtschaftssubjekt und nicht nur ihre Produktion im technischen Sinne betreffen, wo also weniger der technische Ablauf im Vordergrund steht, sondern die ökonomische Reaktion, wie z.B. in allen Situationen, die sozialpsychologische oder soziologische Komponenten aufweisen (Konjunkturphänomene und -maßnahmen, Zukunftserwartungen, Unternehmensexpansion, Außenhandelsorientierung, Besteuerungseinflüsse usw.) Die Wirkungen einer sektoral differenzierten Konjunkturmaßnahme wird man deshalb besser mit einer institutionellen IOT analysieren als mit einer funktionellen.[1]

7.2 Probleme bei der Erfassung der Transaktionen

Nachdem nun abgeklärt ist, welche Sektoren den Rahmen des Tabellenwerks bilden, steht man vor der Frage, die dadurch vorgegebenen Transaktionen ihrem Wert entsprechend zu erfassen und den dafür bestimmten Feldern zuzuweisen.

Hierbei treten einige Probleme auf, die zumeist auf Unzulänglichkeiten oder Besonderheiten der Datenbasis beruhen. Anschaulich gesprochen handelt es sich um das Problem, die lebendige Fülle der Realität in ein begrenztes System von Schubladen erschöpfend einzuordnen, ein Problem, das schon aus der Volkswirtschaftlichen Gesamtrechnung hinlänglich bekannt ist. Dem Kenner der VGR mag deshalb die Festlegung derartiger Abgrenzungskriterien in vielen Punkten bekannt vorkommen. Er wird jedoch entdecken, daß die **Besonderheiten der IOT** in manchen Punkten zu **abweichenden Definitionen** führen müssen. Dies beginnt beim Begriff der Transaktion selbst.

Während in der VGR die Transaktion am Marktgeschehen orientiert ist und durch das Muster der Institutionen und ihrer Funktionen, d.h. das Kontensystem der VGR geprägt wird, ist bei der IOT das Rahmenwerk der IOT ausschlaggebend, d.h. insbesondere die Definition der gewählten Sektoren. Bei einer institutionellen Tabelle mag der Unterschied zur VGR noch klein sein. Bei einer funktionellen Tabelle hingegen kommt es nicht so sehr auf Marktvorgänge, sondern vielmehr auf die durch die Tabellenspezifikation vorgege-

---

[1] *Stahmer* schlägt eine Analyse der Konjunkturmaßnahmen zunächst mittels einer funktionellen Tabelle und dann anschließend die Umrechnung auf institutionelle Daten vor (*Stahmer* 1979).

benen produktionsbezogenen Leistungsströme an. Das bedeutet im Extrem, daß bei der Erfassungseinheit Kostenstelle eine im selben Werk produzierte Gummidichtung, die nur von einer Werkbank zur nächsten geht, in der funktionellen IOT erscheinen kann. **Transaktion im Sinne der IOT ist also jeder Wertestrom, der der Definition irgendeines Feldes der IOT entspricht.**

Erfassungsprobleme lassen sich – wenn auch möglicherweise nicht erschöpfend – in die Gruppen: Bewertung, Preisbasis und Sonderprobleme einzelner Sektoren unterteilen. Sie werden im folgenden in dieser Reihenfolge abgehandelt.

7.2.1 Bewertungsprobleme

Grundsätzlich sollten in der IOT ihrem Definitionszweck **Erfassung des Produktionsaspektes** gemäß die Leistungsströme als Mengeneinheiten erfaßt werden. Dies würde aber sehr schnell zu Aggregationsproblemen führen. Wie sollte man Inputs wie kWh Strom, t Getreide bzw. t Düngemittel addieren? Die IOT steht hier vor demselben Problem wie die VGR. Der zur Aggregation erforderliche **gemeinsame Nenner** wird darum auch hier durch die Dimension „Wert" in Geldeinheiten gestellt, der die Aggregierbarkeit sicherstellt.

Dies hindert nicht, die so ermittelten **Werteströme als Mengeneinheiten zu interpretieren,** nämlich als die **Produktmengen des betrachteten Sektors, die für eine Geldeinheit zu kaufen sind.** Daran sieht man sofort, daß in den Wertströmen der **Preis eine bedeutende Rolle spielt,** denn der Wertstrom stellt sich ja als Produkt von Menge und Preis dar. Ein **einzelner Felderwert** ist, wie schon herausgestellt wurde, die **Summe vieler solcher einzelner Multiplikationen von Mengen und Preisen.** Die Problematik, die sich daraus ergibt, daß unter dem Aspekt der reinen Mengenentwicklung die Preisentwicklung eliminiert werden muß, d.h. das Problem der **Preisänderungsbereinigung,** wurde in Abschnitt 5.5 dargestellt, so daß wir uns deren nochmalige Behandlung ersparen können. Hier geht es ganz vordergründig und konkret darum, was in die einzelnen Felder eingesetzt wird bzw. wie man zu den Werten gelangt, die dort „richtigerweise", d.h. nach bester Übereinstimmung mit dem Definitionsschema, stehen sollten.

Da die **Transaktionen in Werteinheiten gemessen** werden müssen, stellt sich meist die Frage, welche Geldeinheit man hier zugrundelegt. Natürlich bietet sich dazu die heimische Währung an, also DM oder ÖS. Solange die IOT nur für Analysen im Inland verwendet werden soll, ist dieses Vorgehen sicherlich sinnvoll. Problematischer wird es, wenn man internationale Vergleiche ziehen will (vgl. dazu Abschnitt 9.2). Es ist dazu u.U. notwendig, einen allgemeineren Generalnenner zu verwenden, also eine internationale Rechen- oder Währungseinheit, wie z.B. den Dollar. Die Probleme, die hierdurch insbesondere im Hinblick darauf entstehen, daß solche Umrechnungen zu festgesetzten oder selbst vom Markt genommenen Kursparitäten nicht notwendigerweise die **Kaufkraftparitäten** spiegeln, sind allgemein bekannt und bedürfen hier keiner weiteren Betrachtung. Ein Ausweg, der sich gerade in der IOR bietet, ist die **Normierung der Beträge,** d.h. ein Übergang auf ein System von **Anteilskoeffizienten** (vgl. hierzu Abschnitt 9.1) und ein Vergleich anhand solcher Koeffizienten, da diese dimensionslos sind. Trotzdem bleibt natürlich für manche Fragestellung eine Orientierung an den Absolutwerten unerläßlich und das Problem der Vergleichbarkeit der Währungseinheiten damit bestehen. Das Problem der Bewertung stellt sich nun im Hinblick auf eine **zeitliche** und auf eine **räumliche Abgrenzung.**

7.2.1.1 Die zeitliche Abgrenzung

Eine IOT stellt eine Stromgrößenrechnung dar (das folgt schon aus dem Zusammenhang mit der VGR) und ist darum **zeitraumbezogen.** In der Realität laufen diese Transaktionen kontinuierlich ab. Zur Aufzeichnung dieser Realität ist aber eine künstliche Abgrenzung, zumeist auf ein Kalenderjahr, notwendig. Hier stellt sich dann die Frage, gehört eine bestimmte ins Auge gefaßte Transaktion noch zu dieser IOT oder gehört sie in eine andere (zeitlich davor oder danach liegende) IOT? In der VGR ist das herrschende zeitliche Abgrenzungskriterium die Entstehung von Forderungen bzw. Verbindlichkeiten. Grundsätzlich gibt es aber **drei mögliche Kriterien:**

- die Entstehung von Verbindlichkeiten/Forderungen,
- die Zahlung,
- der Einsatz in der Produktion.

Hier wird man nun unterscheiden müssen, welchen Typ von Tabelle es zu erstellen gilt. Für eine **institutionelle** Tabelle dürfte ebenso wie in der VGR das Kriterium der **Entstehung von Forderungen/Verbindlichkeiten** Gültigkeit behalten. Für eine **funktionelle** Tabelle ist es sinnvoller, die Transaktionen nach dem **Prinzip der Produktion** abzugrenzen.

Hier sollte ausnahmslos nach dem **Zeitpunkt des Produktionsausstoßes bzw. des Produktionseinsatzes** abgegrenzt werden. Das **Prinzip des Zahlungszeitpunkts** als Abgrenzungskriterium ist dagegen **für keine der beiden Tabellentypen sinnvoll,** da der Zahlungszeitpunkt vielfach Einflüssen unterliegt, die weder mit der Produktion noch mit der ökonomischen Entscheidung korreliert sind. Dieses Prinzip scheidet deshalb völlig aus.

Für die **institutionelle Tabelle** bedeutet dies, daß die Transaktionen weitgehend so behandelt werden können, wie dies schon in der VGR der Fall ist, d.h. daß die VGR die Ausgangsdatenbasis für diese Tabellen darstellt. Für die **funktionelle Tabelle** hingegen ergeben sich daraus eine Reihe von Folgen: Keine besonderen Probleme treten für Inputs auf, die nach Maßgabe der Produktionsgeschwindigkeit in die Produktion einfließen, z.B. den Verzehr von elektrischem Strom. Schwierigkeiten praktischer Art gibt es höchstens, wenn der Einsatzzeitpunkt in der Praxis genau ermittelt werden muß, d.h. als rein statistisches Erhebungsproblem.

Anders sieht es hingegen aus, wenn **zwischen Lieferstrom und Produktion zeitliche Verschiebungen** auftreten, d.h. wenn zwischen dem Produktionsinput/output des einen Sektors und dem Produktionsinput/output des nächsten Sektors Zeitverschiebungen eintreten, die über das Maß der „durchschnittlichen produktionsbedingten sektoralen Verweildauer" hinausgehen. Dies ist immer dann der Fall, wenn Input- oder Outputläger gebildet werden. Bezieht ein Produzent im Betrachtungszeitraum mehr Inputgüter als er verbraucht, so entsteht ein Inputlager. Umgekehrt entsteht ein Outputlager, wenn er im Betrachtungszeitraum mehr produziert als er gleichzeitig absetzt (Produktion auf Halde). Für eine adäquate Zuordnung ist aber nur die **Verbrauchsbasis** geeignet, nicht ein Abstellen auf die Lieferungen, die für eine institutionelle Tabelle von Bedeutung sein mögen. Würde man dieses Prinzip nicht möglichst konsequent verfolgen, so wäre in Zeiten überhöhter Bezüge die Inputbasis zu groß und die damit gebildeten Koeffizienten würden nicht die tatsächlichen Produktionsverhältnisse, sondern stattdessen die Lieferverhältnisse abbilden. Aus diesem Grunde werden in der **funktionellen Tabelle die Input- und die Outputläger jeweils demjenigen zugeordnet, der sie produziert hat,** hingegen **bei einer institutionellen Tabelle demjenigen, der sie bezogen hat.**

Dieses Prinzip wird in voller Reinheit jedoch nur auf die Zentralmatrix-Sektoren angewandt. Hinsichtlich der Endnachfragesektoren spielt es keine so große Rolle, was sich auch konsequent aus der in Abschnitt 2.2 dargestellten Dominanz des Produktionsaspekts ergibt.

7.2.1.2 Die räumliche Abgrenzung

Die Bewertung inländischer Lagerbildung strahlt auch auf die Behandlung ausländischer Läger aus. Auch bei Importen stellt sich nämlich die Frage: Ist ein importiertes Gut, das noch im Freihandelshafen auf Lager liegt, schon Input? Diese Frage ist analog zur oben dargestellten Behandlung der Läger zu verneinen.

Man unterscheidet hier analog zum Begriff der Verbrauchsbasis kontra Lieferbasis zwischen einer Bewertung nach **Spezialhandel** kontra **Generalhandel.** Der **Spezialhandel** erfaßt den Input erst, wenn er **aus dem Freihafenlager in den Produktionsbereich** gerät, orientiert sich also eng am funktional definierten Begriff der **Verbrauchsbasis.** Der Spezialhandel ignoriert also für den Betrachtungszeitraum die Güterzugänge auf Freihafenlager. Der **Generalhandel** hingegen orientiert sich am **Lieferzugang,** umfaßt deshalb auch solche Güter, die noch im Freihafen lagern und somit noch nicht in die Produktion einbezogen wurden. Bei **funktionellen Tabellen** wird zumeist – sofern nicht die Datenbasis dieses Ziel durchkreuzt – **nach dem Konzept des Spezialhandels** vorgegangen.

Dies bedeutet, daß der **Begriff des Inlandes** unterschiedliche Bedeutung hat, d.h. die räumliche Abgrenzung der Produktionserfassung verschieden ausfällt, je nachdem ob man das Prinzip Spezialhandel oder das Prinzip Generalhandel unterstellt. Im Falle des Spezialhandels ist das Inland etwas „kleiner“, es umfaßt nicht die Güter des Freihafenlagers, die für den Spezialhandel zum Ausland zählen. Für den Generalhandel hingegen zählen diese Läger zum Inland.

Dies bewirkt für die **Ausfuhr** folgerichtig, daß die Einlagerung im Freihandelshafen nach dem Konzept des Spezialhandels schon Ausfuhr darstellt, nach dem Konzept des Generalhandels jedoch noch nicht. Hier wird die endgültige Verschiffung zum Exporttatbestand, während das im Zollager eingelagerte Ausfuhrgut noch als zum Inland gehörig zählt.

Neben diesen statistisch notwendigen Abgrenzungskriterien spielt für die analytische Verwendbarkeit der funktionellen bzw. der institutionellen Tabelle auch die **gewählte Version im Hinblick auf die Einbeziehung der Importe** eine Rolle (vgl. hierzu Abschnitt 5.4).

Eine funktionelle Tabelle sollte primär die technischen Relationen der Produktion widerspiegeln. Hierzu darf es keine Rolle spielen, ob Inputbezüge aus dem Ausland oder aus dem Inland stammen. Unter der Voraussetzung der möglichen Substitution beider Inputquellen würde eine Orientierung an lediglich heimischen Inputs zu fehlerhaften technischen Koeffizienten führen. Es ist deshalb, um die analytische Verwendbarkeit der funktionellen Tabelle nicht zu beeinträchtigen, notwendig, diese in einer Form aufzustellen, die in der Zentralmatrix die **gesamten Inputs,** d.h. die Importe im Sinne des Ursprungs **und** der Verwendung einbezieht. Dies ist vor allem in der maximal aufgespaltenen D-Version mit getrennten heimischen Inputs und einer Importmatrix, aber auch bei der lediglich die technischen Gesamtkoeffizienten ausweisenden A1-Version der Fall, während die B-Version mit der reinen Verwendungsaufschlüsselung der Importe im Primäraufwandsansatz besser für eine institutionelle Tabelle geeignet erscheint.

Die **räumliche Abgrenzungsproblematik** erstreckt sich jedoch nicht nur auf die Sektoren der Zentralmatrix, sondern darüber hinaus prinzipiell auch auf die anderen Sektoren der IOT. Hier spielt dann die aus der VGR bekannte Abgrenzung nach dem Inlands- bzw. Inländerkonzept eine Rolle, die den Unterschied zwischen dem Inlandsprodukt (und den diesem analogen Begriffen) und dem Sozialprodukt (bzw. dessen Derivaten) begründet. So kann z.B. der private Verbrauch nach dem Inlands- oder dem Inländerkonzept abgegrenzt werden, was zu durchaus verschiedenen Tabellenwerten führen kann. Nach dem *Inlandskonzept* wird nur der private Verbrauch der im Inland lebenden Haushalte ausgewiesen. Nach dem *Inländerkonzept* hingegen werden diese Zahlen um die Ausgaben ausländischer Haushalte im Inland verringert und um die Ausgaben inländischer Haushalte im Ausland erhöht. Im ersten Fall greift also eine rein gebietsmäßige Abgrenzung, im zweiten Falle eine Zugehörigkeit von Personen zu einem bestimmten Staat Platz. Das Statistische Bundesamt ermittelt den privaten Verbrauch nach dem Inlandskonzept, das der Zuordnung zu Produktionsstätten auch näher ist als das Inländerkonzept. Für eine **institutionelle Tabelle** hingegen wäre eine **Inländer-abgegrenzte Bewertung** des privaten Verbrauchs, zu dem übrigens auch der Verbrauch von privaten Organisationen ohne Erwerbscharakter gehört, wünschenswert (siehe Abschnitt 8.1.2: Die Tabellen des DIW). Diese Vorgehensweise macht jedoch größere Schwierigkeiten, da eine Erfassung der hierzu notwendigen Ausgaben von In- und Ausländern nach Produktionssektoren kaum möglich ist. Was für den privaten Verbrauch gesagt wurde, gilt analog auch für die anderen Endnachfragesektoren. Die Probleme verschärfen sich, wenn die Endnachfragevektoren zuzusätzlich (dies wurde und wird versucht für die Investitionen (Investitionsmatrizen) sowie die Exporte (Exportmatrizen)) nach Verwendungsbereichen disaggregiert werden, da dann das benötigte Datenmaterial oft nicht vorhanden ist.

7.2.2 Die Preisbasis

Für die Bewertung der Ströme der IOT stehen prinzipiell **drei verschiedene Preise** zur Verfügung:

- der Herstellerpreis (= Produzentenpreis),
- der Ab-Werkpreis,
- der Käuferpreis (Anschaffungspreis).

Zwischen diesen drei Preiskategorien bestehen unter Einbeziehung des Auslandes die folgenden Beziehungen:

Inländische Produkte:	*Import-Güter:*
Herstellerpreis	Herstellkosten im Ausland
	+ Transportkosten im Ausland
	= cif-Preis
+ ind. Steuern – Subventionen	+ Einfuhrabgaben
= Ab-Werk-Preis	= Ab-Zoll-Preis
+ inländ. Transportkosten	+ inländ. Transportkosten
+ inländ. Handelsspannen	+ inländ. Handelsspannen
= Anschaffungspreis (= Käuferpreis)	= Anschaffungspreis (= Käuferpreis)

Die Übersicht zeigt, welche Größen hinzukommen, um vom **Herstellerpreis zum Käuferpreis** zu gelangen und welche Stufen dem bei importierten Gütern entsprechen. So besteht eine Entsprechung zwischen dem Herstellerpreis und dem Cif-Preis, sowie dem Ab-Werk- und dem Ab-Zoll-Preis.

Das Grundprinzip der Tabellenerstellung ist in jedem Falle die **einheitliche Bewertung** aller Tabellenwerte mit derselben Preisbasis. Dieses Prinzip müßte dann bei einer **funktionellen Tabelle** analog zum Faktorpreiskonzept primär zu einer **Bewertung zu Herstellpreisen** und bei einer **institutionellen Tabelle** zur **Bewertung zu Käuferpreisen** führen.

7.2.2.1 Der Einfluß der Umsatzsteuer

Ein wesentlicher Unterschied zwischen den verschiedenen Preisbasen ist die Einbeziehung bzw. Nichteinbeziehung der indirekten Steuern, und hier insbesondere der Mehrwertsteuer. Hierzu gibt es grundsätzlich **vier verschiedene Bewertungsmethoden:**

- Das **reine Nettosystem** (Preise enthalten überhaupt keine Mehrwertsteuer);
- Das **Bruttosystem** (Preise enthalten die volle Mehrwertsteuer);
- Das **modifizierte Bruttosystem** (die Investitionen und die Vorleistungen sind um die abzugsfähige Mehrwertsteuer (zulässiger Vorsteuerabzug) bereinigt, alle übrigen wie unter 2)
- Das **Mischsystem** (alle Preise sind um die abzugsfähigen Vorsteuern bereinigt).

In der **VGR der Bundesrepublik Deutschland** wird derzeit das **modifizierte Bruttosystem** angewandt (Mai 1973), während für die **IOT** das **Nettosystem** und das **Bruttosystem** verwendet werden. Geplant ist die Einführung eines modifizierten Nettosystems (Mischsystem).

Beim **Bruttosystem** wird die Mehrwertsteuer in die Bewertung einbezogen. Konsequenterweise müssen dann firmeninterne Transaktionen, die den Markt nicht berühren, in der funktionellen IOT aber als Transaktion ausgewiesen werden, mit der Mehrwertsteuer belegt werden, auch wenn auf dem Markt gar keine Mehrwertsteuer in Rechnung gestellt wurde. Produktionswerte und Vorleistungswerte schließen die Mehrwertsteuer ein, unabhängig von der Möglichkeit des Vorsteuerabzugs beim Käufer. Die Nichtberücksichtigung des Vorsteuerabzugs im Bruttoverfahren führt zu einer Verfälschung des ausgewiesenen Steueraufkommens, das die Bruttowertschöpfung (zu Marktpreisen) zu stark aufbläht. Zur Kompensation wird die abzugsfähige Umsatzsteuer deshalb entsprechend korrigiert.

Das **Nettoprinzip** läßt sich im Gegensatz dazu nicht so einfach realisieren. Zwar kann man die vom Hersteller selbst gezahlten indirekten Steuern eliminieren, jedoch **nicht die im Produktionsinput vom Hersteller getragenen Steuern.** Da also im Input immer noch Reste von indirekten Steuern enthalten sind, kann man beim Herstellerpreis streng genommen nicht von einem Faktorpreis sprechen, da der Faktorpreis überhaupt keine indirekten Nettosteuern (um die Subventionen verringert) mehr enthalten darf. Eine nach diesem Konzept erstellte Tabelle ist – zumindest im intermediären Tabellenteil – wenigstens zeilenweise homogen bewertet, spaltenweise jedoch können beträchtliche Inhomogenitäten auftreten, weil die Steuerrestanteile mit der Zahl der vorgelagerten Produktionsstufen variieren. Um dies zu eliminieren müßte die Zahl der indirekten Produktionsstufen entsprechend in die Entlastungsrechnung eingehen, was das Statistische Bundesamt mit entsprechenden Matrizeninversionsprogrammen auch versucht.

Subtrahiert man eine zu **Ab-Werk-** und eine zu **Herstellerpreisen bewertete Matrix** voneinander, so erhält man in der Differenzmatrix die sektorale Nettosteuerbelastung, die als Ausgangspunkt einer **Steuerbelastungsanalyse** Verwendung finden kann.

7.2.2.2 Die Einbeziehung der Handels- und Transportkosten

An dieser Stelle wird vorausgesetzt, daß die Dienstleistungen des Handels und des Transportwesens **lediglich mit ihrer Wertschöpfung,** d.h. netto ohne den Wert der durchgesetzten Ware, ausgewiesen werden (vgl. hierzu Abschnitt 7.3.1).

Eine **Tabellenerstellung zum Herstellerpreis** (bzw. Ab-Werk-Preis) enthält analog den obigen Überlegungen zu den indirekten Steuern **zeilenweise keine Handels- oder Transportleistungen.** Demgegenüber beinhaltet der **zeilenweise Output** der Sektoren bei der **Bewertung zu Käuferpreisen die Handels- und Verteilungsleistungen.**

Das Produzentenpreissystem würde dementsprechend Handels- und Transportleistungen als„ Input" des Käufers ausweisen und die dadurch anfallenden Kosten sichtbar den „reinen" Herstellungskosten des Gutes zuschlagen. Das Käuferpreissystem verschleiert die Handels- und Transportkosteninputs, da sie nun im erhöhten Inputpreis des Herstellers enthalten sind. Eine zusätzliche Outputleistung des Handels- und Transportsektors würde hier zu einer Doppelzählung der Outputleistung dieses Sektors führen: einmal direkt als Output der Verteilungssektoren und indirekt nochmals über die **erhöhten Bruttopreise des Outputs der Hersteller.**

Die **Bewertung zum Käuferpreis** hat mithin auch den Nachteil, daß die **zeilenweise Preishomogenität verloren** geht, da der Outputpreis nun für jeden Sektor gesondert von dessen Nutzung von Transport- und Handelsleistungen abhängt. Dies gilt insbesondere dann, wenn auf dem Wege zum Endverbraucher zwei Handelsstufen, nämlich Groß- und Einzelhandel, eingeschaltet sind.

Diese **Zunahme der Heterogenität** bei der Benutzung des **Käuferpreissystems** schlägt auch auf die **Verwendbarkeit der Koeffizienten** durch, was ein weiteres Argument zur ausschließlichen Verwendung der Herstellerpreisbasis für funktionelle Tabellen ist.

Andererseits steht dieser theoretisch begründeten Präferenz aber die Tatsache gegenüber, daß in der Praxis die Bereinigung der Käuferpreise um die Handels-, Transportkosten und indirekten Steuern mit so vielen Schätzfehlern verbunden ist, daß der **theoretische Vorteil dieser Preisbasis für funktionelle Tabellen dadurch wieder verlorengeht.** Dem Prinzip der einheitlichen Bewertung der Input-Output-Tabellen-Felder steht außerdem die weithin geübte Praxis entgegen, für die Nicht-Zentralmatrixfelder aus statistischen Gründen mit Käuferpreisen zu bewerten.

Da eine IOT die Transaktionen eines ganzen Jahres erfaßt, kann kaum die **Fiktion eines konstanten bzw. einheitlichen Preises für den ganzen Berichtszeitraum** aufrechterhalten werden. Zum einen haben verschiedene Güter **saisonal im Jahresablauf schwankende Preise,** die Mehrzahl der Güter hat darüber hinaus um eine deutlich sichtbare Inflationsrate steigende Preise. Diesem Phänomen der Schwankung muß man durch **Mittelwertbildung** gerecht zu werden versuchen. Zur Abgleichung sollten deshalb generell Durchschnittspreise zugrundegelegt werden.

7.3 Sonderprobleme einiger Sektoren

7.3.1 Nettoerfassung der Verteilungssektoren

Weiter oben wurde schon angesprochen, daß die **Verteilungssektoren** Handel bzw. Verkehr nur mit ihrer sog. **Transitfunktion** erfaßt werden. Dies hat vor allem praktische Gründe. Würde man nämlich anders verfahren, so würde fast der gesamte intermediäre Verbrauch Input und Output des Handels sein.

Sofern Handel und Verkehr getrennte Sektoren bilden, bekämen wir zwei Spalten/Zeilen, die fast den gesamten intermediären Umsatz aufnehmen und die **tatsächliche Verflechtung zwischen den Erzeugern und den Verbrauchern einer Leistung würde dadurch verloren gehen.** Die Verteilungssektoren weisen also jeweils nur die Differenz zwischen dem Einstandspreis der Waren und dem Verkaufspreis auf, also die **Bruttohandelsspanne,** da nur diese als spezifische Handels- oder Verkehrsleistung dem Warenwert hinzugefügt wurde. Dadurch sind aus der IOT die „Direktbezüge" zu ersehen, ohne daß deshalb die Verteilungsleistungen außer Ansatz bleiben. In der Praxis wird der statistisch im Durchschnitt als Bruttohandelsspanne bekannte Prozentsatz (Umsatz–Wareneinsatz)/Umsatz vom jeweiligen Güterumsatz abgezogen und bei den entsprechenden Handelssektoren verbucht.

Die Inputs dieser Sektoren beinhalten alle zur Erbringung der Verteilungsleistungen nötigen Waren und Dienste einschließlich der Primärinputs.

Ein Problem stellt die Frage dar, ob in den Verteilungssektoren nur die Leistungen der hauptamtlich mit Verteilungsleistungen befaßten Betriebe erfaßt werden sollen, oder ob auch die **Teilleistungen** berücksichtigt werden müßten, die die warenproduzierenden Betriebe im Zuge der Produktion **bei der Auslieferung ihrer Produkte** miterbringen. Eine rein funktionelle Tabelle wird wohl den zweiten Weg anstreben. Dies kann jedoch an der unzureichenden Datenbasis scheitern, was die Aussagefähigkeit einer funktionellen Tabelle möglicherweise einschränkt.

Eine ähnliche Situation zeigt sich beim **Veredelungsverkehr.** Waren, die nur zu dem Zweck importiert wurden, um im Inland bearbeitet und dann wieder exportiert zu werden, sollten nicht mit dem Wareneinsatz sondern **nur mit dem Veredelungswert** erfaßt werden. Dasselbe gilt für den umgekehrten Fall, wenn die Veredelung im Ausland vorgenommen wird. Für die Erfassung des Veredelungsverkehrs sollte demnach bei einer funktionellen Tabelle die Nettoverbuchung vorgenommen werden, da eine Bruttoverbuchung demgegenüber die Exporte und Importe aufbläht.

7.3.2 Nettoerfassung einiger Dienstleistungsbereiche

Was für die Verteilungssektoren Handel und Verkehr sinnvoll, ja zwangsläufig erschien, läßt sich auch auf andere Sektoren ausdehnen, deren Situation ähnlich ist: Hotels, Gaststätten und sonstiges Beherbergungsgewerbe. Ihr tatsächlicher **Wareninput** sollte, um die Direktzuflüsse sichtbar zu machen, nicht diesen Dienstleistungssektoren sondern **den Käufern** der Dienstleistungen **zugerechnet werden.** Genau umgekehrt geht man bei der sog. **Lohnveredelung** vor. Hier spielt die Vergleichbarkeit der Güterströme die herausragende Rolle. Es soll bei der Erfassung keinen Unterschied machen, ob der Lohnveredler die zu bearbeitenden Waren selbst kauft oder vom Auftraggeber gestellt bekommt. Deshalb werden z.B. beim Statistischen Bundesamt die **Lohnarbeiten** sinnvollerweise **inklusive Materialwert** ausgewiesen (Mai 1974, S. 171).

Zu den Dienstleistungssektoren, bei denen die Frage aufkommt, ob sie als Primäraufwand oder als Produktionssektor behandelt werden sollten, zählen auch das **Kredit- und Versicherungsgewerbe,** sowie die **Wohnungsvermietung.** Die Regelungen einer Einstellung in die Zentralmatrix haben zur Folge, daß die Bruttowertschöpfung geringer ausgewiesen wird, die Vorleistungen hingegen steigen.

7.3.3 Eigenverbrauchssektoren

Eine Sonderstellung nehmen jene Sektoren ein, deren Output primär dem Eigenverbrauch dient. Dies sind die „Häuslichen Dienste", die „Privaten Organisationen ohne Erwerbscharakter" und der „Staat". Die Eigenart dieser Sektoren besteht darin, daß der größte Teil ihrer Produktion nicht über Märkte angeboten wird. Über die Fiktion eines **Eigenverbrauchs** wird dieser Teil ihrer Produktion *einer* Endnachfragespalte zugewiesen. Für den Staat wurden diese Zusammenhänge bereits in Abschnitt 5.3 ausführlich dargestellt, so daß sich hier eine weitere Behandlung erübrigt.

Dies bedeutet bezüglich dieses Eigenverbrauchs, daß hier keine Verflechtung sondern eine einseitige Beziehung vorliegt: Die betrachteten Sektoren sind alle **inputverflochten,** d.h. ihre Inputspalten weisen die Werte der Produktionskosten aus. Eine Produktionswerterhöhung beeinflußt somit **über die Spalte andere Sektoren.** Da aber die Outputzeile keine oder nur geringe Werte ausweist, geht von einer Produktionssteigerung der anderen

Sektoren keine Wirkung auf diese Sektoren aus, die **Verflechtung** ist also nur **einseitig.** Die Eigenverbrauchssektoren besitzen deshalb **materiell** nur den Status eines Endnachfragesektors.

7.4 Die Aufstellung einer Tabelle

Über die oben geschilderten Probleme hinaus ergeben sich bei der konkreten Aufstellung einer Tabelle noch zusätzliche Fragen. Woher kommen die Daten? Auf welche weiteren Schwierigkeiten stößt man noch? Welche Methoden gibt es, um eine Tabelle aufzustellen? Einige dieser Fragen sollen in den folgenden Abschnitten kurz beleuchtet werden. Sie sollen und können allerdings kein Leitfaden für die Aufgabenstellung: „Wie mache ich eine IOT?" sein.

Bevor wir diese konkreten Probleme der Aufstellung einer Tabelle behandeln, soll nochmals auf die grundlegenden in der Praxis verwendeten Methoden hingewiesen werden. Die herkömmliche Methode besteht in einer direkten Auffüllung des konzipierten Tabellenrahmens mit aus vielfältigen Statistiken bzw. Schätzungen gewonnenen Felderwerten. Wir nennen diese Vorgehensweisen im folgenden **direkte Methode.**

In letzter Zeit werden die IOTs **mittels Modellverfahren** auch aus Ausgangsmatrizen gewonnen, die sich an das SNA-System anlehnen (s. Abschnitt 5.1.2 u. 5.1.3). Bei der Behandlung des Datenbedarfs und der Datenausgestaltung ist somit jeweils die zugrundeliegende Erstellungsmethode zu berücksichtigen. Da es uns hier aber um die Vermittlung der **grundsätzlichen Probleme der Aufstellung von IOTs** geht, haben wir auf diesbezügliche Unterschiede nur dort hingewiesen, wo es uns unumgänglich geboten schien.

7.4.1 Die Datenbasis

Die Frage, die der Tabellenersteller als erstes klären muß, lautet: Woher bekommt man die Daten? Diese Frage läßt sich pauschal beantworten: **Alle Daten, die irgendwoher zu bekommen sind, werden benötigt.** Es handelt sich also weniger um eine Frage der Auswahl als vielmehr um eine möglichst elegante **Handhabung eines grundsätzlichen Datennotstandes.**

Die Problematik der Datenbeschaffung mag in jedem Land etwas anders aussehen. Eine Basis wird sicherlich die zumeist gut ausgestaltete Statistik für die Volkswirtschaftlichen Gesamtrechnungen sein. Diese enthält jedoch fast ausschließlich institutionelle Daten, die für eine funktionelle Tabelle wie z.B. die IOT des Statistischen Bundesamtes nur nach Umsetzung mittels Überleitungsverfahren zu verwenden sind. Die wichtigsten Quellen für die **Inputstruktur** sind dabei Material- und Wareneingangserhebungen, sowie Kostenstrukturstatistiken, für die **Outputstruktur** Sonderaufbereitungen der Produktionsstatistiken (nach Gütergruppen und Institutionen).

Arbeitet man nicht nach dem SNA-System und den damit verbundenen Überleitungsverfahren, ist man also gezwungen, eine Tabelle **direkt zu erstellen,** so wird man ebenfalls von den institutionellen Daten der VGR ausgehen. Diese genügen aber selbst nach Umrechnungen keinesfalls, um die n^2 Felder der Verflechtungsmatrix zu füllen. Der Tabellenersteller wird deshalb regelmäßig gezwungen sein, weitere Statistiken heranzuziehen, in erster Linie natürlich die amtliche Statistik, soweit sie Aussagen über die für die IOT relevanten Zusammenhänge liefern kann. In der Bundesrepublik Deutschland sind dies z.B. die Industrieberichterstattung, die Umsatzsteuerstatistik sowie der vierteljährliche Produktionsbericht. Diese Daten werden ergänzt durch die in regelmäßigem Turnus (etwa 4 Jahre) erhobenen Kostenstrukturstatistiken der Industrie, des Handels sowie des Verkehrswesens. Des weiteren werden Ressortstatistiken von Fachministerien herangezogen.

Trotzdem bleiben immer noch **Lücken,** die **durch andere Datenquellen als die amtliche Statistik** geschlossen werden müssen (*Stäglin* 1968, S. 63). Hierzu zählen:

- Statistiken und Auskünfte einzelner Wirtschaftsorganisationen (z.B. Industrieverbände, genauer z.B. Statistisches Jahrbuch der Eisen- und Stahlindustrie),
- Angaben einzelner Unternehmen zur Ermittlung sogenannter *Schätzschlüssel,*
- Auskünfte von Fachleuten,
- Analysen wirtschaftswissenschaftlicher Forschungsinstitute (DIW, RWI, Ifo-Institut usw.),
- Forschungsergebnisse von Universitätsinstituten,
- eigene Erhebungen und Schätzungen.

Ohne Schätzungen kommt man zumeist nicht aus. Ein allgemeiner Erfahrungswert für den Anteil der geschätzten Felderwerte bei direkt erstellten Tabellen ist ungefähr 30%. Da Schätzungen nicht nur über den Daumen gepeilt sein sollen, verwendet man hierzu Hilfsschlüssel, wie z.B. die Verteilung von Büromaterial nach der Zahl der Angestellten. Oft geht man auch von der Annahme aus, daß Input- oder Outputstrukturen des zu schätzenden Bereichs dem eines bekannten Bereichs ähnlich sind. Sind auch derartige Verlegenheitsansätze nicht möglich, so bleibt nur eines der weiter unten dargestellten **Modelle zur Tabellenerstellung,** das die Felderwerte, die besetzt werden müssen, aber für die keine Daten ermittelt oder geschätzt werden können, nach einem mechanischen Verfahren (RAS, MODOP, siehe Abschnitt 7.4.4) ermittelt. Die Verläßlichkeit solcher Daten ist naturgemäß ziemlich gering.

7.4.2 Input- und Outputmethode

Bei der direkten Tabellenerstellung existieren zwei mögliche Verfahrensweisen sowie deren Kombination. Die eine Verfahrensweise wird **Inputmethode** genannt. Sie versucht die Felderwerte **spaltenweise** zu ermitteln. Hierzu stellt sie auf die Kostenstruktur ab. Die Outputwerte ergeben sich dabei durch die ermittelten Inputs der anderen Sektoren, für die Endnachfragesektoren müssen die Daten der VGR herangezogen werden. Die Inputmethode ist relativ verläßlich, sofern man genügend Daten bekommt. Die Frage hierbei ist, inwieweit diese Daten ihren Weg in die dem Tabellenersteller zugängliche Statistik finden. Leider sind nach dem Urteil der Fachleute die Kostenstrukturstatistiken der BRD zu grob, um die Inputstrukturen hinreichend erfassen zu können. Dies gilt besonders für den Dienstleistungsbereich.

Die zweite Verfahrensweise ist die **Outputmethode.** Hier wird die Tabelle **zeilenweise** erstellt. Dazu ist es allerdings nötig, die Verteilung der Outputs eines einzelnen Sektors auf die anderen Sektoren zu kennen. Über die Absatzstrukturen der institutionellen Sektoren ist in der Regel weniger bekannt als über die Inpustrukturen. Hinzu kommt, daß oft eine Aufteilung der Produktion für Vorleistungs- oder investive Verwendung nur schwer vorgenommen werden kann. Diese Probleme werden erheblich erleichtert, wenn der Output, wie für eine funktionelle Tabelle erwünscht, möglichst tief untergliedert wird (auf z.B. 3000 Produktgruppen wie beim Statistischen Bundesamt). Hieraus stellt sich die Zurechnung auf Abnehmersektoren wesentlich klarer dar. Oft ist dann der Abnehmersektor auch aus dem Verwendungszweck des Produkts unmittelbar zu ersehen.

In den Fällen, in denen wegen der allgemeinen Verwendbarkeit eines Produkts keine direkte Zuordnung vorgenommen werden kann, wie z.B. beim bereits erwähnten Büromaterial, aber auch bei Benzin oder ähnlichen Produkten, wird die Verteilung über **Hilfsschlüssel** vorgenommen, die aus anderen Statistiken zu ermitteln sind. Die Inputs der Sektoren ergeben sich bei diesem Verfahren aus den Outputs der anderen Sektoren. Die Primäraufwandsmatrix wird mit Hilfe der Sozialproduktsstatistik erstellt.

Eine Kontrolle, inwieweit jede der beiden Methoden, allein angewandt, zu „richtigen" Zahlen führt, ergibt sich durch die jeweilige zusätzliche Verwendung – und sei es lediglich partiell – der komplementären Methode. Prinzipiell wäre es aus diesem Grunde angebracht, zur Tabellenerstellung beide Methoden zu verwenden, wie es das Statistische Bundesamt mittlerweile tut. Dies wird jedoch aus Materialgründen oft kaum möglich sein bzw. stellt zeit- und kostenmäßig einen Doppelaufwand dar.

Deshalb wird in der Praxis meist eine der beiden Methoden schwerpunktmäßig angewandt und die andere nur soweit nötig zur Kontrolle herangezogen. Das DIW geht z.B. nach der Inputmethode vor und kontrolliert mit der Outputmethode. Das Ifo-Institut ging zur Erstellung seiner Tabellen den umgekehrten Weg.

Bei Anwendung beider Methoden kann es durchaus geschehen, daß man zwei voneinander abweichende Zahlen für ein Feld erhält. Hier gilt es dann zuerst zu prüfen, welche Zahl statistisch verläßlicher ist. Bei einer Gleichbewertung in dieser Hinsicht müssen iterative Verfahren herangezogen werden, die einen Tabellenausgleich herbeiführen, der grundsätzlich alle anderen Felderwerte mitberührt. Für derartige Fehlerausgleichsverfahren benötigt man Computer, die die dabei anfallenden Rechnungen kostengünstig und bei vernünftigem Zeitbedarf ermöglichen. Eine moderne Tabellenerstellung ohne dieses Hilfsmittel wäre heute gar nicht mehr denkbar.

7.4.3 Tabellenaufstellung mit dem Computer

Rechenprogramme zur Erstellung von IOTs existieren mittlerweile bei allen mit der Aufstellung von Tabellen befaßten Institutionen. Bahnbrechend in dieser Richtung waren die Arbeiten von *G. Gehrig* aus dem Ifo-Institut. Das bis etwa 1970 entwickelte Programmsystem erlaubt die Konstruktion von Tabellen mit bis zu 100 Sektoren und 10000 Produktgruppen (*Gehrig* 1977, S. 220).

Von besonderer Bedeutung ist, daß Informationen sehr unterschiedlicher Qualität, z.B. Originaldaten und Schätzergebnisse, gleichermaßen verarbeitbar sind. Darüber hinaus ist wesentlich, daß es gelungen ist, den Dateninput direkt an die amtliche Statistik anzuschließen und diese Eingabedaten entsprechend zu verarbeiten. Wegen seiner großen Elastizität fand dieses System denn auch schon andernorts Verwendung (Aufstellung der portugiesischen IOT).

Das **Programmsystem** arbeitet mit der **Output-Methode.** Hauptziel ist die Erstellung einer rechteckigen Ausgangsmatrix mit n Verwendersektoren und k Produktgruppen, wobei $k > n$. Zu diesem Zweck werden die Produktionsbereiche in die disjunkten Gruppen Heimische Industrie (XPH 1), Heimische Nichtindustrie (XPHO 1) und Ausland (XA) zerlegt. Für jeden Produktionsbereich wird dann der Output ermittelt. Durch Einbeziehung der Vorräte (XV) ist, wie in Abb. 46 gezeigt, ein erster Konsistenztest (2) der Daten möglich.

Der nächste Schritt (3) ist der wichtigste im Schema, nämlich die **Aufteilung der Outputs auf die verschiedenen Verwendersektoren.** Hieraus resultiert eine vorläufige IOT, nämlich XP. Diese wird durch die Anpassungen, die die Verbuchungssystematik des Handels mit sich bringt, ergänzt und schließlich ergibt sich die endgültige IOT X.

Die tabellengerechte Konstruktion von Input-Output-systematischen Informationen aus Rohdaten erfolgt mittels geeigneter Transformationsmatrizen. Die Besetzung dieser Matrizen mit geeigneten Zahlenwerten erfolgt in Anpassung an gegebene statistische Eigenheiten des Materials, die gegebene Input-Output-Systematik und gegebenenfalls Hilfsschlüssel aus Expertenurteilen.

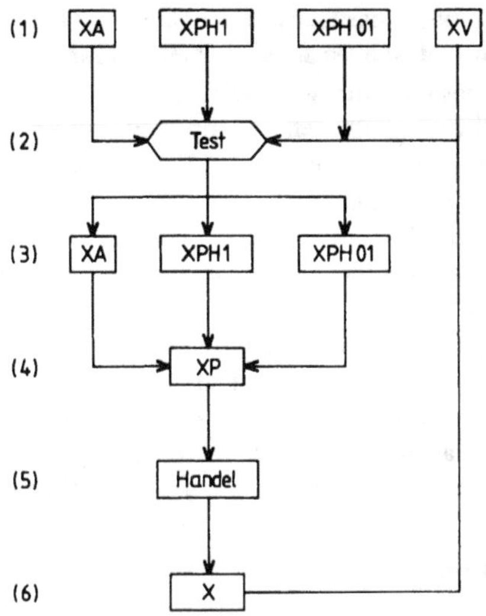

(1) Erfassung der Outputs, der PB (= Produktionsbereiche) und der Vorratsveränderungen,
(2) Aufteilung der Exporte und Konsistenztests,
(3) Aufteilung der PG (= Produktgruppen) Outputs auf beziehende und investierende Sektoren,
(4) Zusammenfassung der PB, vorläufige IOT,
(5) Berücksichtigung der Leistungen des Handels,
(6) Berechnung der endgültigen IOT.

Abb. 46: Flußdiagramm der elektronischen Tabellenaufstellung (entnommen: *Gehrig* 1977, S. 221)

Die Outputverteilung erfolgt durch ein **mehrstufiges Schätzverfahren,** das alle Informationen in Absolutwerte und Relativwerte gruppiert. Stufe (1) des Verfahrens dient der Aufteilung der Absolutdaten, die Stufen (2) bis (10) der Aufteilung der Relativdaten, die Stufen (11) bis (20) der entsprechenden Relativverteilung der Investitionen auf Investoren (für genauere Informationen siehe *Gehrig* 1969). Dieses Mehrstufen-Schätzverfahren kann auch auf die Deflationierung Anwendung finden.

7.4.4 Modelle der Tabellenaufstellung

Weiter oben wurde bereits erwähnt, daß oft nur ein Teil der Tabellenfelder, die nicht null sind, mit Originärdaten besetzt werden kann, während für andere Felder solche Daten nicht zu erhalten sind. Dies ist besonders dann der Fall, wenn man versucht, jährliche IOTs zu konstruieren, die Datenbasis aber in größeren Abständen erhoben wird. Unter diesen Voraussetzungen, insbesondere wenn eine statistisch einigermaßen verläßliche IOT für einen früheren Zeitraum bereits besteht, ist es möglich, mit einem der folgenden modellmäßigen Schätzverfahren auch die übrigen Felderwerte zu ermitteln.

Die „naive Annahme" eines solchen Schätzverfahrens würde von der Konstanz der Koeffizienten im Zeitablauf ausgehen. Eine solche Annahme ist jedoch allzu grob. Es wurden deshalb Verfahren entwickelt, die versuchen, eine **Entwicklung der Koeffizienten** zu prognostizieren.

Diese Prognosemodelle basieren auf den folgenden Annahmen:

– **Substitutionsprozesse verändern das Gewicht der Zeilen (Inputs),**

- **Produktionseffekte verändern das Gewicht der Spalten (Outputs),**
- **Preiseffekte können sowohl Spalten als auch Zeilen verändern.**

Auf diesen Annahmen basieren die Schätzverfahren, die diese Einflüsse im Sinne einer **biproportionalen,** d.h. Output-Einflüssen wie Input-Einflüssen unterliegende Veränderungen der Felderkoeffizienten bzw. Felderwerte erfassen wollen. Dies sind:

- Die RAS-Methode (Stone, Bacharach),
- Das MODOP-Verfahren (Stäglin, Schintke, DIW),
- Die Linear-Programming-Method (Matuszewski, Pitts u. Sawyer),
- Statistical Correction Method (Tilanus).

Alle diese Verfahren basieren auf dem schon 1940 von *Deming* und *Stephan* dargestellten **Problem der Ermittlung einer Häufigkeitstabelle mit bekannter Randverteilung** (*Deming* und *Stephan* 1940). Dieses Verfahren hatte aber den Nachteil, bei größeren Tabellen zu einem sehr hohen Rechenaufwand zu führen. Demgegenüber brachte die **RAS-Methode** durch Anwendung des **biproportionalen Ansatzes** eine deutliche Verbesserung.

7.4.4.1 Das RAS-Verfahren

Das RAS-Verfahren arbeitet mit folgenden Annahmen:

Gegeben sei eine nichtnegative Basismatrix $B = (b_{ij})$ mit den Zeilensummen $b_{i.} = \sum_j b_{ij}$ und den Spaltensummen $b_{.j} = \sum_i b_{ij}$.

Es ist eine neue Matrix $\hat{A}$ zu finden, deren Randsummenvektor und Randspaltenvektor u und v bekannt sind. Man erhält $\hat{A}$ durch einen Iterationsprozeß, dessen erster Schritt durch die Setzung $A = B$ gegeben ist, worin A ein erstes Schätzergebnis für $\hat{A}$ ist und durch die Iteration:

$$\hat{A} = \lim_{t \to \infty} R^t \cdot A \cdot S^t ;$$

Darin sind R^t und S^t zunächst noch unbekannte Diagonalmatrizen. Die Multiplikation der Schätzmatrix A mit der R-Matrix von links und der S-Matrix von rechts führt zu immer besseren Schätzwerten der A-Matrix, bis **schließlich alle gesetzten Bedingungen erfüllt sind.** Man sieht, daß die RAS-Methode ihren Namen von der formalen Ausgestaltung des Schätzansatzes bezieht.

Die Diagonalmatrix R enthält dabei die **Zeilenkorrekturfaktoren zur Erfassung der Substitutionseffekte,** die Diagonalmatrix S die **Spaltenkorrekturfaktoren zur Berücksichtigung der Produktionseffekte.** Die Werte der Diagonalmatrizen werden jeweils durch das Verhältnis des entsprechenden Zeilen/Spaltensummenwertes des vorgegebenen Randsummenvektors u bzw. v zum in der Iteration bereits erreichten entsprechenden Wert der Schätzmatrix A gesetzt. Also:

$$r_i^t = \frac{x_{i.}^u}{x_{i.}^t} \quad \text{und} \quad s_j^t = \frac{x_{.j}^u}{x_{.j}^t},$$

worin das hochgestellte t dem jeweiligen Iterationsschritt und u bzw. v dem **Element** der Randsummenvektoren entsprechen, die vorgegeben wurden. $x_{i.}^t$ bzw. $x_{.j}^t$ bedeuten dann die dem jeweiligen Stand der Schätzmatrix beim Iterationsschritt t entsprechenden Elemente der betreffenden Randsummenvektoren. Der Punkt bedeutet, daß über den dabei nicht genannten Index summiert wurde.

Unter Bedingungen, die in der Praxis zumeist vorhanden sind (z.B. Nichtnegativität der Basismatrix B) besitzt das Problem eine Lösung und in diesem Falle konvergiert das Iterationsverfahren auch gegen diese Lösung (vgl. *Bacharach* 1965 sowie *Bacharach* 1970).

7.4.4.2 Das MODOP-Verfahren

Das RAS-System wurde vom Institut für Statistik und Wirtschaftsmathematik an der Freien Universität Berlin und vom DIW (Deutsches Institut für Wirtschaftsforschung) weiterentwickelt. Auch dieses neue Verfahren beruht auf der Grundannahme der reihen- und spaltenweisen Koeffizientenbeeinflussung, d.h. dem **Ansatz der Biproportionalität,** weswegen es auch den Namen **MODOP** (Modell der doppelten Proportionalität) bekam. In seiner modernsten Form erlaubt es, Werte, deren Verläßlichkeit höher ist als die anderer, zu fixieren und damit aus dem Anpassungsprozeß herauszunehmen. Wegen seiner Bedeutung für den deutschsprachigen Raum sei dieses Verfahren etwas detaillierter vorgestellt, wobei wir in den Einzelheiten *Stäglin*, einem seiner Wegbereiter, folgen (vgl. *Stäglin* 1973, S. 71 ff.), (*Stäglin* 1972), (*Schintke* 1973). Die Ausgangssituation ist wieder dieselbe wie beim RAS-Verfahren: Wir haben eine Basismatrix X^0 gegeben, mit dem Randspaltenvektor $x_s^0 = (x_{i.}^0)$ und dem Randzeilenvektor $x_z{}^0 = (x_{.j}^0)$ für $i, j = 1, 2, \ldots, n$.

Zusätzlich ist ein neuer Randspaltenvektor x_s^1 und Randzeilenvektor x_z^1 für einen späteren (bzw. früheren) Zeitraum vorgegeben. Die Aufgabe besteht nun darin, die x_{ij}^1 zu finden, deren reihen- bzw. spaltenweise Addition jeweils den vorgegebenen Werten der Randvektoren entspricht.

Zunächst werden die Korrekturfaktoren:

$$a_i = \frac{x_{i.}^1}{x_{i.}^0}$$

gebildet, die den Substitutionseffekt innerhalb der Inputstruktur abbilden sollen und die

$$b_j = \frac{x_{.j}^1}{x_{.j}^0},$$

die die Veränderungen in der Outputstruktur darstellen.

Die Schätzung des ersten Matrizenelementes x_{ij}^1 erfolgt nun im 1. Schritt nach der Schätzformel:

$$\hat{x}_{ij}^1 = \sqrt{a_i b_j}\, x_{ij}^0 .$$

Dieser **Schätzansatz berücksichtigt beide Einflußfaktoren simultan,** indem er ihr geometrisches Mittel verwendet. Mit dem so ermittelten Korrekturfaktor wird jedes einzelne Matrixelement individuell korrigiert, wobei zunächst die Randsummenkontrollen noch nicht zum gewünschten Ergebnis führen werden. Man ersetzt nun in der obigen Formel die alten Basiswerte durch die neugefundenen (besseren) Iterationswerte $\hat{x}_{i.}^1$ bzw. $\hat{x}_{.j}^1$ und wiederholt die Iteration solange, bis die Kontrolladditionen den Vorgabevektoren entsprechen. Dies geschieht in wechselweiser Abstimmung der zeilenweisen und spaltenweisen Randsummen. Das Iterationsverfahren folgt dabei den Rekursiv-Formeln:

$$(1) \qquad \hat{x}_{ij}^{(2m+1)} = \hat{x}_{ij}^{(2m)} \frac{x_{i.}^1}{\hat{x}_{i.}^{(2m)}}, \qquad \text{mit } m = 0, 1, 2 \ldots$$

$$(2) \qquad \hat{x}_{ij}^{(2m)} = \hat{x}_{ij}^{(2m-1)} \frac{x_{.j}^1}{\hat{x}_{.j}^{(2m-1)}}, \qquad \text{mit } m = 1, 2, 3 \ldots$$

Die Iteration startet mit Formel (1) und der Setzung $m = 0$. Dies ergibt zeilenweise Übereinstimmung der $\hat{x}_{ij}$ und des **Zielwertes** $x_{i.}^1$, jedoch keine spaltenweise Summenübereinstimmung.

Diese wird nun durch Formel (2) erreicht, indem $m = 1$ gesetzt wird. Im Ergebnis stimmen nun die Spaltensummen mit den Zielwerten $x^1_{.j}$ überein, nicht mehr jedoch die Zeilensummen. Das Verfahren wird in dieser Weise fortgesetzt, bis schließlich:

$$\lim_{m\to\infty} \hat{x}_{ij}^{(2m+1)} = \lim_{m\to\infty} \hat{x}_{ij}^{(2m)} = x^1_{ij} ;$$

Die Iteration kann auch **schon vorher abgebrochen werden,** z.B. wenn der Unterschied zwischen den durch die beiden Formeln ermittelten Werten eine vorgegebene Schwelle (S) unterschreitet.

Das MODOP-Verfahren arbeitet etwas schneller als das RAS-Verfahren, weil es als erste Schätzlösung schon die Annäherung verwendet, die durch die geometrische Mittelwertbildung erfolgt. Erst dann kommt der Proportionalitäts-Algorithmus zum Einsatz. In der RAS-Methode wird dieser Algorithmus stattdessen sofort eingesetzt. Ansonsten unterscheiden sich beide Verfahren nur in formaler Hinsicht, so z.B. wird das RAS-Verfahren auf Koeffizienten angewandt, MODOP hingegen auf Absolutgrößen.

Um das Verfahren besser zu verstehen, sei hier ein von *Stäglin* vorgeführtes Beispiel gebracht, das sogar mit der *Fixierung eines Tabellenfeldes* arbeitet. Gegeben sei die folgende Ausgangsmatrix:

x^0_{ij}	1	2	3	$x^0_{i.}$	$x^1_{i.}$
1	20	80	50	150	220
2	*50*	160	100	310	405
3	80	100	200	380	430
$x^0_{.j}$	150	340	350	840	.
$x^1_{.j}$	210	425	420	.	1055

Abb. 47: Ausgangsmatrix mit fixiertem Feld x_{21}

Die **äußeren Randvektoren** der Tabelle zeigen die **Zielwerte,** die vorgegeben sind. Das Feld x_{21} wird zusätzlich fest vorgegeben:

$$x^1_{21} = 90 ;$$

Setzen wir diesen Feldwert 0, so folgt, daß die Zielwerte in Zeile 2 und Spalte 1 nunmehr 315 (405 – 90) und 120 (210 – 90) betragen. Gleichzeitig werden die Randvektoren der Basismatrix an den entsprechenden Stellen um den Wert 50 gekürzt.

Es entsteht dadurch die folgende **korrigierte Ausgangsmatrix:**

x^0_{ij}	1	2	3	$x^0_{i.}$	$x^1_{i.}$
1	20	80	50	150	220
2	0	160	100	260	315
3	80	100	200	380	430
$x^0_{.j}$	100	340	350	840	.
$x^1_{.j}$	120	425	420	.	965

Abb. 48: Die korrigierte Ausgangsmatrix

Nach der umseitigen Definition können nun die Korrekturfaktoren a_i und b_j ermittelt werden: für die a_i, $i = 1, 2, 3$, werden die beiden Randspaltenwerte entsprechend ins Verhältnis gesetzt, für die b_j analog die beiden Randzeilenwerte. Es ergibt sich z.B. $a_1 = 220/150$ bzw. $b_2 = 425/340$.

Wie man leicht nachrechnet ergeben sich so die $2n$ $(2 \times 3 = 6)$ Korrekturfaktoren:

$a_1 = 1{,}4667$ $a_2 = 1{,}2115$ $a_3 = 1{,}1316$
$b_1 = 1{,}2000$ $b_2 = 1{,}2500$ $b_3 = 1{,}2000$

Mit Hilfe dieser Werte wird nun nach der Formel:

$$\hat{x}_{ij}^{(0)} = \sqrt{a_i b_j}\, x_{ij}^0$$

die Matrix der Ausgangsschätzwerte ermittelt, mit der dann der Proportionalitätsalgorithmus startet. Um z.B. diesen Ausgangswert für den Felderwert x_{22} zu ermitteln, müssen wir a_2 mit b_2 multiplizieren, die Wurzel ziehen und mit dem alten Felderwert der korrigierten Ausgangsmatrix multiplizieren. Das ergibt in unserem Beispiel den neuen Felderwert $\hat{x}_{22} = 196{,}9$.

Insgesamt ergibt sich folgende **Schätzwert-Ausgangsmatrix:**

$\hat{x}_{ij}^{1=(0)}$	1	2	3	$\hat{x}_{i.}^{1=(0)}$	$\varepsilon_{i.}$
1	26,5	108,3	66,3	201,1	18,9
2	0	196,9	120,6	317,5	− 2,5
3	93,2	118,9	233,1	445,2	−15,2
$\hat{x}_{.}^{1=(0)}$	119,7	424,1	420,0	963,8	.
$\varepsilon_{.j}$	0,3	0,9	0,0	.	1,2

Abb. 49: Die Schätzwert-Ausgangsmatrix

Man sieht deutlich, daß in dieser Phase **weder die Zeilensummen, noch die Spaltensummen mit den Vorgabevektoren übereinstimmen.** Die Abweichungen sind als $(\varepsilon)_{i.}$ bzw. $(\varepsilon)_{.j}$ gekennzeichnet. Diese Restgrößen werden nun durch das **Iterationsverfahren** verteilt und zwar wird solange iteriert, bis die Abweichungen der Elemente der Randvektoren der Schätzmatrizen im m-ten Iterationsschritt von den entsprechenden Elementen der Vorgabe-Randvektoren kleiner als ein vorgegebener Schwellenwert (S) sind. Diesen Schwellenwert kann man als eine bestimmte Kommastelle der ansonsten ganzzahligen Felderwerte definieren oder für die Praxis mit der Hälfte des kleinsten Felderwertes annehmen.

Verfolgen wir noch einmal den ersten Iterationsschritt: Wir wählen hierzu den Wert des Feldes x_{11}. Er ergab sich in der Ausgangs-Schätzmatrix zu 26,5. Nach der Iterationsformel 1.Teil muß dieser Wert nun multipliziert werden mit dem Quotienten aus 220 (Zeilenwert des Vorgabevektors) und 201,1 (entsprechender Zeilenwert der Ausgangsschätzmatrix). Dies ergibt 28,99055, aufgerundet 29,0 im 1.Iterationsschritt. Mit **demselben Quotienten,** der **für die ganze Zeile** von Bedeutung ist, werden dann die Werte von $\hat{x}_{12} = 108{,}3$ und $\hat{x}_{13} = 66{,}3$ multipliziert, was die Werte 118,5 und 72,5 für die folgenden Felder der 1.Zeile ergibt.

Es wird deutlich, daß die **erste der beiden Iterationsformeln** für die Zeile arbeitet und die zeilenmäßige Übereinstimmung von geschätztem Summenwert und Vorgabe-Summenwert herauskommen **muß.** Die **zweite Formel** wendet nun denselben Rechengang auf die Spalten an. Das Ergebnis ist in den folgenden Matrizen sichtbar.

1. Iterationsschritt

$\hat{x}_{ij}^{(1)}$	1	2	3	$x_{i.}^{1}$
1	29,0	118,5	72,5	220,0
2	0	195,3	119,7	315,0
3	90,0	114,8	225,2	430,0
$\hat{x}_{.j}^{(1)}$	119,0	428,6	417,4	965,0
$\varepsilon_{.j}^{(1)}$	1,0	−3,6	2,6	±0

2. Iterationsschritt

$\hat{x}_{ij}^{(2)}$	1	2	3	$\hat{x}_{i.}^{(2)}$	$\varepsilon_{i.}^{(2)}$
1	29,2	117,5	73,0	219,7	0,3
2	0	193,7	120,4	314,1	0,9
3	90,8	113,8	226,6	431,2	−1,2
$x_{.j}^{1}$	120,0	425,0	420,0	965,0	±0

3. Iterationsschritt

$\hat{x}_{ij}^{(3)}$	1	2	3	$x_{i.}^{1}$
1	29,2	117,7	73,1	220,0
2	0	194,3	120,7	315,0
3	90,5	113,5	226,0	430,0
$\hat{x}_{.j}^{(3)}$	119,7	425,5	419,8	965,0
$\varepsilon_{.j}^{(3)}$	0,3	−0,5	0,2	±0

m. Iterationsschritt

$\hat{x}_{ij}^{(m)}$	1	2	3	$x_{i.}^{(m)}$	$\varepsilon_{i.}^{(m)}$
1	29,3	117,5	73,1	219,9	0,1
2	0	194,1	120,9	315,0	0,0
3	90,7	113,4	226,0	430,1	−0,1
$x_{.j}^{1}$	120,0	425,0	420,0	965,0	±0

Abb. 50: Darstellung der Iterationsschritte

In einem weiteren Schritt kann man nun die so gefundenen Felderwerte ganzzahlig runden, so daß die **Vorgabesummen** genau erfüllt sind. Dieser Schritt kann vom Elektronenrechner genauso übernommen werden, wie die oben geschilderten Iterationsschritte. Die Ergebnismatrix würde nach dieser letzten Korrektur dann folgendermaßen aussehen, **wobei der Vorgabewert** $x_{21}^{1} = 90$ **nun berücksichtigt wird:**

x_{ij}^{1}	1	2	3	$x_{i.}^{1}$
1	29	118	73	220
2	90	194	121	405
3	91	113	226	430
$x_{.j}^{1}$	210	425	420	1055

Abb. 51: Das Ergebnis der Iteration

Über die Schätzgüte des RAS und des MODOP-Verfahrens gibt es verständlicherweise kaum Aussagen, da diese Verfahren ja gerade dann Anwendung finden, wenn die zur Kontrolle eigentlich nötigen Originärdaten fehlen. Der Versuch, solche Tests hilfsweise durch künstliches Weglassen bekannter Felderwerte durchzuführen, führte zu einer sehr vorsichtigen Einschätzung dieser Verfahren (*Stäglin* 1972, S. 81). Andererseits muß man sehen, daß das Verfahren nicht aus nicht vorhandener Information plötzlich verläßliche

Daten zaubern kann, d.h. je weniger originäre Daten prozentual in der Ausgangsmatrix vorhanden sind, desto schlechter wird auch das Schätzergebnis ausfallen müssen. Man sollte diese knappen Hinweise als Mahnung verstehen, gegenüber den Ergebnissen des Verfahrens kritisch sein.

Dem Vorteil, mit beiden Verfahren aus gegebenen Teilinformationen vollständige konsistente Matrizen zu ermitteln, steht jedoch ein wesentlicher Nachteil gegenüber: die **Grundannahme der biproportionalen Veränderung der Koeffizienten braucht nicht zu stimmen.** Die genannten Modellverfahren spiegeln dann Veränderungen vor, die in der Realität so nicht gegeben sind. Gerade auf diese in der Realität tatsächlich abgelaufenen Strukturveränderungen kommt es aber an. Dies kann nur durch regelmäßige Erhebung und Erstellung von Originärmatrizen geleistet werden, ohne die die Modellverfahren nicht über beliebig lange Zeiträume hinweg angewandt werden können, weil sonst die Basishypothese der Biproportionalität der Koeffizientenänderung zunehmend unhaltbarer wird.

8. Kapitel: Die Input-Output-Tabellen für die Bundesrepublik Deutschland, Österreich und die EG

Im folgenden werden die wichtigsten IOTs, die für die Bundesrepublik Deutschland, Österrich und die EG erstellt wurden, besprochen.[1] Die Kenntnis des 7. Kapitels über die praktischen Probleme sowie die Möglichkeiten der Tabellenerstellung werden hierbei vorausgesetzt, d.h. die Beschreibung und Klassifizierung der Tabellen erfolgt anhand der dort erarbeiteten und erläuterten Begriffe. Sollte der Leser mit einzelnen Begriffen Schwierigkeiten haben, wird er dringend gebeten, die entsprechenden Erläuterungen im 5. und 7. Kapitel noch einmal durchzustudieren.

8.1 Die verschiedenen Tabellenwerke für die Bundesrepublik Deutschland

8.1.1 Die Tabellen des Statistischen Bundesamtes

Das Statistische Bundesamt erstellte bisher Tabellen für die Jahre 1965, 1970, 1974, und 1975. Da die Ergebnisse der jüngeren IOTs hinsichtlich der Methodik, sowie Wahl und Abgrenzung der Sektoren nur bedingt mit denen vor 1965 verglichen werden können (*Mai* 1974), wird hier nur die modernere Version besprochen. Hinzu kommt, daß die Tabelle von 1965 primär aufgestellt wurde, um zu überprüfen, ob eine Tabellenerstellung nach den von der EG erarbeiteten vereinheitlichten Kriterien möglich ist.

Das Statistische Bundesamt hat von seiner ursprünglichen Absicht, von 1970 an jährliche Input-Output-Tabellenwerke zu erstellen, zwischenzeitlich Abstand genommen, da es sinnvoll erschien, eine Reihe jährlicher IOTs erst auf der Basis der Revision der Volkswirtschaftlichen Gesamtrechnung von 1977 zu erstellen.

Die Input-Output-Tabellen für 1970, 1974 und 1975 (es existieren unterschiedliche Versionen in bezug auf Preiskonzepte und Importverbuchung) sind funktionelle Tabellen mit 60 Produktionsbereichen, den vier Bruttowertschöpfungsbereichen: Abschreibung, indirekte Steuern (minus Subventionen), Einkommen aus unselbständiger Tätigkeit sowie aus Unternehmertätigkeit und Vermögen, und den fünf Endnachfragekomponenten: Privater Verbrauch, Staatsverbrauch, Anlageinvestitionen, Vorratsinvestitionen sowie Exporte.

Die Tabellen liegen jeweils in zwei alternativen Versionen (A2 und B), d.h. in einer **Aufkommensverflechtung** (Zentralmatrix: inländische Produktion und Einfuhr) und einer **Verflechtung nach der B-Version** (Zentralmatrix: inländische Produktion, BPW: inländische Produktion bzw. Verwendung) vor.

Die Produktionssektoren wurden nach dem **Commodity-Prinzip** bestimmt, d.h. jeder Produktionssektor soll nur ein homogenes Gut bzw. eine homogene Gütergruppe produzieren, die von keinem anderen Produktionssektor erzeugt wird. Die statistische Darstellungseinheit ist dabei die sog. **homogene Produktionseinheit** auf fachlicher Unternehmens-

[1] Die ersten Tabellen für die Bundesrepublik Deutschland wurden von *Krelle* (für 1953) bzw. *Zeitel* (für 1954) erstellt. Sie stellten damals Pionierarbeiten dar, sind aus heutiger Sicht jedoch nur noch historisch interessant. Der Leser findet eine kurze Beschreibung in der Übersicht am Ende dieses Kapitels. Diese sowie die folgende Darstellung bauen auf (*Stäglin* 1980) und (*Stäglin* 1981) auf.

Lfd. Nr.	Nr. der Produktionsbereiche	Verwendung / Aufkommen	Input der Produktionsbereiche: G.v. Erzeugnissen der Landwirtschaft	.....	zusammen	Letzte Verwendung von Gütern: Privater Verbrauch im Inland	Staatsverbrauch	Anlageinvestitionen	Vorratsveränderung	Ausfuhr von Waren und Dienstleistungen	insgesamt	Gesamte Verwendung von Gütern
			1	.....	61	62	63	64	65	66	67	68
1 60	1 60	G.v.Erzeugnissen der Landwirtschaft ... . Leistungen der Gebietskörperschaften } Output der Produktionsbereiche	Vorleistungen (Quadrant 1)			Letzte Verwendung von Gütern						
61		zusammen				(Quadrant 2)						
62		Abschreibungen	Wertschöpfung		(Quadrant 3)	(Quadrant 4)						
63		Indirekte Steuern (ohne Einfuhrabgaben) abzügl. Subventionen										
...		...										
66		Nettowertschöpfung zu Faktorkosten										
67		Bruttowertschöpfung zu Marktpreisen (62 + 63 + 66)										
68		Bruttoproduktionswerte zu Ab-Werk-Preisen (61 + 67)	Bruttoproduktionswerte									
69		Umsetzung von Kuppelprodukten u.a.										
70		Bruttoproduktionswerte ... (68 + 69)										
71 ...		Einfuhr zu Ab-Zoll-Preisen ...	Einfuhr									
74		Gesamtes Aufkommen an Gütern (70 + 71)										

Abb. 52: Schema der Tabellen des Statistischen Bundesamts (Version A2)

teilebene. Diese homogenen Gütergruppen enthalten keine Nebenprodukte mehr, diese wurden, sofern vorhanden, den entsprechenden hierfür zuständigen Bereichen zugeordnet.

Damit ist weitgehend sichergestellt, daß in der Tabelle die Determinanten der Produktionsverflechtung im Vordergrund stehen und nicht von Einflüssen der Marktverflechtung überformt werden, eine Eigenschaft, die vor allem für Analysezwecke von Bedeutung ist. Dies beinhaltet, daß auch Güterströme erfaßt werden (soweit dies aufgrund des statistischen Materials möglich ist), denen keine Markttransaktionen zugrundeliegen, z. B. Lieferungen zwischen Unternehmensteilen, die verschiedenen Produktionsbereichen zugerechnet werden.

Im einzelnen wurden in der Input-Output-Tabelle 1975 die folgenden 60 Produktionsbereiche ausgewiesen:

Gliederung der Produktionsbereiche in den Input-Output-Tabellen und ihre Zuordnung zu den Wirtschaftsbereichen in den Volkswirtschaftlichen Gesamtrechnungen

Produktionsbereiche der Input-Output-Tabellen		Nummer der Systematik der Wirtschaftszweige Stand 1970 (Produzierendes Gewerbe WZ rev. 1976)
Nr.	Bezeichnung	
1	G. v. Erzeugnissen der Landwirtschaft	000 – 002, 009
2	G. v. Erzeugnissen der Forstwirtschaft und der gewerblichen Jagd	005
3	G. v. Erzeugnissen der Fischerei und der Fischzucht	05
4	G. u. Verteilung v. elektrischem Strom (einschl. Dampf von Elektrizitätswerken)	T.a. 100, 101
5	Verteilung v. Gas, G. u. Verteilung v. Dampf (ohne Dampf von Elektrizitätswerken)	T.a. 100, 103, 105
6	G. u. Verteilung v. Wasser aus öffentlicher Versorgung	T.a. 100, 107
7	G. v. Kohle, H. v. Erzeugnissen des Kohlenbergbaues (einschl. Steinkohlenverkokung)	110, 111
8	G. v. Bergbauerzeugnissen (ohne Kohle, Erdöl und Erdgas)	113 – 115, 118
9	G. v. Erdöl, Erdgas und bituminösen Gesteinen	116
10	H. v. chemischen Erzeugnissen	200, 201
11	H. v. Mineralölerzeugnissen	205
12	H. v. Kunststofferzeugnissen	210
13	H. v. Gummi- und Asbestwaren	213, 216, 2227
14	G. v. Baumaterial und feuerfesten Erden, H. v. grobkeramischen Erzeugnissen usw.	221, 223, 2228, 2229
15	H. v. Zement, Kalk, Gips und Baustoffen daraus	2221 – 2226, 226
16	H. v. feinkeramischen Erzeugnissen	224
17	H. v. Glas und Glaswaren	227
18	H. v. Eisen und Stahl (einschl. Halbzeug), Erzeugnissen der Ziehereien, Kaltwalzwerke, Stahlverformung, Oberflächenveredelung und Härtung sowie der Schlosserei, Schweißerei, Schleiferei und Schmiederei, a.n.g.	230 – 232, 237 – 239
19	H. v. NE-Metallen und NE-Metallhalbzeug	233
20	H. v. Gießereierzeugnissen	234, 236
21	H. v. Stahl- und Leichtmetallbauerzeugnissen (ohne Waggons)	240, 241
22	H. v. Fahrzeugen (ohne Kraftwagen u. -zubehör)	245 – 248
23	H. v. Maschinenbauerzeugnissen (ohne Lokomotiven, Büromaschinen, ADV-Anlagen)	242
24	H. v. Kraftwagen und -zubehör, Reparatur von Straßenfahrzeugen	244, 2491
25	H. v. Büromaschinen, Datenverarbeitungsgeräten und -einrichtungen	243
26	H. v. elektrotechnischen Erzeugnissen (ohne ADV-Analgen), Reparatur von Haushaltsgeräten	250, 2591
27	H. v. feinmechanischen und optischen Erzeugnissen sowie Uhren	252, 254
28	H. v. Eisen-, Blech- und Metallwaren (ohne Kraftwagenzubehör)	256
29	H. v. Musikinstrumenten, Sportgeräten, Spiel- und Schmuckwaren	257, 258
30	H. v. Schnittholz, Halbfabrikaten aus Holz und Holzwaren	260, 261
31	H. v. Holzschliff, Zellstoff, Papier und Pappe	264
32	H. v. Papier- und Pappewaren, Druckereierzeugnissen, Lichtpaus- und verwandten Waren	265, 268

noch: Gliederung der Produktionsbereiche in den Input-Output-Tabellen und ihre Zuordnung zu den Wirtschaftsbereichen in den Volkswirtschaftlichen Gesamtrechnungen

Produktionsbereiche der Input-Output-Tabellen		Nummer der Systematik der Wirtschaftszweige Stand 1970 (Produzierendes Gewerbe WZ rev. 1976)
Nr.	Bezeichnung	
33	H. v. Leder und Lederwaren	270 – 272
34	H. v. Textilien	275
35	H. v. Bekleidung und Bettwaren sowie Polsterei- und Dekorateurarbeiten	276
36	H. v. Nahrungs- und Genußmitteln a.n.g.	281 – 287, 289, 292, 296, 297
37	Bearb. v. Milch und H. v. Milchpräparaten, Butter und Käse	288
38	H. v. Fleisch und Fleischerzeugnissen (ohne Fleisch vom Wild), G. v. rohen Häuten und Fellen	291
39	H. v. Getränken	293 – 295
40	H. v. Tabakwaren	299
41	Erstellung von Bauten	3
42	Leistungen des Großhandels (einschl Rückgewinnung) und der Einfuhr- und Vorratsstellen	40/41, T.a. 9700
43	Leistungen der Handelsvermittlung	42
44	Leistungen des Einzelhandels	43
45	Leistungen der Eisenbahnen (nur schienengebundener Verkehr)	500
46	Leistungen der Schiffahrt, Wasserstraßen und Häfen	502, 503
47	Sonstige Verkehrsleistungen	501, 504, 505, 509
48	Leistungen der Nachrichtenübermittlung	507
49	Bankdienstleistungen (ohne Vermittlung) gegen tatsächliche Entgelte	60 (ohne 609)
50	Bankdienstleistungen (ohne Vermittlung) gegen unterstellte Entgelte	60 (ohne 609)
51	Dienstleistungen der Versicherungen (ohne Vermittlung und Sozialversicherung)	61 (ohne 619)
52	Marktbestimmte Gaststätten- und Beherbergungsleistungen	700
53	Verlags-, Literatur- und Presseleistungen	708
54	Marktbestimmte Gesundheits- und Veterinärleistungen	710, 711
55	Vermietung von Grundstücken und Räumen	7170
56	Marktbestimmte Forschungs- und Unterrichtsleistungen sowie Leistungen der für Unternehmen tätigen Organisationen ohne Erwerbscharakter	70605, 7062 (ohne 70626), 7066, 8041, 8050, 8060
57	Übrige marktbestimmte Dienstleistungen, Reparatur von Gebrauchsgütern	701, 702, 70600, 70626, 7064, 7068, 707, 712, 713, 714, 7175, 718, 2495, 259 (ohne 2591), 269, 279, 609, 619
58	Leistungen der privaten Organisationen ohne Erwerbscharakter (einschl. Anstalten und Einrichtungen)	80 (ohne 8041, 8050, 8060)
59	Häusliche Dienste	85
60	Leistungen der Gebietskörperschaften und der Sozialversicherung (ohne Einfuhr- und Vorratsstellen)	9 (ohne T.a. 9700, 9.9)

Gliederung der zusammengefaßten Produktionsbereiche in den Input-Output-Tabellen

Zusammengefaßte Produktionsbereiche der Input-Output-Tabellen	Gegenüberstellung zu den 60 Produktionsbereichen der Input-Output-Tabellen
Gew. v. Erzeugnissen der Land- und Forstwirtschaft, Tierhaltung und Fischerei	1 – 3
Gew. v. Energie, Wasser und Bergbauerzeugnissen	4 – 9
H. v. chemischen, Mineralöl- und Kunststofferzeugnissen, Gew. und Verarb. von Steinen und Erden	10 – 17
Erzeug. und Bearb. v. Eisen, Stahl, NE-Metallen (einschl. -halbzeug)	18 – 20
H. v. Stahl- und Maschinenbauerzeugnissen, ADV-Anlagen und Fahrzeugen	21 – 25
H. v. elektrotechnischen, feinmechanischen und optischen Erzeugnissen sowie EBM-Waren	26 – 29
H. v. Holz-, Papier-, Leder- und Textilerzeugnissen	30 – 35
H. v. Nahrungs- und Genußmitteln	36 – 40
Erstellung von Bauten	41
Leistungen des Handels, Verkehrs und der Nachrichtenübermittlung	42 – 48
Dienstleistungen der Banken und Versicherungen sowie sonstige marktbestimmte Dienstleistungen	49 – 57
Nichtmarktbestimmte Dienstleistungen	58 – 60

Abb. 53: Gliederung der Produktionsbereiche in der IOT 1975 des Statistischen Bundesamtes.

Während bezüglich der Importe in der VGR das Konzept des Generalhandels bevorzugt wird, da es am Zeitpunkt der Forderungsentstehung orientiert ist, wird in der IOT nach dem Konzept des **Spezialhandels** vorgegangen, da dieses die tatsächlichen Güterströme genauer widergibt. Dieses Abgrenzungsprinzip berührt sicherlich in erster Linie die räumlichen Gegebenheiten, beinhaltet aber auch ein zeitliches Abgrenzungsproblem.

Das Statistische Bundesamt erstellt sowohl eine Tabelle zu **Ab-Werk-Preisen,** wobei die **eingeführten Waren zu Ab-Zoll-Preisen** erfaßt wurden, als auch eine zweite Version zu **Herstellerpreisen.** Da Ab-Werk-Preise indirekte Steuern umfassen, entsprechen ihnen im Importbereich die die Einfuhrabgaben beinhaltenden Ab-Zoll-Preise am besten. Diese beiden Tabellen werden noch durch **Zusatztabellen** ergänzt. Hierzu zählen in erster Linie zwei **Einfuhrmatrizen,** die die Einfuhr aufgegliedert nach Verwendungsbereich und Güterart zu Ab-Zoll-Preisen, sowie zu Cif-Preisen zeigen.

Die früheren IOTs des Statistischen Bundesamts wurden vorwiegend nach der Input-Methode erstellt, da diese besser auf das vorhandene statistische Material abgestellt war. Die Output-Methode wurde stellenweise für Kontrollzwecke verwendet. Bei den heutigen Tabellen werden die Input- und Output-Methode kombiniert angewendet.

Der Handel wird nach dem Nettoprinzip verbucht, d.h. es geht nur die Handelsspanne als Produktionswert in die Tabelle ein und der Güterumschlag wird direkt zwischen dem erzeugenden und dem verwendenden Sektor dargestellt. Eine Besonderheit bietet noch Sektor 50, „Unterstellte Bankgebühren", der helfen soll, die Aufteilung dieser der VGR entstammenden Unterstellung nach den Kriterien der EG-Statistik zu erleichtern. Weiter erwähnenswert ist die Erfassung des privaten Verbrauchs nach dem **Inlandskonzept** statt dem in der VGR üblichen **Inländerkonzept.** Der Grund dafür ist vor allem, daß die Differenzgröße zwischen den beiden Konzepten aufgrund des vorhandenen statistischen Materials nicht sektormäßig aufgeteilt werden kann.

Zur Genauigkeit dieser IOTs ist festzustellen, daß sie geringer ist als der **Genauigkeitsgrad** der relativ hoch aggregierten Werte der VGR. Dies gilt in besonderem Maße für kleine Felderwerte, da hierbei erfahrungsgemäß die Fehlerquote besonders hoch ist. Die Abweichungen der IOT von den entsprechenden Größen, die der VGR entnommen sind, sind mitunter nicht unbeträchtlich. Dies ist auf die im großen und ganzen hier dargestellten Unterschiede in den Abgrenzungskriterien zurückzuführen, die durch die unterschiedlichen Aufgaben der beiden Rechenwerke gegeben sind. Das Statistische Bundesamt ist jedoch um weitgehende Konsistenz bemüht. Genauere Zurechnungen von Abweichungen können den Begleittexten zu den Tabellen entnommen werden, ihre Darlegung würde den hier gegebenen Rahmen überschreiten. Für die neueren Tabellen wurde das eigens für diesen Zwecke entwickelte **Überleitungsmodell** des Statistischen Bundesamtes verwendet (*Stahmer* 1979).

Gegenwärtig entstehen in Zusammenarbeit mit dem Ifo-Institut noch Energiestromtabellen für die Jahre 1975 und 1978, die aber noch nicht veröffentlicht sind.

Zum Abschluß sei die IOT 1975 als jüngste bisher veröffentlichte Tabelle des Statistischen Bundesamtes in einer von 60 auf 12 Sektoren aggregierten Version – zu Ab-Werk-Preisen – dargestellt (s. S. 108 u. 109).

8.1.2 Die Tabellen des DIW

Das Deutsche Institut für Wirtschaftsforschung in Berlin (DIW) hat bisher die umfangreichste Input-Output-Datensammlung für die Bundesrepublik Deutschland erstellt. Es existieren Tabellen auf der Basis von 56 institutionell abgegrenzten Sektoren für die Jahre 1954, 1958, 1962, 1966, 1967 und 1972. Diese Tabellen sind untereinander praktisch vollständig vergleichbar. Sie verwenden neben den genannten 56 Produktionssektoren 5 Primäraufwands- und 5 Endnachfragebereiche.

Auf der Basis dieser großen für bestimmte Jahre erstellten Tabellen wurden vom DIW darüber hinaus **jährliche** IOTs mit lediglich 14 Produktionssektoren, 9 Endnachfrage- und 7 Primäraufwandsbereichen erstellt und als Zeitreihe veröffentlicht. Es handelt sich hier um die Jahre 1954–1967 und 1960–1974.

Daneben wurden auf 34 Sektoren aggregierte Tabellen für die Jahre 1962, 1967, 1972 und 1976 mit 3 Primäraufwands- und 6 Endnachfragebereichen erstellt, die nur teilweise veröffentlicht sind, sowie „Projektionsmatrizen" für 1980 und 1985 mit 23 Sektoren (*Weiß* 1976). Alle IOTs des DIW bauen auf dem institutionellen Kriterium auf, wobei die bilanzierende Einheit die statistische Basis darstellt. Die Zuordnung erfolgt nach dem **Schwerpunktprinzip,** d.h. das Unternehmen wird dem Sektor der Hauptproduktion zugeordnet **(Aufzeichnung der Marktverflechtung).** Die Vorteile dieses Vorgehens sind in der weitgehenden Integration mit der ebenfalls institutionell orientierten VGR zu sehen, was die statistische Aufbereitung erleichtert und den Veröffentlichungslag verkürzt.

Die DIW-Tabellen sind sämtlich in der B-Version, d.h. nach der **Importverwendung** erstellt. In der 56-Sektoren-Gliederung werden 45 warenproduzierende, 6 Verteilungs- und 5 sonstige Produktionssektoren erfaßt (Kreditinstitute, Wohnungsvermietung, sonstige Dienstleistungen: Staat, private Haushalte und private Organisationen ohne Erwerbscharakter).

Abweichend von der VGR werden die Inputs des Staates nicht in der Spalte des ersten Quadranten, sondern in der Spalte der Endnachfrage verbucht, d.h. die Spalte 55 der Zentralmatrix enthält nur Nullen. Hingegen sind die Bezüge der Sektoren *vom* Staat (seine „Lieferungen") in der Intermediär-Zeile ausgewiesen. Zur Erhaltung der Konsistenz mit der VGR wird der Eigenverbrauch des Staates dann entsprechend gekürzt.

Die in die Tabellen eingestellten Transaktionen umfassen die marktbezogenen Güterströme zuzüglich selbsterstellter Anlagen und Vorratsveränderungen. Dabei werden die

– Inländische Produktion –
Mill. DM

Lfd. Nr.	Aufkommen \ Verwendung	Input der Produktionsbereiche[1]							
		Gew. v. Erzeugn. d. Land u. Forstwirtschaft, Fischerei	Gew. v. Energie, Wasser, Bergbauerzeugn.	H. v. chem., Mineralöl- u. Kunststofferzeugn., Gew. u. Verarb. v. Steinen u. Erden	Erzg. u. Bearb. v. Eisen, Stahl-NE-Metallen	H. v. Stahl- u. Maschinenbauerzeugnissen ADV-Anlagen, Fahrzeugen	H. v. elektrotechn., feinmech. opt. Erzeugnissen EBM-Waren	H. v. Holz-, Papier-, Leder- u. Textilerzeugn.	H. v. Nahrungs- u. Genußmitteln
		1	2	3	4	5	6	7	8
	Output der Produktionsbereiche 1): (Z. 1 bis Z. 12)								
1	Gew. v. Erzeugnissen d. Land u. Forstwirtschaft, Fischerei	18867	159	632	6	7	63	3285	36720
2	Gew. v. Energie, Wasser, Bergbauerzeugnissen	731	21642	8904	12173	2305	1749	2556	1814
3	H. v. chemischen, Mineralöl- u. Kunststofferzeugnissen, Gew. u. Verarb. v. Steinen u. Erden	3876	3559	50886	3590	10767	7555	9744	3887
4	Erzg. u. Bearb. v. Eisen, Stahl, NE-Metallen	884	2085	1767	77548	27116	13098	644	14
5	H. v. Stahl- u. Maschinenbauerzeugnissen, ADV-Anlagen, Fahrzeugen	1298	2640	2484	718	42359	1635	879	421
6	H. v. elektrotechn., feinmech. u. optischen Erzeugnissen, EBM-Waren	234	788	2756	962	12787	16782	2376	1769
7	H. v. Holz-, Papier-, Leder- u. Textilerzeugnissen	496	664	5804	834	3045	2640	31857	2651
8	H. v. Nahrungs- u. Genußmitteln	6630	108	1475	86	181	154	306	22796
9	Erstellung v. Bauten	615	1591	205	41	229	106	68	185
10	Leistg. d. Handels, Verkehrs u. d. Nachrichtenübermittlung	6300	3510	11371	10816	10147	4959	10193	9978
11	Dienstlstg. d. Banken u. Versicherungen, sonst. marktbest. Dienstleistg.	2568	2058	5413	2712	8217	5439	5352	2746
12	Nichtmarktbest. Dienstleistungen	206	188	532	322	745	462	471	450
13	Vorleistungen d. Produktionsbereiche aus inländ. Produktion (Sp. 1 bis Sp. 13) bzw. letzte Verwendg. v. Gütern (Sp. 14 bis Sp. 19)	42705	38992	92229	109808	117905	54642	67731	83431
14	Eingeführte Vorleistungen der Produktionsbereiche	4127	5362	41321	13799	15514	11535	17914	19103
15	Vorleistungen der Produktionsbereiche	46832	44354	133550	123607	133419	66177	85645	102534
16	Abschreibungen	6429	8910	10807	4177	9283	4971	4861	4890
17	Produktionssteuern abzügl. Subventionen	62	6838	20426	2933	4294	5746	6141	16049
18	Einkommen aus unselbständiger Arbeit	4731	16858	40407	21497	70330	44234	36370	18133
19	Einkommen aus Unternehmertätigkeit u. Vermögen	18303	9974	10502	4527	9102	6712	9705	8894
20	Bruttowertschöpfung zu Marktpreisen	29525	42580	82142	33134	93009	61663	57077	47966
21	Produktionswert (Sp. 1 bis Sp. 13) bzw. letzte Verwendung von Gütern aus inländischer Produktion (Sp. 14 bis Sp. 19)	76357	86934	215692	156741	226428	127840	142722	150500

[1] Zusammengefaßte Produktionsbereiche der Übersicht 2 auf S. 106.

Input der Produktionsbereiche[1]					Letzte Verwendung von Gütern aus inländischer Produktion							
Erstellung v. Bauten	Leistg. d. Handels, Verkehrs u. d. Nachrichtenübermittlg.	Dienst. leistg. d. Banken u. Versicher., sonstige marktbest. Dienstleistg.	Nichtmarktbest. Dienstleistg.	zusammen	Privater Verbrauch im Inland	Staatsverbrauch	Anlageinvestitionen	Vorratsveränderung	Ausfuhr v. Waren u. Dienst. leistg.	zusammen	Gesamte Verwendung v. Gütern aus inländ. Produktion (Z. 1 bis Z. 13)	
9	10	11	12	13	14	15	16	17	18	19	20	Lfd. Nr.
263	316	4764	1655	66737	9145	–	–	–1185	1660	9620	76357	1
1298	4011	5001	3422	65606	15077	–	–	1011	5240	21328	86934	2
24181	9962	7255	13642	148904	29728	–	–	–855	37915	66788	215692	3
5841	750	305	604	130656	512	–	1008	583	23982	26085	156741	4
13620	8260	2089	7301	83704	21839	–	43912	371	76602	142724	226428	5
4889	2941	4178	4148	54610	18439	–	23389	– 477	31879	73230	127840	6
8287	5380	6420	5960	74038	50680	–	3408	– 212	14808	68684	142722	7
71	1452	13549	5502	52310	89784	–	–	139	8267	98190	150500	8
1059	1720	2482	2275	10576	1293	–	135710	–	3116	140119	150695	9
7877	11782	11763	10974	109670	115185	–	1575	– 268	28430	144922	254592	10
10147	34838	75437	35305	190232	147328	–	–	–	7759	155087	345319	11
345	941	3125	24329	32116	17041	215290	–	–	343	232674	264790	12
77878	82353	136368	115117	1019159	516051	215290	209002	– 893	240001	1179451	2198610	13
8702	8648	8351	8625	163001	–	–	–	–	–	–	–	14
86580	91001	144719	123742	1182160	–	–	–	–	–	–	–	15
4035	18510	32842	7315	117030	–	–	–	–	–	–	–	16
8602	7324	15144	181	93740	–	–	–10360	– 220	–	–10600	83140	17
38774	97597	59867	133552	582350	–	–	–	–	–	–	–	18
12704	40160	92747	–	223330	–	–	–	–	–	–	–	19
64115	163591	200600	141048	1016450	–	–	–10380	– 220	–	–10600	1005850	20
150695	254592	345319	264790	2198610	516051	215290	198622	–1113	240001	1168851	X	21

Abb. 54: IOT des Statistischen Bundesamtes 1975, zu Ab-Werk-Preisen, 12 × 12, B-Version

Vorratsveränderungen sowohl für Input- als auch für Output-Vorratsgüter **dem lagernden Sektor zugerechnet.** Der Handel wird nur mit seiner sog. Transitwirkung, d.h. mit der Handelsspanne berücksichtigt. Im Gegensatz zur Tabelle des Statistischen Bundesamtes wird der **Private Verbrauch** nach dem **Inländerkonzept** erfaßt. Ausfuhr wie Einfuhr sind um den sogenannten Transithandel gekürzt, so daß ihr Saldo, der Außenbeitrag, dem Wert der amtlichen VGR entspricht.

Die Abgrenzung der Sektoren wurde nach der Systematik der Wirtschaftszweige des Statistischen Bundesamtes vorgenommen. Die folgenden Übersichten lassen diese Zuordnung für die 56 Sektoren, 34 Sektoren- und 14 Sektorenversion deutlich werden und gestatten damit auch einen Vergleich mit der Sektorenabgrenzung des Statistischen Bundesamtes und der EG-Tabellen nach der, in ihrer Bedeutung der Systematik des Statistischen Bundesamtes entsprechenden wenn auch nicht deckungsgleichen Systematik NACE/CLIO[1] der EG (siehe Abschnitt 8.3) und der vom Statistischen Bundesamt eigens für Zwecke der IOR geschaffenen SIO (Systematik der Produktionsbereiche für IORs).

Das DIW erstellt seine Tabellen jeweils zu **laufenden** und zu **konstanten Preisen** eines Basisjahres, das dem der amtlichen Statistik entspricht (bis 1972 war dies 1962, dann 1970). Die Werte der IOT zu laufenden Preisen werden der entsprechenden Datenbasis der VGR entnommen, die Errechnung der deflationierten IOT erfolgt mit **Zeilenindizes.** Man geht hier davon aus, daß der Output eines Sektors – im Gegensatz zu seinem Input – hinreichend homogen ist. Viele Preisindizes konnten direkt der amtlichen Statistik entnommen werden, manche mußten erst unter Verwendung geeigneter Verfahren aus vorhandenen Ausgangsdaten hilfsweise berechnet werden. Waren keine verläßlichen Informationen vorhanden, so wurden auch Expertenbefragungen herangezogen. Die für 56 Sektoren ermittelten Preisindizes wurden auf Produktbasis erhoben, wobei unterstellt ist, daß sie hinreichende Gültigkeit für die institutionell abgegrenzten Sektoren besitzen.

Die sich bei der beschriebenen Vorgehensweise ergebenden Konsistenzprobleme bezüglich der realen Spalten- und Zeilensummen wurden nach der **Methode der doppelten Deflationierung** gelöst. Dies hat zur Folge, daß die deflationierte Tabelle alle zum BIP

Systematik der Produktionssektoren

Nummer des Sektors	Bezeichnung	Nummer der Grundsystematik	Nummer der NACE-CLIO Systematik
1	Land- und Forstwirtschaft, Fischerei	00, 05	010, 030
2	Elektrizitätswirtschaft	101, 105	161
3	Gas- und Wasserwirtschaft	103, 107	162, 163
4	Kohlenbergbau	110, 111	110, 120
5	Eisenerzbergbau	1130	211
6	Kali- und Steinsalzbergbau	115	T.a. 230
7	Erdölgewinnung	116	130
8	Restlicher Bergbau	1135, 118, 119	212, T.a. 230
9	Industrie der Steine und Erden	220	T.a. 241, 242
10	Eisenschaffende Industrie	230	T.a. 221, T.a. 222, T.a. 312
11	Eisen-, Stahl- und Tempergießereien	234	T.a. 311
12	Ziehereien und Kaltwalzwerke	2380	T.a. 221, T.a. 222
13	NE-Metallindustrie	232, 236	224, T.a. 311, T.a. 312

[1] NACE ≙ Nomenclature générale des activités économiques dans les Communautés européennes;
CLIO ≙ Classification input output;

Nummer des Sektors	Bezeichnung	Nummer der Grundsystematik	Nummer der NACE-CLIO Systematik
14	Chemische Industrie	200	252, 253, 254, 257
15	Mineralölverarbeitung	205	140
16	Kautschuk und asbestverarbeitende Industrie	215	481
17	Sägewerke und holzbearbeitende Industrie	260	461
18	Zellstoff- und papiererzeugende Industrie	264	471
19	Stahlbau	240	T.a. 312, 362
20	Maschinenbau	242	T.a. 320, T.a. 330, T.a. 672
21	Straßenfahrzeugbau	244	350, 363, T.a. 490, 671
22	Luftfahrzeugbau	248	364
23	Schiffbau	246	361
24	Elektrotechnische Industrie	250	T.a. 330, 340, T.a. 672
25	Feinmechanische und optische Industrie (einschl. Uhrenindustrie)	252, 254	370, T.a. 672
26	Stahlverformung	2384, 2387, 239	T.a. 312
27	EBM-Industrie	256	T.a. 312, T.a. 320
28	Feinkeramische Industrie	224	T.a. 241
29	Glasindustrie	227	247
30	Holzverarbeitende Industrie	261	467
31	Musikinstrumente-, Spielwaren-, Schmuckwaren- und Sportgeräte-Industrie	258	T.a. 490, T.a. 672
32	Papier- und pappeverarbeitende Industrie	265	472
33	Druckerei- und Vervielfältigungs-Industrie	268	473
34	Kunststoffverarbeitende Industrie	210	483
35	Lederindustrie	270, 271, 272	441, 442, 451, T.a. 672
36	Textilindustrie	275	431, 432
37	Bekleidungsindustrie	276, 279	436, 453, T.a. 490
38	Mühlenindustrie	281	T.a. 416
39	Ölmühlen- und Margarine-Industrie	289	411
40	Zuckerindustrie	285	420
41	Brauereien und Mälzereien	293	T.a. 424
42	Tabakverarbeitende Industrie	297	429
43	Sonstige Nahrungs- und Genußmittel-Industrie	restl. Bereiche aus 28 u. 29	412, 413, 414, T.a. 416, 421, 422, 423, T.a. 424
44	Verarbeitendes Handwerk, Kleinindustrie und sonstiges produzierendes Gewerbe	Teil aus 20 bis 29	
45	Baugewerbe	30, 31	501, 502, T.a. 620
46	Großhandel (einschl. Handelsvermittlung)	40, 41, 42	T.a. 620, T.a. 640
47	Einzelhandel	43	T.a. 640
48	Eisenbahnen	500	710
49	Schiffahrt, Wasserstraßen und Häfen	502, 503	730, 740, T.a. 760
50	Übriger Verkehr	501, 504, 505, 509	720, 750, T.a. 760
51	Nachrichtenübermittlung (Deutsche Bundespost)	507	790
52	Kreditinstitute und Versicherungsgewerbe	60, 61	810, 820
53	Wohnungsvermietung	–	850
54	Sonstige Dienstleistungen (einschl. Private Organisationen ohne Erwerbscharakter)	70, 71, 80	660, 840, 930 B, 930 C, 940 B, 940 C, 950 B, 950 C, 960 B, 960 C
55	Staat (Gebietskörperschaften und Sozialversicherung)	9., 96	930 A, 940 A, 950 A, 960 A
56	Private Haushalte (Häusliche Dienste)	85	990 D

Abb. 55: DIW-Sektorenabgrenzung bei 56 Sektoren

SYSTEMATIK DER PRODUKTIONSSEKTOREN

NR.	BEZEICHNUNG	DIW-SYSTEMATIK	GRUNDSYSTEMATIK	STABUA I-O-T
1	LAND- UND FORSTWIRTSCHAFT, FISCHEREI	1	0	1,2,3
2	ENERGIE- UND WASSERVERSORGUNG	2,3	10	4,5,6
3	KOHLENBERGBAU, KOKEREI	4	110,111	7
4	UEBRIGER BERGBAU	5 BIS 8	113 BIS 116,118	8,9
5	CHEMISCHES GEWERBE, HERST. V. SPALT- UND BRUTSTOFFEN	14,T.A.44	200,201	10
6	MINERALOELVERARBEITUNG	15,T.A.44	205	11
7	HERSTELLUNG VON KUNSTSTOFF- UND GUMMIWAREN	16,34,T.A.44	21	12,13
8	GEWINNUNG U. VERARBEITUNG VON STEINEN UND ERDEN	9,T.A.44	221,222,223,226	14,15
9	FEINKERAMIK, HERSTELLUNG U. VERARBEITUNG VON GLAS	28,29,T.A.44	224,227	16,17
10	METALLERZEUGUNG UND -BEARBEITUNG	10 BIS 13,26,T.A.44	23	18,19,20
11	STAHLBAU	19,T.A.44	240,241,247	21,T.A.22
12	MASCHINENBAU, AUTOMATISCHE DATENVERARBEITUNG	20,T.A.44	242,243,2495	23,25
13	FAHRZEUGBAU	21,22,23,T.A.44	244,245,246,248,2491	24,T.A.22
14	ELEKTROTECHNIK	24,T.A.44	250,2591	26
15	FEINMECHANIK UND OPTIK, EBM-WAREN, MUSIKINSTR.	25,27,31,T.A.44	25 OHNE 250,2591	27,28,29
16	HOLZ-, PAPIER- UND DRUCKGEWERBE	17,18,30,32,33,T.A.44	26	30,31,32
17	TEXTILGEWERBE	36,T.A.44	275	34
18	LEDER- UND BEKLEIDUNGSGEWERBE	35,37,T.A.44	27 OHNE 275	33,35
19	ERNAEHRUNGSGEWERBE	38 BIS 41,43,T.A.44	28,29 OHNE 299	36 BIS 39
20	TABAKVERARBEITUNG	42,T.A.44	299	40
21	BAUHAUPTGEWERBE	T.A.45	30	T.A.41
22	AUSBAUGEWERBE	T.A.45	31	T.A.41
23	GROSSHANDEL, HANDELSVERMITTLUNG	46	40,41,42	42,43
24	EINZELHANDEL	47	43	44
25	EISENBAHNEN	48	511	45
26	SCHIFFAHRT, WASSERSTRASSEN UND HAEFEN	49	513,514	46
27	UEBRIGER VERKEHR	50	512,515,516,55	47
28	NACHRICHTENUEBERMITTLUNG (DEUTSCHE BUNDESPOST)	51	517,607	48
29	KREDITINSTITUTE	T.A.52	60 OHNE 607	49,50
30	VERSICHERUNGSUNTERNEHMEN	T.A.52	61	51
31	WOHNUNGSVERMIETUNG	53	794,83	55
32	SONSTIGE DIENSTLEISTUNGEN	54	65,71 BIS 79 OHNE 794	52,53,54,56,57
33	STAAT	55	9 OHNE 99	60
34	PRIV. HAUSH. U. PRIV. ORGANISATIONEN OHNE ERWERBSCHARAKTER	56	8 OHNE 83	58,59

T.A.=TEIL AUS

Abb. 56: DIW-Sektorenabgrenzung bei 34 Sektoren

Systematik der Produktionssektoren

Lfd. Nr.	Bezeichnung im Prognosemodell	Detaillierte Bezeichnung	DIW Systematik	Grundsystematik	SYPRO 1976	SIO 1976
1	Land u. Forstw., Fischerei	Land- u. Forstwirtschaft Fischerei und gewerbl. Gärtnerei	1	0		0
2	Energiewirtschaft Bergbau	Elektrizitätswirtschaft, Gas- u. Wasserwirtschaft, Kohlenbergbau, Eisenerzbergbau, Kali- und Steinsalzbergbau, Erdölgewinnung, restlicher Bergbau	2 bis 8	1	10, 21	1
3	Chemie, Steine u. Erden	Steine u. Erden, Chemie, Mineralölverarbeitung, Gummi- u. Asbestverarbeitung, Feinkeramik, Herstellung u. Verarbeitung von Glas, Kunststoffverarbeitung	9, 14, 15, 16, 28, 29, 34, T.a. 44	20, 21, 22	22, 24, 25, 40, 51, 52, 58, 59	20, 21, 22
4	Eisen u. Stahl, NE-Metalle	Eisen- u. Stahlerzeugung, Eisen-, Stahl- u. Tempergießereien, Ziehereien u. Kaltwalzwerke, NE-Metallerzeugung, NE-Metallgießerei, Stahlverformung, Schlosserei, Schweißerei u. Schmiederei	10 bis 13, 26, T.a. 44	23	27, 28, 29, 30	23
5	Stahl-, Maschinen-, Fahrzeugbau	Stahlbau, Maschinenbau, Straßenfahrzeugbau, Schiffbau, Luftfahrzeugbau	19 bis 23, T.a. 44	24	31, 32, 33, 34, 35, T.a. 50 T.a. 65	24
6	Elektrotechnik, EBM	Elektrotechnik, Feinmechanik u. Optik, Herstellung u. Reparatur von Uhren, Herstellung von EBM-Waren, Herstellung von Musikinstrumenten, Sportgeräten, Spiel- u. Schmuckwaren	24, 25, 27, 31 T.a. 44	25	36, 37, 38, 39 T.a. 50 T.a. 65	25
7	Holz, Papier, Leder, Textilien	Sägewerke u. Holzbearbeitung, Zellstoff-, Holzschliff-, Papier u. Pappeerzeugung, Holzverarbeitung, Papier- u. Pappeverarbeitung, Druckerei u. Vervielfältigung, Ledererzeugung u. -verarbeitung, Herstellung u.	17, 18, 30, 32, 33, 35, 36, 37 T.a. 44	26, 27	53, 54, 55, 56, 57, 61, 62, 63, 64 T.a. 65	26, 27

Systematik der Produktionssektoren

Lfd. Nr.	Bezeichnung im Prognosemodell	Detaillierte Bezeichnung	DIW-Systematik	Grundsystematik	SYPRO 1976	SIO 1976
		Reparatur von Schuhen, Textilgewerbe, Bekleidungsgewerbe, Polsterei u. Dekorateurgewerbe				
8	Nahrungs- u. Genußmittel	Mühlengewerbe, Ölmühlen u. Margarineherstellung, Zucker, Brauerei u. Mälzerei, Tabakverarbeitung, restl. Nahrungs- u. Genußmittelgewerbe, Herstellung von Futtermitteln	38 bis 43, T.a. 44	28, 29	68, 69	28, 29
9	Bauwirtschaft	Bauhauptgewerbe, Ausbau- u. Bauhilfsgewerbe	45	3	72, 73, 74, 75, 76, 77	3
10	Handel	Groß- u. Einzelhandel, Handelsvermittlung	46, 47	4		4
11	Verkehr, Nachrichtenübermittlung	Eisenbahnen, Straßenverkehr, Schiffahrt, Wasserstraßen u. Häfen, Luftfahrt, Transport in Leitungen, Spedition, Lagerei u. Verkehrsvermittlung, Deutsche Bundespost	48 bis 51	5		5 601 400
12	Sonstige Dienstleistungen	Kredit- u. Versicherungsgewerbe, Wohnungsvermietung, Gaststätten- u. Beherbergungsgewerbe, Wäscherei u. Reinigung, Verlagsgewerbe, Wissenschaft, Erziehung, Kunst, Gesundheitswesen, Rechtsberatung, restl. von Unternehmen u. freien Berufen erbrachte Dienstleistungen	52, 53 T.a. 54	6, 7		6 (ohne 601 400), 7
13	Staat	Gebietskörperschaften u. Sozialversicherung	55	9		9
14	Priv. Haushalte u. priv. Org. o. Erw.	Private Haushalte u. private Organisationen ohne Erwerbscharakter	56 T.a. 54	8		8

Abb. 57: DIW-Sektorenabgrenzung bei 14 Sektoren

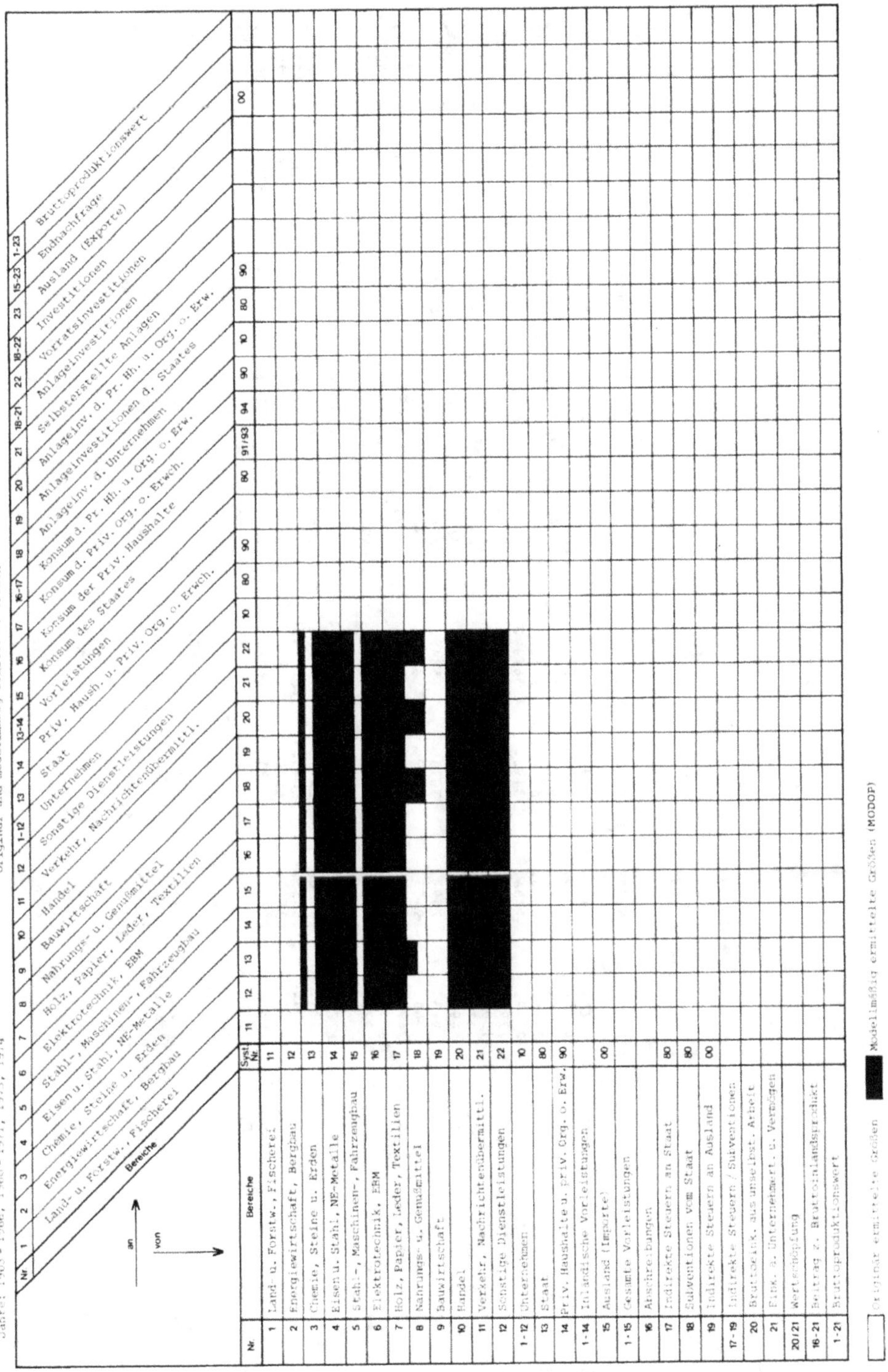

Abb. 58: Die Anwendung des MODOP-Verfahrens zur Tabellenerstellung

INPUT-OUTPUT-TABELLE
BUNDESREPUBLIK DEUTSCHLAND 1974, ZU JEWEILIGEN PREISEN — IN MILL. DM — DIW BERLIN BLATT: 1

		1 LANDW	2 ENERG,BB	3 CHEM,STE	4 EISEN,NE	5 ST,MA,FZ	6 ELT,EBM	7 HOLZ,TEX	8 NAHRUNG	9 BAU	10 HANDEL
1	LANDW	278.	71.	467.	36.	100.	80.	2556.	28075.	45.	182.
2	ENERG,BB	1381.	20108.	7070.	8254.	2473.	1694.	1811.	1298.	457.	886.
3	CHEM,STE	4170.	4472.	61112.	4027.	13547.	9584.	12253.	4099.	20455.	2246.
4	EISEN,NE	963.	1956.	2598.	26646.	21830.	14563.	706.	122.	4376.	167.
5	ST,MA,FZ	2341.	2419.	1684.	3190.	36734.	2230.	718.	403.	3675.	1755.
6	ELT,EBM	241.	2296.	4372.	2957.	14672.	25094.	2754.	1487.	3663.	1232.
7	HOLZ,TEX	227.	1094.	7837.	978.	3756.	4675.	31488.	3362.	4025.	2086.
8	NAHRUNG	4908.	112.	2577.	294.	967.	670.	730.	33764.	160.	691.
9	BAU	405.	499.	311.	160.	475.	162.	200.	151.	3598.	891.
10	HANDEL	1256.	943.	7097.	3013.	5869.	4274.	4854.	4193.	2900.	13780.
11	VERKEHR	810.	1988.	9495.	3957.	3435.	3093.	3603.	3090.	2835.	13001.
12	DIENSTL	2419.	2498.	12110.	3781.	7451.	5729.	5108.	5229.	1358.	8156.
	(1- 12)	19399.*	38456.*	116730.*	57293.*	111309.*	71848.*	66781.*	85273.*	47547.*	45073.*
13	STAAT	600.	322.	503.	255.	507.	402.	452.	797.	476.	946.
14	PR.HH,PO	0.	0.	0.	0.	0.	0.	0.	0.	0.	0.
	(1- 14)	19999.*	38778.*	117233.*	57548.*	111816.*	72250.*	67233.*	86070.*	48023.*	46019.*
15	IMPORTE	3021.	4222.	46300.	12495.	15672.	15398.	18656.	14798.	3996.	7237.
	(1- 15)	23020.*	43000.*	163533.*	70043.*	127488.*	87648.*	85889.*	100868.*	52019.*	53256.*
16	ABSCHRBG	5950.	9190.	12160.	6420.	9320.	5390.	7100.	5150.	4600.	7200.
17	IND.ST.S	1745.	4578.	23231.	4183.	6023.	6858.	9152.	18956.	8101.	26396.
18	IND.ST.A	0.	7.	0.	83.	0.	0.	0.	0.	0.	0.
19	SUBVENT	-2065.	-585.	-51.	-46.	-153.	-38.	-42.	-586.	-1.	-2236.
	(17- 19)	-320.*	4000.*	23180.*	4220.*	5870.*	6820.*	9110.*	18370.*	8100.*	24160.*
20	ARBEINK	4560.	13400.	40760.	24320.	66160.	43860.	38320.	17280.	41930.	50750.
21	UNTEINK	16930.	9460.	7090.	8270.	11070.	9720.	16520.	9020.	18750.	32480.
	(20- 21)	21490.*	22860.*	47850.*	32590.*	77230.*	53580.*	54840.*	26300.*	60680.*	83230.*
	(16- 21)	27120.*	36050.*	83190.*	43230.*	92420.*	65790.*	71050.*	49820.*	73380.*	114590.*
	(1- 21)	50140.*	79050.*	246723.*	113273.*	219908.*	153438.*	156939.*	150688.*	125399.*	167846.*

Abb. 59: 14-Sektorenmatrix des DIW 1974

INPUT-OUTPUT-TABELLE
BUNDESREPUBLIK DEUTSCHLAND 1974, ZU JEWEILIGEN PREISEN IN MILL. DM

DIW BERLIN
BLATT: 2

		11 VERKEHR	12 DIENSTL	(1- 12)	13 STAAT	14 PR.HH,PO	(1- 14)	15 KONS.ST	15 KONS.PH	17 KONS.PO	(16- 17)
1	LANDW	31.	2414.	34335.*	1028.	78.	35441.*	0.	11560.	0.	11560.*
2	ENERG,BB	1593.	4228.	51253.*	3303.	110.	54666.*	0.	16800.	0.	16800.*
3	CHEM,STE	6214.	4912.	147091.*	9648.	584.	157323.*	0.	33198.	0.	33198.*
4	EISEN,NE	783.	909.	75619.*	794.	54.	76457.*	0.	2314.	0.	2314.*
5	ST,MA,FZ	2931.	2971.	61051.*	5754.	251.	67056.*	0.	21413.	0.	21416.*
6	ELT,EBM	1958.	3633.	64359.*	4855.	400.	69614.*	0.	21731.	0.	21731.*
7	HOLZ,TEX	1719.	9131.	70378.*	5930.	633.	76941.*	0.	53651.	0.	53651.*
8	NAHRUNG	173.	18146.	63192.*	1676.	579.	65447.*	0.	75497.	0.	75497.*
9	BAU	734.	7985.	15571.*	5511.	49.	21131.*	0.	1270.	0.	1270.*
10	HANDEL	1216.	2838.	52233.*	8203.	374.	60810.*	0.	81826.	0.	81826.*
11	VERKEHR	15246.	4466.	65019.*	5744.	244.	71007.*	0.	15341.	0.	15341.*
12	DIENSTL	4179.	35578.	93596.*	28788.	2365.	124749.*	0.	127842.	0.	127842.*
	(1- 12)	36777.*	97211.*	793697.*	81234.*	5721.*	880652.*	0.*	462446.*	0.*	462446.*
13	STAAT	696.	4044.	10000.*	8950.	84.	19034.*	198240.	4426.	0.	4426.*
14	PR.HH,PO	0.	0.	0.*	11780.	0.	11780.*	0.	6000.	6650.	12650.*
	(1- 14)	37473.*	101255.*	803697.*	101964.*	5805.*	911466.*	198240.*	472872.*	6650.*	479522.*
15	IMPORTE	5678.	3483.	150956.*	6676.	225.	157857.*	0.	53428.	0.	53428.*
	(1- 15)	43151.*	104738.*	954653.*	108640.*	6030.*	1069323.*	198240.*	526300.*	6650.*	532950.*
16	ABSCHRBG	11740.	24130.	108350.*	6270.	1130.	115750.*	0.	0.	0.	0.*
17	IND.ST.S	4536.	14181.	127940.*	540.	100.	128580.*	0.	0.	0.	0.*
18	IND.ST.A	0.	0.	90.*	0.	0.	90.*	0.	0.	0.	0.*
19	SUBVENT	-7056.	-1141.	-14000.*	0.	0.	-14000.*	0.	0.	0.	0.*
	(17- 19)	-2520.*	13040.*	114030.*	540.*	100.*	114670.*	0.*	0.*	0.*	0.*
20	ARBEINK	38640.	42030.	422010.*	106790.	17170.	545970.*	0.	0.	0.	0.*
21	UNTEINK	10800.	84760.	234370.*	0.	0.	234870.*	0.	0.	0.	0.*
	(20- 21)	49440.*	126790.*	656880.*	106790.*	17170.*	780840.*	0.*	0.*	0.*	0.*
	(16- 21)	58660.*	163960.*	879260.*	113600.*	18400.*	1011260.*	0.*	0.*	0.*	0.*
	(1- 21)	101811.*	268698.*	1833913.*	222240.*	24430.*	2080583.*	198240.*	526300.*	6650.*	532950.*

INPUT-OUTPUT-TABELLE
BUNDESREPUBLIK DEUTSCHLAND 1974, ZU JEWEILIGEN PREISEN — IN MILL. DM — DIW BERLIN BLATT: 3

		18 INVES.UN	19 INVES.ST	20 INVES.PO	21 SELB.ANL	(18- 21)	22 VORRATSV	23 EXPORTE	(15- 23)	(1- 23)
1	LANDW	245.	257.	6.	106.	614.*	109.	2416.	14697.*	50140.*
2	ENERG,BB	903.	210.	51.	1804.	2968.*	-1222.	5838.	24384.*	79050.*
3	CHEM,STE	2106.	304.	48.	1035.	3493.*	4553.	48156.	89400.*	246723.*
4	EISEN,NE	2464.	249.	62.	250.	3025.*	809.	30658.	36805.*	113273.*
5	ST,MA,FZ	47588.	2981.	477.	1387.	52433.*	515.	79488.	152852.*	219908.*
6	ELT,EBM	23613.	1736.	228.	856.	26433.*	955.	34705.	83824.*	153438.*
7	HOLZ,TEX	7174.	1204.	265.	142.	8785.*	-59.	17631.	79998.*	156939.*
8	NAHRUNG	10.	0.	0.	152.	162.*	314.	9268.	85241.*	150688.*
9	BAU	71158.	27618.	3029.	390.	102195.*	141.	662.	104268.*	125399.*
10	HANDEL	11826.	764.	127.	83.	12800.*	-3277.	15687.	107036.*	167846.*
11	VERKEHR	851.	37.	1.	2552.	3441.*	-301.	12323.	30804.*	101811.*
12	DIENSTL	4548.	828.	230.	18.	5624.*	0.	10483.	143949.*	258698.*
	(1- 12)	172486.*	36188.*	4524.*	8775.*	221973.*	2527.*	265315.*	953261.*	1833913.*
13	STAAT	0.	0.	0.	140.	140.*	0.	400.	203206.*	222240.*
14	PR.HH,PO	0.	0.	0.	0.	0.*	0.	0.	12650.*	24430.*
	(1- 14)	172486.*	36188.*	4524.*	8915.*	222113.*	2527.*	265715.*	1169117.*	2080583.*
15	IMPORTE	12186.	672.	92.	0.	12950.*	0.	16620.	82998.*	240855.*
	(1- 15)	184672.*	36860.*	4616.*	8915.*	235063.*	2527.*	283335.*	1252115.*	2321438.*
16	ABSCHRBG	0.	0.	0.	0.	0.*	0.	0.	0.*	115750.*
17	IND.ST.S	0.	0.	0.	0.	0.*	0.	0.	0.*	128580.*
18	IND.ST.A	0.	0.	0.	0.	0.*	0.	0.	0.*	90.*
19	SUBVENT	0.	0.	0.	0.	0.*	0.	0.	0.*	-14000.*
	(17- 19)	0.*	0.*	0.*	0.*	0.*	0.*	0.*	0.*	114670.*
20	ARBEINK	0.	0.	0.	0.	0.*	0.	700.	700.*	546670.*
21	UNTEINK	-11173.	0.	0.	0.	-11173.*	-427.	-3360.	-14960.*	219910.*
	(20- 21)	-11173.*	0.*	0.*	0.*	-11173.*	-427.*	-2660.*	-14260.*	766580.*
	(16- 21)	-11173.*	0.*	0.*	0.*	-11173.*	-427.*	-2660.*	-14260.*	997000.*
	(1- 21)	173499.*	36860.*	4616.*	8915.*	223890.*	2100.*	280675.*	1237855.*	3318438.*

IMPORTMATRIX
BUNDESREPUBLIK DEUTSCHLAND 1974, ZU JEWEILIGEN PREISEN IN MILL. DM DIW BERLIN BLATT: 1

		1 LANDW	2 ENERG,BB	3 CHEM,STE	4 EISEN,NE	5 ST,MA,FZ	6 ELT,EBM	7 HOLZ,TEX	8 NAHRUNG	9 BAU	10 HANDEL
1	LANDW	826.	0.	619.	0.	0.	17.	2579.	8936.	43.	0.
2	ENERG,BB	91.	2846.	23444.	4363.	19.	13.	22.	15.	0.	8.
3	CHEM,STE	506.	657.	17955.	643.	1594.	1240.	1988.	474.	1790.	369.
4	EISEN,NE	18.	0.	1042.	5764.	5739.	5264.	9.	0.	845.	0.
5	ST,MA,FZ	9.	131.	52.	63.	4352.	89.	98.	15.	229.	90.
6	ELT,EBM	44.	119.	71.	76.	1108.	6515.	173.	151.	354.	343.
7	HOLZ,TEX	83.	10.	594.	4.	74.	178.	12539.	236.	398.	388.
8	NAHRUNG	1126.	0.	290.	0.	0.	12.	36.	4124.	0.	0.
9	BAU	30.	0.	0.	0.	64.	67.	0.	0.	48.	0.
10	HANDEL	0.	0.	0.	0.	0.	0.	0.	0.	0.	4955.
11	VERKEHR	98.	158.	421.	316.	263.	279.	458.	279.	129.	766.
12	DIENSTL	190.	301.	1812.	1266.	2459.	1724.	754.	568.	160.	318.
	(1- 12)	3021.*	4222.*	46300.*	12495.*	15672.*	15398.*	18656.*	14798.*	3996.*	7237.*
13	STAAT	0.	0.	0.	0.	0.	0.	0.	0.	0.	0.
14	PR.HH,PO	0.	0.	0.	0.	0.	0.	0.	0.	0.	0.
	(1- 14)	3021.*	4222.*	46300.*	12495.*	15672.*	15398.*	18656.*	14798.*	3996.*	7237.*

		11 VERKEHR	12 DIENSTL	(1- 12)	13 STAAT	14 PR.HH,PO	(1- 14)	15 KONS.ST	16 KONS.PH	17 KONS.PO	(16- 17)
1	LANDW	11.	481.	13512.*	296.	31.	13839.*	0.	6712.	0.	6712.*
2	ENERG,BB	22.	1.	30844.*	1.	0.	30845.*	0.	107.	0.	107.*
3	CHEM,STE	2031.	856.	30103.*	1132.	55.	31290.*	0.	3616.	0.	3616.*
4	EISEN,NE	60.	6.	18747.*	0.	0.	18747.*	0.	5.	0.	5.*
5	ST,MA,FZ	298.	73.	5499.*	1221.	5.	6725.*	0.	2613.	0.	2613.*
6	ELT,EBM	86.	343.	9383.*	784.	22.	10189.*	0.	3689.	0.	3689.*
7	HOLZ,TEX	53.	254.	14811.*	171.	17.	14999.*	0.	12951.	0.	12951.*
8	NAHRUNG	124.	533.	6245.*	356.	35.	6636.*	0.	8345.	0.	8345.*
9	BAU	30.	60.	299.*	287.	4.	590.*	0.	0.	0.	0.*
10	HANDEL	0.	0.	4955.*	0.	0.	4955.*	0.	0.	0.	0.*
11	VERKEHR	2659.	470.	6296.*	398.	30.	6724.*	0.	1669.	0.	1669.*
12	DIENSTL	304.	406.	10262.*	165.	26.	10453.*	0.	13721.	0.	13721.*
	(1- 12)	5678.*	3483.*	150956.*	4811.*	225.*	155992.*	0.*	53428.*	0.*	53428.*
13	STAAT	0.	0.	0.*	1865.	0.	1065.*	0.	0.	0.	0.*
14	PR.HH,PO	0.	0.	0.*	0.	0.	0.*	0.	0.	0.	0.*
	(1- 14)	5678.*	3483.*	150956.*	6676.*	225.*	157857.*	0.*	53428.*	0.*	53428.*

Abb. 60: Importmatrix des DIW 1974

IMPORTMATRIX
BUNDESREPUBLIK DEUTSCHLAND 1974, ZU JEWEILIGEN PREISEN   IN MILL. DM   DIW BERLIN BLATT: 2

	18 INVES.UN	19 INVES.ST	20 INVES.PO	21 SELB.ANL	(18- 21)	22 VORRATSV	23 EXPORTE	(15- 23)	(1- 23)
1 LANDW	0.	0.	0.	0.	0.*	0.	0.	6712.*	20551.*
2 ENERG,BB	0.	0.	0.	0.	0.*	0.	0.	107.*	30952.*
3 CHEM,STE	2.	0.	0.	0.	2.*	0.	0.	3618.*	34908.*
4 EISEN,NE	25.	2.	0.	0.	27.*	0.	0.	32.*	18779.*
5 ST,MA,FZ	8376.	462.	66.	0.	8904.*	0.	0.	11517.*	18242.*
6 ELT,ERM	3391.	187.	27.	0.	3605.*	0.	0.	7294.*	17483.*
7 HOLZ,TEX	388.	21.	3.	0.	412.*	0.	0.	13363.*	28362.*
8 NAHRUNG	0.	0.	0.	0.	0.*	0.	0.	8345.*	14981.*
9 BAU	0.	0.	0.	0.	0.*	0.	0.	0.*	590.*
10 HANDFL	0.	0.	0.	0.	0.*	0.	0.	0.*	4955.*
11 VERKEHR	0.	0.	0.	0.	0.*	0.	0.	1669.*	8393.*
12 DIENSTL	0.	0.	0.	0.	0.*	0.	16620.	30341.*	40794.*
(1- 12)	12182.*	672.*	96.*	0.*	12950.*	0.*	16620.*	82998.*	238990.*
13 STAAT	0.	0.	0.	0.	0.*	0.	0.	0.*	1865.*
14 PR.HH,PO	0.	0.	0.	0.	0.*	0.	0.	0.*	0.*
(1- 14)	12182.*	672.*	96.*	0.*	12950.*	0.*	16620.*	82998.*	240855.*

INVESTITIONSMATRIX
BUNDESREPUBLIK DEUTSCHLAND 1974, ZU JEWEILIGEN PREISEN — IN MILL. DM — DIW BERLIN, BLATT: 1

		1 LANDW	2 ENERG,BB	3 CHEM,STE	4 EISEN,NE	5 ST,MA,FZ	6 ELT,EBM	7 HOLZ,TEX	8 NAHRUNG	9 BAU	10 HANDEL
1	LANDW	175.	4.	3.	2.	1.	1.	1.	1.	1.	5.
2	ENERG,HB	11.	1518.	16.	4.	15.	9.	9.	9.	1.	46.
3	CHEM,STE	5.	121.	1392.	16.	21.	23.	24.	27.	2.	98.
4	EISEN,NE	27.	320.	204.	272.	74.	29.	35.	41.	39.	59.
5	ST,MA,FZ	3130.	4315.	3567.	1497.	3585.	1563.	1704.	2632.	1742.	3790.
6	ELT,EBM	255.	4390.	2125.	684.	846.	1130.	556.	492.	374.	957.
7	HOLZ,TEX	69.	235.	149.	47.	122.	84.	188.	141.	41.	463.
8	NAHRUNG	0.	0.	0.	0.	0.	0.	0.	160.	0.	0.
9	BAU	1299.	1949.	1153.	316.	1042.	728.	618.	602.	371.	2568.
10	HANDEL	650.	872.	687.	256.	422.	317.	282.	443.	372.	1140.
11	VERKEHR	19.	8.	22.	8.	27.	19.	21.	32.	46.	171.
12	DIENSTL	21.	95.	60.	19.	67.	42.	41.	41.	7.	198.
	(1- 12)	5661.*	13827.*	9378.*	3121.*	6222.*	3945.*	3479.*	4621.*	2996.*	9495.*
13	STAAT	0.	0.	0.	0.	0.	0.	0.	0.	0.	0.
14	PR.HH,PO	0.	0.	0.	0.	0.	0.	0.	0.	0.	0.
	(1- 14)	5661.*	13827.*	9378.*	3121.*	6222.*	3945.*	3479.*	4621.*	2996.*	9495.*
15	IMPORTE	479.	739.	1211.	307.	680.	573.	1081.	352.	591.	721.
	(1- 15)	6140.*	14566.*	10589.*	3428.*	6902.*	4518.*	4560.*	4973.*	3587.*	10216.*

		11 VERKEHR	12 DIENSTL	(1- 12)	13 STAAT	14 PR.HH,PO	(1- 14)
1	LANDW	4.	152.	350.*	257.	6.	613.*
2	ENERG,BB	38.	938.	2614.*	210.	51.	2875.*
3	CHEM,STE	164.	1110.	3003.*	304.	48.	3355.*
4	EISEN,NE	314.	1079.	2493.*	249.	62.	2804.*
5	ST,MA,FZ	5885.	11036.	44446.*	2981.	477.	47904.*
6	ELT,EBM	4216.	6319.	22344.*	1736.	228.	24308.*
7	HOLZ,TEX	539.	4825.	6903.*	1204.	265.	8372.*
8	NAHRUNG	0.	0.	160.*	0.	0.	160.*
9	BAU	3442.	55112.	69200.*	27618.	3029.	99847.*
10	HANDEL	556.	4668.	10665.*	764.	127.	11556.*
11	VERKEHR	2731.	272.	3376.*	37.	1.	3414.*
12	DIENSTL	155.	3788.	4534.*	828.	230.	5592.*
	(1- 12)	18044.*	89299.*	170088.*	36188.*	4524.*	210800.*
13	STAAT	0.	0.	0.*	140.	0.	140.*
14	PR.HH,PO	0.	0.	0.*	0.	0.	0.*
	(1- 14)	18044.*	89299.*	170088.*	36328.*	4524.*	210940.*
15	IMPORTE	1921.	3527.	12182.*	672.	96.	12950.*
	(1- 15)	19965.*	92826.*	182270.*	37000.*	4620.*	223890.*

Abb. 61: Investitionsmatrix des DIW 1974

rechnenden Komponenten des Primäraufwandes nur noch als Gesamtresiduum in einer Zeile (Zeile 58) ausweist (vgl. Abschnitt 5.5.5).

Die Tabellen des DIW wurden überwiegend nach der Input-Methode erstellt. Für fehlende Felder im Quadranten I wurde das MODOP-Verfahren (Modell der doppelten Proportionalität) herangezogen (vgl. hierzu Abschnitt 7.4.4). Abb. 58 gibt einen Einblick, in welchem Ausmaß dieses Verfahren bei der Erstellung der 14-Sektoren-Tabellen Anwendung fand.

Abb. 59 zeigt die 14-Sektoren-Matrix für das Jahr 1974, Abb. 60 zeigt die zugehörige, nach **Verwendungs- und Herstellsektoren** disaggregierte **Importmatrix.** Schließlich wird in Abb. 61 eine sogenannte **Investitionsmatrix** als Zusatztabelle abgebildet. Sie entsteht dadurch, daß man die Endnachfragespalte Investitionen zusätzlich nach Verwendersektoren disaggregiert. Die neueste (Stand Herbst 1981) IOT des DIW für 1976 ist im Anhang des Buches in einer 34-Sektorengliederung wiedergegeben.

8.1.3 Die Tabellen des Ifo-Instituts

Das Ifo-Institut in München hat für die Jahre 1961 bis 1964 **funktionelle Tabellen** (nach dem Commodity-Kriterium) veröffentlicht, die 62 Produktionssektoren, 8 Endnachfragebereiche und 5 Primärinputs umfassen. Die Tabellen wurden nominal und real (zu Preisen von 1962) erstellt. Die Tabelle für 1961 war weitestgehend originär nach der Output-Methode erhoben worden, während die restlichen Tabellen darauf aufbauend modellmäßig ermittelt wurden. Von diesen großen Tabellen existieren jeweils Zusammenfassungen auf der Basis von 13 Sektoren.

Im Zusammenhang mit der Strukturberichterstattung erhielt das Ifo-Institut vom Bundeswirtschaftsminister den Auftrag, seine Tabellen von 1962 und 1964 auf die SIO-Systematik des Statistischen Bundesamts umzustellen, so daß nun vergleichbare Tabellen für mehr als ein Jahrzehnt zur Verfügung stehen (dies geschah analog zu den Tabellen des Statistischen Bundesamts in der A2- und B-Version). Daneben wurden auch IOTs für die Jahre 1962 und 1974 auf der Basis von 1970 deflationiert.

Vor dem Hintergrund der Energieproblematik der jüngsten Zeit wurden einerseits vorhandene Tabellen im Hinblick auf die Energiekostenbelastung aktualisiert (*Britschkat* u.a. 1976), andererseits in Zusammenarbeit mit dem Statistischen Bundesamt neu konzipierte spezielle Energiestrom-IOTs für die Jahre 1975 und 1978 erstellt. Damit ist die IOT für 1978 die gegenwärtig aktuellste IOT für die Bundesrepublik Deutschland. Diese Tabelle ist, wie die Abb. 62 und 63 zeigen, im Bereich der **Energieträger stärker disaggregiert** (Energiesektoren 1–10, Abb. 62), in den 25 Nicht-Energiesektoren (11–35) hingegen stärker aggregiert als die Tabellen des Statistischen Bundesamts. Weitere 10 Sektoren umfassen die Sektoren des Dienstleistungsbereichs, davon allein 6 verschiedene Verkehrsbereiche. Die Energiestromtabelle für 1978 enthält damit insgesamt 45 Produktionssektoren. Einen Überblick über die Ausgestaltung der Tabelle vermittelt Abb. 63. Die Tabelle ist in B-Version erstellt, die grau gerasterten Felder signalisieren eine neben der Wertdarstellung vorgenommene Darstellung der Energieströme **unmittelbar in Mengengrößen** (Terajoule), die sowohl zeilen- als auch spaltenweise Aggregation erlauben.

Damit ist es möglich, nicht nur die **direkten** Energieströme bzw. den für bestimmte Produktionen notwendigen unmittelbaren Energiebedarf darzustellen, sondern auch den **indirekten** Bedarf, da bei der Produktion dieser Energiemengen sowie bei der Produktion der Güter, die zur Produktion mit herangezogen werden, bereits Energie aufgewandt werden mußte. Auch bei der Erstellung der Produktionsanlagen, die einem Verschleiß unterliegen, wurde Energie aufgewendet. Eine Berücksichtigung dieser Energieverwen-

Energiestromtabelle 1978: Systematik der Produktionsbereiche

Nr.	Bezeichnung
1	Steinkohlen und Steinkohlenbriketts
2	Braunkohlen und Braunkohlenbriketts
3	Koks
4	Erdöl
5	Mineralölerzeugnisse
6	Erdgas
7	Elektrizität
8	Erzeugte Gase
9	Dampf, Warmwasserversorgung, Preßluft
10	Kernbrennstoffe, Wasserkraft
11	Wasser
12	Erzeugnisse der Landwirtschaft, der Forstwirtschaft und der Fischerei
13	Eisenerze und EGKS-Erzeugnisse der Eisen- und Stahlindustrie
14	Nicht-EGKS-Erzeugnisse der Eisen- und Stahlindustrie
15	NE-Metallerze, NE-Metalle und NE-Metallhalbzeug ohne Aluminium
16	Aluminium
17	Zement, Kalk, Gips
18	Glas und Glaswaren
19	Ziegeleierzeugnisse, keramische Erzeugnisse
20	Sonstige nichtmetallhaltige Mineralien und Nebenprodukte
21	Chemische Erzeugnisse
22	Metallerzeugnisse
23	Landwirtschaftliche Maschinen und Maschinen für die Industrie
24	Sonstige Maschinen und elektrotechnische Erzeugnisse
25	Kraftwagen und deren Einzelteile
26	Sonstige Fahrzeuge
27	Nahrungsmittel, Getränke, Tabakwaren
28	Textilien, Bekleidung
29	Leder und Lederwaren, Schuhe
30	Holz und Holzmöbel
31	Holzschliff, Zellstoff, Papier, Pappe
32	Papierwaren, Druckerzeugnisse
33	Gummi- und Kunststofferzeugnisse
34	Sonstige Erzeugnisse des verarbeitenden Gewerbes
35	Hoch- und Tiefbauten
36	Rückgewinnung und Reparaturen
37	Handel, Gaststätten und Beherbergungsgewerbe
38	Eisenbahnen
39	Straßenverkehr
40	Rohrleitungen, Pipelines
41	Binnenschiffahrt
42	Sesschiffahrt und Küstenschiffahrt
43	Luftfahrt
44	Sonstige marktbestimmte Dienstleistungen
45	Nichtmarktbestimmte Dienstleistungen

Quelle: Input-Output-Tabellen der Energieströme des Statistischen Amtes der Europäischen Gemeinschaften

Abb. 62: Energiestromtabelle 1978: Systematik der Produktionsbereiche dungen ist jedoch nur durchführbar, wenn die Investionen nicht nur nach Hersteller sondern auch nach Verwender aufgeschlüsselt sind. Deshalb findet sich die Investionsspalte der Endnachfrage auf eine 45 × 45-Investitionsmatrix disaggregiert, die es erlaubt, diesen Verflechtungen nachzugehen.

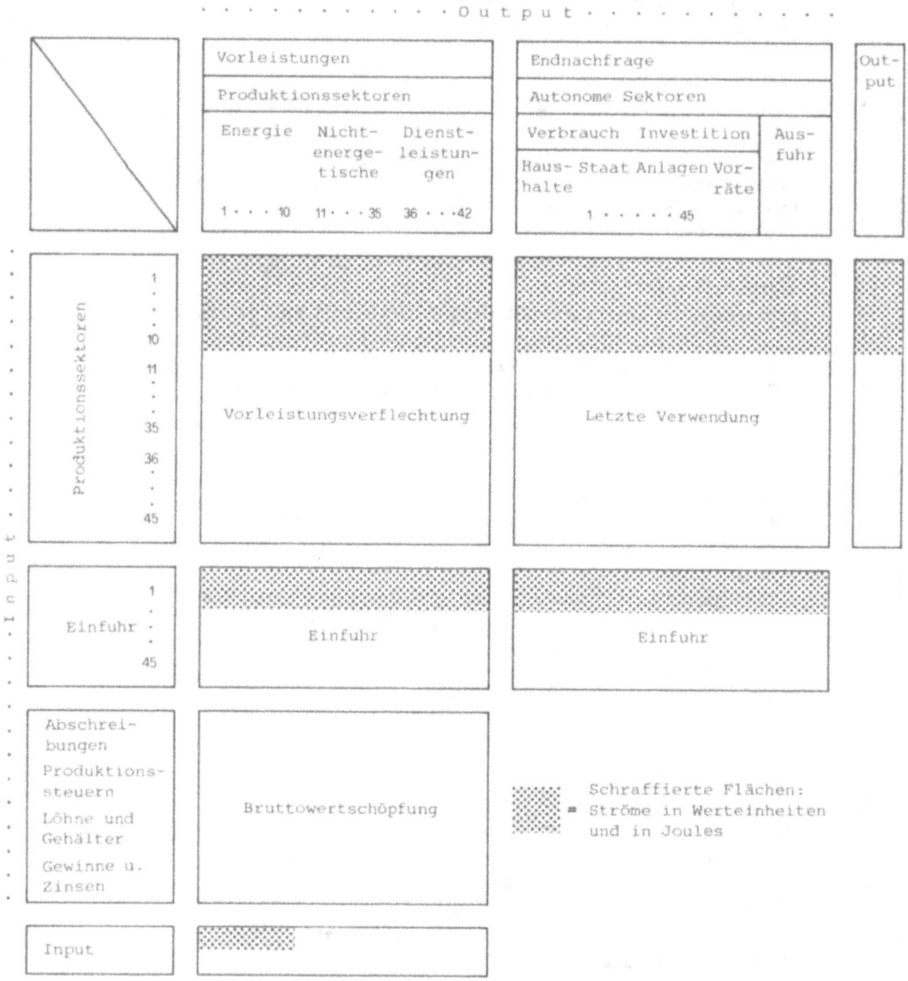

Abb. 63: Schema für die IOT der Energieströme

8.1.4 Die Tabellen des RWI

Das Rheinisch-Westfälische Institut für Wirtschaftsforschung (RWI) hat vor kurzem auf der Basis der Konzeption des Statistischen Bundesamts jährliche IOTs von 1962 bis 1975 veröffentlicht (die Tabellen für 1970 und 1974 entsprechen denen des Statistischen Bundesamts, 1976–1978 sind bereits erstellt, Veröffentlichung geplant, siehe *Korthaus* 1979). Die 51 Produktionssektoren der **funktionell** abgegrenzten Tabellen wurden durch entsprechende Aggregation der 60-Sektoren-Tabelle des Statistischen Bundesamts gewonnen. Einen Überblick hierzu liefert Abb. 64. Die Tabellen wurden in A2-Ver-

Produktionsbereiche der RWI-Input-Output-Tabellen

Lfd. Nr.	Kurzbezeichnungen	Bezeichnung
1	Landwirt.	Erzeugnisse der Landwirtschaft, gewerbliche Jagd, Forstwirtschaft, Fischerei und Fischzucht
2	Elektriz.	Elektrischer Strom (einschl. Dampf von Elektrizitätswerken)
3	Gasvertlg.	Gas, einschl. Dampf (ohne Dampf von Elektrizitätswerken)
4	Wasserver.	Wasser aus öffentlicher Versorgung
5	Kohlenbgb.	Kohle, Erzeugnisse des Kohlenbergbaus (einschl. Steinkohlenverkokung)
6	sonst. BGB.	Bergbauerzeugnisse (ohne Kohle, Erdöl und Erdgas)
7	Erdölgew.	Erdöl, Erdgas, bituminöse Gesteine
8	Chemie	Chemische Erzeugnisse
9	Min.öl.v.	Mineralölerzeugnisse
10	Kunstst.v.	Kunststofferzeugnisse, Gummi- und Asbestwaren
11	Baustoffe	Baumaterial, feuerfeste keramische Erden, grobkeramische Erzeugnisse, Erzeugnisse der Steinbildhauerei und Steinmetzerei, Zement, Kalk, Gips und Baustoffe daraus
12	Feinkeram.	Feinkeramische Erzeugnisse
13	Glas	Glas, Glaswaren
14	Stahlprod.	Eisen- und Stahl, Erzeugnisse der Ziehereien, Stahlformungs-, Schlosserei-, Schmiedereierzeugnisse
15	NE-Metall	NE-Metalle und -halbzeug
16	Gießerei	Gießereierzeugnisse
17	Stahlbau	Stahl- und Leichtmetallbauerzeugnisse
18	Fahrz.bau	Schienen-, Wasser-, Luftfahrzeuge, Kraft- und Fahrräder
19	Masch.bau	Maschinenbauerzeugnisse
20	Kraftwag.	Straßenfahrzeuge und Kraftwagenzubehör, Reparatur von Straßenfahrzeugen
21	ADV-Herst.	Datenverarbeitungsgeräte, Büromaschinen
22	Elektrot.	Elektrotechnische Erzeugnisse
23	Feinm. Opt.	Feinmechanische und optische Erzeugnisse, Uhren
24	EBM-Waren	MSSS-Waren
25	Holzbearb.	Schnittholz, Halbfabrikate aus Holz, Holzwaren
26	H. v. Papier	Holzschliff, Zellstoff, Papier und Pappe
27	Papierver.	Papier- und Pappwaren, Druckereierzeugnisse, Lichtpaus- und verwandte Waren
28	Leder	Leder und Lederwaren
29	Textil.	Textilien
30	Bekleidg.	Bekleidung, Bettwaren, Polsterei- und Dekorationsarbeiten
31	Nahrungsm.	Nahrungsmittel (ohne Milch, Fleisch, Getränke und Tabakwaren)
32	Milchprod.	Milch, Milchpräparate, Butter, Käse
33	Fleisch	Fleischerzeugnisse, rohe Häute und Felle
34	Getränke	Getränke
35	Tabakw.	Tabakwaren
36	Bau	Bauten
37	Großhand.	Großhandelsleistungen, Handelsvermittlung, Leistungen der Einfuhr- und Vorratsstellen (einschließlich Rückgewinnung)
38	Einz.hand.	Einzelhandelsleistungen
39	Eisenbahn	Eisenbahnleistungen
40	Schiffrt.	Leistungen der Schiffahrt, Wasserstraßen und Häfen
41	Üb. Verk.	Sonstige Verkehrsleistungen
42	Nachricht.	Nachrichtenübermittlung (Deutsche Bundespost)

Produktionsbereiche der RWI-Input-Output-Tabellen

Lfd. Nr.	Kurz-bezeichnungen	Bezeichnung
43	Banken + BG.	Dienstleistungen der Kreditinstitute (ohne Vermittlung), unterstellte Bankgeb.
44	Versichrg.	Dienstleistungen der Versicherungen (ohne Vermittlung und Sozialversicherung)
45	Gaststät.	Marktbestimmte Gaststätten- und Beherbergungsleistungen
46	Verlagsw.	Verlags-, Literatur- und Presseleistungen
47	Gesundheit	Marktbestimmte Gesundheits- und Veterinärleistungen
48	Wohnungsver.	Wohnungsvermietung
49	s. Dienstl.	Vermietung von Grundstücken und Räumen (ohne Wohnungsvermietung), marktbestimmte Forschungs- und Unterrichtsleistungen, übrige marktbestimmte Dienstleistungen (einschließlich Reparatur an Gebrauchsgütern)
50	Priv. HH.	Leistungen der privaten Organisationen ohne Erwerbscharakter (einschl. Anstalten und Einrichtungen) sowie häusliche Dienste
51	Staat	Leistungen der Gebietskörperschaften und der Sozialversicherung (ohne Einfuhr- und Vorratsstellen)

Abb. 64: RWI-Produktionsbereiche bei 51 Sektoren

sion erstellt, weisen also im Zentralteil die gesamten Inputs (inländische *und* importierte Vorleistungen) und die Importe in einer Primäraufwandszeile, gegliedert nach dem Ursprung, aus. Die Randsummen entsprechen dem gesamten Aufkommen.

Die Transaktionen wurden einheitlich zu Ab-Werk-Preisen erfaßt, zur Erstellung wurde vornehmlich die Input-Methode herangezogen. Die aufgrund des vorhandenen Datenmaterials nicht zu besetzenden Felder wurden mit Hilfe des MODOP-Verfahrens, allerdings in einer modifizierten Version, gefüllt. Das RWI fand bei seinen Rechengängen, daß eine zu große Zahl von originären Datenvorgaben zu unplausiblen Werten der modellmäßig ermittelten Felderwerte führen kann (vgl. hierzu Abschnitt 7.4.4) und daß dadurch sogar die Konvergenz des Verfahrens gefährdet ist. Das MODOP-Verfahren wurde daraufhin so modifiziert, daß keine exakte Vorgabe von Felderwerten notwendig ist, sondern daß für die zu errechnenden Felderwerte **Konfidenzintervalle** vorgegeben werden, die von vorneherein plausibel erscheinen. Ein Konfidenzintervall ist dabei um so kleiner zu wählen, je verläßlicher ein vorgegebener originär erhobener Felderwert ist. Auf diese Weise konnten auch qualitative Informationen bei der Tabellenermittlung berücksichtigt werden (*Hillebrand* 1981). Insbesondere konnte so eine größere Zahl von Feldern vorbesetzt werden, ohne die Plausibilität oder die Konvergenz zu tangieren.

Die für die angegebenen Jahre errechneten nominalen Tabellen wurden darüber hinaus auch **deflationiert,** so daß ein paralleler Satz von realen Tabellen auf der Basis von 1970 vorliegt.

Neben der erwähnten Zeitreihe von IOTs hat das RWI spezifische Verflechtungstabellen des privaten Konsums sowie des Staatssektors vorgelegt (*Nockermann* 1978, sowie *Komarnicki* und *Neuhaus* 1971). Diese Tabellenwerke dienen neben der Input-Output-Tabellen-Zeitreihe vor allem Analysezwecken im Rahmen des „Disaggregierten Prognosemodells für die Bundesrepublik Deutschland“, mit dem bereits Projektionen für das Jahr 1980 durchgeführt wurden (*Hillebrand* 1981). Es ist deshalb naheliegend, daß das RWI um die zeitliche Vervollständigung seiner verschiedenen Tabellenwerke für die jüngsten Jahre bemüht ist und zusätzlich an der Ergänzung des Tabellenwerkes durch detaillierte Import- und Exportmatrizen arbeitet.

8.1.5 Regionaltabellen und Sektorentabellen in der Bundesrepublik Deutschland

8.1.5.1 Die neueren Regionaltabellen

Eine Regionaltabelle bezieht sich, wie bereits in Abschnitt 6.1 dargelegt wurde, auf eine Region, also ein enger gefaßtes geographisches Gebiet. Meist werden einzelne Bundesländer oder, falls abgrenzbar, eine zusammenhängende länderübergreifende Region zugrundegelegt. Die **Außenbeziehungen dieser Regionen** lassen sich dann in zwei Gruppen einteilen: die Beziehungen zu anderen Wirtschaftsregionen **innerhalb des Staatsgebiets** und die Beziehungen zum **Ausland.** Naturgemäß treten hierbei besondere Erfassungsprobleme auf, die dann in der Regel zu bestimmten modellmäßigen Auswertungsverfahren führen (*Hübler* 1979).

Da für eine Region die Außenbeziehungen fast noch wichtiger sind als für die gesamtwirtschaftliche Tabelle, spielt naturgemäß die Darstellung der Importe eine entscheidende Rolle (vgl. Abschnitt 5.4). Der Zeitpunkt der erstmaligen Erstellung von Regionalmatrizen fällt mit den Bemühungen um eine gesamtwirtschaftliche Tabelle zusammen. Es ist deshalb nicht verwunderlich, wenn wir schon für Jahre wie 1960 oder 1961 regionale IOTs vorfinden (vgl. hierzu den Anhang am Ende dieses Kapitels), so z. B. für das Saarland (1960), Nordrhein-Westfalen (1961), Schleswig-Holstein (1962), Osnabrück (1961) und Berlin (1962). Mittlerweile sind weitere Anläufe unternommen worden, um derartige IOTs zu erstellen. Es sind dies Tabellen für Hessen (1962), Schleswig-Holstein (1966), Norddeutschland (1970), Baden-Württemberg (1972), Berlin-West (1968, 1970, 1974) und das Ruhrgebiet (1974). Für Hessen ist sowohl eine regionale, als auch eine sogenannte multiregionale Tabelle erstellt worden (vgl. Abschnitt 6.2 sowie *Spehl* 1971). Diese neueren Tabellen seien im folgenden kurz beschrieben. Die technischen Daten können der Vergleichsübersicht am Schluß dieses Abschnitts entnommen werden.

Hessen

Die Tabelle bezieht sich auf das Jahr 1962, umfaßt eigenständige Matrizen für Bezüge aus der BRD sowie Bezüge aus dem Ausland, so daß sie in A1 und B-Version darstellbar ist. Für die Erhebung, die allerdings für 1967 durchgeführt werden mußte, weil für 1962 keine entsprechenden Daten mehr zu bekommen waren, wurden 30 branchenspezifische Fragebögen entwickelt. Ausgehend von der damit gewonnenen Regionaltabelle wurde erstmals in der Bundesrepublik eine **multiregionale** IOT erstellt, die 4 Regionen einbezieht. Die Durchführung dieser Aufgabe war nur aufgrund von Eigenerhebungen in bezug auf Güterbewegungen sowie durch Expertenurteile und nicht zuletzt durch Verwendung von Modellhypothesen möglich (*Spehl* 1971).

Schleswig-Holstein

Es existiert eine Tabelle für 1966, und die Tabelle von 1962 wurde überarbeitet. Beide Tabellen sind für 21 Produktionssektoren erstellt, existieren aber auch in einer auf 7 Sektoren aggregierten Version. Die Bezüge wurden neben der intraregionalen Verflechtung für drei Bereiche spezifiziert: Hamburg, restliches Bundesgebiet sowie Ausland. Die hierfür erstellten Importmatrizen ermöglichen die Aufstellung einer A2- und einer B-Version. Datenbasis waren offizielle Statistiken der Statistischen Landesämter, sowie Originärerhebungen. Trotzdem kam man bei der Erstellung um modellmäßige Hypothesen nicht herum (*Lehbert* 1970).

Norddeutschland

Die Region Norddeutschland umfaßt die Bundesländer Bremen, Hamburg, Niedersachsen und Schleswig-Holstein. Die Tabelle ist jedoch nicht als multiregionale Tabelle konzipiert, ihr Bezugsjahr ist 1970. Auch von dieser 22 Produktionssektoren umfassenden Regionaltabelle existiert eine auf 7 Sektoren aggregierte Version. Die Datenbasis bildeten auch hier Originärerhebungen, die durch das derivative Verfahren ergänzt wurden. Die erhobenen Importmatrizen erlauben eine Darstellung der IOT in A2- und B-Version. Darüber hinaus wurde eine abgestimmte Investitionsmatrix erstellt, allerdings aggregiert auf 7 Lieferbereiche und 17 Verwendungsbereiche (*Rüschmann* 1975).

Baden-Württemberg

Die Tabelle bezieht sich auf das Jahr 1972 und stellt die einzige **funktionell abgegrenzte** IOT im hier vorgestellten Katalog der bundesdeutschen Regionaltabellen dar. Außerdem ist sie die einzige von einer amtlichen Stelle erstellte regionale IOT.

Die Verflechtungsmatrix stimmt der Konzeption, nicht jedoch der Sektorenzahl (41, aggregiert 7) nach mit der IOT des Statistischen Bundesamts überein. Auch hier wurden eigene Erhebungen gemacht. Die Tabelle wurde in A1-Version, d.h. als technische Verflechtung erstellt (*Münzenmaier* u.a. 1978).

Berlin-West

Die besondere geographische Lage West-Berlins bedeutet für die Erstellung einer regionalen IOT eine breitere (amtliche) Datenbasis. Alle Tabellen wurden vom DIW aufgestellt. Die Tabellen für 1968 sowie für 1970 und 1974 wurden in der B-Version als regionale Verflechtung erstellt. Sie sind weitgehend mit dem MODOP-Verfahren angefertigt worden. Lediglich die Tabelle für 1970 basiert in größerem Umfang auf Originärdaten. Die Tabellen für 1970 und 1974 sind noch nicht veröffentlicht, eine Veröffentlichung ist jedoch geplant (*Krengel* 1969, *Weißhuhn* 1971, *Stäglin* 1980).

Region	Jahr	Typ	Zahl der Pr. Sekt	End-nach-frage	Primär-auf-wand	Import-version	Methode	Auswertung
Hessen	1962	inst.	50	7	6	A1, B	orig./deriv.	
Schleswig-Holstein	1966	inst.	21	8	8	A2, B	deriv.	Triangulation Mitzieheffekte
Nord-deutschland	1970	inst.	22	8	6	A2, B	deriv.	
Baden-Württembg.	1972	funkt.	41	6	1	A1	orig.	Energiebil.
Berlin-W.	1968 1970* 1974*	inst. inst.	31 37	6 7	5 5	B B	MODOP/ deriv. orig.	Demosk. Proj.
Ruhrgebiet	1974*	inst.	38	4	2	B	orig./deriv.	Steinkohle-bergbau

* noch nicht als Zahlenwerk veröffentlicht.

Abb. 65: Übersicht der technischen Daten zu den verschiedenen regionalen IOTs

Ruhrgebiet

Die Abgrenzung der Region „Ruhrgebiet“ umfaßt 17 kreisfreie Städte und 4 Landkreise. Die Tabelle, die vom RWI erstellt wurde, bezieht sich auf das Jahr 1974. Originärerhebungen, ergänzt durch Modellannahmen, erlaubten die Erstellung einer B-Version. Als Besonderheit sind zusätzlich Verbrauchs-, Import- und Investitionsmatrizen erstellt worden. Erhebungszweck war die Abschätzung der Auswirkungen von Maßnahmen auf den Steinkohlenbergbau. Auch diese Tabelle ist noch nicht veröffentlicht, eine Veröffentlichung ist jedoch geplant.

8.1.5.2 Sektorspezifische Input-Output-Rechnungen

Entnimmt man einer nationalen oder regionalen IOT die Zeile und Spalte eines einzelnen Sektors (oder einiger Sektoren), so entsteht, grob vereinfacht, eine **sektorale IOT.** Allerdings wäre das Wort Tabelle hier eher in Anführungszeichen zu setzen, denn die damit gewonnene Übersicht stellt lediglich Input und Output dieses einen Sektors bzw. der Sektoren dar, allerdings IOT-gemäß aufgeschlüsselt.

Es stellt sich damit die Frage, worin der Vorteil dieses Vorgehens besteht. Schon bei der regionalen IOT war zu beobachten, daß eine solche Tabelle mit einem konkreten Auswertungsinteresse erstellt wird, d.h. **Ersteller und Nutzer der Tabelle meist identisch** sind. Bei der Erstellung sektoraler Tabellen ist dieser Zusammenhang zwischen Erstellung und Erkenntnisinteresse eher noch enger. Dies erklärt, warum derartige isolierte Zeilen/Spalten für einen bestimmten Sektor von Interesse sein können. Bei der Erstellung einer sektoralen IOR wird jedoch nicht lediglich die entsprechende Zeile/Spalte aus der gesamtwirtschaftlichen Tabelle entnommen. Zwar lehnt man sich bei der Erhebung zumeist an eine bestehende gesamtwirtschaftliche IOT an, die Erhebung kann jedoch **spezifischer und genauer** erfolgen, als dies in der gesamtwirtschaftlichen Tabelle zumeist der Fall ist. So kann z.B. eine funktionelle Disaggregation der Input- und/oder Outputstruktur erfolgen, oder die Tabelle zusätzlich um eine Investitions- oder Importverflechtung erweitert werden. Wenn die Beziehungen zu einem anderen Sektor von besonderem Interesse sind, kann man diesen Sektor tiefer disaggregieren, als dies in der gesamtwirtschaftlichen IOT der Fall ist. Solche Vorgehensweisen hängen aber, wie schon erwähnt, von der besonderen Interessenlage des Erstellers ab.

Sektorale IOTs wurden in der Bundesrepublik für die Chemische Industrie, für die Textilwirtschaft, die Automobilindustrie sowie den Agrarsektor erstellt (vgl. hierzu z.T. die Beschreibung im Anhang d. Kapitels). Da die sektoralen Rechnungen keine kompletten IOTs darstellen, liegen sie etwas außerhalb des Betrachtungsrahmens, der hier vorgegeben ist. Wir werden deshalb nicht weiter auf sie eingehen.

8.2 Die Input-Output-Tabellen Österreichs

Für die Republik Österreich wurden bisher IOTs für die Jahre 1961, 1964, 1970 und 1976 erstellt. Die Tabelle für das Jahr 1961 wurde in einer 37-Sektorenabgrenzung von *Sagoroff* 1972 veröffentlicht (*Sagoroff* 1972). Sie war allerdings statistisch wenig verläßlich und hat wohl eher den Rang einer Pionierleistung auf diesem Gebiet.

Die Tabelle für 1964 entsprang der Zusammenarbeit des Österreichischen Statistischen Zentralamts, der Bundeskammer der gewerblichen Wirtschaft und des Österreichischen Instituts für Wirtschaftsforschung. Sie umfaßt 54 Sektoren, 6 Endnachfrage- und 7 Primäraufwandskomponenten.

Es ist schwierig, diese Tabelle nach dem Kriterium funktionell/institutionell einzuordnen. Die Produktionssektoren sind nach der („Dreisteller"-)Warensystematik gegliedert, nach der auf die Zugehörigkeit der als statistische Basis dienenden Betriebe (Datengrundlage war hier auch die Betriebszählung 1964) geschlossen wurde. Hierbei achtete man auf weitgehende Homogenität der Produktion. Wegen der warensystematischen Orientierung könnte man die Tabelle deshalb als funktionell abgegrenzt betrachten (rein funktionell sind hier nur die Sektoren „Land- und Forstwirtschaft" und vielleicht noch „öffentlicher Dienst"), die sehr geringe Disaggregationstiefe der Erhebungsbasis (Betriebsebene) rückt sie jedoch ebenso in die Nähe einer institutionellen Tabelle. Vielleicht ist es sinnvoll, sie deshalb als **quasi-funktionell** zu bezeichnen. Die offizielle Version der Tabelle für 1964 wurde in A2-Version (mit Import-Zeile nach Herkunft und Darstellung des Aufkommens) veröffentlicht.

Diese Version wurde durch eine B-Version ergänzt. (Veröffentlichung der Bundeskammer der gewerblichen Wirtschaft zusammen mit dem Österreichischen Institut für Wirtschaftsforschung.) Die Importe werden in der A2-Version dem Sektor zugeordnet, der die jeweils selben Produkte erzeugt (Gliederung nach Ursprungsbereich bzw. Herkunft), es wurden allerdings nicht, wie dies z.B. in einer C-Version möglich wäre, komplementäre und konkurrierende Importe unterschieden.

Die Bewertung der Transaktionen erfolgte zu Marktpreisen (Käuferpreisen), die neben den Frachtkosten auch die Belastung durch die indirekten Steuern enthalten. Bei eingeführten Gütern war die Bewertungsbasis der Ab-Zoll-Preis. Dies hat zur Folge, daß die im Käuferpreis enthaltenen Frachtkosten bzw. Verkehrskosten dem beziehenden Sektor als Input angerechnet werden. Der Handel wurde input-output-gemäß nur mit der Handelsspanne berücksichtigt, da sonst zuviele Informationen verlorengingen. Analog hierzu bestehen die Produktionswerte anderer Dienstleistungsbereiche, wie z.B. der Banken und der Versicherungen, aus den reinen Dienstleistungsströmen. Das Gastgewerbe bildet allerdings eine Ausnahme, hier wird der Umsatz berücksichtigt. Bei der Erstellung wurde nach der Inputmethode vorgegangen. Die Datenbasis ist originär und wurde durch eine Fragebogenaktion zur Gewinnung von Kostenstrukturen unterstützt.

Der Sektor „öffentlicher Dienst" weist im Verflechtungsteil nur die erzielten Einnahmen mit Entgeltcharakter aus, enthält aber in der Intermediärspalte keine Eintragungen. Lediglich die Wertschöpfung ist im Primäraufwand spaltenmäßig erfaßt. Die Inputs des Staates sind in der Spalte „öffentlicher Konsum" des Endnachfragequadranten dargestellt. Diese Spalte zeigt im Schnittpunkt mit der Zeile „öffentliche Dienste" den als Saldo resultierenden staatlichen Eigenverbrauch.

Die von *Richter* und *Teufelsbauer* für 1970 erstellte IOT stellt eine **Fortschreibung der Tabelle für 1964** in einer mit der diesbezüglichen Sektorengliederung voll vergleichbaren Aggregation auf 32 Sektoren dar. (Input-Output-Tabelle, Fortschreibung April 1973, Bundeskammer der gewerblichen Wirtschaft, Forschungsbericht 9, Juli 1973, für den internen Gebrauch.) Die Sektorengliederung entspricht dabei der ebenfalls 32 Sektoren umfassenden Sektorenaggregation, die der „Provisorischen IOT" (PIO) für 1976 zugrundegelegt wurde. Aufteilung und Zuordnung zu den Sektoren der offiziellen Tabelle von 1964 sowie der Dreisteller-Systematik von 1968 können der Abb. 66 entnommen werden.

Die Tabelle für 1970 wurde nach einer von C. Almon entwickelten Modifikation des RAS-Verfahrens berechnet. Die Fortschreibung beruht auf **drei wesentlichen Punkten:** der Erfassung der sogenannten Randwerte (BPW, Beitrag zum BIP, Endnachfrage), der Kenntnis der technologisch bestimmten Struktur (d.h. Fortschreibung der Struktur von 1964) und Informationen über einige besonders verläßliche Originallieferströme des Fortschreibungsjahres 1970.

Wegen der weitgehenden Verwendung des modifizierten RAS-Verfahrens ist diese Tabelle nicht als originär anzusehen, sondern stark durch mechanische Verfahren gekennzeichnet. Die Einschätzung ihrer statistischen Verläßlichkeit mag auch dazu geführt haben, daß sie nicht veröffentlicht sondern nur zum internen Gebrauch verwendet wurde.

IO-Bereiche 1976	IO-Bereiche 1964		Betriebssystematik 1968
1 Land- und Forstwirtschaft	1, 2	Land- und Forstwirtschaft	011, 012, 015, 016, 018, 021,
2 Bergbau	3	Erzbergbau	022, 028
	4	Kohlenbergbau	221, 222, 210
	5	Sonstiger Bergbau	250, 472, 240, 269, 261
3 Erdöl	6, 27	Erdölindustrie	250, 261
4 Steine, Erden, Zement	7	Steine-, Sand- und Erdgewinnung und -verarbeitung (ohne Zement)	271, 262, 472, 473.2, 473.3,
	8	Zementerzeugung	474, 471, 476, 479, 473.1
5 Glas	9	Glaserzeugung und -verarbeitung	480
6 Nahrungs- und Genußmittel	10	Fleisch- und Fischverwertung	311
	11	Erzeugung von Getreideprodukten	313, 314
	12	Milchverwertung	315
	13	Zuckererzeugung	316
	14	Erzeugung übriger Nahrungsmittel	312, 319, 317
	15	Getränkeherstellung	321, 322, 323
7 Tabak	16	Tabakverarbeitung	328
8 Textilien	17	Textilerzeugung	339, 331, 332, 333, 334,
	18	Strick- und Wirkwarenerzeugung	336, 337, 335
9 Bekleidung	19	Bekleidungserzeugung (einschl. Leder- und Pelzbekleidung)	341, 345, 342, 343.1, 344, 382
10 Leder, Schuhe	20	Schuherzeugung	350
	21	Ledererzeugung	360.1, 343.2
	22	Lederverarbeitung (ohne Bekleidung)	360.2, 360.3, 360.4
11 Chemie	23	Gummiverarbeitung	442, 441
	24	Pharmazie	453
	25, 26	Sonstige chemische Erzeugung	452, 451, 455, 454, 459, 268, 462
	28	Erzeugung von Kunststoffartikeln	448
12 Eisen und Stahl	29, 30	Eisen- und Stahlerzeugung	511
13 Maschinen	31	Stahl- und Leichtmetallbau	522, 581
	35	Maschinenbau	551, 549, 542, 543, 544, 552, 553, 558, 582
	36	Landmaschinenbau	541
14 Gießerei	32	Gießereien	513
15 NE-Metalle	33	NE-Metallerzeugung (einschl. Halbzeug)	512
16 Eisen- und Metallwaren	34	Eisen- und Metallwarenerzeugung	521, 532, 533, 539, 531
	37	Feinmechanik, Optik, Uhren- und Schmuckerzeugung	591, 592, 593, 594

IO-Bereiche 1976	IO-Bereiche 1964		Betriebssystematik 1968
17 Elektroindustrie	38	Generatoren-, Elektromotoren- und Transformatorenbau (einschl. Freileitungsbau)	561
	39	Sonstige Elektroindustrie u. -gewerbe	572, 563, 571, 579, 565, 564, 562
18 Kraftfahrzeuge	40	Transportmittelbau (ohne Schienenfahrzeuge: einschl. Ackerschlepper)	586, 583, 584, 589
	41	Fahrzeugreparatur	585
19 Sägeindustrie	42	Sägewerke: Holzkonservierung	371
20 Holzverarbeitung	43, 47	Holzverarbeitung	372, 381, 388, 383, 384, 391, 392
21 Papiererzeugung	44	Papiererzeugung	411
22 Papierverarbeitung	45	Papierverarbeitung	412, 413
	46	Graphisches Gewerbe; Verlagswesen	421, 422, 423, 430
23 Bauwirtschaft	48	Hoch- und Tiefbau	611, 612
	49	Installation; Ausbau- u. Bauhilfsgewerbe	621, 622, 623, 624, 625, 626, 629, 631, 632, 633
24 Versorgung	50	Elektrizitätsversorgung	110
	51	Gas-, Dampf-, Wasserversorgung	120, 130, 140
25 Handel	52	Handel; Verleih	71, 72, 73, 74, 75, 76
26 Verkehr, Nachrichten	53	Eisenbahn und öffentliche Verkehrsmittel	811, 821, 822, 829
	54	Straßenverkehr	812, 813
	55	Sonstiger Verkehr	831, 832, 841, 842
	56	Hilfsdienste des Transportwesens	770, 919, 851, 852, 853
	57	Nachrichtenübermittlung (ohne Postauto, Rundfunk)	880
27 Banken, Versicherungen	58	Bank- und Kreditwesen	91, 92
28 Hotel-, Gast-, Schankgewerbe	59	Hotel-, Gast- und Schankgewerbe	78
29 Dienstleistungen	60	Rechts- und Wirtschaftsdienste	93
	61	Körperpflege; Reinigung	94
	62, 63	Kunst, Unterhaltung, Sport; Erziehung, Wissenschaft, Kultur	955, 971, 972, 951, 952, 953, 954, 956
	64	Gesundheitswesen	945, 961, 962, 963
	65	Sonstige Dienstleistungen	986, 987, 991, 992
30 Wohnungswirtschaft	66	Wohnungswesen	—
31 Öffentlicher Dienst	67	Öffentlicher Dienst	981, 983, 984, 985
32 Imputierte Bankdienstleistungen	58 a	Imputierte Bankdienstleistungen	—

Abb. 66: Definition der Bereiche PIO 76 (Publikationsversion)/70 durch Bereiche der Tabelle 1964 bzw. Betriebssystematik

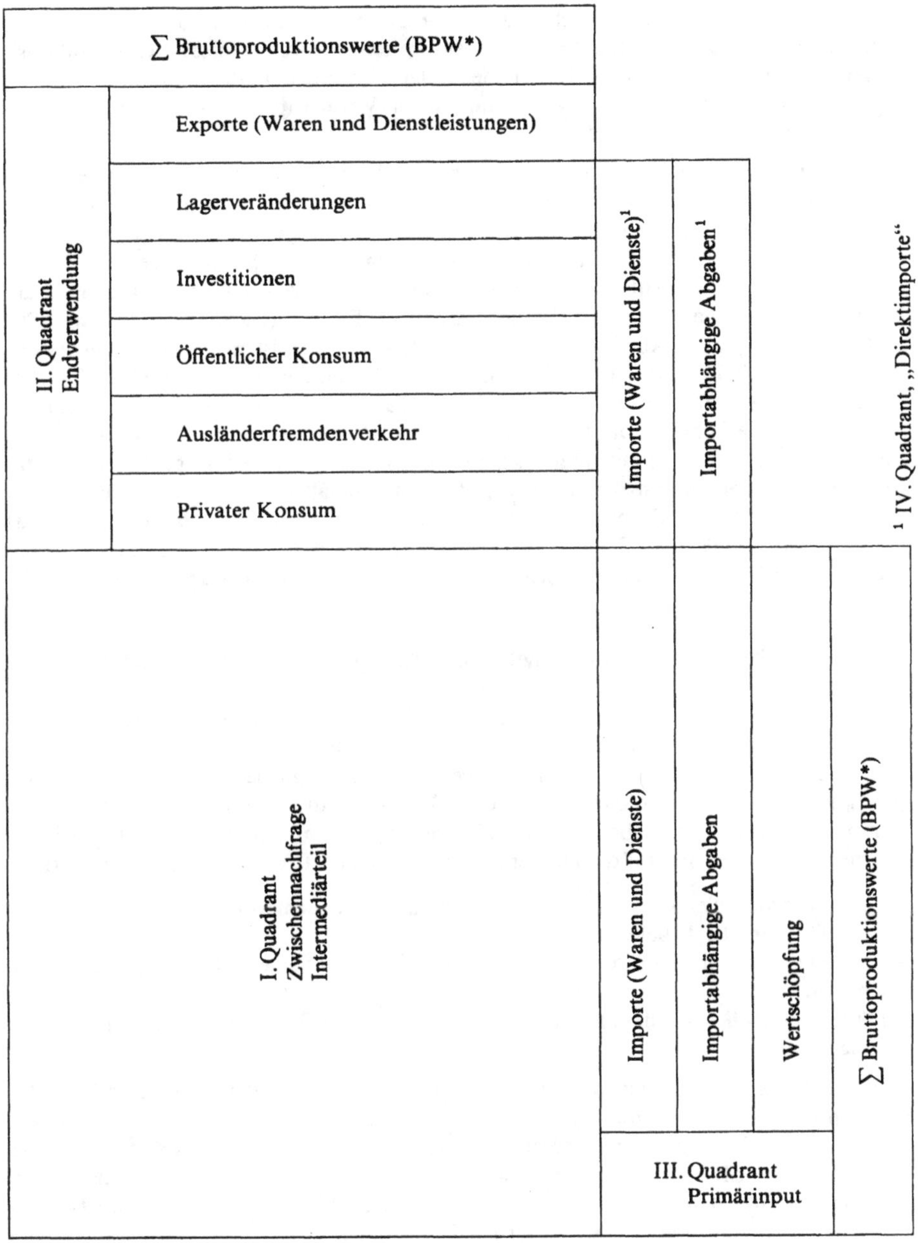

Abb. 67: Schema der PIO 76, Version B

Eine derart vorsichtige Einschätzung braucht jedoch nicht für die erst kürzlich von *Richter* veröffentlichte IOT für 1976 zu gelten (*Richter* 1981). Diese Tabelle beruht weitestgehend auf originären Daten, zumeist solchen aus der Datenbasis der Volkswirtschaftlichen Gesamtrechnung. Den Titel „Provisorisch" trägt sie vor allem deshalb, weil sie im Eilverfahren erstellt wurde, um möglichst frühzeitig eine neuere Tabelle zu haben, gleichzeitig aber das Österreichische Statistische Zentralamt an einer Tabelle für dasselbe Jahr arbeitet, die jedoch wegen der damit verknüpften Ansprüche (diese Tabelle soll Basis für periodische Erhebungen von IOTs in der Folgezeit werden, muß also darum statistisch besonders gut abgesichert sein, was umfangreiche Vorarbeiten notwendig macht) nicht vor 1982 fertiggestellt sein wird.

Die Klassifikation der PIO 76 entspricht mit 32 Sektoren und 6 Endnachfragebereichen voll der Sektorenabgrenzung von 1970 und ist damit auch auf die offizielle Tabelle von 1964 rückführbar. Die Tabellen wurden, wie auch schon die Tabelle 1970, in A1- und B-Version dargestellt. Die B-Version der PIO 76 ist im Anhang dieses Buches abgedruckt. Auch die PIO 76 kann entsprechend den Erhebungsverfahren mit einer Datenbasis auf Betriebsebene als **quasi-funktionell** bezeichnet werden. Die Transaktionen wurden wie 1964 zu Marktpreisen bzw. Ab-Zoll-Preisen bewertet. Allerdings ist in ihnen die Mehrwertsteuer nicht enthalten, wodurch sich die neue Tabelle von den früheren wesentlich unterscheidet. Abweichend von der Regelung für die Tabelle 1964 wurden aber nicht nur der Handels- und Verkehrssektor **ohne** Warenumsatz, also netto, gebucht, sondern dieses Mal alle betroffenen Sektoren mit ihrer Dienstleistungsspanne berücksichtigt. Diese Bereinigung von Handelswarenströmen, die input-output-gemäß nur zwischen Erzeuger und Letztverwender dargestellt werden sollten, stellt eine wesentliche Verbesserung dar. Das Vorgehen hat einen eigenen Namen, nämlich das **„BPW*-Konzept“**, erhalten. Es soll auch in der gegenwärtig in Arbeit befindlichen offiziellen Tabelle Anwendung finden.

8.3 Die Input-Output-Tabellen der Europäischen Gemeinschaften

Die heutigen, vom Statistischen Amt der Europäischen Gemeinschaften (SAEG bzw. in engl. Abkürzung: EuroStat) erstellten IOTs hatten Vorläufer in Tabellen der Jahre 1959 und 1965 mit 35 bzw. 64 nach dem **funktionellen Prinzip** gegliederten Sektoren. Ein Vergleich dieser Tabellen würde einen zu großen Raum in Anspruch nehmen (der Leser sei hierzu hilfsweise auf die tabellarische Aufgliederung im Anhang zu diesem Kapitel verwiesen), so daß hier nur auf die Konzeption der aktuellen Tabellen eingegangen wird.

Nach dem aktuellen Konzept erstellt Eurostat die folgenden Tabellen:

- seit 1970 **jährliche** Tabellen zu **laufenden Preisen,**
- basierend auf der Tabelle von 1970 (= Basisjahr) **jährliche** Tabellen zu **konstanten Preisen,**
- **Fünfjahrestabellen,** die detaillierter sind als die jährlichen Tabellen, beginnend mit 1970, zu **laufenden** Preise.

Alle Tabellen werden nach dem funktionellen Prinzip erstellt, d.h. sie sind an Produktgruppen orientiert, denen die Klassifizierung nach dem NACE-CLIO-System zugrundeliegt (NACE ≙ Nomenclature générale des activités économiques dans les communautés européennes, CLIO ≙ Classification Input Output). Die NACE-CLIO-Systematik enthält 186 disjunkt definierte Produktgruppen. Jeder der 44 Sektoren (vgl. Abb. 68) entspricht dem Aggregat einiger bzw. einer Produktgruppe.

Die Endnachfragematrix umfaßt den Verbrauch der Haushalte, den Kollektivverbrauch des Staates, den Verbrauch der Privaten Organisationen, die Bruttoanlageinvestitionen, die Vorratsveränderungen, sowie die Gesamtausfuhr. Der Tabellenteil des Primäraufwands ist nach Einkommen aus unselbständiger Tätigkeit, Nettogewinnen (Betriebsüberschuß), Abschreibungen, Produktionssteuern und Subventionen gegliedert.

Die Bewertung erfolgt unterschiedlich, je nachdem, um welche Tabelle es sich handelt. Die jährlichen Tabellen zu laufenden Preisen werden zu *Ab-Werk*-Preisen berechnet (d.h.

	Produktionsbereiche und Unterbereiche Bezeichnung	NACE-CLIO (R 44)
1	Erzeugnisse der Landwirtschaft, der Forstwirtschaft und der Fischerei	010
2	Steinkohle, Braunkohle, Briketts	030
3	Koks	050
4	Erdöl und Erdgas, Mineralölerzeugnisse	070
5	Elektrizität, Gas, Dampf, Wasser	090
	Elektrizität, Dampf, Warmwasserversorgung, Preßluft	091
	Gasverteilung	093
	Wasser	095
6	Spaltbare und brutstoffhaltige Erze und Erzeugnisse daraus	110
7	Eisen- und NE-Erze und -Metalle ohne Spalt- und Brutstoffe	130
	Eisenerze und -Metalle	131
	NE-Metallerze und NE-Metalle	133
8	Mineralien und nichtmetallhaltige mineralische Erzeugnisse	150
9	Chemische Erzeugnisse	170
10	Metallerzeugnisse ohne Maschinen und Fahrzeuge	190
11	Landwirtschaftliche Maschinen und Maschinen für die Industrie	210
12	Büromaschinen, Datenverarbeitungsgeräte und -einrichtungen, feinmechanische und optische Erzeugnisse	230
13	Elektrotechnische Erzeugnisse	250
14	Kraftwagen und deren Einzelteile	270
15	Fahrzeuge (ohne Kraftwagen)	290
16	Fleisch und Fleischwaren	310
17	Milch und Milcherzeugnisse	330
18	Sonstige Nahrungsmittel	350
19	Getränke	370
20	Tabakwaren	390
21	Textilien, Bekleidung	410
22	Leder und Lederwaren, Schuhe	430
23	Holz und Holzmöbel	450
24	Papier, Pappe und Waren daraus, Druckerei und Verlagserzeugnisse	470
25	Gummi- und Kunststofferzeugnisse	490
26	Sonstige Erzeugnisse des verarbeitenden Gewerbes	510
27	Hoch- und Tiefbauten	530
28	Rückgewinnung und Reparaturen	550
29	Dienstleistungen des Handels	570
30	Dienstleistungen des Gaststätten- und Beherbergungsgewerbes	590
31	Dienstleistungen des Inlandsverkehrs	610
32	Dienstleistungen des See- und Luftverkehrs	630
	Leistungen der See- und Küstenschiffahrt	631
	Leistungen der Luftfahrt	633
33	Nebenleistungen des Transportgewerbes	650
34	Dienstleistungen der Nachrichtenübermittlung	670
35	Dienstleistungen des Kreditwesens und des Versicherungsgewerbes	690
36	Dienstleistungen für Unternehmen	710
37	Vermietung von eigenen unbeweglichen Gütern	730
38	Marktbestimmte Dienstleistungen für Unterricht, Forschung und Entwicklung	750
39	Marktbestimmte Dienstleistungen des Gesundheits- und Veterinärwesens	770
40	Dienstleistungen zur Unterhaltung, kulturelle, persönliche und sonstige marktbestimmte Dienstleistungen a.n.g.	790
41	Allgemeine nichtmarktbestimmte Verwaltungsleistungen des Staates	810

	Produktionsbereiche und Unterbereiche Bezeichnung	NACE-CLIO (R 44)
42	Nichtmarktbestimmte Dienstleistungen für Unterricht, Forschung und Entwicklung des Staates und der privaten Organisationen	850
43	Nichtmarktbestimmte Dienstleistungen des Gesundheits- und Veterinärwesens des Staates und der privaten Organisationen	890
44	Häusliche Dienste und sonstige nichtmarktbestimmte Dienstleistungen a.n.g.	930
	Insgesamt	990

Abb. 68: EG-Systematik der Produktionsbereiche

inklusive der indirekten Steuern), die Endnachfrage zusätzlich zu Käuferpreisen, wobei die Exporte fob bewertet sind. In einem solchen Fall spricht man auch von **Mischpreisbewertung.** Die Tabelle zu konstanten Preisen basiert auf der zu Mischpreisen bewerteten jährlichen IOT (Stand Mitte 1981: bisher veröffentlicht die Tabelle von 1970, in Bearbeitung die Tabellen von 1971, 1972, 1973 mit 1970 als Basisjahr). Die notwendige Deflationierung wird zeilenweise vorgenommen, die Bruttowertschöpfung als Residuum ermittelt (doppelte Deflationierung).

Die **Fünfjahrestabelle** unterscheidet sich von den Jahrestabellen nicht in der Sektorenzahl, wohl aber in einer Aufspaltung des Vorleistungsverbrauchs in **heimische Produktion** und **Importe,** getrennt nach Bezug aus EG-Ländern und nach Drittländern. Diese Differenzierung erlaubt zusätzlich zur Darstellung der Tabelle für jedes einzelne Mitgliedsland die Erstellung einer integrierten EG-Tabelle, die unter Zusammenfassung der nunmehr weitgehend vergleichbaren Transaktionen auch den Intra-EG-Handel als „heimische" Produktion ausweist. Diese integrierte Tabelle ist in der Veröffentlichung für das Jahr 1970 mit kleinen Einschränkungen für das Europa der Sechs bereits realisiert. Für das Europa der Neun existiert sie bisher nur in Teilen (dies ungeachtet der Tatsache, daß sich das Europa der Neun erst 1973 konstituierte).

Zum Zwecke der Integration mußte ein gemeinsamer Nenner gefunden werden, der als Europäische Recheneinheit EUR festgelegt wurde. Die einzelnen Austauschrelationen zum EUR ergeben sich wie folgt:

1 EUR =

DM	FF	LIT	HFL	BFR	UKL/IRL	DKR
3,66	5,55	625,0	3,62	50,0	0,416	7,50

Es versteht sich, daß ein Vergleich zwischen den einzelnen Ländern nur insoweit zu einem richtigen Ergebnis kommen kann, als die zum EUR definierten Austauschrelationen die Kaufkraftverhältnisse wiedergeben. (Für Luxemburg liegen keine Zahlen vor.)

Auch in der Fünfjahrestabelle erfolgt die Bewertung des intermediären Verbrauchs zu Ab-Werk-Preisen bzw. zu Ab-Zoll-Preisen, entgegen der Handhabung bei den jährlichen Tabellen wurde aber auch die Tabelle der Endnachfrage nach diesem Bewertungsschema erstellt. (Input-Output-Tables, The Nine and the Community 1970, Vol. 8.) Da das Tabellenwerk der EG-Tabellen sehr umfangreich ist, ist eine Darstellung in dem hier gegebenen Rahmen unmöglich. Der interessierte Leser sei auf die Originalveröffentlichungen verwiesen.

8.4 Übersicht der wichtigsten Input-Output-Tabellen für die BRD, Österreich und die EG (Stand November 1980)*

Bezugsjahr	Zahl der Produktber.	Unterschiedene Endnachfragebereiche	Unterschiedene primäre Inputs	Erfassung der Einfuhr nach … (Version …)	Prinzip der Sektorenbildung	Verhältnis zu den volkswirtschaftl. Gesamtrechnungen (VGR)	Bewertung der Transaktionen zu …	Berechnungsmethoden	Neben- und Zusatzmatrizen	Fundestellennachweis
1	2	3	4	5	6	7	8	9	10	11
					Gesamtwirtschaftliche Input-Output-Tabellen (BRD)					
					Tabelle von Krelle					
1953	46	1. Priv. Konsum 2. Konsum der Gebietskörperschaften 3. Konsum der Sozialvers. 4. Konsum der Besatzung 5. Bruttoanl.-investit. 6. Sonst. Invest. (Selbsterst. Anlag., Lagerveränd.) 7. Exporte 8. Importe	1. Abschreibungen 2. Kostensteuern ./. Subventionen 3. Löhne u. Gehälter (einschl. Sozialversicherungsanteile) 4. Zinsen, Nettomieten, Gewinne u. stat. Differenz	Herkunftsbereichen (Einfuhren in Vorleistungsmatrix enthalten und als Spalte bei Endnachfrage abgesetzt) A1	institutionell nach beteiligten Betriebe	nicht integriert: nur Vergleich der Summenwerte mit denen der VGR	Produzentenpreisen; jeweilige Preise	nach Input- und Output-Methode, d.h. spalten- und zeilenweise Ermittlung der Größen	Investitionsverflechtung	veröffentlicht in (1) und (2)
					Tabelle von Zeitel					
1954	31	1. Priv. Haushalte 2. Staat 3. Halb- und Fertigwarenbestandsveränderungen 4. Ausland	1. Ausland (Gesamtimporte) 2. Abschreibungen 3. Steuern 4. Löhne 5. Sozialversicherungsbeiträge	Herkunfts- und Verwendungsbereichen (Einfuhren nur teilweise in Vorleistungsmatrix enthalten)	institutionell nach Betrieben	nicht integriert: nur Vergleich der Endnachfrage- u. primären Inputsummen mit der amtlichen Sozialproduktberechnung	Käuferpreisen; jeweilige Preise	Versuch einer Schätzung nach der Output-Methode (zeilenweise Ermittlung)	Investitionsverflechtung	veröffentlicht in (3)

* Die Übersicht stellt eine leicht veränderte und in bezug auf Österreich erweiterte Fassung der Übersicht bei (*R. Stäglin* 1981) dar. Die Autoren möchten sich bei Prof. *Stäglin* für die Genehmigung zur Aufnahme in dieses Buch herzlich bedanken.

Bezugsjahr	Zahl der Produktber.	Unterschiedene Endnachfragebereiche	Unterschiedene primäre Inputs	Erfassung der Einfuhr nach … (Version …)	Prinzip der Sektorenbildung	Verhältnis zu den volkswirtschaftl. Gesamtrechnungen (VGR)	Bewertung der Transaktionen zu …	Berechnungsmethoden	Neben- und Zusatzmatrizen	Fundestellennachweis
1	2	3	4	5	6	7	8	9	10	11
Tabellen des Statistischen Bundesamtes (StaBuA)										
1965	49 (aggregiert 9)	1. Priv. Verbr. 2. Staatsverbr. 3. Anlageinvestitionen 4. Vorratsveränderung 5. Ausfuhr von Waren und Dienstleistungen	1. Abschreibungen 2. Indirekte Steuern 3. Subventionen 4. Einkommen aus unselbständiger Arbeit 5. Einkommen aus Unternehmertät. und Vermögen	Herkunfts- und Verwendungsbereichen, unterteilt nach Gesamteinfuhr und Einfuhr aus Ländern der EWG D	funktionell nach Produktgruppen	mit wichtigsten Ergebnissen der VGR abgestimmt durch Buchungen auf zusammengefaßten Güter-, Produktions- u. Eink.-Entstehungskonten (Abweichungen durch Besonderheiten der IOT und des ESVG)	Ab-Werk- und Herstellungspreisen; jeweilige Preise	vorwiegend nach Input-Methode, ergänzt um Output-Methode	Importmatrizen; Matrix der indir. Steuern ./. Subventionen; Tabelle der letzten Verwendung zu Anschaffungspreisen; Investitionsmatrix; Verflechtungstabelle für den priv. Verbrauch	veröffentlicht in (31)
1970 1974 1975	60 aggregiert: 1970:11 1974:12	1. Priv. Verbr. 2. Staatsverbrauch 3. Ausrüstungen 4. Bauten 5. Vorratsveränderung 6. Ausfuhr von Waren und Dienstleistungen	1. Abschreibungen 2. Produktionssteuern ./. Subventionen 3. Eink. aus unselbst. Arbeit 4. Einkommen aus Unternehmert. u. Vermögen	Herkunfts- und Verwendungs bereichen A2, B	funktionell nach Produktgruppen (sog. homogene Produktionseinheiten)	mit wichtigsten Ergebnissen der VGR abgestimmt (Abweichungen durch Besonderheiten der IOT und des ESVG)	Ab-Werk- *und* Herstellungspreisen; jeweilige Preise	vorwiegend nach Input-Methode, ergänzt um Output-Methode	Importmatrizen; Tabelle der letzten Verwendung zu Anschaffungspreisen	1970, überarbeitete Fassung in (33) aggregierte Tabelle 1974 in (34); 60-Sektoren-Tabellen 1970 und 1974 nur für Zwecke der Strukturberichterstattung verfügbar; vorläufige Tabelle 1975
Tabellen des Deutschen Instituts für Wirtschaftsforschung (DIW)										
1954 1958 1962 1966 1967 1972	56	1. Priv. Verbrauch 2. Öffentlicher Verbrauch 3. Anlageinvestitionen 4. Vorratsveränderungen 5. Ausfuhren	1. Einfuhren 2. Abschreibungen 3. Indirekte Steuern ./. Subventionen 4. Bruttoeinkommen aus unselbst. Arbeit	Verwendungsbereichen B	institutionell nach Unternehmen	vollständig integriert; amtliche VGR-Daten zu jeweiligen Preisen als Eckgrößen	Marktpreisen (tatsächlich gezahlte Preise ohne Handelszuschläge); jeweilige Preise und Preise von 1962	nach Input- und Output-Methode (1954; 1967); für die anderen Bezugsjahre modellmäßig vervollständigt	Investitionsverflechtungen (auch 1950, aber nicht 1967); Importmatrizen; teilweise Handels-, Verkehrs- u. Handwerksmatrizen	veröffentlicht in (4) bis (10)

			5. Bruttoeinkommen aus einer Unternehmertätigkeit u. Vermögen Bei preisbereinigten Tabellen nur Einfuhren (1) u. BIP (2.–5.)						
1954 bis 1967, 1960 bis 1974	14	1. Konsum des Staates 2. Konsum d. priv. Haushalte 3. Kons. d. priv. Organisationen ohne Erwerbscharakter 4. Anlageinvest. d. Unternehmen 5. Anlageinvest. d. Staates 6. Anlageinvest. d. priv. Haushalte u. Organisationen ohne Erwerbscharakter 7. Selbsterstellte Anlagen 8. Vorratsveränderungen 9. Exp. (Ausland)	1. Importe (Ausland) 2. Abschreibungen 3. IWdir. Steuern an Staat 4. Indir. Steuern an Ausland 5. Subventionen vom Staat 6. Bruttoeinkommen aus unselbst. Arbeit 7. Bruttoeink. aus Unternehmertätigkeit u. Vermögen Bei preisbereinigten Tabellen 1960 bis 1974 nur Importe und BIP	Verwendungsbereichen B	institutionell nach Unternehmen	vollständig integriert; amtliche VGR-Daten zu jeweiligen Preisen als Eckgrößen	Marktpreisen; jeweilige Preise und Preise von 1962 bzw. 1970	nach Input- und Output-Methode, modellmäßig vervollständigt	Investitions- u. Importmatrizen	veröffentlicht in (11) bis (15)
1962 1967 1972 1976	34	1. Privater Verbrauch 2. Öffentlicher Verbrauch 3. Bauinvestitionen 4. Ausrüstungsinvestitionen 5. Vorratsveränderungen 6. Ausfuhr	1. Einfuhr 2. Einfuhrabgaben 3. Bruttowertschöpfung Bei preisbereinigten Tabellen nur Einfuhr und BIP	Verwendungsbereichen B	institutionell nach Unternehmen	vollständig integriert; amtliche VGR-Daten zu jeweiligen Preisen und teilweise zu konstanten Preisen als Eckgrößen	Marktpreisen; jeweilige Preise und Preise von 1970	nach Input- und Output-Methode, modellmäßig vervollständigt	Importmatrizen	nur teilweise veröffentlicht; Matrix 1972 in (16) und Veröffentlichung der Matrix 1976 in (32)

Bezugsjahr	Zahl der Produktber.	Unterschiedene Endnachfragebereiche	Unterschiedene primäre Inputs	Erfassung der Einfuhr nach … (Version …)	Prinzip der Sektorenbildung	Verhältnis zu den volkswirtschaftl. Gesamtrechnungen (VGR)	Bewertung der Transaktionen zu …	Berechnungsmethoden	Neben- und Zusatzmatrizen	Fundestellennachweis
1	2	3	4	5	6	7	8	9	10	11
1972 1980 1985	23	1. Privater Verbrauch 2. Öffentlicher Verbrauch 3. Investitionen 4. Ausfuhr	1. Einfuhr 2. Beiträge zum Bruttoinlandsprodukt	Verwendungsbereichen B	institutionell nach Unternehmen	vollständig integriert; z. T. amtliche VGR-Daten zu jeweiligen Preisen als Eckgrößen	Marktpreisen; jeweilige Preise und Preise von 1962	Mehrstufiges iteratives Verfahren unter Mitwirkung von Branchenexperten	—	veröffentlicht in (17)
Tabelle des Rohstoff- und Mineralölflusses										
Mitte der 70er Jahre	383	1. Priv. Verbr. 2. Öffentlicher Verbrauch 3. Anlageinvestitionen 4. Vorratsveränderungen 5. Ausfuhr	1. Einfuhr 2. Abschreibungen 3. Indirekte Steuern ./. Subventionen 4. Bruttoeinkommen aus unselbst. Arbeit 5. Bruttoeink. aus Untermehmertätigkeit und Vermögen	Verwendungsbereichen	funktionell nach Produktgruppen u. teilweise institutionell nach Unternehmen	vollständig integriert; amtliche VGR-Daten zu jeweiligen Preisen als Eckgrößen	Marktpreisen; jeweilige Preise	nach Input- u. Output-Methode auf Basis von Primärerhebungen (ausgehend von DIW-Tabelle 1972)	—	nur für interne Zwecke
Tabellen des Ifo-Instituts für Wirtschaftsforschung										
1961 bis 1964	62 (zusätzl. aggr. auf 13)	1. Priv. Konsum 2. Konsum der Gebietskörperschaften 3. Konsum der Besatzung bzw. Bundeswehr 4. Konsum der Sozialvers. 5. Bruttoanlageinvestitionen 6. Lagerveränderungen 7. Export 8. Import	1. Abschreibungen 2. Indirekte Steuern 3. Subventionen 4. Löhne und Gehälter 5. Gewinne und stat Differenz	Herkunftsbereichen (Einfuhren in Vorleistungsmatrizen enthalten und als Spalte bei Endnachfrage abgesetzt) A1	funktionell nach Produktgruppen	keine Abstimmung mit den Ergebnissen der VGR	Ab-Werk-Preisen; jeweilige Preise und Preise von 1962	Matrix 1961; grundsätzlich nach Output-Methode, Matrizen 1962 bis 1964 überwiegend modellmäßig erstellt	Investitionsverflechtungen, Importmatrizen, Handwerksmatrizen, Produktionsmatrizen	veröffentlicht in (24) und (25) f. 13 Sekt. veröffentl. in (26)

1962 1964	60	1. Priv. Konsum 2. Staatlicher Konsum 3. Bruttoanlage-investitionen 4. Lagerveränderung, Fertigwaren 5. Exporte	1. Einfuhr 2. Abschreibungen 3. Indirekte Steuern ./. Subventionen 4. Eink. aus unselbst. Arbeit 5. Eink. aus Untern. und Vermögen	Herkunfts- und Verwendungsbereichen A2, B	funktionell nach Produktgruppen	mit wichtigsten Ergebnissen der VGR abgestimmt	Ab-Werk-Preisen; jeweilige Preise	nach Input- und Output-Methode (ausgehend von den Tabellen des StaBuA)	Importmatrix	veröffentlicht in (52)
Tabellen der Energieströme (SAEG, erstellt durch Ifo und StaBuA)									
1975 1978 1980	45	1. Priv. Verbr. 2. Staatsverbrauch 3. Anlageinvestitionen 4. Vorratsveränderung 5. Ausfuhr	1. Abschreibungen 2. Produkt.-Steuern ./. Subventionen 3. Löhne und Gehälter 4. Gewinne und Zinsen	Verwendungsbereichen B	funktionell nach Produktgruppen	mit wichtigsten Ergebnissen der VGR und den IOT nach dem ESVG abgestimmt	Ab-Werk-Preisen; jeweilige Preise	vorwiegend nach Input-Methode, ergänzt um Output-Methode (ausgehend von vorl. StaBuA-Tab. 1975); Energiebilanzen	Teilmatrix für 10 Energieträger in Mengeneinheiten (Terajoule) Investitionsmatrix integriert	Teilergebnisse für 1973 veröffentlicht in (38); weitere Veröffentlichung für 1981 vorgesehen
Tabellen des Rheinisch-Westfälischen Instituts für Wirtschaftsforschung (RWI)									
1962 bis 1975, 1976 bis 1978	51	1. Priv. Verbr. 2. Staatsverbrauch 3. Ausrüstungs-investitionen 4. Gewebliche Bau-investitionen 5. Wohnungsbau-investitionen 6. Staatliche Bau-investitionen 7. Vorratsveränderung 8. Ausfuhr	1. Bruttoeinkommen aus Unternehmertätigk. u. Vermögen + Abschreibungen + indirekte Steuern ./. Subventionen 2. Bruttoeinkommen aus Arbeitnehmertätigkeit	Herkunftsbereichen (Einfuhr in Vorleistungsmatrizen enthalten und als Zeile unterhalb des BPW hinzugefügt) A2	funktionell nach Produktgruppen	mit wichtigsten Ergebnissen der VGR abgestimmt	Ab-Werk-Preisen; jeweilige Preise und Preise von 1970	nach Input- und Output-Methode, modellmäßig vervollständigt (ausgehend von StaBuA-Tabelle 1970)	Verflechtungstabellen für den priv. Konsum 1960–1976 und für den Staat 1954–1973	veröffentlicht in (27) bis (30); Tabellen 1976 bis 1978 intern, aber Veröffentlichung vorgesehen

Bezugsjahr	Zahl der Produktber.	Unterschiedene Endnachfragebereiche	Unterschiedene primäre Inputs	Erfassung der Einfuhr nach ... (Version ...)	Prinzip der Sektorenbildung	Verhältnis zu den volkswirtschaftl. Gesamtrechnungen (VGR)	Bewertung der Transaktionen zu ...	Berechnungsmethoden	Neben- und Zusatzmatrizen	Fundestellennachweis
1	2	3	4	5	6	7	8	9	10	11
Regionale Input-Output-Tabellen										
Tabellen für das Saarland (Müller und Strassert)										
1960	7	1. Konsum 2. Investitionen 3. Ausfuhr ins übr. Inland 4. Ausfuhr ins Ausland 5. Importe insgesamt	1. Beitrag zum Bruttoinlandsprodukt	Herkunftsbereichen (Einf. in Vorleist.-matr. enth. u. als Spalte bei Endnachfr. abgesetzt) u. Verwendungsbereichen A1	institutionell nach Unternehmen	mit den Sozialproduktsdaten des Statistischen Landesamtes (StaLaA) abgestimmt	Ab-Werk-Preisen; jeweilige Preise	derivativ nach Input-Methode (ausgehend von SAEG-Tabelle 1960)	—	veröffentlicht in (39)
1963	8	1. Ausfuhr ins übr. Inland 2. Ausfuhr ins Ausland (Die restlichen Endnachfragesektoren fehlen)	1. Beitrag zum Bruttoinlandsprodukt	Herkunftsbereichen (Einfuhren in Vorleistungsmatrizen enthalten und als Spalte bei Endnachfrage abgesetzt) A1	institutionell nach Unternehmen	mit den Sozialproduktsdaten des StaLaA abgestimmt	Ab-Werk-Preisen; jeweilige Preise	derivativ nach Input-Methode (ausgehend von SAEG-Tabelle 1960), ergänzt um zwei Sektorbefragungen	—	veröffentlicht in (40)
Tabelle für Nordrhein-Westfalen (Landesministerium)										
1961	33	1. Priv. Verbr. 2. Staatsverbrauch 3. Bruttoanlageinvestitionen u. Vorratsveränderungen 4. Export- bzw. Import-Saldo	1. Abschreibungen 2. Indirekte Steuern ./. Subvent. 3. Beitrag z. Nettoinlandsprodukt, darunter: 4. Löhne und Gehälter	Herkunftsbereichen (Einfuhren in Vorleistungsmatrix enthalten und mit der Ausfuhr saldiert als Spalte bei Endnachfrage abgesetzt) A1	institutionell nach fachlichen Unternehmensteilen	mit den Sozialproduktsdaten des StaLaA abgestimmt	Ab-Werk-Preisen; jeweilige Preise	derivativ nach Input-Methode (ausgehend von Ifo-Tabelle 1970)		veröffentlicht in (41)

					Tabellen für Osnabrück (Hasselmann)					
1961, (1980) (zwei Va- rian- ten)	13	1. Endnachfrage Stadt 2. Export Umland 3. Export Rest der Welt	1. Importe 2. Bruttoinlands-produkt	Verwendungs-bereichen B	institutionell nach Betrieben	nicht ersichtlich	jeweiligen Preisen	derivativ nach Input-Methode (ausgehend von anderen Tabellen); Tabellen 1980 geschätzt		veröffentlicht in (42)
					Tabellen für Hessen (Hasselmann und Spehl)					
1962	50	1. Konsumnach-frage nach hess. Erzeugn. (nhE) 2. Investitions-nachfrage nhE 3. Staatsnachfrage nhE 4. Selbsterst. Anlagen 5. Lagerbestands-veränd. 6. Lieferungen in den Rest der BRD 7. Exporte in das Ausland	1. Bezüge aus dem Rest der BRD 2. Importe aus dem Ausland 3. Eink. aus unselbst. Arbeit 4. Indirekte Steuern ./. Subvent. 5. Abschreibungen 6. Gewinne u. sonstige Ein-kommen	Herkunfts- und Verwendungs-bereichen, unter-teilt nach Rest der BRD und Ausland A1, B	institutionell nach Betrieben	mit den Daten der Entstehungsrech-nung des StaLaA abgestimmt	Marktpreisen; jeweilige Preise	vorwiegend nach Input-Methode, ergänzt um Out-put-Methode für Industrie auf Basis einer Erhebung, für restliche Sek-toren derivativ	Importmatrizen; I-O-T als regionale Verflechtung (mit eigener Produk-tion) und als tech-nische Verflech-tung mit gesamter verfügbarer Pro-duktion und negati-ver Endnachfrage-spalte)	enthalten in (43) und (44)
1962	28	wie oben, aber in der Unterteilung nach 4 Regionen, die sich aus kreisfreien Städten sowie Landkreisen zusammensetzen (*multiregionale* Input-Output-Tabellen mit 16 Teilmatrizen im I. Quadranten)						nach Input und Output-Methode; Industrieerhebung und Schätzungen		
					Tabellen für Schleswig-Holstein (Lehbert)					
1962 1966	21 (aggre-giert 7)	1. Priv. Konsum 2. Staatl. Konsum 3. Priv. Invest. 4. Staatl. Invest. 5. Vorratsverände-rungen und selbsterst. An-lagen 6. Lieferungen nach Hamburg (1962 in 7. ent-halten) 7. Lief. an das übr. Bundes-gebiet 8. Export	1. Bezüge aus Hamburg (1962 in 2. enthalten) 2. Bezüge aus dem übrigen Bundes-gebiet 3. Import 4. Löhne und Gehälter 5. Arb.geb. Beitr. z. Soz.vers. 6. Sonst. Eink. 7. Ind. Steuern ./. Subventionen 8. Abschreibungen	Herkunfts- und Verwendungsbe-reichen für 1966, unterteilt nach Hamburg, übrigem Bundesgebiet und Ausland A2, B	institutionell nach Betrieben	mit den Sozial-produktsdaten des StaLaA abgestimmt	Ab-Werk-Preisen; jeweilige Preise	vorwiegend nach Input-Methode, ergänzt um Out-put-Methode; für Industrie auf Basis einer Befragung, für außerindu-strielle Sektoren derivativ	Importmatrizen; I-O-T 1966 als Aufkommensver-flechtung (mit ge-samter verfügbarer Produktion und positiver Zeile im III. Quadranten) und als regionale Verflechtung	veröffentlicht in (45)

Bezugsjahr	Zahl der Produktber.	Unterschiedene Endnachfragebereiche	Unterschiedene primäre Inputs	Erfassung der Einfuhr nach … (Version …)	Prinzip der Sektorenbildung	Verhältnis zu den volkswirtschaftl. Gesamtrechnungen (VGR)	Bewertung der Transaktionen zu …	Berechnungsmethoden	Neben- und Zusatzmatrizen	Fundestellennachweis
1	2	3	4	5	6	7	8	9	10	11
					Tabelle für Norddeutschland (Rüschmann)					
1970	22 (aggregiert 7)	1. Priv. Konsum 2. Ziv. staatl. Konsum 3. Milit. staatl. Konsum 4. Priv. Invest. 5. Staatl. Invest. 6. Vorratsveränderungen und selbsterst. Anl. 7. Lieferungen in das übr. Bundesgebiet 8. Export	1. Löhne und Gehälter 2. Sonst. Eink. 3. Ind. Steuern ./. Subventionen 4. Abschreibungen 5. Lieferungen aus dem übrigen Bundesgebiet 6. Import	Herkunfts- und Verwendungsbereichen, unterteilt nach übrigem Bundesgebiet und Ausland A2, B	institutionell nach Betrieben	mit den Sozialproduktsdaten der StaLaÄ abgestimmt	Ab-Werk-Preisen; jeweilige Preise	vorwiegend nach Input-Methode; für Industrie auf Basis einer Befragung, für restliche Sektoren derivativ (ausgehend von DIW-Tab. für BRD 1966)	Importmatrizen; aggregierte Investitionsmatrix I-O-T als Aufkommensverflechtung und als regionale Verflechtung	enthalten in (49)
					Tabelle für Baden-Württemberg (StaLaA)					
1972	41 (aggregiert 7)	1. Priv. Verbr. 2. Staatsverbrauch 3. Anlageinvestitionen 4. Vorratsveränderung 5. Export ins Ausland 6. Lieferungen in andere Bundesländer	1. Importe aus dem Ausland 2. Bezüge aus den anderen Bundesländern 3. Bruttowertschöpfung	Herkunfts- und Verwendungsbereichen, unterteilt nach Ausland und anderen Bundesländern A1	funktionell nach Produktgruppen	mit wichtigsten Sozialproduktsdaten des StaLaA abgestimmt (Abweichungen durch Besonderheiten der IOT und des SAEG-Systems)	Ab-Werk-Preisen; jeweilige Preise	vorwiegend nach Input-Methode, ergänzt um Output-Methode; für Industrie auf Basis einer Befragung, für restl. Sektoren teilweise derivativ (ausgehend von StaBuA-Tab. 1970)	Import- und Bezugsmatrix; I-O-T als technische und regionale Verflechtung	vorläufige Version in (50) und endgültige Version in (51)

Tabellen für Berlin-West (DIW)

1962	56	1. Verbrauch der priv. Haush. 2. Verbr. d. priv. Org. o. Erwerbscharakter 3. Ziv. Staatsverbrauch 4. Militärischer Staatsverbr. 5. Anlageinvestitionen 6. Vorratsveränderungen 7. Ausfuhr	1. Einfuhr 2. Abschreibungen 3. Indir. Steuern ./. Subventionen 4. Eink. aus unselbst. Arbeit 5. Eink. aus Unternehmertätigk. und Vermögen	Verwendungsbereichen B	institutionell nach Unternehmen	mit den Sozialproduktsdaten des StaLaA abgestimmt	Marktpreisen; jeweilige Preise	nach Input- und Output-Methode, ergänzt um derivative Methode (ausgehend von DIW-Tabelle für BRD 1962)	Importmatrix	veröffentlicht in (46)
1962 1968	31	1. Priv. Verbr. 2. Verbr. d. priv. Org. o. Erwerbscharakter 3. Öffentl. Verbr. 4. Anlageinvest. 5. Vorratsveränderungen 6. Ausfuhr	1. Einfuhr 2. Abschreibungen 3. Indir. Steuern ./. Subventionen 4. Eink. aus unselbst. Arbeit 5. Eink. aus Untern. u. Vermögen	Verwendungsbereichen B	institutionell nach Unternehmen	mit den Sozialproduktsdaten des StaLaA abgestimmt	Marktpreisen; jeweilige Preise	Tabelle 1968 vorwiegend modellmäßig erstellt (ausgehend von der aggregierten Tab. 1962)	eigenständige, später erstellte Importmatrix 1968	veröffentlicht in (47); Importmatrix enthalten in (48)
1970 1974 (1985) (1990)	37	1. Verbr. d. priv. Haushalte 2. Verbr. d. priv. Org. o. Erwerbscharakter 3. Verbr. d. öffentlichen Haushalte 4. Bauinvest. 5. Ausrüstungsinvestitionen 6. Vorratsveränderungen 7. Ausfuhr	1. Einfuhr 2. Abschreibungen 3. Ind. Steuern ./. Subventionen 4. Eink. aus unselbst. Arbeit 5. Eink. aus Untern. u. Vermögen Bei preisbereinigten Tabellen nur Einfuhr (1.) u. BIP (2.–5.)	Verwendungsbereichen B	institutionell nach Unternehmen	mit den Sozialproduktsdaten des StaLaA abgestimmt	Marktpreisen; jeweilige Preise (Tab. 1974) und Preise von 1970 (alle Tabellen)	Tab. 1970 nach nach Input u. Output-Methode; Tab. 1974 modellmäßig vervollständigt; Tab. 1985 und 1990 projiziert	Importmatrizen (1970 und 1974)	bisher intern, aber Tabelle 1970 und 1974 auf Anfrage erhältlich (Veröffentlichung in Vorbereitung)

Bezugsjahr	Zahl der Produktber.	Unterschiedene Endnachfragebereiche	Unterschiedene primäre Inputs	Erfassung der Einfuhr nach … (Version …)	Prinzip der Sektorenbildung	Verhältnis zu den volkswirtschaftl. Gesamtrechnungen (VGR)	Bewertung der Transaktionen zu …	Berechnungsmethoden	Neben- und Zusatzmatrizen	Fundestellennachweis
1	2	3	4	5	6	7	8	9	10	11
					Tabelle für das Ruhrgebiet (RWI)					
1974	38	1. Priv. Verbr. 2. Staatsverbr. 3. Investitionen 4. Außerregionale Nachfrage	1. Importe 2. Beitrag zum BIP	Verwendungbereichen B	institutionell nach Betrieben	mit den wichtigsten amtlichen Daten abgestimmt	Ab-Werk-Preisen; jeweilige Preise	vorwiegend nach Input-Methode auf Basis einer Befragung; ergänzt um derivative Methode	Importmatrix; Investitions- und private Verbrauchsmatrix	bisher intern, aber Veröffentlichung vorgesehen
				Gesamtwirtschaftliche Input-Output-Tabellen mit untersuchungsspezifischen Subsektoren						
					Tabellen für den Agrarkomplex (Zurek)					
1954 1958 1962 1967	26	1. Priv. Verbr. 2. Staatsverbrauch 3. Anlageinvestitionen 4. Vorratsveränderung 5. Ausfuhr	1. Primärinput	Herkunfts- und Verwendungsbereichen	funktionell nach Produktgruppen und teilweise institutionell nach Unternehmen	amtliche VGR-Daten zu jeweiligen Preisen als Eckgrößen	Ab-Werk-Preisen; jeweilige Preise	vorwiegend nach Input-Methode auf Basis der Materialeingangserhebungen (ausgehend von DIW-Tabellen)	Importmatrizen	veröffentlicht in (35)
					*Tabellen für die chemische Technik (IAW, ISI, ISM)**					
1958 1962 1972 1985	39	1. Priv. Verbr. 2. Öffentlicher Verbrauch 3. Anlageinvestitionen 4. Vorratsveränderungen 5. Export	1. Import 2. Abschreibungen 3. Indir. Steuern ./. Subventionen 4. Einkommen aus Unternehmert. u. Vermögen	Verwendungsbereichen	funktionell nach Produktgruppen u. teilweise institutionell nach Unternehmen	amtliche VGR-Daten zu jeweiligen Preisen als Eckgrößen	Marktpreise; jeweilige Preise (Tabellen 1962 und 1972) und Preise von 1962 (alle Tabellen)	nach Input- u. Output-Methode (ausgehend von DIW-Tabellen); Tabelle 1985 vorwiegend modellmäßig erstellt	Importmatrix für 1962	enthalten in (36); von I-O-T 1985 jedoch nur II. Quadrant

* IAW = Institut für Angewandte Wirtschaftsforschung, Tübingen – ISI = Institut für Systemtechnik und Innovationsforschung der Fraunhofer Gesellschaft, Karlsruhe – ISM = Industrieseminar der Universität Mannheim.

1976 1985 2000	31	1. Priv. Verbr. 2. Staatsverbrauch 3. Bruttoinvestition 4. Export	1. Import 2. Abschreibungen 3. Indir. Steuern ./. Subventionen 4. Eink. aus unselbst. Arbeit 5. Eink. aus Unternehmert. u. Vermögen	Verwendungsbereichen	funktionell nach Produktgruppen u. teilweise institutionell nach Unternehmen	amtliche VGR-Daten zu jeweiligen Preisen als Eckgrößen	Marktpreisen; jeweilige Preise	nach Input- u. Output-Methode, modellm. vervollständigt (ausgehend von DIW-Tab. 1972 und Projektionsergebn. aus anderen Teilmodellen)	veröffentlicht in (37)
					IOT für Österreich				
1964	54	1. Priv. Konsum 2. Öff. Konsum 3. Priv. Invest. 4. Öff. Inv. 5. Lagerveränd. 6. Exporte	1. Indir. Steuern 2. Abschreibungen 3. Eink. aus unselbst. Arbeit 4. Soziallohn 5. Betriebsüberschuß	Herkunfts- und Verwendungsbereich A2 (Bu. WiKammer: B)	quasifunktionell nach Betrieben	mit d. wichtigsten Ergebnissen der VGR abgest.	Marktpreise; jeweilige Preise	vorwiegend nach der Input-Methode, originär	veröffentlicht in (53)
1970	32	1. Priv. Konsum 2. Öff. Konsum 3. Investition 4. Export 5. Lagerveränd. 6. Importe 7. Verteilerspannen	1. Wertschöpfung	Herkunfts- und Verwendungsbereiche A1	quasifunktionell	in Eckdaten abgest.	Marktpreise; jeweilige Preise	fortgesch. Tabelle, modifiz. RAS.-Methode	nur zum internen Gebrauch
1976 PIO	32	1. Priv. Konsum 2. Ausländerfremdenverkehr 3. Öff. Konsum 4. Investition 5. Lagerveränd. 6. Exporte (7. Importe, A1-Version)	1. Wertschöpfung (2. Importe-B-Version) (3. Imp. Abgaben-B-Version)	Herkunfts- und Verwendungsbereiche A1 nur Verw. B	quasifunktionell	mit den wichtigsten Ergebn. der VGR abgest.	Marktpreise; jeweilige Preise	originär nach Input-Methode	veröffentlicht in (54)

Bezugsjahr	Zahl der Produktber.	Unterschiedene Endnachfragebereiche	Unterschiedene primäre Inputs	Erfassung der Einfuhr nach … (Version …)	Prinzip der Sektorenbildung	Verhältnis zu den volkswirtschaftl. Gesamtrechnungen (VGR)	Bewertung der Transaktionen zu …	Berechnungsmethoden	Neben- und Zusatzmatrizen	Fundestellennachweis
1	2	3	4	5	6	7	8	9	10	11
Tabellen des Statistischen Amtes der Europäischen Gemeinschaften (SAEG)										
1959 1960	35	1. Priv. Verbrauch 2. Staatsverbrauch 3. Bruttoanlageinvestitionen d. Unternehmen 4. Bruttoanlageinvestitionen d. Staates 5. Vorratsveränderungen 6. Ausfuhren nach EWG-Ländern 7. Ausfuhren nach sonst. Ländern	1. Abschreibungen 2. Indir. Steuern ./. Subventionen 3. Zölle u. Abgaben auf verwendete Einfuhren 4. Einkommen aus unselbst. Arbeit 5. Arbeitgeberbeiträge zur Sozialvers. 6. Sonst. Eink.	Herkunfts- und Verwendungsbereichen, unterteilt nach EWG- und sontigen Ländern D	funktionell nach Produktgruppen	mit wichtigsten Ergebnissen der VGR abgestimmt	Ab-Werk- und Ab-Zoll-Preisen; jeweilige Preise	nach Input- und Output-Methode (von deutscher Sachverständigengruppe)	Importmatrizen; Besonderheit: getrennter Nachweis der drei Quadranten (Tab. der Vorleistungen, der letzten Verwendung sowie der Primärinputs des Aufkommens)	veröffentlicht in (18) bis (20)
1965	64	1. Verbrauch der priv. Haushalte 2. Kollektivverbrauch des Staates und der priv. Organ. 3. Bruttoanlageinvestitionen 4. Vorratsveränd. 5. Transferexport vorh. Güter 6. Ausfuhr nach EWG-Ländern 7. Ausfuhr nach Drittländern	1. Bruttolöhne und -gehälter 2. Sozialbeiträge der Arbeitgeber 3. Nettobetriebsüberschuß 4. Abschreibungen 5. Produktionssteuern 6. Subventionen	Herkunfts- und Verwendungsbereichen, unterteilt nach EWG- und Drittländern D	funktionell nach Produktgruppen	mit wichtigsten Ergebnissen der VGR abgestimmt	Ab-Werk- und Ab-Zoll-Preisen; jeweilige Preise (Rechnungseinheiten)	vorwiegend nach Input-Methode, ergänzt um Output-Methode (übernommen vom StaBuA)	Importmatrizen; Tabelle der letzten Verwendung zu Anschaffungspreisen; Besonderheit: Getrennter Nachweis der drei Quadranten	veröffentlicht in (21)
1970	44 (43)	1. Verbrauch d. priv. Haush. 2. Kollektivverbrauch d. Staates 3. Kollektivverbrauch der priv. Organ. 4. Bruttoanlageinvestitionen 5. Vorratsveränderung 6. Gesamtausfuhr	1. Einkommen aus unselbst. Arbeit 2. Nettobetriebsüberschuß 3. Abschreibungen 4. Produktionssteuern 5. Subventionen	Herkunfts- und Verwendungsbereichen D	funktionell nach Produktgruppen	mit wichtigsten Ergebnissen der VGR abgestimmt	Ab-Werk- und Ab-Zoll-Preisen; jeweilige Preise (europäische Rechnungseinheiten)	vorwiegend nach Input-Methode, ergänzt um Output-Methode (übernommen vom StaBuA)	Importmatrix; Besonderheit: Getrennter Nachweis der drei Quadranten	veröffentlicht in (22) und (23)

Fundstellennachweis
für die gesamtwirtschaftlichen und regionalen Input-Output-Tabellen
(zur Übersicht 8.4)

(1) W. Krelle: Volkswirtschaftliche Gesamtrechnung einschließlich Input-Output-Analyse mit Zahlen für die Bundesrepublik Deutschland, Berlin 1959.

(2) W. Krelle (Hrsg.): Volkswirtschaftliche Gesamtrechnung für die Bundesrepublik Deutschland – Einzelberechnungen, Berlin 1960.

(3) G. Zeitel: Die Steuerlastverteilung in der Bundesrepublik, Tübingen 1953, insbesondere S. 79–86.

(4) R. Stäglin und H. Wessels unter Mitarbeit von I. Liebe und J. Schintke: Input-Output-Rechnung für die Bundesrepublik Deutschland 1954, 1958, 1962, 1966. Deutsches Institut für Wirtschaftsforschung: Beiträge zur Strukturforschung Heft 27, Berlin 1973.

(5) R. Filip-Köhn: Input-Output-Tabelle für die Bundesrepublik Deutschland 1967, in: Vierteljahrshefte zur Wirtschaftsforschung, Heft 1/1974, S. 69–73.

(6) R. Pischner, R. Stäglin und H. Wessels: Input-Output-Rechnung für die Bundesrepublik Deutschland 1972, Deutsches Institut für Wirtschaftsforschung: Beiträge zur Strukturforschung, Heft 38, Berlin 1975.

(7) D. Mertens und W. Kirner: Investitionsverflechtung in der Bundesrepublik Deutschland 1950–1970. DIW-Beiträge zur Strukturforschung, Heft 1, Input-Output-Rechnung, Berlin 1967.

(8) E. R. Baumgart: Revidierte Investitionsmatrizen für die Bundesrepublik Deutschland 1962 bis 1966, in: Vierteljahreshefte zur Wirtschaftsforschung, Heft 1/1974, S. 49–68.

(9) E. R. Baumgart: Investitionsmatrix für die Bundesrepublik Deutschland 1972, in: Vierteljahrshefte zur Wirtschaftsforschung, Heft 4/1976, S. 227–237.

(10) R. Filip-Köhn: Handwerksmatrizen für die Bundesrepublik Deutschland 1967, in: Vierteljahrshefte zur Wirtschaftsforschung, Heft 3/1975, S. 205–215.

(11) R. Krengel, J. Schintke, R. Stäglin, J.-P. Weiß und H. Wessels: Jährliche nominale Input-Output-Tabellen und Importmatrizen für die Bundesrepublik Deutschland 1954–1967, Deutsches Institut für Wirtschaftsforschung: Beiträge zur Strukturforschung, Heft 21, Berlin 1972.

(12) R. Krengel, J. Schintke, R. Stäglin, J.-P. Weiß und H. Wessels: Jährliche Input-Output-Tabellen und Importmatrizen zu Preisen von 1962 für die Bundesrepublik Deutschland 1954 bis 1967, Forschungsbericht, Deutsches Institut für Wirtschaftsforschung, Berlin, September 1972, vervielfältigt.

(13) W. Kirner unter Mitarbeit von G. Noack: Investitionsverflechtungen der Bundesrepublik Deutschland 1960 bis 1967, Forschungsbericht des Deutschen Instituts für Wirtschaftsforschung, Berlin, Mai 1972, vervielfältigt.

(14) E. R. Baumgart, R. Stäglin, J.-P. Weiß und H. Wessels und Mitarbeiter; EDV: J. Schintke und B. Weiser: Jährliche nominale Input-Output-Tabellen, Importmatrizen und Investitionsmatrizen für die Bundesrepublik Deutschland 1960 bis 1974, Deutsches Institut für Wirtschaftsforschung: Beiträge zur Strukturforschung, Heft 54, Berlin 1979.

(15) R. Stäglin, J.-P. Weiß und H. Wessels: Jährliche Input-Output-Tabelle und Importmatrizen zu Preisen von 1970 für die Bundesrepublik Deutschland 1960 bis 1974, Forschungsbericht, Deutsches Institut für Wirtschaftsforschung, Berlin, Juli 1979, vervielfältigt.

(16) J. Schmidt, R. Stäglin, J.-P. Weiß und H. Wessels; EDV: J. Schintke und B. Weiser: Die Bedeutung des strukturellen Wandels für die Beschäftigung, Deutsches Institut für Wirtschaftsforschung: Beiträge zur Strukturforschung, Heft 60, Berlin 1980.

(17) J.-P. Weiß: Produktion von Input-Output-Tabellen für die Bundesrepublik Deutschland für die Jahre 1980 und 1985, Kommission für wirtschaftlichen und sozialen Wandel, Bd. 129, Göttingen 1976.

(18) Statistisches Amt der Europäischen Gemeinschaften: Input-Output-Tabellen für die Länder der Europäischen Wirtschaftsgemeinschaft, Brüssel, Oktober 1964.

(19) Statistisches Amt der Europäischen Gemeinschaften: Input-Output-Tabellen für die Länder der Europäischen Wirtschaftsgemeinschaft. Zweite Fassung, Brüssel, Dezember 1965.

(20) H. Bartels, G. Hanisch, W. Lauckner: Bericht über die Berechnung der Input-Output-Tabellen 1960 für die Bundesrepublik Deutschland, in: Statistisches Amt der Europäischen Gemeinschaften (Hrsg.): Statistische Informationen, Nr. 3/1964, S. 5–38.

(21) Statistisches Amt der Europäischen Gemeinschaften: Input-Output-Tabelle BR Deutschland 1965, Sonderreihe 6, 1970.

(22) Statistisches Amt der Europäischen Gemeinschaften: Input-Output-Tabelle BR Deutschland – 1970, eurostat, Sonderreihe 6, Luxemburg 1978.

(23) Statistisches Amt der Europäischen Gemeinschaften: Input-Output Tables, The Nine and the Community 1970, eurostat, Special series 8, Luxemburg 1978.

(24) G. Gehrig und Mitarbeiter: Input-Output-Studien, Bände 1 bis 10, Ifo-Institut für Wirtschaftsforschung, München 1969.

(25) G. Gehrig: Bericht über die Erstellung einer Input-Output-Tabelle für die Bundesrepublik Deutschland mit vorläufigen Zahlen für 1961, Ifo-Institut für Wirtschaftsforschung, München 1964.

(26) G. Gehrig: Input-Output-Tabellen und -Koeffizienten für 1961 bis 1964. Ein Beitrag zur Erstellung eines mittelfristigen Prognosemodells für die Bundesrepublik Deutschland, Input-Output-Studien, Band 11, Ifo-Institut für Wirtschaftsforschung, München 1969.

(27) E. Korthaus und R. Rettig unter Mitarbeit von B. Hillebrand: Input-Output-Tabellen für die Bundesrepublik Deutschland 1962 bis 1975, Rheinisch-Westfälisches Institut für Wirtschaftsforschung: RWI-Papiere, Nr. 8, Essen 1979.

(28) U. Nockermann: Der Private Verbrauch in der Bundesrepublik Deutschland. Verflechtungstabellen nach Ausgabearten und Lieferbereichen 1960 bis 1976, Rheinisch-Westfälisches Institut für Wirtschaftsforschung: RW-Papiere, Nr. 7, Essen 1978.

(29) J. Komarnicki und K.-H. Neuhaus: Der Staatssektor in der Input-Output-Rechnung. Verflechtungstabellen für die Bundesrepublik Deutschland nach Aufgabenbereichen und Branchen 1954–1967, Schriftenreihe des Rheinisch-Westfälischen Instituts für Wirtschaftsforschung, Essen, Neue Folge, Heft 32, Berlin 1972.

(30) H. Karrenberg: Die Input-Output-Verflechtung der Gebietskörperschaften in den Jahren 1968 bis 1973, Rheinisch-Westfälisches Institut für Wirtschaftsforschung: RWI-Papiere, Nr. 5, Essen 1977.

(31) Statistisches Bundesamt: Fachserie N, Volkswirtschaftliche Gesamtrechnungen, Reihe 2, Input-Output-Tabellen 1965, Stuttgart und Mainz, August 1972.

(32) R. Stäglin: Input-Output-Tabelle für die Bundesrepublik Deutschland 1976. in: Vierteljahrshefte zur Wirtschaftsforschung des DIW, Heft 1/1981.

(33) Statistisches Bundesamt (Hrsg.): Fachserie 18, Volkswirtschaftliche Gesamtrechnungen, Reihe 2, Input-Output-Tabellen 1970, Stuttgart und Mainz, April 1977.

(34) Statistisches Bundesamt (Hrsg.): Statistisches Jahrbuch 1980 für die Bundesrepublik Deutschland, Stuttgart und Mainz, August 1980, S. 528ff.

(35) M. Zurek: Die Input-Output-Verflechtung der westdeutschen Agrar- und Ernährungswirtschaft. Versuch einer Quantifizierung des „Agribusiness“ in der BRD, Schriftenreihe der Forschungsgesellschaft für Agrarpolitik und Agrarsoziologie e.V., Heft 217, Bonn 1972.

(36) Institut für Angewandte Wirtschaftsforschung (IAW) Tübingen, Industrieseminar der Universität Mannheim (ISM) und Institut für Systemtechnik und Innovationsforschung (ISI) der Fraunhofer Gesellschaft Karlsruhe: Vorstudie zu einem Simulationsmodell im Rahmen des Rohstoffsicherungsprogramms CHEMISCHE TECHNIK für das Bundesministerium für Forschung und Technologie, Schlußbericht, Forschungskennzeichen CVA 1135, Juni 1976.

(37) E. Böhm, H. Herz, E. Jochen, H. Kornprobst, H. Legler, H. Lindner, R. Pfeiffer: Modell Chemische Technik, Anwendung für die Bereiche Düngemittel, Waschmittel, Farben und Lacke, Forschungsberichte des Bundesministeriums für Forschung und Technologie T 79-62, -63, November 1979.

(38) J. Beutel und H. Mürdter: Input-Output-Analyse der Energieströme, in: ifo-Schnelldienst 17–18/80, S. 58–68.

(39) G. Strassert: Möglichkeiten und Grenzen der Erstellung und Auswertung regionaler Input-Output-Tabellen unter besonderer Berücksichtigung der derivativen Methode. Schriften zu Regional- und Verkehrsproblemen in Industrie- und Entwicklungsländern, Bd. 2, Berlin 1968.

(40) H. Müller und Mitarbeiter: Probleme der Wirtschaftsstruktur des Saarlandes. Europäische Gemeinschaft für Kohle und Stahl. Hohe Behörde; Regional- und Wirtschaftspolitische Studienreihe, Luxemburg 1967 (insbes. S. 64–69, S. 117–120 u. S. 169–171).

(41) Minister für Wirtschaft, Mittelstand und Verkehr des Landes Nordrhein-Westfalen: Untersuchungen zur Energiesituation, Input-Output-Analysen, Juli 1967.

(42) W. Hasselmann: Stadtentwicklungsplanung. Grundlagen – Methoden – Maßnahmen. Dargestellt am Beispiel der Stadt Osnabrück. Institut für Siedlungs- und Wohnungswesen der westfälischen Wilhelms-Universität Münster, Sonderdruck 39, Münster (Westf.) 1967.

(43) W. Hasselmann und H. Spehl: Die Wirtschaftsverflechtungen in Hessen. Eine Anwendung der Input-Output-Analyse, Institut für Siedlungs- und Wohnungswesen der Westfälischen Wilhelms-Universität Münster, Münster (Westfalen) 1971.

(44) H. Spehl: Regionale und multiregionale Input-Output-Rechnung, dargestellt am Beispiel des Landes Hessen, Institut für Siedlungs- und Wohnungswesen der Westfälischen Wilhelms-Universität Münster, Münster (Westfalen) 1971.

(45) B. Lehbert: Bedeutung und Auswertung regionaler Input-Output-Tabellen – Mit Input-Output-Tabellen der Wirtschaft des Landes Schleswig-Holstein für 1962 und 1966 –, Kieler Studien, Nr. 105, Tübingen 1970.

(46) R. Krengel: Input-Output-Rechnung für Berlin (West) 1962. Ein Beitrag zur regionalen Strukturanalyse, DIW-Beiträge zur Strukturforschung, Heft 9, Berlin 1969.

(47) G. Weißhuhn: Input-Output-Rechnung für Berlin (West) 1962 und 1968, in: Vierteljahrshefte zur Wirtschaftsforschung, Heft 4/1971, S. 279–286.

(48) B. Otrzonsek: Analyse der Verflechtungsstruktur einer Region unter besonderer Berücksichtigung ihrer Außenabhängigkeit – dargestellt mit Hilfe der Input-Output-Rechnung am Beispiel der Input-Output-Tabelle und der Importmatrix für West-Berlin 1968, Fachbereich Wirtschaftswissenschaften der Freien Universität Berlin, Berlin 1976.

(49) H.-H. Rüschmann: Die regionale wirtschaftliche Verflechtung des norddeutschen Raumes – Schleswig-Holstein, Niedersachsen, Hamburg und Bremen –. Erstellung und Auswertung einer Input-Output-Tabelle dieses Raumes für das Jahr 1970, Fachbereich Wirtschaftswissenschaften der Universität Hamburg, Hamburg 1975.

(50) W. Münzenmaier, H.-H. Steiger, U. Perret: Input-Output-Tabelle Baden-Württemberg 1972, in: Baden-Württemberg in Wort und Zahl, Statistische Monatshefte, 26. Jg., Heft 8/1978.

(51) W. Münzenmaier. Wirtschaftliche Verflechtung Baden-Württembergs 1972, in: Baden-Württemberg in Wort und Zahl, Statistische Monatshefte, 28. Jg., Heft 5/1980.

(52) Umstellung der Input-Output-Tabellen des Ifo-Instituts für die Jahre 1962 und 1964 auf die Systematik der Produktionsbereiche in Input-Output-Rechnungen (SIO) des Stat. Bundesamtes München, November 1980.

(53) Österr. Statistisches Zentralamt, Bundeskammer der gewerbl. Wirtschaft, Österr. Institut f. Wirtschaftsforschung, Input-Output-Tabelle 1964, Wien 1973

(54) J. Richter, Strukturen und Interdependenzen der österreichischen Wirtschaft. Ergebnisse der Provisorischen Input-Output-Tabelle 1976. Schriftenreihe der Bundeswirtsch.-Kammer Heft 41, Wien 1981.

9. Kapitel: Die deskriptive Auswertung der Input-Output-Tabellen

9.1 Input- und Outputkoeffizienten

9.1.1 Probleme der Koeffizientenbildung

Wir haben im vierten Kapitel **IOT** und **IOA** unterschieden. Dabei wurde die IOT als deskriptives Ex-Post-Kreislaufschema charakterisiert, das zunächst keine modellmäßigen Hypothesen enthält.

Dies bedeutet aber nicht, daß sich aus dieser Ex-Post-Tabelle nicht bereits wertvolle Aufschlüsse über die betrachtete Volkswirtschaft ziehen ließen. Die **absoluten Werte** der **direkten** Verflechtung, die in der IOT verbucht werden, sind in struktureller Hinsicht für sich allein genommen noch nicht sehr aussagekräftig. Deshalb ermittelt man, um den Grad der industriellen Verflechtung oder den Anteil einer Primäraufwandskomponente am Input bzw. einer Endnachfragekomponente am Output der Sektoren feststellen zu können, sogenannte **Strukturkoeffizienten.**

Diese Strukturkoeffizienten können unterschieden werden:

(1) nach der Art des Transaktionsstromes, der im Zähler steht, in **Vorleistungs-, Primäraufwands-** und **Endnachfragekoeffizienten,**
(2) nach dem Zeilen- oder Spaltenbezug im Nenner in **Input-** und **Outputkoeffizienten,**
(3) nach der Bewertung zu konstanten oder laufenden Preisen in **reale** und **nominale Koeffizienten.**

Die **strukturellen Informationen,** die man aus IOTs ohne Rückgriff auf die IOA entnehmen kann, lassen sich ebenfalls grob in die folgenden vier Gruppen aufgliedern:

(1) Die Struktur der Volkswirtschaft wird für den Zeitraum (Stromrechnung!), auf den sich die Tabelle bezieht, durch die genannten Koeffizienten beschrieben;
(2) Die unter (1) beschriebene Struktur wird **in ihrer zeitlichen Entwicklung** verfolgt (**intertemporaler Strukturvergleich,** siehe dazu Abschnitt 9.1.3);
(3) Die unter (1) beschriebene Struktur wird für denselben Zeitraum bzw. im Zeitablauf **für verschiedene Volkswirtschaften** abgebildet (**internationaler Strukturvergleich,** siehe dazu Abschnitt 9.2);
(4) Aus IOTs werden mittels spezieller Verfahren Aussagen über die Art der Abhängigkeit der Sektoren voneinander abgeleitet **(Ordnung von Produktionsstrukturen),** wobei diese Abhängigkeiten ebenfalls im Zeitablauf sowie zwischen verschiedenen Regionen beobachtet werden können (siehe Abschnitte 9.3 und 9.4).

Die **Inputkoeffizienten** (vertikale Koeffizienten, auch technische oder Produktionskoeffizienten genannt) werden berechnet, indem man den betrachteten Felderwert durch den Wert der zugehörigen Spaltensumme dividiert. Für die **Vorleistungsmatrix** ergibt dies:

$$a_{ij} = \frac{V_{ij}}{X_j};$$

Es findet also eine **Normierung der Spaltenwerte durch die Spaltensumme** statt. Handelt es sich um eine **funktionelle Tabelle,** so zeigen die Produktionskoeffizienten, wieviele Mengeneinheiten des Produktes i wertmäßig zur Erzeugung einer Einheit des Produktes j eingesetzt werden. Sie stellen, produktionstheoretisch gesehen, somit einen Ausdruck für die im Durchschnitt eines Sektors angewendete **Technologie** dar.

Handelt es sich um eine **institutionelle** Tabelle, dann zeigen die dabei ermittelten Koeffizienten statt der Beziehung zwischen Verbrauch und Produktion wegen der Marktverflechtung dieses Tabellentyps die Beziehungen zwischen Bezügen und Lieferungen.

Die Inputkoeffizienten im Vorleistungs- und Primäraufwandsbereich spiegeln die **Kostenstruktur** des jeweiligen Sektors wider. Für die Produktionssektoren zeigen sie die sektorale Herkunft der Vorleistungen und die Kostenanteile, die aus dem Primäraufwand resultieren, für die Endnachfragebereiche zeigen sie deren Belieferung durch die verschiedenen Produktionssektoren.

Die **Outputkoeffizienten** (auch horizontale Koeffizienten bzw. Verteilungskoeffizienten genannt) werden berechnet, indem man einen beliebigen Wert der IOT durch den Wert der zugehörigen Zeilensumme dividiert. Für die Vorleistungsmatrix ergibt dies:

$$b_{ij} = \frac{V_{ij}}{X_i} ;$$

Es findet also eine **Normierung der Zeilenwerte durch die Zeilensummen** statt. Die Outputkoeffizienten im Vorleistungs- und Endnachfragebereich spiegeln die **Absatzstruktur** des jeweiligen Sektors wider. Sie geben an, welcher Teil des gesamten Outputs von Sektor i an andere Produktionssektoren und die Endnachfrage fließt. Für den Primäraufwand weisen sie die Verteilung der jeweiligen Primäraufwandskategorie auf die einzelnen Sektoren aus, also z.B. wie verteilen sich die entstandenen Einkommen auf die Sektoren, wie sieht die sektorale Verteilung der indirekten Steuern aus usw.?

Da alle Strukturkoeffizienten sowohl im Zähler als auch im Nenner in denselben Recheneinheiten gemessen werden, sind sie formal dimensionslose Größen.

In der Regel wird man bei der Auswertung einer IOT sowohl die Input- als auch die Outputkoeffizienten berechnen. Dabei finden die **Inputkoeffizienten** vor allem bei den formalisierten Modellen der IOA Verwendung. Hier kommt es, wie wir sehen werden, auf die Beobachtung der Koeffizienten im Zeitablauf und damit auf die Erkennung von Strukturveränderungen und deren Auswirkungen an. Wie bei allen Makrogrößen ist dabei insbesondere auf die interne Struktur der einzelnen Matrixfelder, also auf die die Koeffizienten bestimmende Feinstruktur, zu achten. Substitutionsprozesse, technische Veränderungen, intrasektorale Nachfrageverschiebungen usw. **können** alle zu Veränderungen der entsprechenden Koeffizienten führen. Will man deren Ursache genauer analysieren, ist es oft notwendig, die einzelnen Koeffizienten weiter in Teilkoeffizienten aufzuspalten und deren Verlauf zu untersuchen (siehe dazu Abschnitt 9.1.3).

Die Inputkoeffizienten sind aber auch für die Prognose sektoraler Produktionsentwicklungen von Nutzen. Da nur produziert werden kann, wenn die dafür notwendigen Vorleistungen und primären Inputs zur Verfügung stehen (hier wird der Einfachheit halber eine unveränderte Technologie unterstellt), muß bei der Prognose der zukünftigen Produktion eines Sektors die Entwicklung zumindest der wichtigsten Zulieferbereiche (und eventuell deren wichtigste Zulieferer) in die Analyse einbezogen werden. Die Inputkoeffizienten zeigen auf, welche Sektoren vom Kostenanteil her die relativ wichtigsten Zulieferer sind und wie groß die dadurch gegebene Abhängigkeit ist.

Die **Outputkoeffizienten** sind besonders im internationalen Strukturvergleich nützlich, da sie wegen ihres Bezuges auf die Zeilen, wo idealtypisch ein einheitliches Produkt erfaßt werden sollte, von der nationalen Struktur der relativen Preise unabhängig sind (*Skolka* 1974, S.28). Sie sind ebenfalls für die Prognose der sektoralen Produktionsentwicklung von Interesse, da hierfür auch Informationen über die Entwicklung der wichtigsten Bezugssektoren notwendig sind, und zwar sowohl im Endnachfrage- als auch im Vorleistungsbereich. Diese Informationen kann man in erster Annäherung den entsprechenden Outputkoeffizienten entnehmen.

Aus dem bisher Gesagten ist unmittelbar klar, daß der für das Feld V_{ij} $(i \neq j)$ berechnete **Inputkoeffizient** a_{ij} in der Regel **nicht gleich** dem entsprechenden **Outputkoeffizienten** b_{ij} ist. Dies ist dadurch zu erklären, daß der Vorleistungsstrom V_{ij} einmal durch die **j-te Spaltensumme** und einmal durch die **ite Zeilensumme** dividiert wird, deren Gleichheit höchst unwahrscheinlich sein dürfte. Diesen Sachverhalt kann man anhand von Koeffiziententabellen, die mittlerweile als Serviceleistung der Tabellenersteller häufig gleich mitgeliefert werden, ohne Schwierigkeiten überprüfen. Da dies jedoch unanschaulich ist, zeigen wir Computergraphiken einer IOT in Absolutwerten (Abb. 69), sowie der zugehörigen Input- (Abb. 70) und Output- (Abb. 71) Koeffiziententabellen. Dabei werden die Felderwerte über den entsprechenden Koordinaten durch unterschiedlich hohe Pyramiden abgebildet. Die Input- und Outputkoeffizientendarstellung wurde um ihrer Vergleichbarkeit willen im selben Projektionsmaßstab (und Drehwinkel) erzeugt.

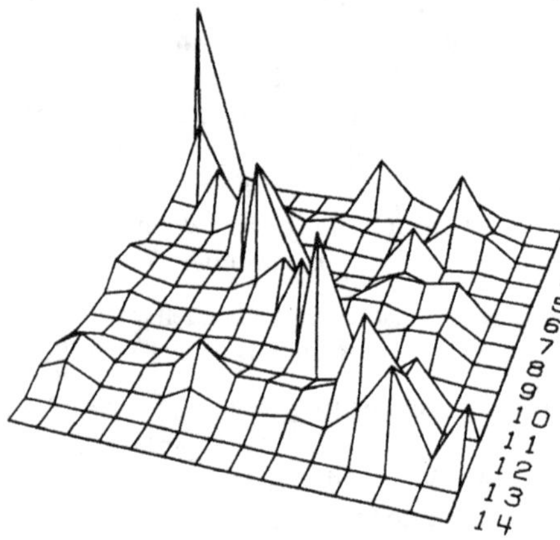

Abb. 69: Computergraphik der österreichischen IOT (1964) in Absolutwerten

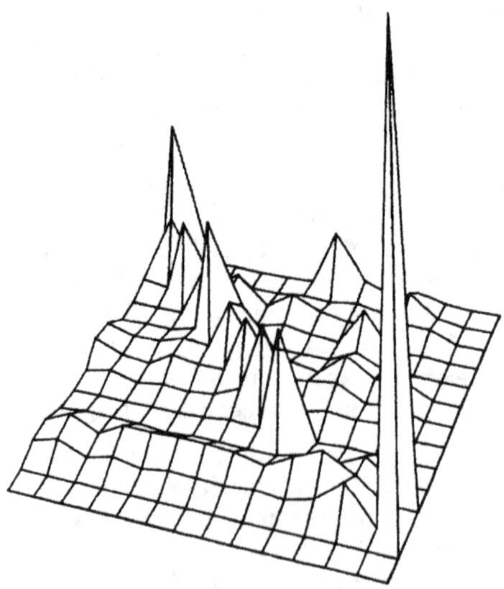

Abb. 70: Computergraphik der österreichischen IOT (1964), Input-Koeffizienten

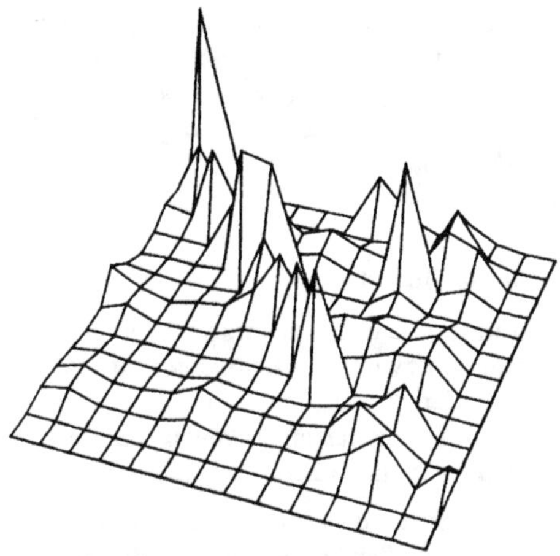

Abb. 71: Computergraphik der österreichischen IOT (1964), Output-Koeffizienten

Als Demonstrationsmodell verwenden wir die bereits vorgestellte amtliche österreichische IOT aus dem Jahr 1964 in einer auf 14 Sektoren aggregierten Version (Klassifikation nach ECE Industriesektoren, s. Abb. 72). Aus dieser Darstellung läßt sich unmittelbar entnehmen:

- Die Inputkoeffizienten a_{ij} und die Outputkoeffizienten b_{ij} sind für $i \neq j$ in der Regel **unterschiedlich groß.** Die Hauptdiagonalelemente $a_{ii} = b_{ii}$ sind für beide Tabellen gleich.

		ISIC*-Klassifikation
1	Landwirtschaft	Division 0, 212
2	Nahrungsmittel	20, 211, 213, 214, 22, 11, 13, 32, part of
3	Energie	341, 51, 52
4	Bergbau, ohne Kohlenbergbau	12, 14, 19
5	Metallindustrie	Part of 341, 342
6	Eisenschaffende und -verarbeitende Industrie	35, 36, 37, 38, 39
7	Chemie, Gummi	30, 31, 33
8	Holz, Papier, Druck	25, 26, 27, 28
9	Textil, Leder, Bekleidung	23, 24, 29
10	Bauwirtschaft	40
11	Groß- und Einzelhandel Beherbergung und Transporte	61, 71, 72, 73, 852, 853, 854
12	Dienstleistungen	62, 63, 64, 81, 82, 83, 84, 851, 855, 856, 859
13	Schrott und Abfall	...
14	Nichtzugewiesene Sektoren	90

* International Standard Industrial Classification

Abb. 72: ECE-Klassifikation der 14 Industriesektoren

- Die Hauptdiagonalelemente überragen in allen drei Darstellungen fast immer die Werte der anderen Felder. Dies ist auf den **hohen Aggregationsgrad der Tabelle** zurückzuführen und gleichzeitig ein Hinweis darauf, wie stark die Struktur der abgebildeten Wirtschaft durch unterschiedliche Aggregationsgrade von IOTs verzerrt wird. In der IOA streicht man deshalb häufig die **für eine reine Verflechtungsanalyse verzichtbaren Hauptdiagonalelemente.**

9.1.2 Nominale und reale Koeffizienten

Neben der Unterteilung in Input- und Outputkoeffizienten wird bei der Strukturanalyse, wie eingangs ausgeführt, noch zwischen **nominalen** und **realen** Koeffizienten unterschieden. Dabei basieren die realen Koeffizienten im Gegensatz zu den bisher diskutierten nominalen Koeffizienten auf Felderwerten zu **konstanten** Preisen, während die nominalen Koeffizienten zu **jeweiligen** (laufenden) Preisen berechnet werden.

Für Inputkoeffizienten bedeutet dies: Nimmt im Zeitablauf ein realer Koeffizient ab, so läßt dies auf einen relativ sinkenden Verbrauch der in Frage kommenden Leistung schließen. Entwickeln sich die zusammengehörigen nominalen und realen Koeffizienten im Zeitablauf unterschiedlich, so deutet dies auf eine Verschiebung der Relation: Preis des verbrauchten Gutes zu Preis des produzierten Gutes hin (Terms-of-Trade-Effekt, siehe Abschnitt 5.5.3).

Ein Vergleich zwischen realen und nominalen Koeffizienten im Zeitablauf liefert somit wertvolle Informationen über die Preisverhältnisse von Output zu Inputgütern, also quasi über sektorale „terms of trade".

Die Unterscheidung zwischen nominalen und realen Koeffizienten läßt sich grundsätzlich auch für **Outputkoeffizienten** durchführen. Bei zeilenweiser Deflationierung bestehen hier aber zwischen ihnen keine Unterschiede.

9.1.3 Intertemporaler Strukturvergleich mit Hilfe von Koeffizienten

Um einen Eindruck von dem Arbeiten mit Strukturkoeffizienten und den damit verbundenen Problemen zu gewinnen, zeigen wir im folgenden einen Zeitvergleich von Strukturkoeffizienten über mehrere Jahre hinweg, der von *Bonhoeffer* und *Wehle* mittels Tabellen des Ifo-Institutes durchgeführt wurde (*Bonhoeffer*, *Wehle* 1970, S. 34–41).

Dabei handelt es sich um einen **Zeitvergleich der Inputstruktur** des Sektors Kunststoffverarbeitung, bei dem festgestellt werden sollte, welche Änderungen in dem Zeitraum von 1961 bis 1964 in den mengen- und wertmäßigen Relationen zwischen den zur Erstellung dieser Produktion verbrauchten Vorleistungen und Produktionsfaktoren stattgefunden haben, und inwieweit die Ursachen der Veränderung der entsprechenden Inputkoeffizienten näher bestimmt werden können.

Zu diesem Zweck wurden die Vorleistungen des Sektors zunächst in „Vorleistungen aus der Chemie" und „sonstige Vorleistungen" unterteilt und zusammen mit den Löhnen und Gehältern als nominale und reale Input-Koeffizienten entlang einer Zeitachse abgetragen:

Dadurch wird ein Bild der Preisstrukturänderungen vermittelt. Da als Preisbasis das Jahr 1962 gewählt wurde, müssen sich in diesem Jahr definitionsgemäß Nominalkurve und Realkurve schneiden.

Abb. 73 zeigt, daß die realen Vorleistungskoeffizienten ausnahmslos sinkende Tendenz aufweisen. Da die Summe der Inputkoeffizienten gleich eins sein muß, bedeutet dies einen steigenden gesamten realen Primäraufwandsanteil.

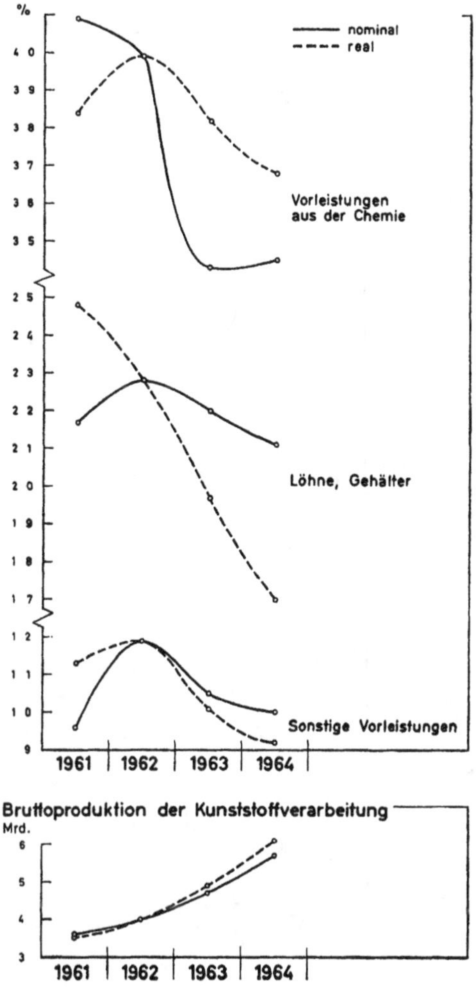

Abb. 73: Input-Koeffizienten der Kunststoffverarbeitung: Vorleistungen und Arbeitsentgelte

Ein Vergleich zwischen dem nominalen und realen Koeffizienten „Vorleistungen aus der Chemie“ zeigt, daß hier ein deutlicher Preisverfall eingetreten ist. Der entsprechende Vergleich für die Lohn- und Gehaltskoeffizienten zeigt hingegen, daß der Fortschritt der durchschnittlichen Arbeitsproduktivität hier zum Teil durch steigende Löhne und Gehälter aufgezehrt wurde.

Will man den Ursachen dieser Veränderungen auf die Spur kommen, muß man die in Abb. 73 aufgeführten Koeffizienten noch weiter unterteilen. Spaltet man etwa die Vorleistungen aus der Chemie in die vier Teilbereiche: Thermoplaste, Duroplaste, Weichmacher und sonstige Chemie auf und erstellt hierfür die realen und nominalen Vorleistungskoeffizienten, so ergibt sich das folgende Bild:

Die Realkoeffizienten der Abb. 74 zeigen, daß der Rückgang des Anteils von Vorleistungen aus der Chemie ausschließlich auf die Entwicklung der sonstigen Vorleistungen aus der Chemie zurückzuführen ist. Der in Abb. 73 sichtbare Preisverfall betrifft vor allem die Thermoplaste und die Duroplaste. Schlüsseln wir die Thermoplaste weiter in ihre

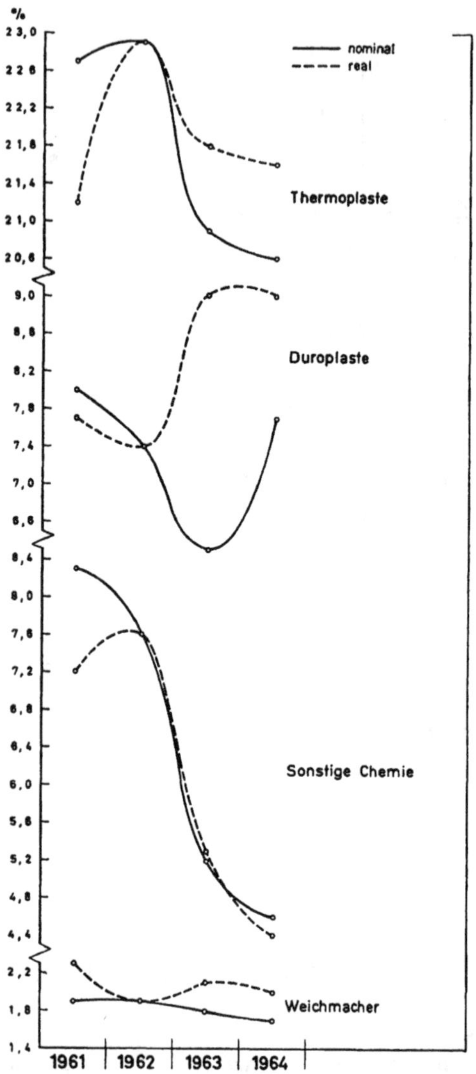

Abb. 74: Input-Koeffizienten der Kunststoffverarbeitung: Verbrauch an Chemieprodukten

Bestandteile: Polyolefine, Polyvinylchlorid, Polystyrol, Polyvinylacetat, Polyacrylsäureester, sonstige Vinylpolymere und sonstige Thermoplaste auf, so zeigt die Abb. 75, daß die relative Konstanz der höher aggregierten Inputkoeffizienten das Ergebnis von sich gegenseitig kompensierenden Bewegungen ist, eine Erkenntnis, die beim Arbeiten mit höher aggregierten Koeffizienten nicht erreichbar ist.

In unserem Beispiel werden Polystyrol und Polyvinylacetat durch Polyolefine und Polyvinylchlorid teilweise substituiert. Dabei sei eine Warnung ausgesprochen: ein **Anteilsrückgang,** wie etwa bei diesen beiden Produkten, **bedeutet nicht automatisch auch einen absoluten Rückgang der eingesetzten Mengen.** In unserem Beispiel bleiben sie durch das allgemeine Wachstum des Sektors Kunststoffverarbeitung vielmehr in etwa konstant. Schließlich sieht man noch, daß die nominalen Inputkoeffizienten nur bei Polyvinylchlorid und den Polyolefinen wesentlich von den realen Koeffizienten abweichen.

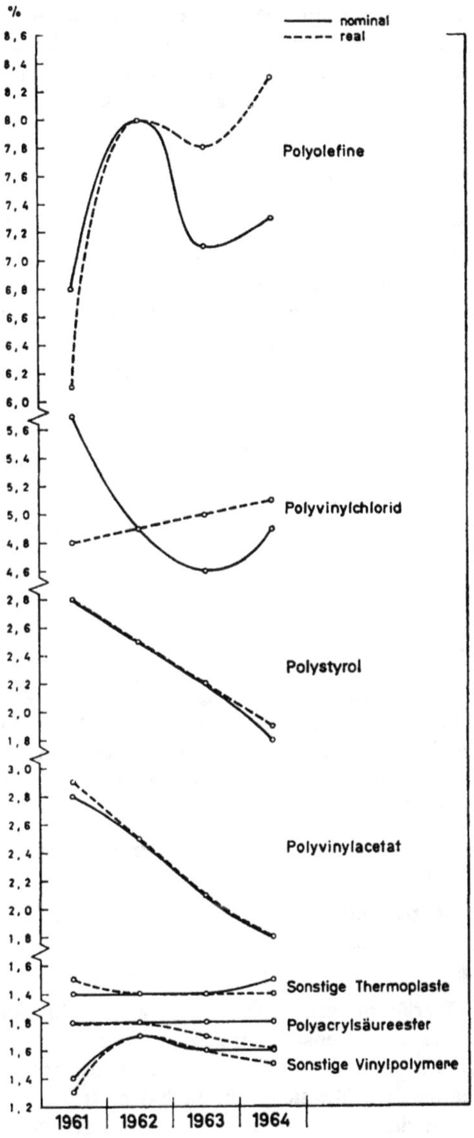

Abb. 75: Input-Koeffizienten der Kunststoffverarbeitung: Verbrauch an Thermoplasten

Damit wollen wir das vorgeführte Beispiel aus den Arbeiten des Ifo-Instituts abschließen. Es sollte vor allem demonstrieren, welche detaillierten strukturellen Informationen man aus einer IOT herausholen kann, wenn man nur die Produktgruppengliederung entsprechend tief ansetzt.

Wie für die Vorleistungsmatrix können **Strukturkoeffizienten** auch für **Investitions-** und **Importmatrizen** berechnet werden. Bei den Investitionsmatrizen, die eine nach empfangenden Sektoren aufgegliederte Endnachfragespalte: Bruttoanlageinvestitionen darstellen, lassen sich wie bei der Vorleistungsmatrix ebenfalls Input- und Outputkoeffizienten ermitteln. Dabei werden die einzelnen Größen entweder durch die entsprechende Spalten-

oder die entsprechende Zeilensumme geteilt. Die Inputkoeffizienten geben hier Aufschluß über die Herkunft bzw. die Zusammensetzung der Anlageinvestitionen eines Sektors entsprechend den Produktgruppen der liefernden Sektoren. Die Outputkoeffizienten zeigen die Verteilung der Investitionsgüterproduktion auf die investierenden Sektoren.

9.2 Die Probleme internationaler Vergleiche

Wie im Kapitel 3 erwähnt, erstellen mittlerweile fast alle Industrieländer und viele Entwicklungsländer eigene IOTs. Dies legt einen Vergleich von IOTs verschiedener Länder nahe, um dadurch zumindest erste Aufschlüsse über die Unterschiede in deren Wirtschaftsstrukturen zu erhalten. Tatsächlich wurden und werden auch ständig solche internationalen Vergleiche durchgeführt. Da dies manchmal etwas unkritisch geschieht, seien hier zumindest die wichtigsten Probleme derartiger internationaler Vergleiche kurz angeführt:

- der zugrundeliegende Produktionsbegriff,
- die Sektorenabgrenzung,
- der Aggregationsgrad,
- die Bewertung der Ströme,
- die relativen Preise,
- die Währungsumrechnung.

9.2.1 Der zugrundeliegende Produktionsbegriff

„Die Input-Output-Tabelle beschreibt die Güter- und produktionsmäßigen Verflechtungen in der Volkswirtschaft einschließlich der Güterströme mit der übrigen Welt" (Mai 1974, S. 167). Die damit angesprochene **Analyse der Produktionsstruktur** einer Volkswirtschaft hängt, wie schon der Bezeichnung zu entnehmen ist, vor allem davon ab, welcher **Produktionsbegriff** zugrundegelegt wird.

In der Lehrbuchliteratur werden in der Regel **drei verschiedene Produktionskonzepte** angeführt (siehe *Brümmerhoff* 1975, S. 52f.):

- der **marktbestimmte Produktionsbegriff** (restricted market production concept),
- der **umfassende Produktionsbegriff** (comprehensive production concept),
- der **materielle Produktionsbegriff** (restricted material production concept);

Der **marktbestimmte Produktionsbegriff** erkennt, grob gesprochen, als Produktion nur die Versorgung mit denjenigen Sachgütern und Dienstleistungen an, die über den Markt läuft. Der **umfassende Produktionsbegriff** schließt neben der gesamten marktbestimmten Produktion noch eine Reihe von Vorgängen ein, die sich außerhalb des Marktes vollziehen. Um welche Posten es sich dabei handelt, wird in der Regel ohne theoretische Überlegungen pragmatisch entschieden. In der Praxis stehen dabei vor allem die folgenden Posten zur Disposition:

- nicht bezahlte Arbeitsleistungen im privaten Haushalt,
- Eigenverbrauch der Unternehmer,
- selbsterstellte Anlagen,
- der unentgeltlich abgegebene Teil der staatlichen Leistungen,
- der unentgeltlich abgegebene Teil der Leistungen von privaten Organisationen ohne Erwerbscharakter,
- nicht bezahlte Leistungen dauerhafter Konsumgüter privater Haushalte,
- Leistungen der Banken und Versicherungen,
- Externalitäten.

Der **materielle Produktionsbegriff** schließlich beruht auf der *Marxschen* Auffassung der **produktiven Arbeit.** Hier werden nur solche Leistungen als Produktion zugelassen, die in der Sphäre der **materiellen Produktion** (produzierender Bereich) geschaffen werden und sozial organisiert sind. Dies hat die Konsequenz, daß grundsätzlich nur Produkte bzw. Waren als Produktion gemessen werden, Dienstleistungen werden nur dann mit einbezogen, wenn sie in einem untrennbaren Zusammenhang mit der materiellen Produktion stehen. Auch wenn bei der Abgrenzung der materiellen Produktion vom nichtproduktiven Bereich in den einzelnen sozialistischen Ländern, die diesen materiellen Produktionsbegriff verwenden, wesentliche Unterschiede feststellbar sind und allgemein die Tendenz herrscht, immer weitere Bereiche als „produktiv" anzusehen, werden doch allgemein zu den Leistungen der *nichtproduzierenden Bereiche* gerechnet (und damit nicht in die Produktion einbezogen):

- die Leistungen des Geld- und Versicherungswesens,
- die Wohnungsvermietung,
- die meisten Leistungen des staatlichen Bereiches,
- die meisten Leistungen des Dienstleistungshandwerks,
- die Leistungen der privaten Organisationen ohne Erwerbscharakter.

Es ist hier nicht beabsichtigt, die Vor- und Nachteile der drei aufgeführten Produktionskonzepte gegeneinander abzuwägen. Sie interessieren uns vielmehr nur im Hinblick auf die IOR, und hier können wir allgemein feststellen: **Mit dem zugrundegelegten Produktionsbegriff ändern sich auch die in der IOT zugelassenen Ströme,** was in der Regel zu **anderen Sektorenabgrenzungen** und oft auch zu **anderen Bewertungen** führt.

Dies sei im folgenden kurz anhand eines Vergleiches von östlichen und westlichen IOTs erläutert. Der den IOTs der sozialistischen Länder zugrundeliegende materielle Produktionsbegriff schließt, wie oben ausgeführt, alle nicht in einem untrennbaren Zusammenhang mit der materiellen Produktion stehenden Dienstleistungen aus. Will man eine solche auf dem Material-Product-System (MPS) fußende IOT mit einer gemäß den Richtlinien des westlichen System of National Accounts (SNA) erstellten IOT vergleichen, so gibt es grundsätzlich zwei Möglichkeiten:

- man kann die MPS-Tabelle auf eine SNA-Tabelle erweitern, oder:
- man kann die SNA-Tabelle auf eine MPS-Version verkürzen.

Aufgrund des Mangels an passenden Informationen kommt in der Praxis allerdings fast nur die zweite Vorgehensweise in Betracht. *Fink* (*Fink* 1979, S. 2f.) schlägt hierbei die folgenden Schritte vor:

(1) **Materielle Inputs der Dienstleistungssektoren werden als Staatskonsum verbucht.**

Da die Dienstleistungssektoren in der MPS-Tabelle nicht mehr aufscheinen, andererseits aber die Bruttoproduktion der materiellen Sektoren unabhängig vom MPS- oder SNA-Konzept sein soll, müssen die materiellen Inputs der Dienstleistungssektoren, die in der SNA-Version auftreten, anderweitig verbucht werden. Dies geschieht in der Regel dadurch, daß man sie als **öffentlichen Konsum** behandelt.

(2) **Inländische Lieferungen der Dienstleistungssektoren werden als Wertschöpfungskomponente eingerechnet.**

Da aus der SNA-Tabelle die Dienstleistungssektoren eliminiert werden müssen, können auch die Dienstleistungen, die Inputs bei anderen Sektoren sind, nicht in der bisherigen Form erfaßt werden. Da die MPS-Tabelle die Zahlungen für solche Dienstleistungen als Ausgaben behandelt, die durch Gewinne gedeckt werden, geht man sinnvollerweise bei der Verkürzung der SNA-Tabelle auf eine MPS-Tabelle wie oben angemerkt vor, d.h.

man rechnet die inländischen Lieferungen der Dienstleistungssektoren als Wertschöpfungskomponente ein.

(3) **Importierte Dienstleistungen werden als Importe des Handelssektors verbucht.**

(4) **Die verbleibenden Komponenten der Dienstleistungssektoren, wie etwa Lieferungen innerhalb der Sektoren, Lieferungen an die Endnachfrage, Wertschöpfung, werden aus der SNA-Tabelle eliminiert (Fink 1979, S. 3).**

Diese Vorgehensweise führt dazu, daß die **absoluten Bruttoproduktionswerte** der solcherart **vergleichbar gemachten Tabelle** grundsätzlich **besser vergleichbar** sind als etwa die **Wertschöpfungsgrößen.** Außerdem können wegen des Weglassens der Dienstleistungssektoren Strukturverschiebungen zu den Dienstleistungen hin oder von den Dienstleistungen weg beim Vergleich nicht berücksichtigt werden.

Problematisch ist auch die **unterschiedliche Abschreibungspraxis** bei Staaten mit verschiedenen Wirtschaftssystemen. So dürften die Abschreibungsposten in den MPS-Ländern den tatsächlichen Werteverzehr gemäß SNA-Konzept erheblich unterschätzen. Schließlich seien noch zwei Warnungen angeschlossen: das veröffentlichte statistische Material der sozialistischen Länder ist in der Regel (d.h. mit Ausnahme Ungarns) äußerst mangelhaft, was Vergleiche außerordentlich erschwert.

Auch die IOTs der sozialistischen Volkswirtschaften, die alle nach dem MPS-Konzept erstellt werden, sind untereinander nicht beliebig vergleichbar. So wird etwa in der UdSSR nur der Gütertransport in die materielle Produktion aufgenommen, in Ungarn und in der DDR jedoch der gesamte Transport, also auch der Personentransport.

9.2.2 Die Sektorenabgrenzung

In Kap. 5.1 wurde das funktionelle und das institutionelle Prinzip der Sektorenbildung vorgestellt. Sollen zwei IOTs verschiedener Länder miteinander verglichen werden, so muß auch geprüft werden, ob **unterschiedliche Prinzipien der Sektorenbildung** vorliegen. Ist das der Fall, dann ist die Vergleichbarkeit stark eingeschränkt, wird doch einmal die Produktionsverflechtung und einmal die Marktverflechtung abgebildet. Um die Tabellen dennoch sinnvoll miteinander vergleichen zu können, müßte ein Überleitungsmodell vorhanden sein, das allerdings wiederum eine ganze Reihe zusätzlicher Informationen erfordert, die nicht immer zur Verfügung stehen.

Schwierigkeiten wegen Sektorenabgrenzungen gibt es aber nicht nur bei unterschiedlichen Sektorenbildungsprinzipien: auch innerhalb der funktionellen bzw. institutionellen Variante gibt es, bedingt durch Eigenheiten der jeweiligen nationalen Statistiken, unterschiedliche Sektorenabgrenzungen, die beim Vergleich zu berücksichtigen sind.

9.2.3 Der Aggregationsgrad

Hat man es beim internationalen Vergleich mit IOTs verschiedener Größe und damit verschiedenen Aggregationsgrades zu tun, so bieten sich wiederum grundsätzlich zwei Vorgehensweisen an:

- **Disaggregation der höher aggregierten Tabelle** auf das Aggregationsniveau der Tabelle mit dem niedrigeren Aggregationsgrad,
- **Aggregation der tiefer aggregierten Tabelle** auf das Aggregationsniveau der höher aggregierten Tabelle.

Aufgrund fehlender Informationen und der weit schwierigeren Vorgehensweise im ersten Falle wird in der Praxis nahezu immer das zweite Verfahren gewählt: man erreicht eine Vergleichbarkeit, indem man die detailliertere Tabelle auf das Niveau der kleineren Tabelle hochaggregiert.

Dabei treten nun allerdings eine Reihe von Problemen auf. So zeigt die Erfahrung, daß IOTs, die ursprünglich mit einem sehr niedrigen Aggregationsgrad aufgestellt wurden und die dann hinterher aggregiert werden, **relativ größere In-Sich-Ströme** (also Hauptdiagonalelemente) aufweisen als Tabellen, die von Anfang an auf einem höheren Aggregationsniveau erstellt wurden (*Fink* 1979, S. 4). Deshalb ist es ratsam, die Hauptdiagonalelemente bei solchen Strukturvergleichen ganz außer Betracht zu lassen.

Ein zweiter Problemkreis bezieht sich auf die Erfassung von **Kuppelprodukten.** Hier sind die nationalen Verbuchungsmethoden so unterschiedlich, daß sich auch bei gründlicher Analyse Fehler kaum ganz vermeiden lassen.

9.2.4 Die Bewertung der Ströme

Wir zeigen die Bedeutung dieses Punktes für internationale Strukturvergleiche am besten anhand eines Beispiels, und zwar der **Bewertung der Importe.** Importpreise schließen in der Regel Steuern und Zölle mit ein. Daß dies aber nicht immer der Fall ist, zeigen die IOTs der sozialistischen Länder, die die Importe oft ohne Steuern und Zölle ausweisen.

Darüber hinaus werden in den meisten dieser Staaten die Preise der Importe in heimischer Währung autonom festgesetzt, d.h. sie stehen in keinem unmittelbaren Zusammenhang mit den Preisen, zu denen die Zahlung an den ausländischen Lieferanten erfolgt. Der Preis in ausländischer Währung kann aber nicht autonom festgelegt werden, sondern ist z.B. im Westhandel durchaus ein Marktpreis. Dies erschwert einen volkswirtschaftlichen Vergleich ganz außerordentlich. Wenn die Importe nicht durch eine getrennte Importmatrix sondern zusammen mit den inländischen Strömen ausgewiesen werden, wird das Problem noch weiter kompliziert. Hier läßt sich dann oft nicht einmal mehr die Fehlergrenze vernünftig abschätzen.

9.2.5 Die relativen Preise

Das Problem der relativen Preise bei internationalen Strukturvergleichen kann man wie folgt umreißen: **makroökonomische Größen lassen sich nicht sinnvoll direkt vergleichen, wenn die Ursprungsdaten, aus denen sie zusammengesetzt sind, unterschiedliche relative Preise haben.**

Das damit aufgeworfene Problem existiert somit nicht nur bei Niveauvergleichen von bewerteten Güter- und Dienstleistungsströmen, sondern **auch bei Vergleichen mittels** ***Strukturkoeffizienten***, da ja auch diese makroökonomische Größen sind und durch die Preisrelationen beeinflußt werden.[1] Um einen vernünftigen Vergleich zu gewährleisten, müssen große Unterschiede in den relativen Preisen also ausgeschaltet werden. Unter sehr einschränkenden Annahmen kann das Problem allerdings umgangen werden.

Unterstellt man
- daß jeder Sektoren jeweils nur *ein* homogenes Gut produziert und
- daß dieses homogene Gut für alle Benützer den selben Preis kostet,

so ist die Verteilung des Outputs auf die Sektoren international vergleichbar, da die Zeilenkoeffizienten dann unabhängig von der Preissetzung sind.

---

[1] Dabei wirken sich Unterschiede in den relativen Preisen in Vergleichen der Struktur der Bruttoproduktionswerte weniger stark aus als in Vergleichen der sektoralen Struktur des Nationaleinkommens.

Da diese Voraussetzungen in der Praxis aber nicht zutreffen, muß man sich nach anderen Methoden umschauen, um die Vergleichbarkeit herzustellen. Hier bietet sich zunächst eine Bewertung mittels Weltmarktpreisen an. Dahinter steckt die Idee, daß die Weltmarktpreise durch das freie Spiel von Angebot und Nachfrage zustande kommen, somit für beide Länder echte Gleichgewichtspreise sind. Als Annäherung an diese Weltmarktpreise werden in der Praxis die Außenhandelspreise der zu vergleichenden Länder verwendet.

Dieses Vorgehen fordert allerdings Kritik heraus: wenn Export- und Importpreise desselben Gutes verschieden sind, was oft der Fall ist, kann die Grundannahme eines gleichgewichtigen Weltmarktpreises nicht aufrechterhalten werden. Außerdem gibt es Güter, die nicht international gehandelt werden, für die also kein Außenhandelspreis gefunden werden kann. Schließlich werden Güter auch in nicht konvertiblen Währungen gehandelt, und die Außenhandelspreise sind zudem für verschiedene Länder oft noch verschieden (*Fink* 1979, S. 9).

All dies zeigt, daß dieser Versuch, das Problem der relativen Preise auszuschalten, wohl mehr Schwierigkeiten als Vorteile mit sich bringt. Daneben existieren noch Überlegungen, eine Vergleichbarkeit mittels **eigens konstruierten Preismodellen** herzustellen (siehe dazu *Fink* 1981 und die dort zitierten Ansätze). Auf diese Ansätze können wir aber in diesem Zusammenhang nicht näher eingehen.

9.2.6 Die Währungsumrechnung

Wenn man die absoluten Niveaus der Transaktionsströme von IOTs verschiedener Länder vergleichen will, ist es zuallererst notwendig, eine gemeinsame Maßeinheit zu finden, in der man sie ausdrücken kann. Das naheliegendste Vorgehen wäre eine Umrechnung über den offiziellen Wechselkurs. Der Wechselkurs ist der Preis, den man am Devisenmarkt für eine Einheit ausländischer Währung in inländischer Währung zu bezahlen hat. Nun ändern sich aber die Wechselkurse bei flexiblen bzw. freien Wechselkursen ständig, nicht zuletzt durch währungspolitische Interventionen der Zentralbanken, so daß man bei einem an einem Stichtag herausgegriffenen Wechselkurs nie sicher sein könnte, ob er nicht durch solche Spezialeinflüsse geprägt und damit von einem längerfristigen Gleichgewichtskurs weit entfernt ist. Auch die Wahl eines durchschnittlichen Wechselkurses löst dieses Problem nicht, sorgen doch Zölle und andere Handelshemmnisse dafür, daß die Tendenz der Wechselkurse, die relativen Kaufkraftparitäten wiederzugeben, verzerrt wird. Außerdem sind die Wechselkurse in erster Linie von den international gehandelten Gütern und Diensten geprägt, was bedeutet, daß ein beträchtlicher Teil der in einer Volkswirtschaft produzierten Güter und Dienste den gewählten Vergleichsmaßstab nicht direkt beeinflußt und durch ihn auch nicht repräsentiert wird.

Der Vorschlag, internationale Vergleiche auf der Basis von errechneten Kaufkraftparitäten durchzuführen, stößt aber ebenfalls auf Einwendungen. Das Währungsproblem entfällt allerdings, wenn man einen Strukturvergleich über Koeffizienten durchführt, da hier eine Umrechnung in eine gemeinsame Währungsmaßeinheit nicht notwendig ist.

Aus den kurz abgehandelten sechs Problemkreisen können wir das Fazit ziehen daß:

- die **Ergebnisse eines Vergleichs um so vorsichtiger bewertet werden müssen, je unterschiedlicher die Wirtschaftssysteme der betrachteten Länder sind.** Ist es schon schwierig, einen internationalen Strukturvergleich bei Ländern mit einem gleichen Wirtschafts- und Gesamtrechnungssystem durchzuführen, so potenzieren sich die Schwierigkeiten, wenn die Länder unterschiedliche derartige Systeme oder einen sehr unterschiedlichen Entwicklungsstand haben.

- **Vergleiche mittels Strukturkoeffizienten sind eher vertretbar als Vergleiche absoluter Größen,** die nicht zuletzt wegen des Währungsproblems sehr angreifbar sind.

In den letzten Jahren fanden starke Vereinheitlichungen der Gesamtrechnungssysteme und damit auch der Grundlagen der IOT statt. Dies ist nach dem Gesagten sehr zu begrüßen. Wo eine Vereinheitlichung nicht gewünscht oder möglich ist, sollten zumindest eindeutige Umrechnungsmodelle formuliert und die dafür benötigten Daten zur Verfügung gestellt werden.

9.3 Die Ordnung von Produktionsstrukturen durch Triangulation

9.3.1 Produktionshierarchie und Reihenfolge

Betrachtet man eine IOT, so fällt auf, daß sie in aller Regel nach einem immer wiederkehrenden sektoralen „Muster" geordnet ist. Am Anfang stehen meist Sektoren wie etwa Landwirtschaft, Fischerei oder auch Bergbau, das mittlere Feld wird von der verarbeitenden Industrie belegt, während am Schluß verschiedene Arten von Dienstleistungen als endnachfragenahe Produktionsstufen angeordnet sind.

Diese Gliederung folgt dem bekannten Schema Urproduktion (primärer Bereich), sekundärer und tertiärer Bereich, d.h. dahinter steht die Vorstellung einer **Stufenordnung** im Entwicklungsgeschehen einer Wirtschaft.

Der in dieser Stufenordnung steckende Grundgedanke läßt sich empirisch überprüfen, indem man die in der IOT niedergelegte Verflechtung analysiert und die darin verborgene **Produktionshierarchie** sichtbar macht. Die Idee hierbei ist, daß in einer Struktur, in der im Prinzip Vorleistungen nicht Selbstzweck sind sondern letztlich der Produktion der Endnachfrage dienen, der Produktionsstrom von der Urproduktion zur Endproduktion als **vorwärtsgerichtet** zu charakterisieren ist. Ähnlich dem Wasserlauf eines römischen Brunnens von Schale zu Schale wächst der Vorleistungsstrom dabei immer weiter an, um sich schließlich am Ende in Endnachfragegüter zu verwandeln. Eine derartige vorwärtsgerichtete Produktion würde beinhalten, daß man die Sektoren entlang dieses Güterstroms in der Weise anordnen kann, daß sie Inputs *nur* von vorgelagerten Sektoren aufnehmen und Outputs *nur* an nachgelagerte Sektoren abgeben. Im **Idealfall** würden also keinerlei Vorleistungsoutputs an Sektoren **zurückversetzt** in dem Sinne, daß sie an einen Sektor oder eine Sektorengruppe abgegeben würden, die für den betreffenden Sektor einmal Vorstufe waren. Eine derartige Struktur besitzt ein herausragendes Merkmal: Sie ist (mehrgleisig) **linear** und läßt sich darum als **Dreiecksmatrix** darstellen. Nehmen wir als ganz einfaches Beispiel:

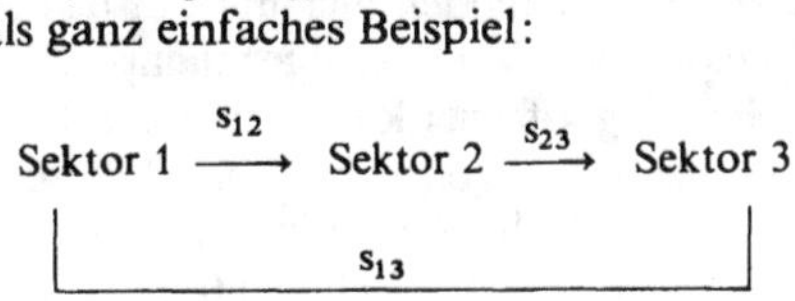

Abb. 76: Mehrgleisig lineare Struktur

so ergibt sich daraus die folgende **Dreiecksmatrix:**

$$\begin{pmatrix} 0 & S_{12} & S_{13} \\ 0 & 0 & S_{23} \\ 0 & 0 & 0 \end{pmatrix}$$

Diese Struktur kommt dadurch zustande, daß – die unterstellte Ordnung vorausgesetzt – der Index des belieferten Sektors j immer größer ist als der Index des liefernden Sektors i, also $j > i$ für alle i, j, was der Definition einer **oberen Dreiecksmatrix** ohne die Elemente der Hauptdiagonale entspricht. Bei vorhandenen Rückversetzungen würden auch Lieferungen von nachgelagerten an vorgelagerte Sektoren vorhanden sein, d.h. $i > j$. Diese Ströme sind dann unter der Hauptdiagonalen einzuordnen.

Aus einer Dreiecksmatrix läßt sich sofort ablesen, daß eine lineare Struktur vorliegt. In der Literatur gibt es verschiedene Ansätze, diese Ordnung herzustellen bzw. anzunähern. Man nennt sie aus mittlerweile einsichtigen Gründen **Triangulation,** was man etwa mit „ein Dreieck machen" übersetzen könnte.

9.3.2 Die verschiedenen Lösungswege der Triangulation

Im Hinblick auf die Effizienz der einzelnen Verfahren können wir zwischen **Näherungsverfahren** und **exakten Verfahren** unterscheiden. Zu den Näherungsverfahren gehören das Input- und Output-Verfahren von *Chenery* und *Watanabe* (*Chenery*, *Watanabe* 1958), das Output-Koeffizientenverfahren nach *Aujac* und *Masson* (*Aujac* 1960, *Masson* 1960) sowie das Input-Verfahren. Alle diese Verfahren arbeiten mit Koeffizienten und führen bestenfalls zu einer guten Annäherung an die ideale Dreiecksform (vgl. hierzu *Wessels* 1981), d.h. an eine Matrix, die unterhalb der Hauptdiagonale nur Nullen aufweist. Die exakten Verfahren umfassen Ansätze der **linearen Programmierung,** der **Branch- and Bound-Methode,** des **dynamischen Programmierens,** der Lösung mittels **quadratischem Assignment-**Verfahren, ein für die spezielle Fragestellung modifiziertes **Jacobi-Verfahren** sowie das **Permutationsverfahren** von *Helmstädter* und den mit den Helmstädterschen Ordnungsbedingungen arbeitenden **lexikographischen Suchalgorithmus** von *Korte* und *Oberhofer*. Es würde den Rahmen dieser Einführung sprengen, alle diese Verfahren abhandeln zu wollen. Der interessierte Leser sei auf die Untersuchungen von *Korte* und *Oberhofer* (*Korte*, *Oberhofer* 1968) verwiesen.

Fügen wir in unsere Dreiecksmatrix der Abb. 76 einen Strom S_{32} ein, so handelt es sich um keine rein lineare Struktur mehr, da S_{32} in dieser Anordnung eine Rückversetzung darstellt. **Aus einer empirischen Matrix läßt sich nun leider nicht unmittelbar ablesen, ob eine lineare oder** (durch Rückversetzungen) **zirkuläre Struktur vorliegt.** Ist man aus theoretischen Gründen an Aussagen über Produktionshierarchien interessiert, so muß man **Zeilen und Spalten der Matrix so umordnen, daß eine Dreiecksmatrix entsteht oder** doch wenigstens optimal **angenähert wird.**

Wir gehen von den genannten Methoden hier nur auf das Helmstädtersche **Permutationsverfahren** und den **lexikographischen Suchalgorithmus** ein, wobei letzterer als **für den Computereinsatz entwickelter Algorithmus** kaum zum Nachvollzug einlädt, da er sehr viele rekursiv aufgebaute Einzelschritte enthält. Von all diesen Verfahren führt, wie wir später ausführen werden, nur der Suchalgorithmus zum Auffinden **aller relativ optimalen Anordnungen,** d.h. Anordnungen, die die Helmstädterschen Ordnungsbedingungen erfüllen. Somit kann das lexikographische Verfahren auch benutzt werden, um die Effizienz der anderen Verfahren einzuschätzen. Eine Gegenüberstellung der Effizienz der wichtigsten Näherungs- und exakten Verfahren findet sich in Abb. 77.

9.3.3 Das Triangulationsverfahren nach Helmstädter

Ausgangspunkt der Überlegungen ist, daß in einer Dreiecksmatrix unter der Hauptdiagonalen nur Nullen sind. Eine **empirische Matrix** läßt sich nun aber in der Regel nicht auf die Dreiecksform bringen, es **verbleiben immer auch Rückversetzungen.** Die Zielfunk-

Triangulationsverfahren / Wirtschaftsbereiche	1	2	3	4	5	6	7	8	9	10	11
	Ursprungs-matrix	Sektorales Input- u. Outputverfahren		Output-Koeffizienten-Verfahren				Input-Koeffizienten-verfahren		Modifiziertes Jacobi-Verfahren zur Berechnung relativer Optima	Lexikographischer Suchalgorithmus zur Berechnung absoluter Optima
				Grundlage BPW ohne i = k		Grundlage Zwischennachfrage ohne i = k					
		einschl. i = k	ohne i = k	mit Minimierung der Einzelwidersprüche	mit Maximierung der Koeffizientenwerte	mit Minimierung der Einzelwidersprüche	mit Maximierung der Koeffizientenwerte	Grundlage BPW ohne i = k	Grundlage inländische Vorleistungen ohne i = k		
Land- u. Forstwirtschaft, Fischerei	1	7 (4/7)	8	21	20	21	20	12	12	14	14
Energiewirtschaft	2	13 (13/14)	11	7	7	6	6	6	5	7	7
Bergbau	3	3	6(6/7)	3	3	2	2	4	4	5	5
Steine u. Erden, Feinkeramik, Glas	4	6 (4/7)	5	10	10	12	13	17	18	8	8
Eisen- u. Stahlind., NE-Metallind.	5	8	4	11	11	13	14	7	6	9	9
Chemische Industrie	6	18	14	14	13	15	8	8	7	10	10
Mineralölverarbeitung	7	5 (4/7)	7 (6/7)	4	4	3	3	5	11	6	6
Gummindustrie, Kunststoffverarb.	8	9	12	1	1	9	10	9	8	12	12
Holzbe- u. -verarbeitende Industrien	9	16	17 (17/19)	2	2	1	1	19	19	15	15
Papiererzeug. u. -verarb., Druckerei	10	2	2	5	5	4	4	13	13	1	1
Stahl- u. Maschinenbau	11	22	15	18	17	17	17	11	10	18	20
Straßenfahrz.-, Luftfahrz.-, Schiffbau	12	25	24	19	18	18	18	23	23	23	23
Elektrotechnische Industrie	13	19	16	16	15	16	16	20	20	20	19
ESBM, Feinmech. u. Optik, Musik- u. Spielw.	14	15	18 (17/19)	12	12	14	15	10	9	13	13
Textilindustrie	15	11	10	15	14	8	9	15	15	11	11
Leder- und Bekleidungsindustrien	16	20 (20/21)	21	17	16	11	12	22	22	19	17
Nahrungs- u. Genußmittelindustrien	17	20 (20/21)	20	13	21	22	21	14	14	16	16
Verarb. Handwerk u. sonst. prod. Gewerbe	18	23 (23/24)	23	22	22	23	22	18	16	17	18
Baugewerbe	19	17	22	23	23	20	23	24	24	21	21
Großhandel	20	1	1	9	9	7	7	3	3	4	4
Einzelhandel	21	14 (13/14)	19 (17/19)	20	19	10	11	16	17	24	24
Verkehrsgwerbe, Nachrichtenübermittl.	22	4 (4/7)	3	8	8	19	19	1	2	3	3
Kreditinstitute u. Versicherungsgewerbe	23	10	9	6	6	5	5	21	21	2	2
Übrige Dienstleistungen	24	12	13	24	24	24	24	2	1	22	22
Staat	25	24 (23/24)	25	25	25	25	25	25	25	25	25
Spearman'sche Rangkorrelationskoeffiz. (im Vergleich zum absoluten Optimum)	0,342	0,796	0,849	0,789	0,782	0,629	0,659	0,523	0,478	0,996	—
Signifikant bei $\alpha = 0{,}01$[1]	Nein	Ja	Ja	Ja	Ja	Ja	Ja	Ja	Nein	Ja	–
Signifikant bei $\alpha = 0{,}05$[1]	Nein	Ja	Ja	Ja	Ja	Ja	Ja	Ja	Ja	Ja	–

[1] Kritische Werte bei n = 25 für $\alpha = 0{,}01$ 0,0510 und für $\alpha = 0{,}05$ 0,397. Quelle: *Wessels* 1981

Abb. 77: Vergleich der Hierarchie der Wirtschaftsbereiche, berechnet nach verschiedenen Triangulationsverfahren anhand der IOT für die Bundesrepublik Deutschland 1966 zu jeweiligen Preisen tion kann daher nicht mehr lauten, in der Dreiecksmatrix **unter** der Hauptdiagonalen nur noch Nullen zu haben, da dies nicht realisierbar ist, wohl aber die Werte unterhalb der Hauptdiagonalen diesem Zustand so weit wie möglich anzunähern. Wir suchen die Ordnung, bei der die Summe aller Elemente **unterhalb der Hauptdiagonalen ein Minimum** wird. Gleichbedeutend damit ist, daß die Summe der Elemente **oberhalb der Hauptdiagonalen ein Maximum wird.**

Dies kann man auch so formulieren:

$$S_D = \sum_{\substack{i=1 \\ j>i}}^{n-1} x_{ij} = \max ! \tag{1}$$

Diese Maximierung werden wir im folgenden auch „Triangulation" nennen. Die Summierung läuft über n – 1 Zeilen, wobei alle Zeilenelemente addiert werden, die **rechts von der Hauptdiagonalen liegen** (ohne die Hauptdiagonalelemente wegen $j > i$). In der Zeile 1 werden somit die Elemente dieser Zeile von Spalte 2 bis n, in Zeile 2 die Elemente dieser Zeile von Spalte 3 bis n usw. aufaddiert. Die Summe dieser Werte ist ein Maximum aller möglichen (durch unterschiedliche Reihungen gegebenen) Versetzungen, **wenn die Tabelle maximal geordnet ist.** *Helmstädter* hat hierzu zwei **Ordnungsbedingungen** entwickelt, die **notwendige aber nicht hinreichende** Bedingungen für (1) darstellen. Es wird deshalb zwischen den beiden Ordnungsbedingungen genügenden **relativ optimalen** und den **absolut optimalen** Anordnungen unterschieden. Es gibt in empirischen Tabellen **meist genau eine absolut optimale Anordnung.** Die absolut optimale(n) Reihenfolge(n) kann (können) durch Vergleich von S_D für die relativ optimalen Anordnungen herausgefunden werden. Diese Ordnungsbedingungen ergeben sich durch folgende Überlegung:

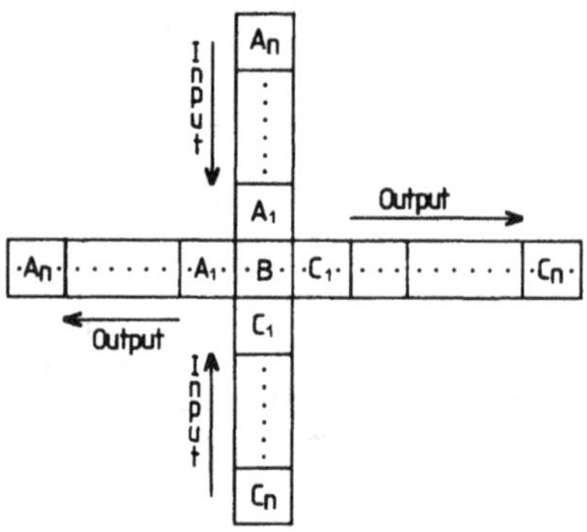

Abb. 78: Vorgelagerte und nachgelagerte Sektoren in bezug auf Sektor B

Betrachten wir hierzu die Outputzeile eines Sektors B, der an die Sektoren $A_n \dots A_1$ und an die Sektoren $C_1 \dots C_n$ liefert. Angenommen die Reihenfolge wäre schon richtig, so muß B von A_1 mehr beziehen, als er an A_1 liefert. Umgekehrt muß er an C_1 mehr liefern als er von C_1 bezieht. Wäre es anders, so wäre die vorausgesetzte Grundrichtung der Produktion durchbrochen. Das heißt also:

$$X_{A_1,B} > X_{B,A_1} \quad \text{bzw} \quad X_{B,C_1} > X_{C_1,B},$$

Diesen Gedanken können wir nun auch auf die A_1 **vorgelagerte** Stufe A_2 ausdehnen. Fassen wir A_1 und A_2 als Gruppe zusammen, so muß bei Gültigkeit der Ordnung die Lieferung von dieser zusammengefaßten Gruppe $(A_1 + A_2)$ an B größer sein als die Lieferung von B an diese Gruppe. Wir können dies schreiben als:

$$X_{A_1,B} + X_{A_2,B} > X_{B,A_1} + X_{B,A_2}.$$

Diese Überlegung läßt sich auf die B vorgelagerten n Sektoren ausdehnen, ebenso auf die Sektoren $C_1 \dots C_n$ wobei allerdings statt „größer" „kleiner" stehen muß.

Anders formuliert: die Lieferungen von B an alle bzw. einzelne Teilmengen der Sektoren C_i muß größer sein als die Lieferungen dieser Sektoren (bzw. Teilmengen von Sektoren) an B. Wir erhalten dann allgemein als Ordnungsbedingungen:

Für den Vergleich des Sektors i mit den *vorgelagerten* Sektoren h ($h = 1, 2 \dots i-1$)

$$(2) \qquad \sum_{h=g}^{i-1} x_{hi} > \sum_{h=g}^{i-1} x_{ih}\,; \qquad i = 2, 3, \dots n, \; g = 1, 2, \dots i-1,$$

und für den Vergleich des Sektors i mit den *nachgelagerten* Sektoren k ($k = i + 1, \dots, n$)

$$(3) \qquad \sum_{k=i+1}^{m} x_{ik} > \sum_{k=i+1}^{m} x_{ki}\,; \quad i = 1, 2, \dots n-1, \; m = i+1, i+2, \dots n.$$

Diese Zusammenhänge lassen sich am einfachsten anhand eines kleinen Schaubildes verdeutlichen (siehe Abb. 79):

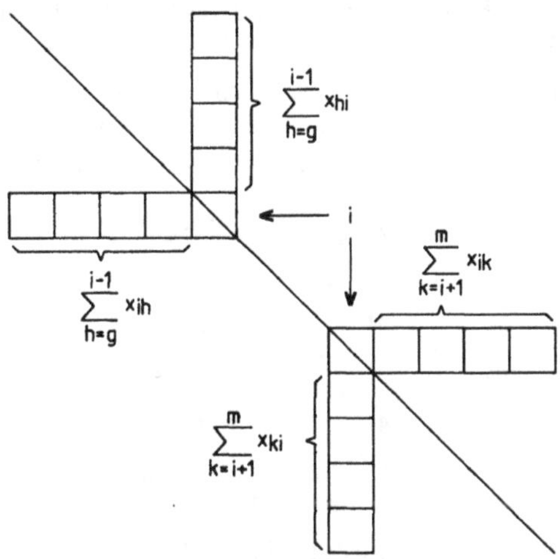

Abb. 79: Die Helmstädterschen Ordnungsbedingungen

Nach (2) muß also in Abb. 79 $\sum_{h=g}^{i-1} x_{hi}$ größer sein als $\sum_{h=g}^{i-1} x_{ih}$ und nach (3) $\sum_{k=i+1}^{m} x_{ik}$ größer als $\sum_{k=i+1}^{m} x_{ki}$, wobei die Summierung sich sowohl auf das unmittelbare Nachbarelement von i wie auch auf beliebig große, vom Element i aus gebildete Gruppen bezieht.

Angenommen, ein konkreter Vergleich dieser Summe ergebe einen **Widerspruch zur Ordnungbedingung,** so wendet man (eine) **geeignete Permutation(en)** an, die die Sektoren so vertauscht, daß die Ordnungsbedingungen erfüllt sind. Um verstehen zu können, was diese Sektorenvertauschung (besser wäre allerdings die Bezeichnung Umnumerierung) bewirkt, ist es zweckmäßig, sich die Auswirkungen dieses Vorgehens ganz klar zu machen. Wie betrachten hierzu an einem Beispiel, was *Helmstädter* eine **„einfache Permutation"**, *Korte* und *Oberhofer* eine (linke oder rechte) **Ringshift-Permutation** nennen. Bei einer sogenannten **Ringshift-Permutation** bilden die permutierenden Sektoren eine Gruppe, innerhalb der sich eine Umordnung vollzieht, während alle anderen Sektoren davon unbeeinflußt bleiben. Wir nehmen an, es gebe 5 Sektoren 1, 2 ... 5 und wir hätten eine linke Ringshift-Permutation der Sektoren 2 bis 4, was wir folgendermaßen abkürzen:

$$\mathrm{lRP}_{2,4}$$

so hat dies zur Folge, daß Sektor 2 zunächst herausgenommen wird und die Sektoren 3 und 4 jeweils **um einen Platz** nach „links" rutschen. Sektor 2 wird dann auf den freigewordenen Platz von Sektor 4 gesetzt. Also:

Ausgangssituation	1	2	3	4	5
Ordnung nach $\mathrm{lRP}_{2,4}$	1	3	4	2	5

Bezeichnen wir die Indizes der linken Ringshift-Permutation allgemein mit u und o, also $\mathrm{lRP}_{u,o}$, so werden die Elemente o, u und die **dazwischenliegenden** $o-u+1$ Elemente in die Permutation einbezogen, hier also $4-2+1=3$ Elemente, nämlich 2, 3 und 4. Dabei erfahren die Elemente $u+1 \ldots o$ eine **Linksverschiebung** um jeweils genau eine Position, das Element u hingegen **springt** über die **verschobenen** Elemente $u+1 \ldots 0$ hinweg auf den Platz, auf dem vorher o war. Bei einer rechten Ringshift-Permutation $\mathrm{rRP}_{u,o}$ (wir lassen die Indizes u, o in der selben Reihenfolge stehen) springt das Element o auf den Platz von u, während die Elemente $u, u+1, \ldots, o-1$ um **jeweils eine Position** nach rechts geschoben werden.

Die **Auswirkungen einer derartigen Permutation** auf die davon betroffenen Matrizenelemente sei nun an einer 5×5 Matrix mit der eben erwähnten $\mathrm{lRP}_{2,4}$ gezeigt, wobei der besseren Erkennbarkeit wegen die Felderwerte der Ausgangsindizierung gleichgesetzt sind.

Ausgangsmatrix:

11	12	13	14	15
21	22	23	24	25
31	32	33	34	35
41	42	43	44	45
51	52	53	54	55

Wir führen nun zuerst die Vertauschung der Spalten durch:

11	13	14	12	15
21	23	24	22	25
31	33	34	32	35
41	43	44	42	45
51	53	54	52	55

und anschließend die analoge Vertauschung der Zeilen:

11	13	14	12	15
31	33	34	32	35
41	43	44	42	45
21	23	24	22	25
51	53	54	52	55

Die durchgeführte $lRP_{2,4}$ zeigt **folgende Wirkungen:**

- Die Hauptdiagonalelemente 33, 44 und 22 sind **Hauptdiagonalelemente geblieben,** wenn auch entsprechend der Permutation **in anderer Reihenfolge.**
- Die Elemente der Zeile/Spalte 1 bzw. 5 sind in Zeile/Spalte 1 bzw. 5 geblieben, aber entsprechend der Permutation mit geänderter Reihenfolge.
- Alle Elemente haben ungeachtet einer gewissen Umordnung ihre **Anordnung bezüglich der Hauptdiagonale** (ob oberhalb oder unterhalb) bewahrt, **bis auf** die vier Elemente 23, 24, 32 und 42.
- Die beiden Elemente 23 und 24 haben zusammen mit ihren „Tauschpartnern" 32 und 42 als einzige die Hauptdiagonale überquert.

Damit ist ein wichtiges **Ergebnis der Permutationswirkungen** gezeigt: Die Elemente 23 und 24 sind nämlich genau die Elemente, die der überspringende Sektor überspringt, d.h. bei der $lRP_{2,4}$ überspringt der Sektor 2 die Sektoren 3 und 4.

Um eine Permutation gezielt durchführen zu können, brauchen wir nun noch einen Hinweis darauf, welche Elemente die **Hauptdiagonale** überspringen sollen. Um diese Elemente herauszufinden, definieren wir im folgenden eine sogenannte **Saldenmatrix:**

$$B = A - A'$$

wobei A die Matrix der absoluten Vorleistungsströme und *A'* ihre Transponierte darstellt.

Durch die Differenzbildung entsteht oberhalb der Hauptdiagonalen immer ein negativer Wert, wenn der **Rückversetzungsstrom** zwischen den betreffenden Sektoren größer ist als die **Versetzung,** d.h. der vorwärtsgerichtete Lieferstrom. Die sich so ergebende Matrix ist schiefsymmetrisch, d.h. das positive Element b_{ij} ist gleich $-b_{ji}$ und umgekehrt. Ein **negativer Saldenwert** b_{ij} **oberhalb der Hauptdiagonalen** ist ein *Hinweis* darauf, daß durch eine geeignete Permutation die Summe der Versetzungen erhöht werden könnte. Dies gilt allerdings nur unter der Einschränkung, daß durch die angewandte Permutation nicht andere positive Elemente über die Hauptdiagonale wechseln, wodurch die Summe der Versetzungen erniedrigt wird. Durch geeignetes Eliminieren negativer Saldenwerte von Feldern über der Hauptdiagonalen läßt sich also ein relatives Optimum durch Triangulation herbeiführen. *Helmstädter* zeigte, daß durch sogenannte **Permutationsketten** sogar ein absolutes Optimum auffindbar ist. Diese **Permutationsketten** setzen sich durch geeignete Kombinationen von lRP und rRP zusammen. Um die Arbeitsweise der Triangulation deutlich zu machen, bilden wir im folgenden ein anschauliches Beispiel. Gegeben sei die Matrix der Vorleistungsströme:

$$\begin{matrix} 24 & 40 & 11 & 23 & 37 \\ 25 & 43 & 30 & 29 & 16 \\ 4 & 2 & 34 & 9 & 7 \\ 27 & 35 & 42 & 3 & 18 \\ 50 & 33 & 31 & 26 & 41 \end{matrix}$$

Dies ergibt folgende Saldenmatrix $B = A - A'$:

$$\begin{matrix} 0 & 15 & 7 & -4 & -13 \\ -15 & 0 & 28 & -6 & -17 \\ -7 & -28 & 0 & -33 & -24 \\ 4 & 6 & 33 & 0 & -8 \\ 13 & 17 & 24 & 8 & 0 \end{matrix}$$

Man sieht, daß diese Saldenmatrix schiefsymmetrisch ist. Wir benötigen für unsere Arbeit nur die Werte oberhalb der durch 0 gekennzeichneten Hauptdiagonalen. Hier sind die Elemente b_{14}, b_{15}, b_{24}, b_{25}, b_{34}, b_{35} und b_{45} negativ. Führen wir die Permutation

$$\begin{pmatrix} 1 & 2 & 3 & 4 & 5 \\ 5 & 4 & 1 & 2 & 3 \end{pmatrix}$$

durch, so ergibt sich die neue Anordnung (5 4 1 2 3), und wir erhalten oberhalb der Hauptdiagonale nur positive Elemente:

$$\begin{matrix} 0 & 8 & 13 & 17 & 24 \\ -8 & 0 & 4 & 6 & 33 \\ -13 & -4 & 0 & 15 & 17 \\ -17 & -6 & -15 & 0 & 28 \\ -24 & -33 & -17 & -28 & 0 \end{matrix}$$

Nach jeder anderen Permutation würde oberhalb der Hauptdiagonalen noch mindestens ein negatives Element stehen. Die Anordnung 5 4 1 2 3 ist also absolut optimal.

9.3.4 Der lexikographische Suchalgorithmus von Korte/Oberhofer

Das lexikographische Suchverfahren benützt die beiden Ordnungskriterien von *Helmstädter* auf der Basis der Saldenmatrix B mit $b_{ik} = a_{ik} - a_{ki}$. Setzt man für die infolge der Permutation p(i) umnumerierte Matrix anstelle von i bzw. j ihre Permutationsabbildungen p(i) bzw. p(j), so kann man das Ordnungskriterium auch folgendermaßen schreiben:

$$\sum_{j=i+1}^{k} b_{p(i),p(j)} \geq 0 \qquad \text{für alle } i = 1 \ldots n \text{ und } k > i$$

und

$$\sum_{i=k}^{j-1} b_{p(i),p(j)} \geq 0 \qquad \text{für alle } j = 1 \ldots n \text{ und } k < j;$$

In dieser Form besagt das Ordnungskriterium nichts anderes, als daß eine von der Hauptdiagonalen der Saldenmatrix (nach der Permutation) gezogene Spaltensumme bzw. Zeilensumme nicht negativ sein darf.

Diese beiden Bedingungen bilden das Prüfkriterium, nach dem rekursiv aufbauend $k \times k$ Matrizen aus der Ausgangs-B-Matrix gebildet werden ($1 < k < n$). Auf diese Weise ist leicht festzustellen, ob die geprüfte $k \times k$-Permutationsmatrix ein relatives Optimum der Triangulation ergäbe oder nicht. Sind die Bedingungen nicht erfüllt, so wird diese Permutationsanordnung verworfen und stellt damit **einen verbotenen Seitenpfad für weitere rekursive Fortsetzungen** dar, da schon bei einer $k \times k$-Untermatrix ein Widerspruch auftrat. Ist dies nicht der Fall, so kann eine weitere Zeile und Spalte hinzugenommen werden, so daß eine $(k+1) \times (k+1)$-Matrix entsteht, die wiederum mit den Ordnungskriterien überprüft wird. Ergibt sich nun ein Widerspruch, so wird solange die $k+1$-te Zeile/Spalte ausgewechselt, bis wiederum eine akzeptable Matrix entstanden ist, die den Ordnungsbedingungen genügt. Gelingt dies nicht, so begeben wir uns zurück auf die k-te Rekursionsstufe und setzen $p(k) = \gamma$, wobei γ der kleinste aller Sektorenindizes ist, die in der $k \times k$-Matrix auf der k-ten Rekursionsstufe **nicht verwendet** wurden.

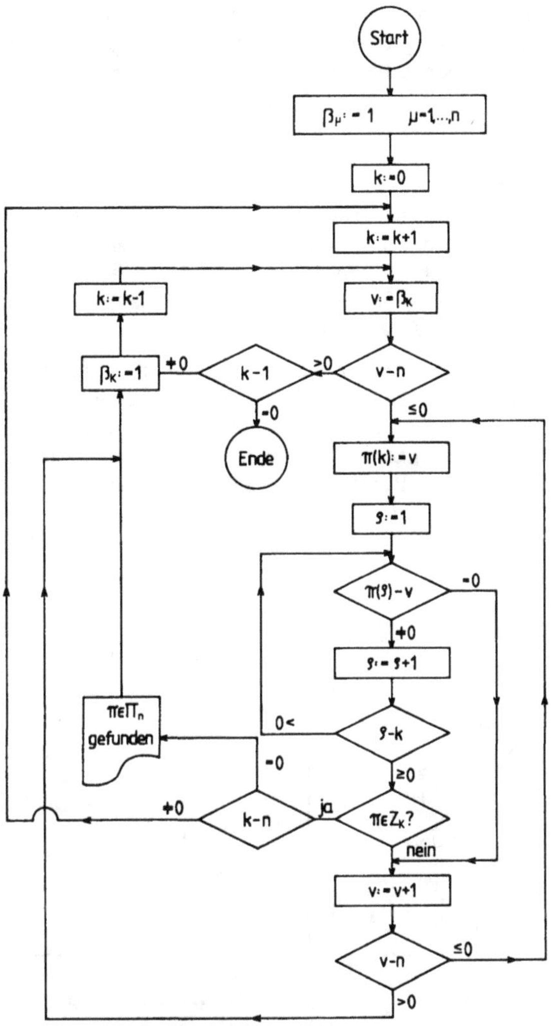

Abb. 80: Flußdiagramm des lexikographischen Suchalgorithmus

Wird schließlich k = n, so ist ein **relatives Optimum** gewonnen. Die Analyse beginnt von vorne mit entsprechend geänderten Ausgangsbedingungen, um andere relative Optima zu finden. Durch die Möglichkeit, bereits relativ früh bestimmte Ausgangspermutationen zu verwerfen, wird der Algorithmus abgekürzt. Es versteht sich von selbst, daß die Permutationen systematisch abgeprüft werden, was bei entsprechender Programmierung für den Computer eine Routinearbeit, „von Hand" jedoch eine Sisyphusarbeit wäre, weshalb wir von einer detaillierten Darstellung auch Abstand nehmen.

Zu den Rechenzeiten ist zu sagen, daß sie die unangenehme Eigenschaft besitzen, sich mit jedem zusätzlichen Sektor etwa zu verdoppeln. So haben *Korte* und *Oberhofer* für die Berechnung der relativen Optima aus einer Zufallszahlenmatrix mit 13 Sektoren ca. 16 Sekunden auf einer IBM 7090 gebraucht, bei einer 20 × 20-Matrix steigt der Zeitbedarf schon auf 20 bis 40 Minuten. Bei Matrizen mit 25 Sektoren wurden ca. 8 Stunden reine CPU-Zeit benötigt. Als Obergrenze zum Auffinden aller relativen Optima wird auch für die heutigen schnellen wissenschaftlichen Rechner von einem Zeitbedarf von 8 Stunden für 30 Sektoren ausgegangen.

9.3.5 Die Blocktriangulation

Bei der üblichen Triangulation werden die Abhängigkeiten aller Sektoren zueinander in Vergleichsbedingungen einbezogen. Bei der Blocktriangulation werden stärkere Beziehungen zwischen verschiedenen, einen **Block** bildenden Sektoren und schwächere Beziehungen zwischen solchen Blöcken unterschieden. Trianguliert werden dann nicht die Sektoren sondern die **Blockhierarchien.**

In Matrixform wäre eine Blocktriangulation erreicht, wenn eine Darstellung wie in Abb. 81 rechts vorliegt. Die Häufung verschiedener Sektoren um die Hauptdiagonale herum deutet an, daß zwischen den einen derartigen **Block bildenden Sektoren** nicht nur Versetzungen, sondern gleichzeitig auch nicht unerhebliche **Rückversetzungen** gegeben sind, die eine starke **zirkuläre Bindung** dieser Sektoren bewirken.

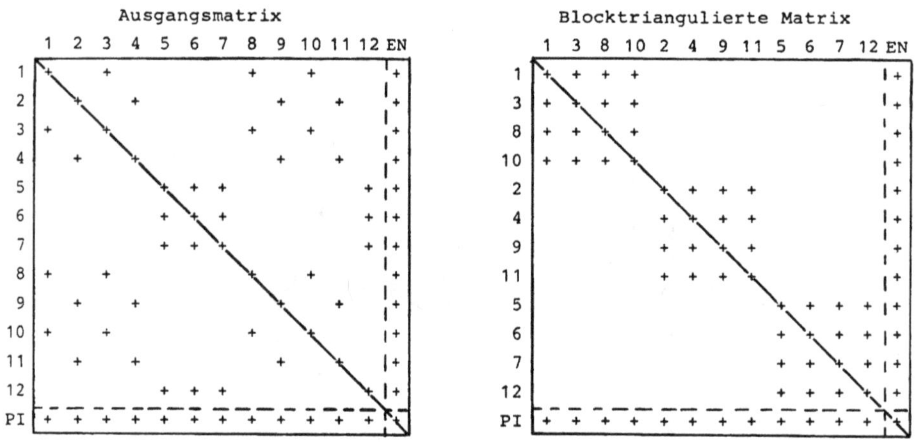

1, ..., 12 = Produktionssektoren
EN = Endnachfrage
PI = Primäre Inputs
\+ = Werte > 0
Leerfelder = 0

Abb. 81: Zur Blocktriangulation einer idealtypischen IOT (*Wessels* 1981)

Intrablock- oder Interblock-Beziehungen der Sektoren sind dadurch definiert, daß die Summe der Intra-Vorleistungsströme größer sein muß als die Summe der Vorleistungen, die an andere, nicht blockzugehörige Sektoren gehen, und zwar sowohl für gelieferte als auch für empfangene Vorleistungen. Abb. 82 zeigt einen derartigen Versuch, die DIW-Tabelle für 1972 in 5 Blöcke zu zerlegen (*Wessels* 1981, S. 79). Die Blockbildung gelingt hierbei allerdings nicht völlig widerspruchsfrei, da einzelne Sektoren, wie z. B. die Mineralölverarbeitung, zum Block I zu rechnen sind obwohl die Lieferungen an Block II größer sind als nach Block I (vgl. die unterstrichenen 33,2% in der ersten Zeile unter Spalte II). Würde man aber den Sektor Mineralölverarbeitung zum Block II hinzunehmen, so würde dieser den Sektor „Übriger Verkehr" mitziehen und dieser wiederum die vier anderen Sektoren von Block I. Diese Vereinigung von Block I und II hätte ihrerseits wiederum Auswirkungen auf die anderen Blöcke usw. Nach *Wessels* ist die (hier unumgängliche) Verletzung des Grundkriteriums aber nicht sehr schwerwiegend. Interessant dürfte auch ein Vergleich der Ergebnisse dieser Blockbildung mit der in Abschnitt 9.4 „Qualitative Input-Output-Analyse" dargestellten Strukturabbildung sein. Die sich hier ergebenden Unterschiede sind zum größten Teil darauf zurückzuführen, daß bei der **Blocktriangulation** nach **quantitativen Kriterien,** bei der **qualitativen** Analyse jedoch nur nach der Existenz bzw. Nichtexistenz von **Fundamentalströmen** vorgegangen wird. Gerade deshalb sind die doch deutlich werdenden Gemeinsamkeiten überraschend.

9.3.6 Maßzahlen zur Beurteilung der Triangulation

Zur Beurteilung unterschiedlicher Verflechtungsgrade hat *Helmstädter* einige Maße entwickelt, die es gestatten, eine IOT im Hinblick auf **Linearität** bzw. **Zirkularität** zu beurteilen. Dies sind die Maße des tatsächlichen und des theoretischen **Linearitätsgrades,** des **Einzelwiderspruchs** sowie der **Spreizung.** Der **Linearitätsgrad** einer IOT ist ein Maß für das Ausmaß der Dependenzen in einer IOT. Er wird gemessen als **Anteil der Versetzungen** (deswegen sind die Werte der Hauptdiagonale unberücksichtigt) **an den gesamten Transaktionen,** also

$$\lambda = \frac{V}{T} \cdot 100 = \left(\sum_{k>i} a_{ik} / \sum_{\substack{i=1 \\ i \neq k}}^{n} \sum_{k=1}^{n} a_{ik} \right) \cdot 100$$

Der Linearitätsgrad ist ein echter Anteilswert. Empirisch ermittelte Linearitätsgrade schwanken meist zwischen 60% und 100%. Ein **Linearitätsgrad** von 100% würde eine **reine Dreiecksmatrix** anzeigen, d.h. daß keinerlei Rückversetzungen vorhanden sind.

Der **theoretische Linearitätsgrad** gibt einen oberen Maximalwert für den Linearitätsgrad einer gegebenen IOT an. Er ist definiert als Anteil der „theoretisch möglichen" Versetzungen V^t zur Summe aller Transaktionen. Hierbei wird davon abgesehen, daß auch in einer relativ optimalen Anordnung für eine bestimmte Transaktion die Rückversetzung größer sein kann als die Versetzung. Um V^t zu bestimmen wird jeweils der größere von zwei Werten **oberhalb oder unterhalb** der Hauptdiagonalen genommen, also $\max(a_{ik}, a_{ki})$, und darüber summiert.

Als theoretischer Linearitätsgrad ergibt sich somit:

$$\lambda^* = 100 \cdot \frac{V^*}{T} = \left(\sum_{k>i} \max(a_{i,k}, a_{ki}) / \sum_{\substack{i \\ i \neq k}} \sum_{k} a_{ik} \right) \cdot 100$$

Es gilt immer $\lambda \leq \lambda^*$, d.h. der **theoretische Linearitätsgrad** kann als **Orientierungshilfe** herangezogen werden, inwieweit eine Matrix schon **trianguliert** ist.

Genügt die Triangulation einer IOT den Ordnungskriterien und ist trotzdem für eine bestimmte Transaktion $a_{ki} > a_{ik}$ mit $k > i$, so liegt ein sog. **Einzelwiderspruch** vor. Das Maß des Einzelwiderspruchs wird definiert als die Summe der Beträge der Einzelwidersprüche bezogen auf die Summe der absolut genommenen Salden $d_{ik} = a_{ik} - a_{ki}$, also:

$$w = \frac{W}{D} \cdot 100 = \frac{\sum_{i<k}^{n} |a_{ik} - \max(a_{ik}, a_{ki})|}{\sum_{i<k}^{n} |a_{ik} - a_{ki}|} \cdot 100$$

Block	lfd. Nr.	Produktionssektoren	Nr. d. I-O-Syst.	Verflechtung der Produktionssektoren mit den Blöcken (ohne intrasektorale Transaktionen)											
				in Mill. DM						in vH*					
				I	II	III	IV	V	Summe	I	II	III	IV	V	Summe
I	1	Mineralölverarbeitung	15	6938	7234	2292	2379	2966	21809	31,8	33,2	10,5	10,9	13,6	100,0
	2	Eisenbahnen	48	5131	2834	1065	3049	2624	14703	34,9	19,3	7,2	20,7	17,8	
	3	Schiffahrt und Häfen	49	2544	666	246	610	687	4753	53,5	14,0	5,2	12,8	14,5	
	4	Übriger Verkehr	50	14170	8408	3895	5357	5186	37016	38,3	22,7	10,5	14,5	14,0	
	5	Großhandel	46	22914	12458	9084	11517	12413	68386	33,5	18,2	13,3	16,8	18,2	
I	6	Einzelhandel	47	16409	2281	2692	1646	10503	33531	48,9	6,8	8,0	4,9	31,3	
		Summe Block I		68106	33881	19274	24558	34379	180198	37,8	18,8	10,7	13,6	19,1	
II	7	Erdöl- u. Erdgasgewinnung	7	234	854	14	127	73	1302	18,0	65,6	1,1	9,8	5,6	
	8	Restlicher Bergbau	8	40	131	19	54	12	256	15,6	51,2	7,4	21,1	4,7	
	9	Kohlenbergbau	4	1236	6732	710	4055	1019	13752	9,0	49,0	5,2	29,5	7,4	
	10	Gas- u. Wasserwirtschaft	3	1178	5955	698	2703	1420	11954	9,9	49,8	5,8	22,6	11,9	
	11	Elektrizitätswirtschaft	2	3166	9673	2702	5498	3366	24405	13,0	39,6	11,1	22,5	13,8	
	12	Kali- u. Steinsalzbergbau	6	180	438	130	69	106	923	19,5	47,5	14,1	7,5	11,5	
	13	Chemische Industrie	14	7548	14477	8599	9752	12632	53008	14,2	27,3	16,2	18,4	23,8	
	14	Textilindustrie	36	1842	10334	2856	2110	1835	18995	9,7	54,4	15,0	11,1	9,8	
	15	Kunststoffverarb. Industrie	34	1085	6810	1925	3535	1315	14670	7,4	46,4	13,1	24,1	9,0	
	16	Sägewerke u. helzbearb. Ind.	17	671	3335	2035	765	242	7048	9,5	47,3	28,9	10,9	3,4	
	17	Industrie d. Steine u. Erden	9	4142	16089	1759	1783	1228	25001	16,6	64,4	7,0	7,1	4,9	
	18	Feinkeramische Industrie	28	172	1137	287	392	213	2201	7,8	51,7	13,0	17,8	9,7	
	19	Lederindustrie	35	390	1028	1005	497	519	3439	11,3	29,9	29,2	14,5	15,1	
	20	Glasindustrie	29	534	2005	1343	1597	746	6225	8,6	32,2	21,6	25,7	12,0	
	21	Holzverarbeitende Industrie	30	1910	5114	2732	2382	1848	13986	13,7	36,6	19,5	17,0	13,2	
	22	Bekleidungsindustrie	37	1242	5749	689	400	1897	9977	12,4	57,6	6,9	4,0	19,9	
	23	Baugewerbe	45	7832	26256	4480	11331	9543	59442	13,2	44,2	7,5	19,1	16,1	
	24	Musikinstr.- u. Spielw.-Ind.	31	248	457	171	311	162	1349	18,4	33,9	12,7	23,1	12,0	
II	23	Wohnungsvermietung	53	231	8230	2555	278	7117	18411	1,3	44,7	13,9	1,5	38,7	
		Summe Block II		33881	124804	34709	47639	45311	286344	11,8	43,6	12,1	16,6	15,8	

III	26	Ölmühlen- u. Margarine-nInd.	39	352	488	1817	72	480	3209	11,0	15,2	56,6	2,2	15,0	
	27	Land- und Forstwirtschaft	1	2999	5756	31227	1695	6332	48009	6,2	12,0	65,0	3,5	13,2	
	28	Zellstoff- u. papiererz. Ind.	18	756	1987	2288	606	1652	7289	10,4	27,3	31,4	8,3	22,7	
	29	Papier- u. pappeverarb. Ind.	32	1260	3214	3636	1185	1499	10794	11,7	29,8	33,7	11,0	13,9	
	30	Zuckerindustrie	40	225	91	1982	47	397	2742	8,2	3,3	72,3	1,7	14,5	
	31	Mühlenindustrie	38	127	64	2483	17	276	2967	4,3	2,2	83,7	0,6	9,3	
	32	Sonst. Nahr.- u. Genußm.-Ind.	43	4157	3227	29358	1617	8108	46467	8,9	6,9	63,2	3,5	17,4	
III	33	Verarb. Handw. u. sonst. Gew.	44	9398	19882	25841	17387	12867	85375	11,0	23,3	30,3	20,4	15,1	
		Summe Block III		19274	34709	98632	22626	31611	206852	9,3	16,8	47,7	10,9	15,3	
IV	34	Eisenerzbergbau	5	23	39	1	134	6	203	11,3	19,2	0,5	66,0	3,0	
	35	Eisenschaffende Industrie	10	3110	7274	1466	15609	1255	28714	10,8	25,3	5,1	54,4	4,4	
	36	Ziehereien u. Kaltwalzwerke	12	480	1214	519	6908	320	9441	5,1	12,9	5,5	73,2	3,4	
	34	NE-Metallindustrie	13	904	2646	584	6794	671	11599	7,8	22,8	5,0	58,6	5,8	
	38	Stahlverformung	26	582	1315	755	6607	735	9994	5,8	13,2	7,6	66,1	7,4	
	39	EBM-Industrie	27	2626	6822	3566	9662	2691	25367	10,4	26,9	14,1	38,1	10,6	
	40	Eisen-, Stahl- u. Tempergießer.	11	383	1702	428	4898	296	7707	5,0	22,1	5,6	63,6	3,8	
	41	Gummi- u. asbestverarb. Ind.	16	1165	2757	1437	3886	1032	10277	11,3	26,8	14,0	37,8	10,0	
	42	Elektrotechnische Industrie	24	3942	8462	4088	16491	8234	41217	9,6	20,5	9,9	40,0	20,0	
	43	Feinmech. u. optische Ind.	25	601	974	627	2102	1216	5520	10,9	17,6	11,4	38,1	22,0	
	44	Stahlbau	19	1218	3147	1371	5256	1051	12043	10,1	26,1	11,4	43,6	8,7	
	45	Maschinenbau	20	5341	6623	5125	19743	5623	42455	12,6	15,6	12,1	46,5	13,2	
	46	Straßenfahrzeugbau	21	3776	4433	2540	14317	3473	28539	13,2	15,5	8,9	50,2	12,2	
IV	47	Schiffbau	23	407	231	119	1899	636	3292	12,4	7,0	3,6	57,7	19,3	
		Summe Block IV		24558	47639	22626	114306	27239	236368	10,4	20,2	9,6	48,4	11,5	
V	48	Nachrichtenübermittlung	51	5359	2190	1399	2596	5771	17315	31,0	12,6	8,1	15,0	33,3	
	49	Tabakverarbeitende Ind.	42	431	292	417	253	3494	4887	8,8	6,0	8,5	5,2	71,5	
	50	Druckerei- u. Vervielf.-Ind.	33	1229	2069	2078	1040	6016	12432	9,9	16,6	16,7	8,4	48,4	
	51	Brauerei und Mälzerei	41	620	536	1514	375	4593	7638	8,1	7,0	19,8	4,9	60,1	
	52	Sonstige Dienstleistungen	54	10036	16815	14038	12568	44931	98388	10,2	17,1	14,3	12,8	45,7	
	53	Kreditinstitute u. Vers.-Gew.	52	5446	5951	6983	3198	10956	32534	16,7	18,3	21,5	9,8	33,7	
	54	Luftfahrzeugbau	22	145	50	34	211	1476	1916	7,6	2,6	1,8	11,0	77,0	
	55	Staat	55	11113	17408	5148	6998	34661	75328	14,8	23,1	6,8	9,3	46,0	
V	56	Private Haushalte	56	0	0	0	0	0	0	.	.	.	.	.	
		Summe Block V		34379	45311	31611	27239	111898	250438	13,7	18,1	12,6	10,9	44,7	
		Summe Block I bis V		180198	286344	206852	236368	250438	1160200	15,5	24,7	17,8	20,4	21,6	100,0

* Abweichungen in den Summen sind auf Runden der Zahlen zurückzuführen. Quelle: Input-Output-Rechnung des DIW. (*Wessels* 1981)

Abb. 82: Blocktriangulation der Vorleistungsmatrix 1972 zu jeweiligen Preisen

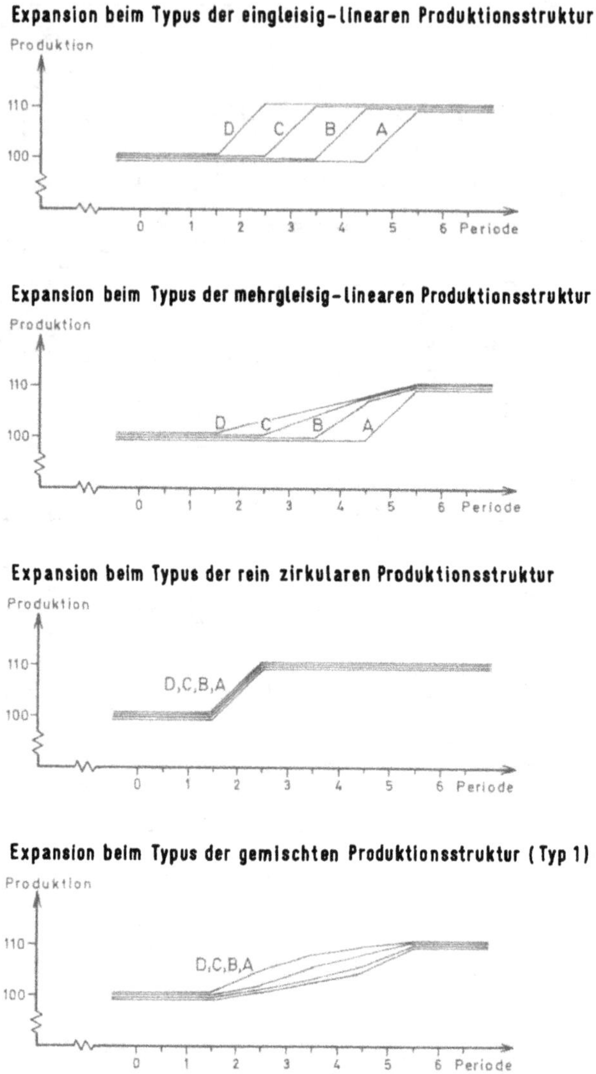

Abb. 83: Zeitliche Folge der Anlageinvestitionen für verschiedene Produktionsordnungstypen

Quelle: *E. Helmstädter*, Produktionsstruktur und Wachstum, a.a.O., S. 431 ff.

Wenn es keine Einzelwidersprüche gibt, gleicht der tatsächliche Linearitätsgrad dem theoretischen. Beide weichen voneinander um so mehr ab, je höher das Maß des Einzelwiderspruchs ist.

Schließlich mißt die **Spreizung,** wie weit die jeweiligen Versetzungen, bezogen auf die Summe der Transaktionen, von den korrespondierenden Rückversetzungen abweichen, also:

$$s = \frac{D}{T} \cdot 100 = \left(\sum_{i<k} |a_{ik} - a_{ki}| \Big/ \sum_{\substack{i \\ i \neq k}} \sum_{k} a_{ik} \right) \cdot 100$$

s kann Werte zwischen 0 und 100% annehmen. Das untere Extrem ergibt sich, wenn die Werte a_{ik} und a_{ki} jeweils gleich sind. 100% ergäbe sich für die reine Dreiecksmatrix. Trotzdem kann die Spreizung nichts über die Güte der Triangulation aussagen, bestenfalls über das Ausmaß der **Triangulierbarkeit,** da das Maß der Spreizung nur etwas über die Verhältnisse der Versetzungen bzw. Rückversetzungen aussagt, nicht jedoch über den Ordnungsgrad. Das Maß der Spreizung ergibt immer denselben Wert, unabhängig davon ob oder wie gut trianguliert ist.

Partielle Meßziffern lassen sich für alle drei oben berechneten Werte ermitteln, wenn man **jeweils statt aller Sektoren nur einen einzigen Sektor betrachtet.** So ist z.B. der tatsächliche partielle Linearitätsgrad des Sektors i:

$$\lambda_i = \frac{V_i}{T_i} \cdot 100 .$$

Die Maße des **partiellen theoretischen Linearitätsgrads,** des **partiellen Einzelwiderspruchs** sowie der **partiellen Spreizung** sind analog definiert.

9.3.7 Anwendungsmöglichkeiten der Triangulation

Eine **triangulierte** IOT kann für die verschiedensten Aufgaben eingesetzt werden. So hat beispielsweise *Helmstädter*, der sich um die Triangulation besonders verdient gemacht hat (*Helmstädter* 1957, 1961, 1962, 1964, 1965), mit Hilfe der durch Triangulation gefundenen Sektorenfolgen eine Aussage über die Reihenfolge bei Investitionsimpulsen gemacht, die strukturtypisch unterschiedlich ausfallen (vgl. Abb. 83). Danach wird die Reihenfolge der Anlageinvestitionen zeitlich um so mehr entzerrt, je mehr der Typus der Produktionsstruktur dem eingleisig-linearen ähnelt bzw. fällt **zeitlich zusammen, je zirkulärer** die Struktur ist. Im Sinne *Helmstädters* müßten nach den Triangulationsergebnissen *Wessels* (Wessel 1981, S.102) die Sektoren Verkehr, Kreditinstitute sowie Nachrichtenübermittlung mit den Investitionen beginnen, während die am Ende der Hierarchie stehenden Sektoren Wohnungsvermietung, Staat, Einzelhandel das Schlußlicht der Investitionskette bilden würden. Derartige Überlegungen sind u.U. wertvolle Hilfsmittel für eine **Orientierung staatlicher Wachstumspolitik,** sie dürfen aber nicht so verstanden werden, **als würde nun Investitionsplanung** auf der Basis triangulierter Matrizen **betrieben.** Ähnliche Informationen erlaubt die in der Triangulation gefundene Reihenfolge möglicherweise auch für konjunkturpolitische Mitteleinsätze. Hier scheint die im nächsten Abschnitt beschriebene qualitative IOA allerdings geeigneter zu sein, um Wirkpfade konjunktureller Maßnahmen zu überprüfen. Derartige Anwendungen triangulierter Matrizen provozieren die Frage nach der Stabilität der Ergebnisse.

Abb. 84 zeigt die zeitliche Stabilität der Sektoren, wie sie in den relativ einheitlichen Matrizen des DIW von 1954 bis 1972 in Vier-Jahres-Distanzen zum Ausdruck kommen. Die **meisten Sektoren** verhalten sich **relativ stabil** zueinander bis auf einige „Ausreißer", wie z.B. Zellstoff, Papier und Druckereierzeugnisse, oder auch einige Sektoren, die mit Eisengewinnung und -verarbeitung zu tun haben. Natürlich kann diese Veränderung durch technologischen Fortschritt induziert sein und die Triangulation würde dann nur ein reales Phänomen spiegeln. Es gab jedoch auch Kritik (*Jaksch* und *König* 1960, 1962), daß die Triangulation sehr sensitiv auf Preisveränderungen reagieren würde, was auch einsichtig ist, wenn man sich vor Augen hält, daß die Triangulation die Wertströme ordnet, die ihrerseits Summen aus Produkten von Mengen und Preisen sind. Ein Test auf **Stabilität der Sektorenordnung** unter Verwendung von **nominellen und deflationierten Tabellen** zeigte auch gewisse Veränderungen, konnte aber nicht die mit einem Wilcoxon-Rangsummentest überprüfte Nullhypothese der „Stabilität" gefährden, d.h. die Hierarchien bleiben

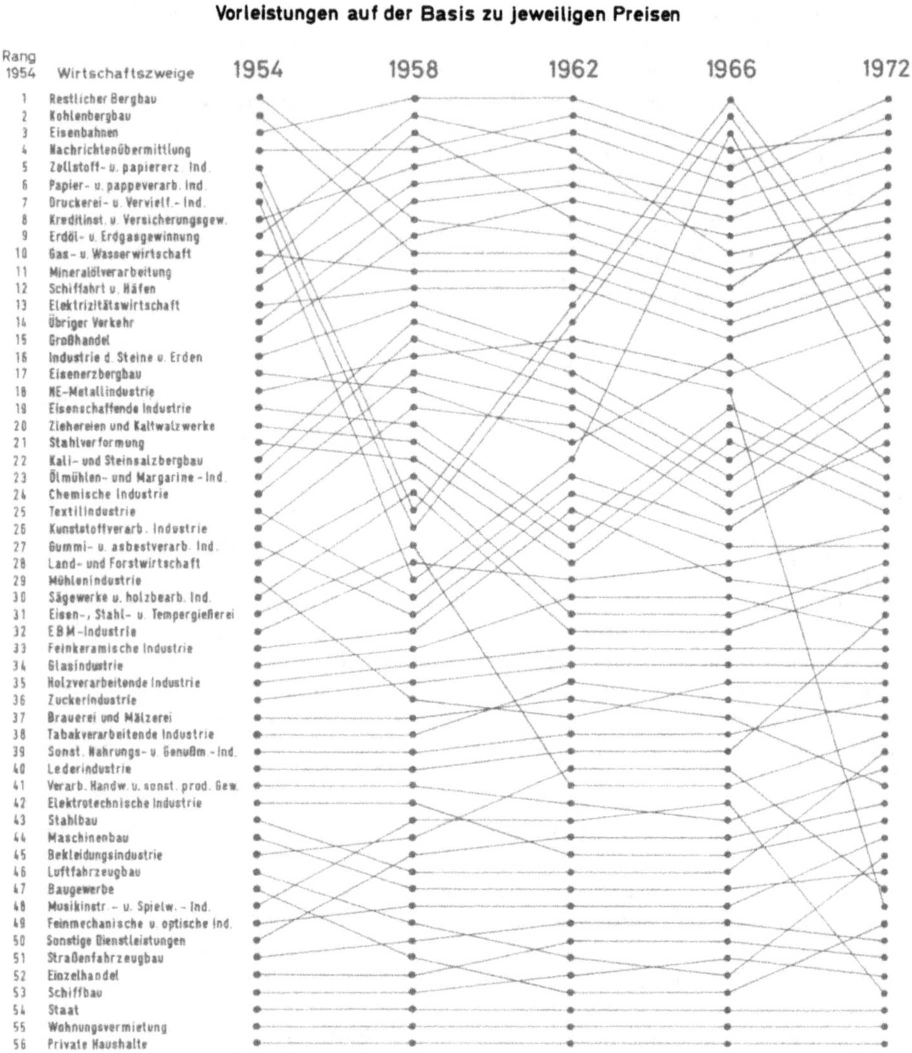

Abb. 84: Zur Stabilität der Hierarchie der Produktionssektoren in triangulierten IOTs
Quellen: Input-Output-Rechnung des DIW. (*Wessels* 1981)

global betrachtet relativ stabil (vgl. Abb. 85). Die Frage, inwieweit die Triangulation ein Kunstprodukt schafft, hat an einer anderen Stelle anzusetzen, was weiter unten geschehen soll.

In eine ähnliche Kerbe wie die Frage zeitlicher Hierarchieverschiebungen schlägt der auch schon von *Helmstädter* angegangene **Vergleich zwischen den Strukturen mehrerer Länder.** Dabei stellte sich heraus, daß bei Ländern unterschiedlichen Entwicklungsstands eine parallele Zunahme der Zirkularität (d.h. Abnahme des Linearitätsgrades) mit zunehmender Entwicklung zu beobachten war.

Abb. 85: Zur Stabilität der Hierarchie der Produktionssektoren in Abhängigkeit von Preisänderungen

Rangziffern der Produktionssektoren in triangulierten Input-Output-Tabellen
Vorleistungen

Wirtschaftszweige (Input-Output-Systematik)	1	2	3	4	5	6	7	8	9	10
	auf der Basis zu jeweiligen Preisen					auf der Basis zu Preisen von 1962				
	1954	1958	1962	1966	1972	1954	1958	1962	1966	1972
1 Land- und Forstwirtschaft, Fischerei	28	23	31	31	28	32	28	31	26	28
2 Elektrizitätswirtschaft	13	12	12	15	12	13	13	12	12	12
3 Gas- und Wasserwirtschaft	10	11	11	14	11	12	12	11	11	11
Bergbau										
4 Kohlenbergbau	2	10	10	13	10	2	2	10	10	10
5 Eisenerzbergbau	17	18	21	16	22	19	17	21	14	22
6 Kali- und Steinsalzbergbau	22	14	17	22	16	18	22	17	19	26
7 Erdöl- und Erdgasgewinnung	9	2	4	10	8	4	4	4	2	1
8 Restlicher Bergbau	1	8	9	12	6	1	1	9	9	9
Grundstoff- und Produktionsg.-ind.										
9 Industrie der Steine und Erden	16	13	16	18	48	17	16	16	13	48
10 Eisenschaffende Industrie	19	20	26	19	23	26	19	26	15	23
11 Eisen-, Stahl und Tempergießereien	31	27	41	41	38	28	29	41	41	38
12 Ziehereien und Kaltwalzwerke	20	21	27	20	24	27	20	27	17	24
13 NE-Metallindustrie	18	16	15	17	14	20	18	15	16	14
14 Chemische Industrie	24	17	19	24	18	21	24	19	21	18
15 Mineralölverarbeitung	11	3	8	11	9	5	5	8	3	2
16 Gummi- und asbestverarb. Industrie	27	31	24	27	27	24	27	24	24	27
17 Sägewerke und holzbearb. Industrie	30	24	32	32	29	33	30	32	27	31
18 Zellstoff- und papiererz. Industrie	5	25	13	1	13	7	6	13	28	13
Investitionsgüterindustrien										
19 Stahlbau	43	46	46	46	39	44	46	46	46	39
20 Maschinenbau	44	47	47	47	46	45	47	47	47	46
21 Straßenfahrzeugbau	51	50	49	49	50	51	50	49	49	50
22 Luftfahrzeugbau	46	49	51	52	45	46	49	51	52	45
23 Schiffbau	53	53	52	51	52	53	53	52	51	52
24 Elektrotechnische Industrie	42	42	45	45	43	43	42	45	45	43
25 Feinmech. und optische Industrie	49	48	48	48	44	49	48	48	48	44
26 Stahlverformung	21	22	28	21	25	29	21	28	18	25
27 EBM-Industrie	32	28	29	28	26	30	31	29	25	26
Verbrauchsgüterindustrien										
28 Feinkeramische Industrie	33	32	25	29	30	25	32	25	31	32
29 Glasindustrie	34	33	30	30	32	31	33	30	32	33
30 Holzverarbeitende Industrie	35	34	33	33	33	34	34	33	33	36
31 Musikinstr.- und Spielw.-Industrie	48	43	43	42	53	48	43	43	42	53
32 Papier- und papierverarb. Industrie	6	26	14	2	15	8	7	14	29	15
33 Druckerei- und Vervielf.-Industrie	7	29	22	3	19	9	8	22	30	20
34 Kunststoffverarbeitende Industrie	26	19	20	25	21	23	26	20	22	21
35 Lederindustrie	40	40	39	39	31	40	40	39	39	35
36 Textilindustrie	25	30	23	26	20	22	25	23	23	19
37 Bekleidungsindustrie	45	44	40	40	47	41	44	40	40	47
Nahrungs- und Genußmittelindustrie										
38 Mühlenindustrie	29	36	37	35	35	36	38	37	34	30
39 Ölmühlen- und Margarine-Industrie	23	15	18	23	17	16	23	18	20	17
40 Zuckerindustrie	36	35	34	34	34	35	35	34	35	29
41 Brauerei und Malzerei	37	37	36	37	41	37	36	36	36	41
42 Tabakverarbeitende Industrie	38	38	35	36	37	38	37	35	37	37
43 Sonst. Nahr. und Genußm.-Industrie	39	39	38	38	36	39	39	38	38	34
Industrie, insgesamt										
44 Verarb. Handwerk u. sonst. prod. Gew.	41	41	42	43	40	42	41	42	43	40
45 Baugewerbe	47	51	53	53	49	47	51	53	53	49
46 Großhandel	15	9	7	9	7	15	15	7	8	8
47 Einzelhandel	52	52	50	50	51	52	52	50	50	51
48 Eisenbahnen	3	1	1	4	3	3	3	1	1	5
49 Schiffahrt, Wasserstraßen und Hafen	12	6	5	7	4	11	11	5	6	6
50 Übriger Verkehr	14	7	6	8	5	14	14	6	7	7
51 Nachrichtenübermittlung (Bundespost)	4	4	2	5	1	6	9	2	4	3
52 Kreditinstitute und Versicherungsgew.	8	5	3	6	2	10	10	3	5	4
53 Wohnungsvermietung	55	55	55	55	55	55	55	55	55	55
54 Sonstige Diensleistungen	50	45	44	44	42	50	45	44	44	42
55 Staat (einschl. Sozialversicherung)	54	54	54	54	54	54	54	54	54	54
56 Private Haushalte (Häusliche Dienste)	56	56	56	56	56	56	56	56	56	56
Theor. Linearitätsg.	84,707	84,563	84,730	84,960	83,133	84,500	84,265	84,730	85,028	83,390
Linearitätsgrad	81,253	81,504	81,435	81,791	79,066	80,759	81,048	81,435	81,772	79,966
Maß d. Einzelwspr.	4,975	4,424	4,744	4,532	6,138	5,422	4,694	4,774	4,649	5,127
Spreizung	69,413	69,125	69,460	69,919	66,266	69,000	68,531	69,460	70,056	66,780

Quellen: Input-Output Rechnung des DIW. (*Wessels* 1981)

	Tabelle I Japan	Tabelle II Italien	Tabelle IV USA	Tabelle III Norwegen
Stufe Nr.	Wirtschaftsgruppe Nr.			
1.	29	29	29	– [z)]
2.	20	20	20	27
3.	28	27	27	20
4.	27	26	23	26
5.	26	28	26	23
6.	7	24	25	22
7.	25	7	17	19
8.	24	23	28	21
9.	22	22	7	13
10.	23	19	24	17
11.	21	21	22	28
12.	19	16	19	24
13.	16	18	14	7
14.	18	6	21	5
15.	15	11	13	16
16.	3	15	18	18
17.	11	25	16	11
18.	10	14	11	15
19.	14	13	10	25
20.	13	10	15	10
21.	8	8	8	14
22.	12	5	12	8
23.	17	4	5	12
24.	9	3	6	3
25.	2	12	4	9
26.	1	9	3	2
27.	6	17	2	6
28.	5	2	1	4
29.	4	1	9	1

z) Die Gruppe Nr. 29 (Erdöl und Erdgas) fehlt in Tabelle III.

Abb. 86: Vergleich der Reihenfolge von Wirtschaftsgruppen in verschiedenen Tabellen (*Helmstädter* 1964)
Die Verbindungslinien zwischen den einzelnen Nummern wurden nur in den Fällen gezogen, wo die betreffenden Wirtschaftsgruppen um mehr als fünf Stufen unterschiedlich eingereiht worden sind

Gleichzeitig erwies sich jedoch das **Grundmuster der Produktionsstruktur bei Ländern mit vergleichbarem Entwicklungsstand** als **relativ einheitlich** (vgl. Abb. 86), so daß man von einer **Invarianz der Entwicklungstypologie** ausgehen kann. Die Triangulation ist also in der Lage, Grundmuster der Wirtschaftsstruktur in gewissem Maße aufzudecken.

Die **Schwächen der Triangulation** bestehen nach Auffassung der Verfasser hingegen in folgenden Eigenschaften:

- die Triangulation ermittelt Reihenfolgen, die nicht als Verknüpfungen vorhanden sind,
- sie führt zu **stabilen Strukturen,** wenn der **Linearitätsgrad hoch** ist bzw. wenn eine **große Spreizung** vorhanden ist. Bei wachsender Zirkularität und damit kleiner werdender Spreizung kann ein Sektor jedoch plötzlich in eine andere Rangposition rutschen. Kritische Argumente in bezug auf eine Abhängigkeit von Preisen gewinnen gerade in dieser Situation eine besondere Bedeutung, da dann schon **relativ geringe Veränderungen zu dramatischen Reihenfolgewechseln** führen können. Doch kann dies andererseits nicht sehr verwundern, da die Triangulation ein Verfahren ist, das schon definitionsgemäß nach Versetzungen, d.h. also **linear vorwärts gerichteten Strömen fahndet,** während es mit **Zirkularitäten** nichts anzufangen weiß, sie eher **als „Fehler" im System** betrachtet und entsprechend stiefmütterlich behandelt. Wir werden sehen, daß die Qualitative Input-Output-Analyse (vgl. Abschnitt 9.4) gerade in dieser Hinsicht mehr zu bieten hat.

Zum ersten Argument sei noch ein **Beispiel** gebracht. Wir betrachten die folgende Struktur:

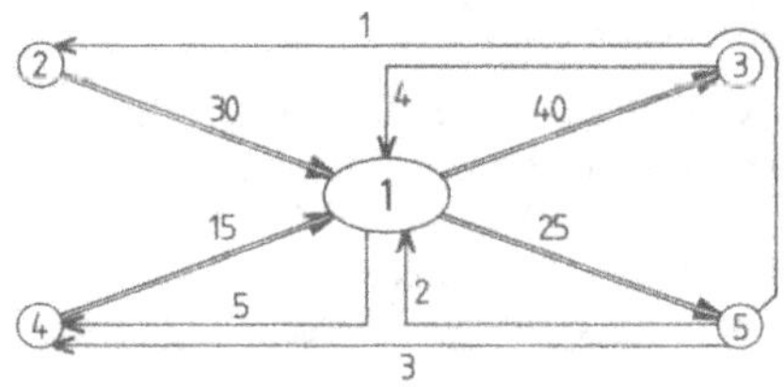

Abb. 87: Modellfall einer IO-Struktur

Es ist klar, daß hier der Versetzungshauptstrom von 2 bzw. 4 zu 1 und von dort nach 3 und 5 geht. Die A-Matrix der Ströme führt, wie man leicht nachprüfen kann, zu folgender Saldenmatrix B:

Ausgangszustand

1	2	3	4	5	
0	−30	36	−10	23	1
	0	0	0	−1	2
		0	0	0	3
			0	−3	4
				0	5

trianguliert

2	4	1	3	5	
0	0	30	0	−1	2
	0	10	0	−3	4
		0	36	23	1
			0	0	3
				0	5

Wie man an der Saldenmatrix stehen kann, sind alle Ordnungsbedingungen erfüllt, so daß zumindest ein relatives Optimum vorliegt. Eine genauere Analyse ergibt auch, daß keine weitere Verbesserung mehr möglich ist, so daß ein absolutes Optimum vorliegt. Wie man leicht überprüft, stellen die Reihenfolgen 4, 2, 1, 3, 5 sowie 4, 2, 1, 5, 3 und 2, 4, 1, 5, 3 ebenfalls absolute Optima (d.h. die Ordnungsbedingung erfüllende Rangfolge mit *gleicher* Summe S_D) dar.

Die Reihenfolge 2, 4, 1, 3, 5 spiegelt nun in etwa die Struktur der Abb. 87, sie tut jedoch gleichzeitig so, als käme 2 **vor** 4 bzw. 3 **vor** 5. In Wirklichkeit sind 2 und 4 bzw. 3 und 5 jedoch **parallel** angeordnet. Mehr noch: 2 und 4 **tauschen untereinander gar keine Lieferungen aus,** ebenso 3 und 5, dies **wird jedoch in der Triangulation nicht sichtbar.** Darüber hinaus ist die Triangulation auch nicht sensititiv für die **Breite** des Stroms. Das **Grundprinzip** ist, daß ein **Sektor um so später** kommt, d.h. um so **endnachfragenäher** ist, **je kleiner seine** Vorleistungsoutputs im Verhältnis zu seinen Inputs sind. Die Reihenfolge **müßte** dann gemäß den Vorleistungsstrombreiten 2, 4, 1, 3, 5 lauten und eine Überprüfung ergibt, daß diese Reihenfolge **genauso möglich** ist **und ebenso** ein **absolutes Optimum** ergibt wie die anderen drei. Als Resumé kann man also festhalten, daß die **Triangulation „parallel" liegende Sektoren** nicht adäquat erfaßt, sondern sie in das Prokrustesbett der rein linearen Rangfolge preßt. Die Triangulation betrachtet somit das im Zeitablauf immer zirkulärer werdende Verflechtungsgefüge durch die **rosa Brille der Linearität** und linearisiert solange, bis zirkuläre Beziehungen zu Einzelwidersprüchen verkommen sind. Dies darf jedoch nicht als eine völlige Verdammung der Triangulation angesehen werden. Sie stellt sicher ein nützliches Instrument zur Analyse von Verflechtungsbeziehungen dar, doch darf man ihre Ergebnisse eben nicht völlig unbesehen hinnehmen.

9.4 Qualitative Strukturanalysen

9.4.1 Die Methode der Graphentheorie

Sektorstrukturen lassen sich nicht nur unter dem bisher vorgeführten quantitativen Aspekt ordnen. Man kann die Auffassung vertreten, daß neben die quantitativen Analysen auch qualitative treten sollten, die es erlauben, in der Tabelle enthaltene **Strukturinformationen** noch besser auszuschöpfen. Darüber hinaus ermöglichen derartige Analysen die Berücksichtigung wichtiger wirtschaftspolitischer Zielsetzungen, wie z.B. der Vollständigkeit oder Geschwindigkeit.

Eine derartige qualitative Betrachtungsweise hat den **Strukturaspekt** der Sektorenverflechtung zum Gegenstand. Es interessiert z.B. **welche Sektoren** miteinander verflochten sind, ob unterschiedliche Integrationsdichten existieren, ob es unterscheidbare Strukturtypen gibt und wenn ja, welche Einflüsse diese Typen auf die Durchführung bzw. Erfolgsaussichten wirtschaftspolitischer Maßnahmen haben.

Diesen Strukturaspekt, der in den bisherigen, quantitativ orientierten Hierarchisierungsverfahren noch etwas zu kurz kam, kann man durch das *Kriterium der Qualifizierung* der Ströme in den Griff bekommen. Dies erlaubt die Anwendung des *graphentheoretischen Instrumentariums* zur Ermittlung von Struktureigenschaften von Verflechtungsgebilden, die den Strukturaspekt nicht nur „linear" auf eine Hierarchie reduzieren, sondern „zweidimensionale" Zusammenhänge, Blockbildungen, unterschiedliche Integrationsverhältnisse usw. abbilden bzw. analysierbar machen können. Die Anwendung der Graphentheorie basiert auf der **Binärisierung** quantitativ beschriebener Lieferströme. Wo also ein Lieferstrom vorhanden ist, erhält die Matrix der Lieferverflechtung den Wert 1, wo kein Lieferstrom vorhanden ist wird der Wert 0 gesetzt. Hauptdiagonalwerte erhalten grundsätzlich den Wert 0. Von dieser Vorgehensweise ist nur der Quadrant I betroffen, da nur dieser die sektorale Verflechtung spiegelt.

Eine derartige Matrix wird in der Qualitativen Strukturanalyse auch als Matrix der „direkten Lieferwege" bezeichnet (*Czayka* 1972). Es fragt sich, was dieses Vorgehen nützen soll, da man doch auf wichtige quantitative Informationen verzichtet.

Dem unbestrittenen Verlust an Information steht jedoch ein Gewinn an methodischen Anwendungen gegenüber, der diesen Verlust kompensiert. Wir haben hier eine Situation vor uns, die der üblichen Modellbildung in der Ökonomik nicht unähnlich ist. Auch hier verzichtet man auf eine Fülle detaillierter Informationen, um eine Modellbildung unter stärkerer Abstraktion von „Unwesentlichem" überhaupt zu ermöglichen.

Die durch Binärisierung – d.h. Verwendung von lediglich 2 Alternativen: Ja/Nein *in bezug auf die Existenz eines Lieferstroms* – gewonnene Matrix der direkten Lieferwege wird in der Graphentheorie als **Adjazenzmatrix** bezeichnet, die angibt, von wo nach wo eine sog. „Kante" (Pfeil) geht. Diese Richtungspfeile sind die Entsprechungen zu den Strömen, die Entsprechungen der Sektoren heißen in der Graphentheorie „Knoten".

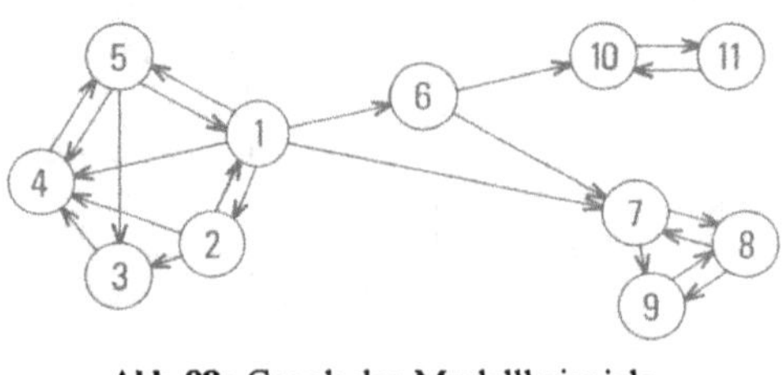

Abb. 88: Graph des Modellbeispiels

	S_1	S_2	S_3	S_4	S_5	S_6	S_7	S_8	S_9	S_{10}	S_{11}
S_1		1		1	1	1	1				
S_2	1		1	1							
S_3				1							
S_4					1						
S_5	1		1	1							
S_6							1			1	
S_7								1	1		
S_8							1		1		
S_9								1			
S_{10}											1
S_{11}										1	

Abb. 89: Adjazenzmatrix des Modellbeispiels

Der Adjazenzmatrix (= Matrix der direkten Lieferwege) entspricht deshalb eine graphische Darstellung (d.h. ein sog. gerichteter Graph) der Beziehungen zwischen den Sektoren, die wir durch Pfeile darstellen. In Abb. 88 und 89 ist ein solcher Graph und die zugehörige Adjazenzmatrix dargestellt (Beispiel entnommen *Czayka* 1972).

9.4.2 Die Ermittlung graphentheoretischer Strukturkoeffizienten

Wendet man das oben geschilderte Verfahren auf eine große IOT wie die des Statistischen Bundesamts mit 60 Sektoren an, so wird der sich ergebende Graph so unübersichtlich, daß die gewonnenen Vorteile eigentlich wieder verlorengehen. Dieses Problem läßt sich dadurch lösen, daß man nicht alle Ströme, sondern nur die sogenannten **Fundamentalströme** in die Darstellung einbezieht. Man wendet hierzu einen Filter an, der Ströme, die wegen ihres geringen Umfangs als unwichtig eingestuft werden, herausnimmt. Formal erhalten wird

$$s_{ij} = \begin{cases} D\,(X_{ij} - FS) & \text{für } i \neq j \\ 0 & \text{für } i = j, \end{cases}$$

wobei D den Dirichlet-Operator darstellt, der für positives ($X > 0$) Argument den Wert 1 annimmt, sonst aber den Wert 0. Durch entsprechendes Einstellen der Filterschwelle FS kann man bestimmen, wo die Grenze zwischen wichtig und unwichtig anzusetzen ist. Geht man von den absoluten Strömen einer Verflechtungsmatrix aus und normiert man FS als das dreifache des durchschnittlichen Wertestromes, so erhält man in der graphischen Abbildung der dadurch vorgegebenen Adjazenzmatrix ein immer noch recht komplexes Gebilde (vgl. hierzu *Timmermann*, unv. Manuskript 1981). Geht man davon aus, daß **bilateral verflochtene** Sektoren einen **Komplex bilden,** der seinerseits als **Einheit** aufzufassen ist, so läßt sich die Überschaubarkeit noch erhöhen. Ein auf diese Weise gewonnenes Bild der Verflechtungsstruktur der BRD für 1972 und 1962 zeigen Abb. 90 und 91.

Man kann nun mit diesem Verfahren IOTs verschiedener Jahre analysieren und damit Strukturen einem **intertemporalen Vergleich** unterziehen, was bereits wichtige Einblicke in die Entwicklungsdynamik einer Wirtschaft erlaubt. Im vorliegenden Beispiel ist nicht nur ein Anwachsen der Komplexität der Verflechtung von 1962 auf 1972 zu sehen, auch die Integration einzelner Sektoren in das Gesamtgefüge ist gestiegen. So sind z.B. die Sektoren Transport und Verkehr sowie Staat von einer linearen in eine zirkuläre Verflechtung integriert worden. Der Sektor Kommunikation, 1962 ebenso wie Erdölgewinnung, Mineralölverarbeitung und Feinmechanik/Optik noch (aufgrund des def. FS) **isoliert,** gehört 1972 zum Verflechtungsbereich, seine Integration ist gestiegen.

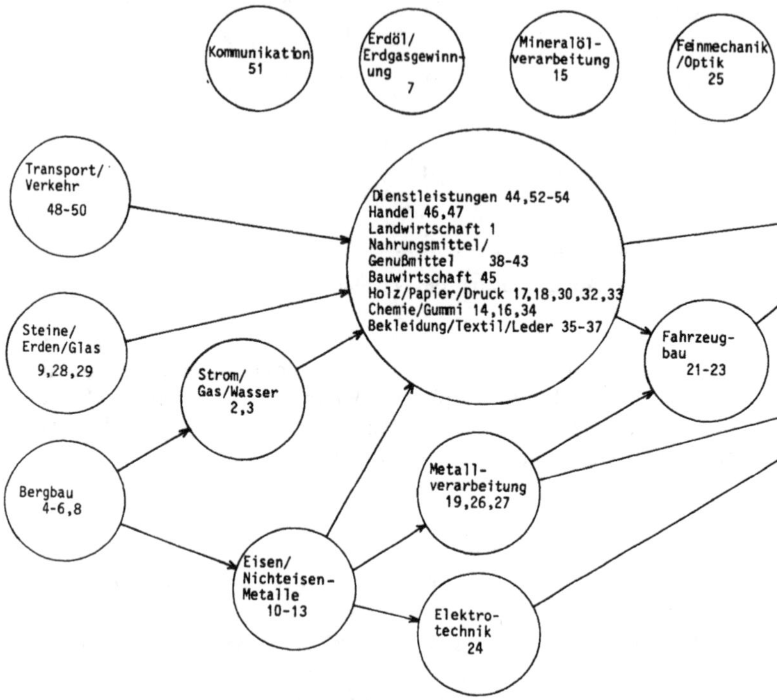

Abb. 90: *BRD 1962* (DIW-Tabelle, B-Version, 1962)

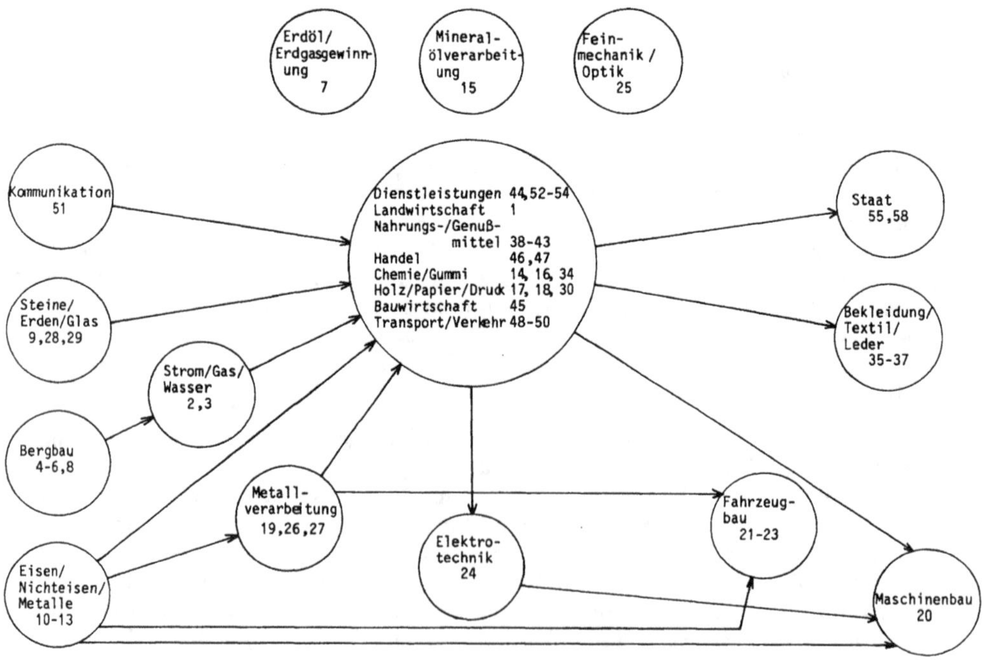

Abb. 91: *BRD 1972* (DIW-Tabelle, B-Version, 1972)

Die beiden Abbildungen zeigen auch deutlich einen weiteren Aspekt dieser Darstellung, den man als Integrationsgrad bezeichnen könnte: Die Graphen sind die bildliche Darstellung einer gefilterten Adjazenzmatrix, in der die gerichtete Verbindung von einem Sektor zum nächsten erfaßt wird. Dabei wird deutlich, daß es auf dieser Ebene **zwei Arten von Zyklizität** gibt:

- **bilaterale Zyklizität,** bei der aufgrund der **unmittelbaren Verknüpfung** zweier Sektoren Hin- und Rückströme vorliegen.
- **Zyklizität,** die **durch längere Lieferwege** über mehrere Zwischenstationen gegeben ist.

Diese Unterscheidung hat dazu geführt, daß die Sektoren, die unmittelbar, d.h. mit einer Wegelänge von der Länge 1, miteinander zyklisch verbunden sind, **in einer Komponente zusammengefaßt** werden, da sie aufgrund der engen Lieferbeziehungen als **ein Komplex** anzusehen sind. Diesen Vorgang nennt man in der Graphentheorie **Kondensation** eines Graphen.

An einem solchen Strukturbild der wirtschaftlichen Verflechtung lassen sich derartige Zusammenhänge durch entsprechend zu bildende **Strukturkennziffern** messen und auch zum Vergleich verschiedener Strukturen heranziehen.

Nach einer Einteilung von *Schwarze* (1974) können hierbei folgende Typen von Kennzahlen unterschieden werden:

- **Belastungskennziffern** für Knoten (Sektoren)
- **Entfernungskennziffern**
- **Stellungskennziffern** für das Integrationsausmaß eines Knoten (Sektors)
- **Zusammenhangskennziffern** für den ganzen Graphen.

Im folgenden seien beispielhaft und keineswegs erschöpfend einige dieser Strukturmaße besprochen.

Ein sehr einfaches Maß ist der durchschnittliche (direkte) Grad der Verknüpfung. Darunter versteht man den %-Anteil der Lieferverbindungen an der Anzahl der maximal möglichen Verbindungen, wobei die Hauptdiagonalwerte, also Lieferungen an sich selbst, ausgeschlossen werden. Wir erhalten somit

$$v_d = \frac{\sum_i \sum_j s_{ij}}{n(n-1)}$$

Es ist einleuchtend, daß der durchschnittliche (direkte) Verknüpfungsgrad nicht zu hoch sein darf, wenn man noch Strukturen gewinnen will. Da vor allem hochaggregierte moderne IOTs oft ein hohes v_d aufweisen, d.h. also stark besetzt sind, kann man dem dadurch entstehenden **Problem oft nur durch die Anwendung einer geeigneten Filterschwelle FS** begegnen.

Zur Gewinnung weiterer Maße bedarf es allerdings der Entwicklung eines entsprechenden Instrumentariums, das über die Adjazenzmatrix hinausgeht. Dies ist Aufgabe des folgenden Abschnitts.

9.4.3 Die Berücksichtigung indirekter Verflechtungen

Lieferverknüpfungen bestehen nicht nur jeweils unmittelbar sondern auch **durch Vermittlung zwischengelagerter Sektoren.** So besteht z.B. in Abb. 88 eine Verbindung von Sektor S_3 zu Sektor S_1 über S_5. Nach diesem Muster lassen sich auch längere Verknüpfungen finden, an denen mehrere Sektoren beteiligt sind. Wir können dieser Tatsache dadurch Rechnung tragen, daß wir die unterschiedlichen Wegelängen in einem solchen Graph zum Gegenstand der Untersuchung machen. Bezeichnen wir allgemein den Weg von S_i nach S_j mit s_{ij} so ergibt sich die Basis für dieses Vorgehen aus der Adjazenzmatrix, die die Matrix der direkten Wegelängen darstellt, oder anders formuliert: die Matrix der Wegelänge 1. Wir bezeichnen darum diese Matrix mit $W^1 = (w_{ij}) = (s_{ij})$.

Die Matrizen der Wegelängen 2, 3, usw. lassen sich nun jeweils auf folgende Weise gewinnen (Abb. 92):

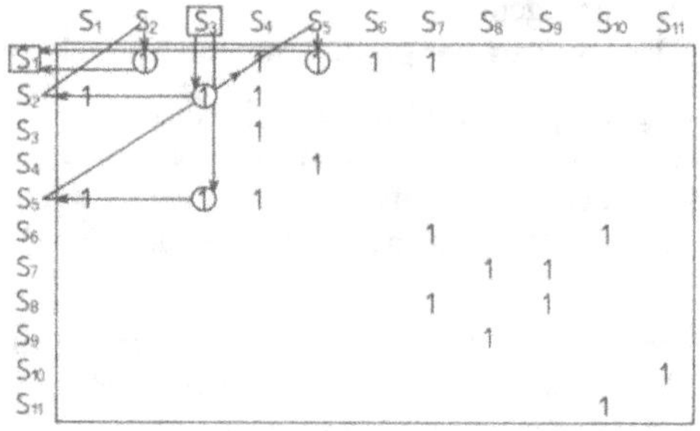

Der besseren Übersicht wegen sind die Felder, in denen eigentlich Nullen stehen müßten, freigelassen worden.

Abb. 92: Zur Verknüpfung der Sektoren S_1 und S_3

Wir folgen dem Pfeil $S_1 S_2$ (entgegen der Pfeilrichtung) und von dort über S_2 nach S_3. Es besteht also eine Verknüpfung der Wegelänge 2 zwischen S_1 und S_3 über S_2.

In der Matrix W^1 der direkten Wegelänge drückte sich das darin aus, daß die Elemente $w^1_{12} = w^1_{23} = 1$.

Dies können wir folgendermaßen formalisieren:

$$\begin{array}{ccccc} S_1 S_2 & \wedge & S_2 S_3 & = & S_1 S_3 \\ s_{12} & \cdot & s_{23} & = & w^2_{13} \\ 1 & \cdot & 1 & = & 1 \end{array}$$

Parallel dazu existiert, wie man Abb. 88 entnehmen kann, ein zweiter Weg von 1 nach 3, der allerdings über Sektor 5 läuft,

also $\quad s_{15} \cdot s_{53} = w^2_{13}$

Allgemein können wir, wenn wir statt der Kantenbezeichnungen der Adjazenzmatrix, die Bezeichnung w^1_{ij} wählen, schreiben

$$\sum_k w^1_{ik} \cdot w^1_{kj} = w^2_{ij},$$

oder in Matrizenschreibweise

$$W^1 \cdot W^1 = W^2$$

worin das Quadrat der Ergebnismatrix zugleich das tatsächliche Matrizenquadrat und den Hinweis auf die Wegelänge 2 darstellt. Noch allgemeiner erhalten wir die Matrix der Wegelänge m, indem wir die m-te Potenz der Adjazenzmatrix bilden bzw. rekursiv:

$$W^m = W^1 \cdot W^{m-1} = W^{m-1} \cdot W^1.$$

Bei der Entwicklung der Lieferwege unterschiedlicher Länge kann natürlich derselbe Sektor ein zweites oder ein drittes Mal berührt werden, so daß **Zyklen** entstehen. Da beim Schließen des Zyklus z. B. $S_1 S_5 S_1$ derselbe Sektor berührt ist, ergibt sich

$$w^1_{15} \cdot w^1_{51} = w^2_{11}.$$

Dies aber ist das **Hauptdiagonalfeld.** Ein Lieferzyklus der Länge l würde sich also durch ein von 0 verschiedenes Hauptdiagonalelement in der l-ten Potenz der Adjazenzmatrix darstellen. Um hierdurch begründete mangelnde Eindeutigkeiten in bezug auf die Längen von Lieferwegen auszuschließen wird der **zyklenfreie Lieferweg als Lieferpfad** definiert. Ein **Lieferpfad** ist dann die **kürzeste Verbindung zwischen zwei Sektoren.** Es ergibt sich von selbst, daß in einem System von m Sektoren ein Lieferpfad höchstens von der Länge m − 1 sein kann, nämlich dann, wenn alle m Sektoren linear hintereinander angeordnet werden könnten. Hieraus ergibt sich, daß man, um mit Sicherheit alle Lieferpfade eines Systems zu ermitteln, die Potenzfolge der Wegelängenmatrizen höchstens bis zur Länge m − 1 entwickeln muß.

Als nächstes berechnen wir die sog. **Entfernungsmatrix.** Diese zeigt für jeden Sektor die minimale Wegelänge zu jedem anderen Sektor, d.h. also die Länge des Lieferpfades zwischen diesen Sektoren mit

$$E = (e_{ij}) = \begin{cases} \min(l/w^l_{ij} > 0 \text{ f. } l = 1, 2, \ldots \text{ und } i \neq j) \\ 0 \text{ sonst, insbes. f. } i = j \end{cases}$$

Die Entfernung der Sektoren zu sich selbst wird grundsätzlich mit 0 definiert. Elemente e_{ij}, die 0 sind, zeigen an, daß in der durch i und j fixierten Richtung keine Verknüpfung besteht. In der Literatur werden derartige Ströme auch mit ∞ besetzt, um die Unverbundenheit anzuzeigen. Dies läßt sich jedoch für Computerberechnungen nicht verwenden, so daß eine Nullsetzung der bessere Weg ist. Abb. 93–96 zeigen die zum Modellbeispiel gehörenden Matrizen der Wegelänge 2, 3 und 4 sowie die zugehörige Entfernungsmatrix E.

Da die Entfernungsmatrix in ihren Elementen e_{ij} anzeigt, ob eine Verbindung besteht (nämlich wenn $e_{ij} > 0$, Hauptdiagonalfelder sind hierbei ausgeschlossen), läßt sich diese Zusatzinformation herausfiltern, indem wir aus der Entfernungsmatrix eine einfachere Matrix ableiten, die **lediglich diesen Zusammenhang** zeigt. Diese Matrix nennen wir **Dependenzmatrix.** Sie wird gebildet nach der Regel

$$C = (c_{ij}) \text{ mit } c_{ij} = \begin{cases} 1 \text{ wenn } e_{ij} > 0 \\ 0 \text{ sonst.} \end{cases}$$

Die **Dependenzmatrix** weist damit eine gewisse **Aussageähnlichkeit** zur **Adjazenzmatrix** auf, nur gibt sie nicht wie diese die direkten Abhängigkeiten an, sondern **sie zeigt, ob über-**

von \ nach	s_1	s_2	s_3	s_4	s_5	s_6	s_7	s_8	s_9	s_{10}	s_{11}
s_1	2	0	2	2	1	0	1	1	1	1	0
s_2	0	1	0	2	2	1	1	0	0	0	0
s_3	0	0	0	0	1	0	0	0	0	0	0
s_4	1	0	1	1	0	0	0	0	0	0	0
s_5	0	1	0	2	2	1	1	0	0	0	0
s_6	0	0	0	0	0	0	0	1	1	0	1
s_7	0	0	0	0	0	0	1	1	1	0	0
s_8	0	0	0	0	0	0	0	2	1	0	0
s_9	0	0	0	0	0	0	1	0	1	0	0
s_{10}	0	0	0	0	0	0	0	0	0	1	0
s_{11}	0	0	0	0	0	0	0	0	0	0	1

Abb. 93: Matrix der *Lieferwege* von der *Länge 2*

von \ nach	s_1	s_2	s_3	s_4	s_5	s_6	s_7	s_8	s_9	s_{10}	s_{11}
s_1	1	2	1	5	4	2	3	2	2	0	1
s_2	3	0	3	3	2	0	1	1	1	1	0
s_3	1	0	1	1	0	0	0	0	0	0	0
s_4	0	1	0	2	2	1	1	0	0	0	0
s_5	3	0	3	3	2	0	1	1	1	1	0
s_6	0	0	0	0	0	0	1	1	1	1	0
s_7	0	0	0	0	0	0	1	2	2	0	0
s_8	0	0	0	0	0	0	2	1	2	0	0
s_9	0	0	0	0	0	0	0	2	1	0	0
s_{10}	0	0	0	0	0	0	0	0	0	0	1
s_{11}	0	0	0	0	0	0	0	0	0	1	0

Abb. 94: Matrix der Lieferwege von der *Länge 3*

von \ nach	s_1	s_2	s_3	s_4	s_5	s_6	s_7	s_8	s_9	s_{10}	s_{11}
s_1	6	1	6	8	6	1	5	5	5	3	0
s_2	2	3	2	8	6	3	4	2	2	0	1
s_3	0	1	0	2	2	1	1	0	0	0	0
s_4	3	0	3	3	2	0	1	1	1	1	0
s_5	2	3	2	8	6	3	4	2	2	0	1
s_6	0	0	0	0	0	0	1	2	2	0	1
s_7	0	0	0	0	0	0	2	3	3	0	0
s_8	0	0	0	0	0	0	1	4	3	0	0
s_9	0	0	0	0	0	0	2	1	2	0	0
s_{10}	0	0	0	0	0	0	0	0	0	1	0
s_{11}	0	0	0	0	0	0	0	0	0	0	1

Abb. 95: Matrix der Lieferwege von der *Länge 4*

von \ nach	s_1	s_2	s_3	s_4	s_5	s_6	s_7	s_8	s_9	s_{10}	s_{11}
s_1		1	2	1	1	1	1	2	2	2	3
s_2	1		1	1	2	2	2	3	3	3	4
s_3	3	4		1	2	4	4	5	5	5	6
s_4	2	3	2		1	3	3	4	4	4	5
s_5	1	2	1	1		2	2	3	3	3	4
s_6							1	2	2	1	2
s_7								1	1		
s_8							1		1		
s_9							2	1			
s_{10}											1
s_{11}										1	

Abb. 96: Matrix der inter-industriellen *Lieferdistanzen* E

haupt ($c_{ij} = 1$) **eine Lieferabhängigkeit** besteht, unabhängig davon über wieviele Distanzeinheiten, **oder ob keine Lieferabhängigkeit existiert** ($c_{ij} = 0$).

9.4.4 Strukturmaße, die auch indirekte Zusammenhänge einbeziehen

Damit haben wir das Instrumentarium gewonnen, um weitere Strukturmaße der Kategorien der Entfernungs-, Stellungs- und Zusammenhangs-Kennziffern abzuleiten, wobei die zwei letzteren auf den Entfernungsmaßen aufbauen.

Ein wichtiges Entfernungsmaß ist der *Durchmesser* eines Graphen. Er ergibt sich als die größte Länge der bestehenden Lieferpfade. Dieses Maß läßt sich sehr einfach aus der oben definierten Entfernungsmatrix ableiten. Bezeichnen wir den Durchmesser mit DM, so ist

$$DM = \max(e_{ij}) \quad \text{für} \quad i,j = 1, \ldots, m$$

Weitere Distanzmaße sind die **Dispersion** und die **durchschnittliche Distanz.** Die Dispersion kann sowohl für einen einzelnen Knoten, als auch für den ganzen Graphen berechnet werden. Bezeichnen wir die Knotendispersion mit D_K so erhalten wir

$$D_K = \sum_i e_{ik} + \sum_j e_{kj} \quad \text{f. Sektor bzw. Knoten k.}$$

Die Knotendispersion ist also die Summe der Inputentfernungen und der Outputentfernungen.

Die Gesamtdispersion des Graphen ergibt sich als Summe aller Entfernungen, also

$$D_G = \sum_i \sum_j e_{ij}$$

Die Gesamtdispersion läßt sich noch normieren durch die Anzahl der vorhandenen Dependenzen. Wir erhalten dann die sog. durchschnittliche Distanz D_d mit

$$D_d = D_G / \sum_i \sum_j c_{ij}$$

Die durchschnittliche Distanz der Sektoren ergibt sich, indem man die Summe aller Elemente der Entfernungsmatrix durch die Summe aller Elemente der Dependenzmatrix dividiert.

Ein wichtiges Strukturmaß, das auf Entfernungsmaßen aufbaut aber auch schon etwas über die *Stellung* eines einzelnen Sektors im Graphen aussagt, ist der *Radius*. Der Radius eines Sektors ist definiert als seine maximale Distanz zu anderen Sektoren. Er läßt sich nach Input-Radius und Output-Radius klassifizieren.

Dementsprechend erhalten wir den Input-Radius als größten Wert e_{ij} in der Spalte des Sektors j und den Output-Radius als den maximalen Wert e_{ij} in der Zeile des Sektors i. Hieraus lassen sich Informationen über die Stellung eines Sektors innerhalb der Verflechtungsstruktur gewinnen.

Ein Knoten bzw. Sektor, dessen **Input- oder Output-Radius** gleich dem Durchmesser des Graphen ist, heißt ein **peripherer Sektor.** Er gehört entweder zu den **Quellsektoren** (größter Output-Radius) oder zu den **Mündungssektoren** (größter Input-Radius).

Ermittelt man die verschiedenen Stellungsmaße als durchschnittliche Größen, indem man über die Sektoren mittelt, so erhält man Maßgrößen für den Zusammenhang aller Sektoren. Derartige Kennziffern sind jedoch mit einer gewissen Vorsicht zu verwenden, da sie nur Hilfsmittel zur Charakterisierung von Strukturen darstellen. Immerhin lassen sich durch einen Vergleich der Kennziffern für verschiedene Tabellen Unterschiede herausfiltern. Abb. 97 zeigt eine *Hübler* (1979, S. 238) entnommene Gegenüberstellung der wichtigsten Kennziffern für Tabellen des Bundesgebietes und einige Regionaltabellen, wobei eine Filterschwelle von 1/100 Promille der Verflechtungsstrom-Gesamtsumme genommen wurde. So kann man z. B. im Vergleich BRD 1962 und 1966 entnehmen (wie auch schon analog den Schaubildern Abb. 90 und Abb. 91), daß im Zeitablauf die Verflechtung zugenommen hat und damit die durchschnittliche Distanz abnimmt, die Sektoren rücken

Gebiet/Jahr	Direkter Verknüpfungsgrad	Durchschnittliche Distanz	Durchschnittlicher Radius Output[3]	Input[2]
BR Deutschland 1962	72,62	1,27	1,95	2,00
BR Deutschland 1966	84,28	1,13	1,50	1,60
Schleswig-Holstein 1962	53,57	1,54	2,00	2,80
Schleswig-Holstein 1966	54,29	1,52	2,50	2,40
Berlin (West) 1962	59,52	1,43	1,90	2,58
Hessen 1962	72,37	1,23	1,61	2,00
Theoretische Extremwerte (max. min.)	100 0	9 1	19 1	19 1

[1] Lieferungen, die weniger als 1/100 Promille der gebietsmäßigen Gesamtproduktion betragen, bleiben unberücksichtigt.

[2] „receiver" und „isolate"-Sektoren bleiben bei der Inputradiusbestimmung unberücksichtigt.

[3] „transmitter" und „isolate"-Sektoren bleiben bei der Outputradiusbestimmung unberücksichtigt.

Quelle: Hübler 1979.

Abb. 97: Globale Dependenzkennziffern zur Charakterisierung der Sektorstruktur in der BRD und einigen Bundesländern – sämtliche Lieferverbindungen –

enger zusammen, und dies gilt auch für Input- und Output-Radien. Diese Entwicklungstendenz zeigt sich auch für die Tabellen 1962 und 1966 für Schleswig-Holstein.

9.4.5 Die Kondensation des Graphen

Das bisher entwickelte graphentheoretische Instrumentarium ist aber nicht nur zur Beschreibung wesentlicher Merkmale von Verflechtungen geeignet, es kann darüberhinaus weiterentwickelt werden, um Strukturen, die den Verflechtungen zugrundeliegen, sichtbar zu machen bzw. zu verdichten. Zur Kennzeichnung des Verflechtungszusammenhangs verwenden wir 4 Stufen.

2 Sektoren sind

isoliert, d.h. nicht zusammenhängend, wenn zwischen ihnen **keinerlei Verknüpfung** besteht,

schwach zusammenhängend, wenn zwischen ihnen eine **Verknüpfung existiert, aber** kein durchgehender Lieferpfad, weil Richtungen einzelner **Lieferwege „falsch herum" angeordnet** sind,

unilateral zusammenhängend wenn von Sektor i zu Sektor j ein durchgehender Lieferpfad existiert, d.h. $c_{ij} = 1$ und $c_{ji} = 0$ oder umgekehrt,

bilateral zusammenhängend wenn Sektor j von Sektor i aus direkt erreichbar ist und gleichzeitig Sektor i von Sektor j, wenn also $c_{ij} = c_{ji} = 1$.

Es ist offenkundig, daß die Stärke des Zusammenhangs und damit die Integration der Sektoren von der Isolation zur bilateralen Verflechtung graduell zunimmt. Bezeichnen wir diese Stufen mit den Ziffern 0 (für isoliert) bis 3 für bilateral zusammenhängend so können wir eine **Matrix des Zusammenhangs,** die **Konnexitätsmatrix,** konstruieren mit der Bedingung

$$(h_{ij}) = (c_{ij} + c_{ji} + k_{ij})$$

mit $$k_{ij} = \begin{cases} 0, & \text{wenn } S_i \text{ und } S_j \text{ isoliert sind} \\ 1 & \text{sonst} \end{cases}$$

Bei völliger Isolation zweier Sektoren muß sowohl c_{ij} als auch c_{ji} Null sein, somit ergäbe h_{ij} den Wert 0. Der Quasizusammenhang ($h_{ij} = 1$) ist jedoch aus der Dependenzmatrix nicht zu ermitteln, da die Dependenzmatrix eben nur Dependenzen aufzeigt. Man kann nun wie *Harary, Norman, Cartwright* (1965) unter der Annahme daß der Graph keine isolierten Sektoren aufweist, alle $k_{ij} = 1$ setzen. Dies ist in der Praxis meistens vertretbar, weil dekomposible Strukturen selten sind. Es gibt jedoch ein Verfahren, um diese Frage exakt zu lösen. Da der Quasizusammenhang dadurch gekennzeichnet ist, daß er eine Verknüpfung unter Mißachtung der Lieferrichtung konstituiert, läßt sich diese Eigenschaft unmittelbar zur Lösung der Frage verwenden. Hierzu addieren wir zur Matrix W^1 ihre Transponierte $W1'$ und erhalten daraus die Matrix $\bar{W}$, die nun sämtliche direkten Verknüpfungen aufweist, allerdings unabhängig von ihrer Liefer**richtung.** Da es vorteilhaft ist, in der Matrix $\bar{W}$ nur die Werte 1 oder 0 zu haben, addieren wir „boolesch", d.h. $1 + 1 = 1$, da es uns darauf ankommt – ähnlich wie bei der Dependenzmatrix – überhaupt bestehende Verknüpfungen zu ermitteln.

Mit dieser Matrix bilden wir nun die Potenzreihe und zwar wiederum auf boolesche Weise – die Addition entspricht hierbei der Funktion des sog. Oder-Gatters, die Multiplikation der des Und-Gatters –

also Addition: $0 + 0 = 0;\ 0 + 1 = 1;\ 1 + 0 = 1;\ 1 + 1 = 1$

Multiplikation: $0 \times 0 = 0;\ 0 \times 1 = 0;\ 1 \times 0 = 0;\ 1 \times 1 = 1.$

Bezeichnen wir diese **schaltalgebraische Rechenweise** mit dem Zeichen #, so erhalten wir die gewünschte Verbundenheitsmatrix K durch

$$K = \begin{cases} \left(\sum_{n=1}^{m-1} \bar{W}^n \# \right)_{ij} & \text{falls } i \neq j \\ 0 & \text{falls } i = j. \end{cases}$$

Die Matrix K weist nun im Falle **nichtisolierter Graphen überall 1** auf, im Falle isolierter Teilgraphen, d.h. also einer „Inselbildung“ von Sektoren, würden *neben* den Einsen auch Nullen bestehen.

Aus der Bestimmung der K-Matrix folgt, daß h_{ij} nun im Falle des Quasizusammenhangs den Wert 1 zeigt, weil eine Verbindung besteht, wenn auch nicht in der richtigen Richtung, im Falle des unilateralen Zusammenhangs den Wert 2 und im Falle des bilateralen, wegen $c_{ij} = c_{ji} = 1$, den Wert 3.

Dieses **Kriterium der Zusammenhangsstärke** können wir nun verwenden, um den Graphen strukturmäßig zu beschreiben bzw. zu **verdichten.** Eine Anzahl von Sektoren, bei denen jeder von jedem anderen dieser Gruppe aus erreicht werden kann, wäre als total zirkulär anzusprechen. Veränderungen bei einem Sektor teilen sich den anderen über vielfältige Hin- und Rückbeziehungen so stark mit, daß man sie wegen dieses hohen Integrationsmaßes praktisch als *einen* Gesamtsektor behandeln kann. Einen derartig **stark zusammenhängenden Teilgraphen** bezeichnen wir als **bilaterale Komponente.** Wir können diese Sektoren *in der Konnexitätsmatrix identifizieren*, indem wir alle zusammengehörigen, d.h. durch ihre Lieferstrukturen zusammenhängenden Sektoren mit $h_{ij} = h_{ji} = 3$ zu einer solchen Komponente zusammenfassen (*Harary, Norman, Cartwright* 1965).

	$\{s_1$	s_2	s_3	s_4	$s_5\}$	$\{s_6\}$	$\{s_7$	s_8	$s_9\}$	$\{s_{10}$	$s_{11}\}$
s_1		3	3	3	3	2	2	2	2	2	2
s_2	3		3	3	3	2	2	2	2	2	2
s_3	3	3		3	3	2	2	2	2	2	2
s_4	3	3	3		3	2	2	2	2	2	2
s_5	3	3	3	3		2	2	2	2	2	2
s_6	2	2	2	2	2		2	2	2	2	2
s_7	2	2	2	2	2	2		3	3	1	1
s_8	2	2	2	2	2	2	3		3	1	1
s_9	2	2	2	2	2	2	3	3		1	1
s_{10}	2	2	2	2	2	2	1	1	1		3
s_{11}	2	2	2	2	2	2	1	1	1	3	

Abb. 98: Konnexitätsmatrix

Abb. 98 zeigt diese Zusammenfassung für das Modellbeispiel. Wir sprechen in diesem Zusammenhang von einer **echten** bilateralen Komponente, wenn die Komponente nicht lediglich aus einem einzigen Sektor oder aus allen Sektoren besteht. Diese beiden Fälle werden als **unechte** bilaterale Komponenten definiert.

Im Modellbeispiel erhalten wir

$$K_1 = (S_1, S_2, S_3, S_4, S_5)$$
$$K_2 = (S_7, S_8, S_9)$$
$$K_3 = (S_{10}, S_{11})$$

als echte bilaterale Komponenten und

$$K_4 = (S_6)$$

als unechte bilaterale Komponente, sozusagen als Rest.

Da das beschriebene Verfahren jeweils *alle* bilateral verflochtenen Sektoren **zu einer Komponente** (die wieder wie *ein* Sektor behandelt wird) zusammenfaßt, können **zwischen** den bilateralen Komponenten nur noch schwache oder unilaterale Zusammenhänge bestehen. Dadurch ist es möglich, durch die genannte Zusammenfassung, die sog. **Kondensation,** eine neue, gegenüber der ursprünglichen **stärker verdichtete Struktur** herauszukristallisieren, die die **Kernbeziehungen des Graphen** aufzeigt. Das Kondensat des Modellbeispiels ist in Abb. 99 gezeigt.

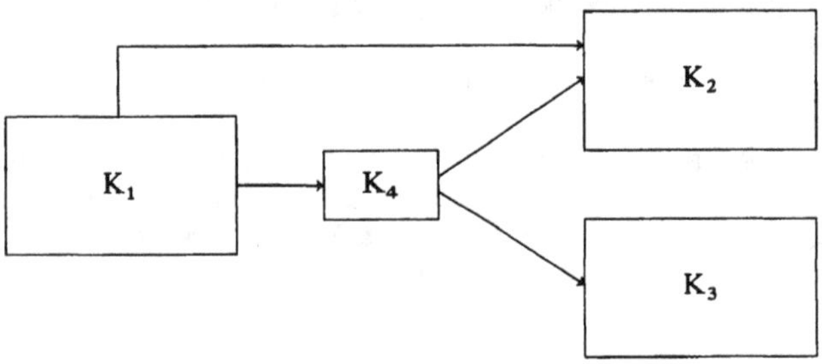

Abb. 99: Kondensat des Modellbeispiels.

Die Verknüpfungen *zwischen* den Komponenten entnimmt man am einfachsten der Entfernungsmatrix, indem man für jeden Sektor aus einer bilateralen Komponente nach den Elementen e_{ij} sucht, die den Wert 1 haben und für die i und j **in verschiedenen Komponenten liegen.** Aufgrund des Konstruktionsprinzips ist das **Kondensat** einer IO-Struktur **zwangsläufig zyklenfrei.** Dadurch gewinnen wir eine Hierarchisierung der Produktionsstruktur, die aber gegenüber der Triangulation den Vorteil aufweist, daß sie „parallel" liegende, d.h. nebengeordnete Komponenten auch als solche darstellt und sie nicht zwangsläufig in die lineare Hierarchie hineinpreßt. Die von der qualitativen Analyse ermittelte Produktionsordnung könnte wegen dieser Eigenschaft auch als zweidimensionale Ordnung im Gegensatz zu der streng linearen und damit eindimensionalen Hierarchie des Triangulationsverfahrens bezeichnet werden. Die qualitative Analyse verhält sich damit zur quantitativen Triangulation ähnlich wie die komplexen Zahlen zur Zahlengeraden, sie bietet damit auch ein höheres Maß an Information.

So zeigt das Modellbeispiel zwei **Mündungssektoren,** deren Anordnung in der **vollständig triangulierbaren Kondensatmatrix** (das ist die Matrix, die nun analog zur Matrix W^1 für die Lieferverbindungen der bilateralen Komponenten aufgestellt werden kann) beliebig wählbar ist, was den 3. oder den 4. Platz betrifft. Dies ist umgekehrt ein Hinweis darauf, daß die Anforderungen, die an Triangulationsergebnisse und die hieraus abgeleiteten Rangfolgen gestellt werden, möglicherweise zu hoch angesetzt sind.

Aus den dargelegten Zusammenhängen ergeben sich nun drei grundlegende Strukturtypen:

- der lineare Typ

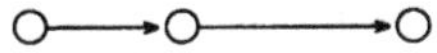

- der mehrgleisig lineare Typ

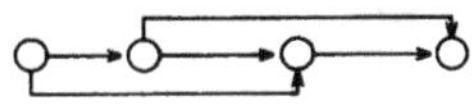

- der quasi - zusammenhängende Typ

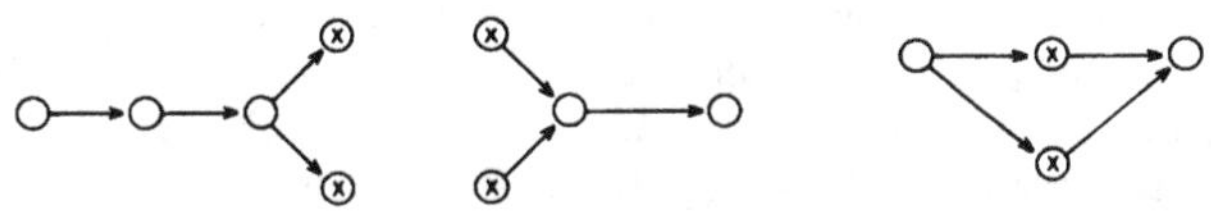

Abb. 100: Verschiedene Strukturtypen

Ein **Kernstrukturtyp** wird **quasi-zusammenhängend** genannt, wenn mindestens zwei Komponenten quasizusammenhängend sind, d.h. zwar verknüpft, aber durch die Verknüpfung nicht erreichbar sind (diese sind in Abb. 100 durch ⊕ dargestellt). Bei einfacheren Kondensaten genügt die graphische Darstellung der Struktur, bei komplexeren kann selbstverständlich das oben dargestellte Instrumentarium angewandt werden, indem man die Kondensatmatrix nun als W^1-Matrix behandelt und nun wieder die zugehörigen Matrizen E, C, H entwickelt, wobei nun in der **Konnexitätsmatrix des Kondensats** keine bilateralen Komponenten mehr auftauchen, also $h_{ij} \leq 2$ sein muß für alle $i, j = 1, \ldots, m$.

9.4.6 Input-Basis, Vollständigkeit und Geschwindigkeit

In manchen Fällen mag es dem Wirtschaftspolitiker zweckmäßig erscheinen, für bestimmte Maßnahmen einen Sektor auszuwählen, der einen besonders **effektiven Einsatz** der finanziellen Mittel verspricht. Diese Auswahl wird man sicherlich von der Input-Verflechtung eines solchen Sektors abhängig machen, da diese die erhoffte Ausstrahlung auf die anderen Sektoren und darum eine gewisse Mitziehwirkung produziert.

Die graphentheoretische Behandlung dieses Zusammenhangs ist durch die Definition der sog. **INPUT-Basis** gegeben. Eine Input-Basis ist definiert als die **Menge der Sektoren,** von denen aus **alle übrigen** – nicht zur Input-Basis rechnenden – **Sektoren erreichbar sind.**

Welche Sektoren eine Input-Basis bilden, läßt sich relativ leicht anhand des entsprechenden Graphen ermitteln. Es sind die sog. Mündungssektoren, bzw. wenn mehrere Sektoren in der Mündung bilateral verflochten sind, die Mündungskomponente(n). Beim Strukturtyp 1 und 2 ist regelmäßig nur eine Mündungskomponente (bzw.) -Sektor vorhanden. Schwieriger wird es schon, wenn es sich um eine quasizusammenhängende Struktur (Typ 3) mit mehr als 2 Mündungssektoren handelt. In diesem Falle (der z.B. im Modellbeispiel vorliegt) besteht eine Inputbasis aus mindestens soviel Sektoren, wie Mündungskomponenten vorhanden sind und zwar aus je einem Sektor aus jeder der Komponenten. Dies leuchtet ein, da ja von einem Sektor in einer bilateralen Komponente aus alle anderen Sektoren dieser Komponente erreichbar sind. Im Modellbeispiel bestehen die beiden Mündungskomponenten K_2 und K_3 aus den Sektoren (S_7, S_8, S_9) und (S_{10}, S_{11}).

Die Menge aller möglichen Input-Basen besteht also aus der Menge aller kartesischen Produkte $K_2 \times K_3$, d.h.

$$\{(S_7, S_{10}), (S_7, S_{11}), (S_8, S_{10}), (S_8, S_{11}), (S_9, S_{10}), (S_9, S_{11})\}$$

Hat man den Graphen nicht zur Hand oder ist er zu komplex, so ermittelt man die Mündungssektoren durch Triangulation der Kondensatmatrix. Da das Kondensat zyklenfrei ist, ist es immer triangulierbar, die Mündungskomponente(n) deshalb immer auszumachen.

Der Wirtschaftspolitiker wird die **Sektoren einer beliebigen Input-Basis** wählen, wenn es ihm darauf ankommt, mit einer wirtschaftspolitischen Maßnahme möglichst alle Sektoren zu erreichen, d.h. also eine möglichst **große Breitenwirkung** zu erzielen.

Käme es ihm hingegen darauf an, durch seine Maßnahme einen möglichst **raschen Erfolg** zu ernten, so wäre nicht die Breitenwirkung das Hauptziel, sondern eine möglichst rasche Umsetzung der wirtschaftspolitischen Impulse. **Vom Start des Programms bis zum Spürbarwerden der Wirkungen soll ein Minimum an Zeit verstreichen.** Je größer die Wirkungslags, desto **unsicherer die Wirkung** der Maßnahmen in Abhängigkeit von der **Phasenlage eines eventuell gegebenen Konjunkturzyklus,** desto mittelbarer auch die Möglichkeit der Zurechnung einer politischen Verantwortung. Dies führt uns zu der Frage, ob es Sektoren gibt, die **im Hinblick auf rasche Umsetzung effizienter** sind als andere.

Hierzu ist es notwendig, den Begriff der **Geschwindigkeit** präziser zu fassen, um ihn graphentheoretisch operational zu machen. Der physikalische Geschwindigkeitsbegriff ist als Quotient aus Weg und Zeit definiert. Wir könnten uns also fragen, ob man die Wegelängen der Potenzen der Liefermatrix als Distanzen interpretieren kann. Sicherlich handelt es sich hier nicht um Distanzen im räumlichen Sinne sondern um sog. **Produktionsdistanzen** im Sinne eines **durchschnittlichen Zeitbedarfs,** der zwischen Erteilung eines Auftrags und dessen Abwicklung verstreicht. Eine Analyse der ökonomischen Wirklichkeit mag hier beträchtliche Unterschiede aufdecken. Der Zeitbedarf für den Bau eines Schiffes oder eines Kernkraftwerkes ist sicherlich größer als für die Produktion von Büroklammern. Wir dürfen allerdings auch nicht vergessen, daß Schiffe oder Kernkraftwerke Investitionsgüter darstellen und nicht zum Vorleistungsbereich gehören. Vorleistungsgüter sind in der Regel weitläufig einsetzbar und darum auch besser transportabel und vielseitiger verwendbar als Investitionsgüter, so daß anzunehmen ist, daß die Unterschiede im Produktionszeitbedarf innerhalb der Kategorie der Vorleistungsgüter geringer ausfallen als zwischen Investitionsgütern und Vorleistungsgütern. Man macht deshalb wohl keinen zu großen Fehler, wenn man der Einfachheit halber die Produktionsdistanz einheitlich gleich 1 setzt, so daß wir eine – notfalls empirisch zu erhebende – Matrix der Produktionszeiten durch die Adjazenzmatrix ersetzen können (vgl. hierzu *Helmstätter* 1957).

Akzeptiert man diese Vereinfachungsannahmen, so kann man die Geschwindigkeit mit der sich eine Maßnahme fortpflanzt, d.h. ihren Zeitbedarf, durch den **Entfernungsradius** eines Sektors darstellen. Man sieht dabei, daß die Geschwindigkeit nur in bezug auf das **Ausmaß der Erreichbarkeit** anderer Sektoren sinnvoll zu messen ist. Geschwindigkeit kann kein isolierter Begriff sein, sondern bezieht sich immer auf ein innerhalb der betrachteten Zeitdauer erreichbares Vollständigkeitsmaß. Wir wollen dies die **relative Vollständigkeit** nennen.

Stellen wir uns eine Kernstruktur vom Typ 1 vor, wobei die Mündung nur aus einem Sektor besteht, die nächste vorgelagerte Struktur jedoch eine bilaterale Komponente ist. Würden wir nun den Mündungssektor zum Ausgangspunkt unserer Maßnahmen wählen, so wäre eine Zeiteinheit mehr zu veranschlagen damit alle Sektoren erfaßt werden als wenn wir darauf verzichten, den Mündungssektor mit einzubeziehen und sofort bei der bilateralen Komponente beginnen, wo pro Zeiteinheit ein wesentlich größerer Anteil der Sektoren erfaßt wird.

Es besteht also offensichtlich eine **„trade-off“ Beziehung zwischen** den graphentheoretischen Konzepten **Vollständigkeit und Geschwindigkeit.** Dies ermöglicht aber gleichzeitig ein Abwägen für den Wirtschaftspolitiker, welchen Verlust an Geschwindigkeit für welchen

Gewinn an Vollständigkeit er eintauschen will bzw. umgekehrt. Die graphentheoretische Analyse kann mit ihrem Instrumentarium beitragen, diese Austauschbeziehung deutlich zu machen.

Hierzu definieren wir zunächst die **relative Vollständigkeit** als den **Anteil der Sektoren, die von einer Input-Basis aus innerhalb eines gegebenen Radius erreichbar sind.** Die Trade-off Beziehung ergibt sich daraus, daß bei einem Radius von 1 wenige Sektoren, bei einem Radius von 2 schon mehr usw. inputmäßig erreichbar sein werden, bis schließlich bei einem Radius kleiner/gleich dem Durchmesser des Graphen totale Vollständigkeit gegeben ist.

Diesen Zusammenhang gewinnen wir aus der Entfernungsmatrix, indem wir die Spaltenwerte der (bzw. des) zur Inputbasis rechnenden Sektoren, die ja die Input-Entfernungen darstellen, **nach Radius aufsteigend** ordnen und die **Anzahl der dabei erreichten Sektoren kumulieren.** Bei zwei oder mehr Sektoren wird jeweils die Vereinigungsmenge der dabei von der Input-Basis aus erreichten Sektoren genommen.

Wir wählen hierzu eine der möglichen Input-Basen von S. 195, nämlich (S_7, S_{10}) und schreiben die beiden zugehörigen Spalten der Entfernungsmatrix in der Tabelle horizontal an:

		Sektoren	1	2	3	4	5	6	7	8	9	10	11
Entfernungen:	S_7		1	2	4	3	2	1	–	1	2		
	S_{10}		2	3	5	4	3	1				–	1

Wir fertigen nun eine zweite Tabelle, indem wir die jeweils mit einem bestimmten Radius **erreichbaren Sektoren** diesem Radius zuordnen

Radius:	1	2	3	4	5
erreichte Sektoren:	1 6 8 11	2 5 9	4	3	
bereinigte Anzahl:	4	3	1	1	0
kumulierte Anzahl:	4	7	8	9	9

Abb. 101: Radius und Erreichbarkeit

Wir erhalten zunächst, wie in Abb. 101 zu sehen, die bei einem Radius von 1 sowohl von Sektor 7 aus erreichbaren Sektoren 1, 6 und 8 als auch die von Sektor 10 aus erreichbaren Sektoren 6 und 11, so daß wir innerhalb des Radius 1 die vier Sektoren 1, 6, 8, 11 erreichen. Dem Radius 2 können wir aus den beiden Reihen die Sektoren 2, 5, 9 sowie 1, zuordnen. Da der Sektor 1 bereits innerhalb des Radius 1 erreicht wurde, braucht er hier nicht noch einmal gezählt zu werden, so daß man nun die Sektoren 2, 5, 9 hinzuerhält. Zu den innerhalb Radius 1 erreichbaren 4 Sektoren kommen also 3 weitere hinzu, so daß innerhalb des Radius 2 insgesamt 7 Sektoren zu erreichen sind. Eine Ausdehnung des Radius auf 3 Distanzeinheiten bringt nach dem selben Verfahren die Sektoren 4 bzw. 2 und 5 in den Einzugsbereich. 2 und 5 waren jedoch schon innerhalb der Reichweite des Radius 2 inbegriffen. Es kommt also lediglich Sektor 4 neu hinzu, so daß die Anzahl der erreichbaren Sektoren beim Radius 3 auf 8 steigt. Die nächste Erweiterung bringt nun Sektor 3 bzw. 4 in Reichweite, wodurch (Sektor 4 war schon vorher erreicht) nur noch ein Sektor, nämlich Sektor 3 als letzter noch zur Vollständigkeit fehlender Sektor einbezogen wurde. Damit sind insgesamt 9 Sektoren erreicht, das ist bei der 2 Sektoren umfassenden Input-Basis die Gesamtzahl erreichbarer Sektoren, da n = m – k, also 9 = 11 – 2, worin n die Zahl der nicht zur Input-Basis zählenden Sektoren, m die Gesamtzahl der Sektoren und k die Zahl der Mündungskomponenten darstellt.

In der Praxis läßt sich dieses Verfahren natürlich dadurch vereinfachen, daß man die innerhalb eines Radius erreichten Sektoren in der Kopfleiste einfach abstreicht und die pro Radius jeweils insgesamt erreichten Sektoren abzählt.

Radius	1	2	3	4
rel. Vollst.	4/9	7/9	8/9	9/9

Trägt man diesen Zusammenhang in eine Graphik ein, so läßt sich der trade-off zwischen Geschwindigkeit (≙ Radius) und dabei erreichter Vollständigkeit sichtbar machen. Man könnte hieraus auch eine **Grenzrate der Substitution zwischen Geschwindigkeit und Vollständigkeit** ermitteln.

Die gezeigte Ableitung des **Trade-offs zwischen Geschwindigkeit und Vollständigkeit** wäre nun für alle Input-Basen zu ermitteln, um dadurch die effizienteste Kombination zu bekommen.

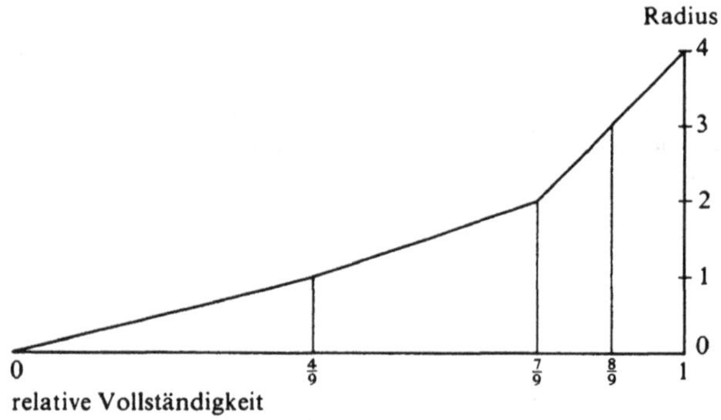

Abb. 102: Trade-off zwischen Radius und relativer Vollständigkeit

Es zeigt sich, daß zwischen Geschwindigkeit und Vollständigkeit **grundsätzlich ein trade-off besteht.** Dieser kann jedoch **je nach Strukturtyp stärker oder schwächer ausfallen.** Die Grenzrate der Substitution ist unterschiedlich, je nachdem ob wir eine Struktur des Typs 1 bzw. 2 oder eine Struktur des Typs 3 vor uns haben.

In einer steng linearen Struktur ist der trade-off am größten, bei Typ 2 ist er schon etwas abgemildert und am günstigsten sind die Verhältnisse beim Strukturtyp 3, dem quasizusammenhängenden Typ. Dies kann man angenähert durch ein Zentralitätsmaß der Form

$$z = \frac{r}{m - k} \qquad \begin{array}{l} r = \text{Radius} \\ z = \text{Zentralitätsmaß} \end{array}$$

beschreiben. z nimmt Werte zwischen 0 und 1 (einschließlich) an. Die Zentralität einer Input-Basis und damit ihr Zeitbedarf zur Durchdringung der Struktur ist umso kleiner, je höher die Zahl des Strukturtyps. Beim Strukturtyp 1 ist sie mit 1 am höchsten, beim Strukturtyp 2 ist sie kleiner 1 und vermutlich größer als 0,5. Beim Strukturtyp 3 ist sie meist zwischen 0 und 0,5. Im Modellbeispiel liegt sie für Radius 1 bei 0,44.

Die Kenntnis der Struktur hilft bei der Optimierung von Entscheidungen. Dies gilt selbst dann, wenn das theoretische Optimum an Durchführbarkeitsgrenzen scheitert. Die mit dem Instrumentarium gewonnene Strukturtransparenz ermöglicht dann zumeist die Bestimmung der zweitbesten oder drittbesten Strategie.

Das dargestellte graphentheoretische Instrumentarium läßt sich formal genauso für das Konstrukt einer Output-Basis verwenden. Man spricht dann von einer „Entwicklungsbasis". Hier treten allerdings Probleme anderer Art hinzu. Im Bereich der Entwicklungspolitik mag ein derartiger Ansatz naheliegend sein, wenn man unter dem Aspekt eines „balanced growth" die logisch vorgelagerten Industrien zeitlich früher entwickelt, um so keine Engpässe in der Entwicklung spürbar werden zu lassen. Dies dreht jedoch die Verursachungswirkung um, aus **pull-Effekten** werden **push-Effekte.** Diese haben nicht dieselbe Wirkung wie die pull-Effekte der nachgelagerten Industrien, d.h. die Anwendung der Input-Basen. Um ein Beispiel zu verwenden: Wenn es im Sommer viel regnet, so steigt die Nachfrage nach Regenschirmen und damit der Absatz der Regenschirmindustrie und der ihr vorgelagerten Industrien. Wenn nun diese Industrien versuchen würden, einfach ihre Produktion an Regenschirmen zu erhöhen, so steigt deshalb noch lange nicht die Nachfrage nach Regenschirmen. Sie würden also in der Regel auf ihrer Mehrproduktion sitzen bleiben. Etwas anders liegt der Fall, wenn ein Sektor in einer bilateralen Komponente autonom seinen Output erhöht. Die Nachfragewirkung, die auf die vorgelagerten Sektoren hiervon ausgeht, wird zumindest partiell über die zyklische Verflechtungsstruktur wieder zurückkommen und helfen, den autonomen „push"-Effekt zu finanzieren.

Wie wir sahen, erlaubt die qualitative IOA eine Aufbereitung der in der IOT enthaltenen Strukturinformation, die Ansatzpunkt für weitergehende Analysen sein kann und mit dem Kriterium der Geschwindigkeit und der Vollständigkeit interessante Fragestellungen beantwortet, die ohne dieses Instrument bisher außerhalb der theoretischen Reichweite lagen.

10. Kapitel: Die Einbeziehung der Umwelt in die Input-Output-Tabelle

10.1 Allgemeine Vorbemerkungen

Wir haben in Abschnitt 1.1 darauf hingewiesen, daß es **kein** sogenanntes **wahres Kreislaufschema** gibt, sondern daß die Kreislauftheorie ein Gerüst liefert, das je nach der zu beantwortenden Fragestellung mit ganz unterschiedlichen Sektoren und Strömen aufgefüllt werden kann. In den bisher vorgeführten IOTs wurden dabei die Güter und Dienste erfaßt, die gemäß den Konventionen der VGR der Aktivität **Produktion** zugeordnet werden, also die Vorleistungsverflechtung, der Primäraufwand sowie die Endnachfrage im Sinne der VGR. Auf der Verwendungseite führte dies zur Unterscheidung in:

- Güter und Dienste, die in der betrachteten Periode produziert werden und wieder untergehen (Vorleistungen, Konsum),
- Güter, die exportiert werden,
- Güter, die als Sachvermögensbildung einem Bestand zugeschlagen werden.

Wir haben gesehen, daß diese Einteilung grundsätzlich geeignet ist, die institutionell und funktionell definierte Verflechtung der Industrien untereinander abzubilden. Schwieriger war die Situation schon beim Staatsektor, wo wir die Konstruktion einer Eigennachfrage des Staates zu Hilfe nehmen mußten, um ihn jedenfalls rechnerisch widerspruchsfrei in das Schema der IOT einfügen zu können. Noch unbefriedigender sind die Konventionen der VGR allerdings, wenn wir versuchen, die in den letzten Jahren verstärkt diskutierte **Umweltproblematik** in die IOR einzubringen. Der hinter der VGR stehende Leitgedanke, grundsächlich nur solche Ströme in der Rechnung zuzulassen, die einen **positiven Marktpreis** haben (*Leontief* 1970, S. 265) bzw. bei denen die Erstellung marktwirtschaftliche Kosten verursacht, hat den Blick für die Tatsache verstellt, daß bei der Produktion dieser Güter zusätzliche (mit den Vorleistungen und dem Primäraufwand noch nicht berücksichtigte) „kostenlose“ Inputs, wie etwa Luft und Wasser, eingesetzt werden. Daß diese Inputs zumindest **im volkswirtschaftlichen Sinne nicht kostenlos** sind, hat sich durch regional auftretende Mängel an reiner Luft und sauberem Wasser in den letzten Jahren immer deutlicher herausgestellt.

Daneben tritt als zweite Barriere für einen adäquaten Einbau der Umweltproblematik in IOTs die **Fiktion,** daß Vorleistungs- und Konsumgüter **in der betrachteten Periode endgültig untergehen.** Geht man z.B. davon aus, daß Kohle, die als Vorleistung in den Unternehmen oder als Endnachfrage bei den privaten Haushalten eingesetzt wird, mit der Energieabgabe untergeht, dann kann man die zusammen mit dem Kohleverbrauch einhergehende Luftverschmutzung natürlich nicht mehr systemkonform abbilden.

Die Beschäftigung mit den Umweltproblemen hat nun in den letzten Jahren verstärkt dazu geführt, die bei der Produktion und beim Konsum auftretenden, in der Regel aber nicht in den privaten Wirtschaftlichkeitsrechnungen der Verursacher berücksichtigten Umweltschädigungen **quantitativ** zu erfassen. Faßt man diese Umweltschädigungen als unerwünschte Kuppelprodukte auf, so ist gemäß der Logik der IOT-Verflechtung rasch einzusehen, daß es nicht genügt, die **direkten Emissionsquellen** zu analysieren. Neben den direkten Umweltbelastungen haben wir bei der Analyse der durch eine Produktion hervorgerufenen Umweltbelastung vielmehr noch die **indirekten im Verflechtungszusammenhang ermittelten** Umweltbelastungen zu berücksichtigen. Erst die Einbeziehung dieser indirekten durch den Bezug von Vorleistungen verursachten Folgewirkungen ergibt zusammen mit den direkten Umweltbelastungen die **gesamte Umweltbelastung,** die durch die Produktion oder den Konsum eines Gutes verursacht wird. Dies erlaubt die Unterscheidung zwischen ökonomischer **Quelle** (wo die Umweltverschmutzung direkt als Kuppelprodukt auftritt) und **Verursachung** (der bzw. die Sektoren, die die Verschmutzung auslösen) von Emissionen. Auch wenn bestimmte Emissionen nur in relativ wenigen „verschmutzungsintensiven“ Branchen **(Quellen)** auftreten, so sind doch grundsätzlich sämtliche Produktionssektoren über ihre Vorleistungsverflechtung **ökonomisch** an deren Verursachung beteiligt. Daß die Offenlegung gerade dieser indirekten Verursachungsbeziehungen für eine rationale Umweltpolitik von größter Wichtigkeit ist, liegt auf der Hand: auch relativ saubere Industrien, bei denen also direkt kaum Emissionen entstehen, können Verursacher hoher Emissionen sein, wenn sie in starkem Maße auf Vorleistungen verschmutzungsintensiver Produktionen angewiesen sind (Umweltgutachten 1974, S. 229 und S. 230). Da diese indirekten Wirkungen aber schwerlich intuitiv erfaßt werden können, müssen sie mit Hilfe eines Kreislaufschemas quantifiziert werden, und hier bietet sich nach den bisherigen Ausführungen die IOR an (*Frey* 1972, S. 27).

Die IOR ist grundsätzlich in der Lage, folgende für eine Umweltpolitik interessanten Fragestellungen (im Rahmen ihrer Möglichkeiten) zu beantworten (Umweltgutachten 1974):

(1) Welche Umweltbelastungen werden insgesamt (direkt und indirekt) durch einzelne Produktions- und Endnachfragesektoren hervorgerufen?
(2) Wie verteilen sich diese Umweltbelastungen direkt und indirekt auf einzelne Endnachfragekomponenten?
(3) Wie verhält sich der umweltpolitische Entlastungseffekt der Importe gegenüber der exportinduzierten Mehrbelastung an Emissionen?
(4) Welche Umweltbelastungen ergeben sich im Zeitablauf durch:
  - Niveaueffekte der Endnachfrage,
  - Struktureffekte der Endnachfrage,
  - Vorleistungseffekte der Produktion (veränderte Vorleistungsstrukturen),
  - Emissionseffekte der Produktion (veränderte Emission bei den Produktionsvorgängen)?
(5) Welche direkten und indirekten Kosten- und Preiswirkungen ergeben sich durch umweltpolitische Maßnahmen?

In dem vorliegenden Band haben wir die Probleme der IOA (Ex-Ante-Rechnung) ausgeschlossen (siehe Kapitel 4). Dies bedeutet für den vorliegenden Abschnitt, daß wir auch **keine IOA** der Umweltbelastung, wie sie zur Beantwortung der aufgeführten, charakteristischen Fragestellungen notwendig wäre, vorlegen werden. Wir beschränken uns stattdessen auf eine Darstellung der entsprechenden IOTs und der Probleme, die bei ihrer Aufstellung auftreten. Dabei gehen wir nach einem Beispiel von *Lehbert* (Lehbert 1972) bzw. *Leontief* (Leontief 1970) vor, das wir schrittweise zu einer umfassenden IOT unter Berücksichtigung der Umwelt ausbauen.

Zuvor sind allerdings noch einige allgemeine Bemerkungen zum Charakter einer solchen Tabelle angebracht, wobei zuerst die Frage: institutionell/funktionell geklärt werden muß. Da unter Umweltgesichtspunkten die **produktionstechnischen Abhängigkeiten** im Vordergrund stehen, ist eine funktionelle Tabelle hierfür grundsätzlich geeigneter. (Jedes Erzeugnis wird hier nur in einem Produktionsbereich erzeugt). Zudem erscheint eine Erfassung der Emission nach Produktgruppen relativ aussagefähig und trägt vielfach auch den verfügbaren Ausgangsdaten besser Rechnung (Umweltgutachten 1974, S. 232). Gegen eine funktionelle Tabelle spricht neben den in den Abschnitten 5.1.1 und 7.1.3 vorgebrachten Argumenten vor allem, daß eine **Verwendungsähnlichkeit der Produkte keineswegs mit einer gleichartigen Produkterstellung und damit einer gleichgroßen Emission** einhergeht.

Auch die Wahl des Aggregationsgrades ist auf die spezielle Fragestellung der Abbildung der Umweltbelastungen abzustimmen. So ist es etwa sinnvoll, die verschmutzungsintensiven Industrien sowie die Entsorgungsindustrien stärker zu disaggregieren und die weniger umweltrelevanten Bereiche in größere Gruppen zusammenzufassen.

10.2 Der Ausgangspunkt: Input-Output-Tabelle ohne die Erfassung von Umweltschäden

Um die konzeptionellen Probleme des Einbaues der Umwelt in eine IOT darstellen zu können, beginnen wir als Bezugspunkt mit einer IOT ohne Einbezug der Umwelt. Gegeben sei eine Modellwirtschaft mit nur 2 Produktionssektoren: Landwirtschaft und Industrie, die landwirtschaftliche Produkteinheiten (LE) bzw. industrielle Produkteinheiten (IE) produzieren, und einem Primärinput, nämlich Arbeit.

Tragen wir die Inputs und Outputs der beiden Sektoren in physischen Einheiten (LE und IE) in eine IOT ein, so ergibt sich unter den gemachten Voraussetzungen das folgende Bild (siehe zu dem Beispiel Lehbert 1972):

	Landwirtschaft	Industrie	Endnachfrage	Σ
Landwirtschaft	25 (50)	20 (40)	55 (110)	100 (200)
Industrie	14 (70)	6 (30)	30 (150)	50 (250)
Wertschöpfung	80 (80)	180 (180)		
Σ	(200)	(250)		

Abb. 103: IOT ohne die Erfassung von Umweltschäden

Hierbei werden in der oberen Hälfte der Felder die Ströme in physischen Einheiten (LE, IE, Arbeitsstunden), in der unteren Hälfte in Klammern in Werten (hier: Preis LE = 2.–, Preis IE = 5.–, Lohn pro Stunde 1.–) angegeben.

Die physischen Mengenangaben lassen sich nur zeilenweise, nicht aber spaltenweise addieren. (Man kann IE und LE nicht mengenmäßig addieren). Die Wertströme können zeilenweise und spaltenweise addiert werden, wobei in unserer Ausgangstabelle **Input = Output für jeden Sektor** gilt (geschlossener Kreislauf in Wertgrößen).

Bilden wir die Koeffizienten:

$$\frac{\text{physische Mengengröße } X_{ij}}{\text{physische Gesamtproduktion d. Sektors j}: X_j}$$

so erhalten wir die technische Produktionskoeffizientenmatrix A:

$$A = \begin{pmatrix} 0{,}25 & 0{,}4 \\ 0{,}14 & 0{,}12 \end{pmatrix};$$

schreiben wir das IOT-System mit Hilfe dieser Produktionskoeffizienten **zeilenweise in physischen Einheiten** an, so ergibt sich:

$$0{,}25 \cdot 100 + 0{,}4 \cdot 50 + 55 = 100$$
$$0{,}14 \cdot 100 + 0{,}12 \cdot 50 + 30 = 50$$

bzw. in symbolischer Schreibweise:

$$a_{11} X_1 + a_{12} X_2 + E_1 = X_1$$
$$a_{21} X_1 + a_{22} X_2 + E_2 = X_2;$$

Verwendet man die bequeme Matrixschreibweise, so folgt:

$$AX + E = X,$$

bzw.: $$(I - A) X = E,$$

wobei X und E die Spaltenvektoren der physischen Bruttoproduktionswerte bzw. der Endnachfrage sind und I die Einheitsmatrix darstellt.

10.3 Input-Output-Tabelle mit Erfassung von Umweltschäden im Produktionsbereich

Wir haben bereits im Abschnitt 10.1 festgestellt, daß die Umweltverschmutzung als Kuppelprodukt ökonomischer Aktivitäten aufgefaßt werden kann. Annahmegemäß steht sie dabei in einer meßbaren Beziehung (technologischer Zusammenhang) zu der entsprechenden Produktions- (bzw. Konsum-) Aktivität, die durch strukturelle Koeffizienten beschrieben werden kann.

Nehmen wir an, es gebe nur zwei Verschmutzungsarten, nämlich Luftverschmutzung und Wasserverschmutzung, und nehmen wir weiter an:

- bei der Produktion einer Einheit des Sektors 1 (Landwirtschaft) fallen b_{31} (hier 0,5) Luftverschmutzungseinheiten (LVE) und b_{41} (hier 0,3) Wasserverschmutzungseinheiten (WVE) an,
- bei der Produktion einer Einheit des Sektors 2 (Industrie) fallen b_{32} (hier 0,2) Luftverschmutzungseinheiten (LVE) und b_{42} (hier 0,8) Wasserverschmutzungseinheiten (WVE) an.

Die **Matrix der Verschmutzungskoeffizienten,** die wir B nennen wollen, sieht dann folgendermaßen aus:

$$B = \begin{pmatrix} b_{31} & b_{32} \\ b_{41} & b_{42} \end{pmatrix} = \begin{pmatrix} 0{,}5 & 0{,}2 \\ 0{,}3 & 0{,}8 \end{pmatrix};$$

Die **Verschmutzungskoeffizienten** (Emissionskoeffizienten) beschreiben die auf eine Produkteinheit bezogenen spezifischen Emissionsmengen, also die für diese Produktion typische Emissionsintensität. In der Praxis basieren sie auf einer parallelen Auswertung ökonomischer (Produktionswerte) und technischer Größen (Emissionsmengen). Wegen dieser monetären Bezugsbasis wird die Möglichkeit von Zeitvergleichen durch Preiseinflüsse sehr erschwert. Der *Rat von Sachverständigen für Umweltfragen* plädiert deshalb dafür, anstelle nominaler deflationierte IOTs zugrundezulegen (Umweltgutachten 1974, S. 232, zu den Problemen der Deflationierung siehe Abschnitt 5.5).

Interpretieren wir nun die anfallende Verschmutzung als **Input der verschmutzenden Industrien** und als **Output eines Sektors „Luft" bzw. „Wasser"**, dann hat die IOT unseres Beispieles das folgende Aussehen:

	Landwirtschaft	Industrie	Endnachfrage	Σ
Landwirtschaft	25 (50)	20 (40)	55 (110)	100 (200)
Industrie	14 (70)	6 (30)	30 (150)	50 (250)
Luft	50	10		
Wasser	30	40		
Wertschöpfung	80 (80)	180 (180)		

Abb. 104: IOT mit Erfassung von Umweltschäden im Produktionsbereich

Die Zeile des Sektors „Luft" ergibt als Input der Landwirtschaft $b_{31} \cdot X_1 = 0{,}5 \cdot 100 = 50$ LVE, und als Input der Industrie $b_{32} \cdot X_2 = 0{,}2 \cdot 50 = 10$ LVE. Analog werden die Werte für den Sektor „Wasser" berechnet. Dabei wird die Luft- und Wasserverschmutzung in physischen Mengen (Verschmutzungseinheiten) erfaßt.

Nun ist der vorgeführte Tabellenaufbau in Abb. 104 für einen umfassenderen Ansatz als Basis noch nicht geeignet, lassen sich doch z.B. keine kompletten Gliederungen für die Zeilen „Luft" und „Wasser" angeben, die sich mit dem bisherigen Gleichungsansatz in Abschnitt 10.2 systematisch zu einem Gesamtsystem zusammenfügen. Deshalb erweitern wir die IOT, ohne die Voraussetzungen des Beispiels zu ändern, um eine **Spalte** „Wasser" und eine **Spalte** „Luft". Da hier keine Outputs der zwei vorhandenen Industrien, d.h. also keine **Entsorgungsaktivitäten** angenommen werden, die dann **Inputs der Sektoren Luft und Wasser wären,** bleiben die entsprechenden Felder der ersten beiden Zeilen noch leer.

Als „Endnachfrage" an Verschmutzung, also hier E_3 und E_4, führen wir die tolerierten Mengen an Verschmutzung (in jeweiligen physischen Verschmutzungseinheiten gemessen) ein. Sie betragen unter unseren Annahmen für die Luftverschmutzung 60 und für die Wasserverschmutzung 70 jeweilige Verschmutzungseinheiten und werden mit negativen Vorzeichen in die Endnachfragespalte eingeführt.

Bezeichnen wir die **beseitigten** Mengen an Luft- bzw. Wasserverschmutzung mit X_3 bzw. X_4, in unserem bisherigen Beispiel ohne Entsorgung sind diese Größen Null, dann ergibt sich die erweiterte IOT der Abb. 105, in der aus didaktischen Gründen nur noch die physischen Mengen angegeben sind. In der Praxis werden allerdings nominale (bzw. deflationierte) Tabellen in Verbindung mit **Mengenangaben für die Emissionen** aufgestellt, also Mischformen, auf deren Vorstellung wir hier aber verzichten.

Stellen wir jetzt analog Abschnitt 10.2 die Zeilengleichungen auf, so ergibt sich:

$$\begin{aligned}
a_{11}X_1 + a_{12}X_2 + E_1 &= X_1 \\
a_{21}X_1 + a_{22}X_2 + E_2 &= X_2 \\
b_{31}X_1 + b_{32}X_2 + E_3 &= X_3 \\
b_{41}X_1 + b_{42}X_2 + E_4 &= X_4 \qquad \text{wobei } E_3, E_4 < O \\
&\qquad\qquad \text{und} \quad X_3 = X_4 = 0;
\end{aligned}$$

	Landw.	Industrie	Luft	Wasser	Endn.	$\sum$
Landw.	25	20	—	—	55	100
Industrie	14	6	—	—	30	50
Luft	50	10	—	—	−60	0
Wasser	30	40	—	—	−70	0
Prim. Aufw.	80	180	—	—		

Abb. 105: Umwelt-IOT mit zusätzlichen Spalten für „Luft" und „Wasser"

bzw. umgeformt:

$$\begin{aligned}
(1-a_{11})X_1 - a_{12}X_2 \qquad &= E_1\\
-a_{21}X_1 + (1-a_{22})X_2 &= E_2\\
-b_{31}X_1 - b_{32}X_2 + X_3 &= E_3\\
-b_{41}X_1 - b_{42}X_2 + X_4 &= E_4;
\end{aligned}$$

In Matrixschreibweise sieht dieses Gleichungssystem dann folgendermaßen aus:

$$\begin{bmatrix} 1-a_{11} & -a_{12} & 0 & 0\\ -a_{21} & 1-a_{22} & 0 & 0\\ \hline -b_{31} & -b_{32} & 1 & 0\\ -b_{41} & -b_{42} & 0 & 1 \end{bmatrix} \begin{bmatrix} X_1\\ X_2\\ X_3\\ X_4 \end{bmatrix} = \begin{bmatrix} E_1\\ E_2\\ E_3\\ E_4 \end{bmatrix}.$$

Wählen wir als Kurzschreibweise A für die Matrix der Produktionskoeffizienten und B für die Matrix der Verschmutzungskoeffizienten, sowie I für die Einheitsmatrix, dann läßt sich diese Matrizengleichung abgekürzt anschreiben:

$$\begin{bmatrix} I-A & 0\\ \hline -B & I \end{bmatrix} \cdot X = E;$$

10.4 Input-Output-Tabelle mit Erfassung von Umweltschäden im Produktionsbereich und staatlicher Entsorgung

Die Überlegungen des Abschnittes 10.3 ermöglichen es jetzt ohne Schwierigkeiten, eine staatliche Entsorgung in unsere IOT einzufügen. Nehmen wir an, beide Industrien nehmen an der Entsorgung teil und die tolerierten Mengen an Verschmutzung in jeweiligen Verschmutzungseinheiten betragen als jeweilige Endnachfrage an Verschmutzung $E_3 = 30$ und $E_4 = 20$. Außerdem soll die Entsorgung zu keiner Veränderung der technischen Produktionskoeffizienten führen.

Nehmen wir weiter an:

- um eine Luftverschmutzungseinheit zu beseitigen, müssen C_{13} (hier 0,2) landwirtschaftliche Einheiten (LE) und C_{23} (hier 0,3) Industrieeinheiten (IE) aufgewendet werden,
- um eine Wasserverschmutzungseinheit zu beseitigen, müssen C_{14} (hier 0,1) landwirtschaftliche Einheiten (LE) und C_{24} (hier 0,2) Industrieeinheiten (IE) aufgewendet werden,

- die Entsorgung von 1 LVE benötigt 2 Arbeitsstunden, die Entsorgung von 1 WVE benötigt 1 Arbeitsstunde als Primärinput.

Dies ergibt die folgende Matrix von Entsorgungskoeffizienten:

$$C = \begin{pmatrix} c_{13} & c_{14} \\ c_{23} & c_{24} \end{pmatrix} = \begin{pmatrix} 0{,}2 & 0{,}1 \\ 0{,}3 & 0{,}2 \end{pmatrix};$$

Der aus ihr zu errechnende Einsatz an Vorleistungen der beiden produzierenden Sektoren **zur Entsorgung der von der Gesellschaft nicht tolerierten Reste an Umweltverschmutzung** X_3 **und** X_4 wird in den Zeilen der **entsorgenden Industrien** als Output und in den Spalten der **zu entsorgenden Umweltkategorie** als Input verbucht. Die entsprechenden Gleichungen des Systems lauten:

$$\begin{aligned} 0{,}25\,X_1 + 0{,}4\ \ X_2 + 0{,}2\,X_3 + 0{,}1\,X_4 + E_1 &= X_1 \\ 0{,}14\,X_1 + 0{,}12\,X_2 + 0{,}3\,X_3 + 0{,}2\,X_4 + E_2 &= X_2 \\ 0{,}5\ \ X_1 + 0{,}2\ \ X_2 \qquad\qquad\qquad\qquad + E_3 &= X_3 \\ 0{,}3\ \ X_1 + 0{,}8\ \ X_2 \qquad\qquad\qquad\qquad + E_4 &= X_4 \end{aligned}$$

wobei $E_3, E_4 < 0$;

Setzen wir wiederum die Koeffizientenbezeichnungen ein und bringen die Endnachfrage überall auf die rechten Gleichungsseiten, dann folgt:

$$\left[\begin{array}{cc|cc} 1-a_{11} & -a_{12} & -c_{13} & -c_{14} \\ -a_{21} & 1-a_{22} & -c_{23} & -c_{24} \\ \hline -b_{31} & -b_{32} & 1 & 0 \\ -b_{41} & -b_{42} & 0 & 1 \end{array}\right] \begin{bmatrix} X_1 \\ X_2 \\ X_3 \\ X_4 \end{bmatrix} = \begin{bmatrix} E_1 \\ E_2 \\ E_3 \\ E_4 \end{bmatrix}$$

oder in verkürzter Schreibweise:

$$\left[\begin{array}{c|c} I-A & -C \\ \hline -B & I \end{array}\right] \cdot X = E;$$

Um die dem Gleichungssystem entsprechende Tabelle gemäß unseren Ausgangswerten mit Zahlen zu füllen, bräuchten wir Methoden der IOA, die in diesem Buch nicht behandelt werden. Um die Anschaulichkeit der Argumentation beizubehalten bilden wir die Tabelle (aus didaktischen Gründen wiederum nur in physischen Mengenangaben) aber trotzdem ab und verweisen für die Errechnung der einzelnen quantitativen Felderwerte auf den Beitrag von *Lehbert* (Lehbert 1972).

Zunächst ist zu sehen, daß die errechneten Felderwerte miteinander konsistent sind. So beträgt etwa die gesamte Luftverschmutzung 87,8 LVE + 23,8 LVE = 111,6 LVE. Toleriert wird eine Endnachfrage E_3 von 30 LVE (in Abb. 106 mit negativem Vorzeichen), so daß $X_3 = 81{,}6$ LVE beseitigt werden müssen. Die Landwirtschaft muß pro LVE 0,2 LE aufwenden (= 16,3), die Industrie pro LVE 0,3 IE (= 24,5). Diese beiden Größen stehen in der Spalte Umweltschutz-Zwischennachfrage „Luft" als Zeilenwerte der jeweiligen Industrien. Der X_3-Wert: 81,6 LVE, d.h. die zu beseitigende Luftverschmutzung in unserem Beispiel, steht mit positivem Vorzeichen in der Summenspalte. Diese Zeilensumme des Sektors „Luft" ergibt sich dann in LVE folgerichtig aus:

87,8	+	23,8	−	30	=	81,6
(Luftverschmutzung Landwirtschaft)		(Luftverschmutzung Industrie)		(tolerierte „Endnachfrage" an verschmutzter Luft)		(Gesamtentsorgung Luft durch beide Industrien)

	Landw.	Industrie	Öffentlicher Umweltschutz Zwischennachfr. Luft	Wasser	Endn.	Σ
Landwirtschaft	43,9	47,6	16,3	12,8	55	175,6
Industrie	24,6	14,3	24,5	25,5	30	118,9
Verschmutz. Luft	87,8	23,8	—	—	−30	81,6
Verschmutz. Wasser	52,7	95,1	—	—	−20	127,8
Wertsch.	140,4	428	163	127,8		

Abb. 106: IOT mit staatlicher Entsorgung

Analoges gilt für die Zeilensumme des Sektors „Wasser". Die Tabelle ist wie mehrfach erwähnt in physischen Einheiten aufgestellt, so daß nur die Zeilen addiert werden können. Die **Entsorgung durch den Staat** zeigt sich daran, daß zwar Vorleistungskäufe und Primärinputs bei den Sektoren Landwirtschaft und Industrie als Inputs auftauchen, aber nicht von den beiden Sektoren getragen werden. Es ist nach dem bisher Gesagten nun ohne weiteres möglich, eine gemäß dem **Verursacherprinzip** von den Industriesektoren prozentual selbst zu tragende Beseitigung der bei der Produktion anfallenden Verschmutzung einzuführen. Dabei ist allerdings zu beachten, daß hier nicht mehr von unveränderten technischen Produktionskoeffizienten ausgegangen werden kann. Die Unternehmen werden vielmehr versuchen, umweltfreundlichere Technologien einzuführen, um der oben erwähnten Auflage zu entgehen.

Da eine solcherart geänderte IOT im Prinzip der IOT der Abb. 106 ähnelt, belassen wir es bei diesen Bemerkungen und wenden uns der Erfassung der Verschmutzung als Folge des Konsumierens der privaten Haushalte zu.

10.5 Input-Output-Tabelle mit Erfassung der Verschmutzung als Folge des Konsumierens der privaten Haushalte

Wir haben bisher nur die Produktionsaktivitäten der betrachteten Produktionsektoren als Quelle für Umweltschäden zugelassen. Nun zeigt aber die Praxis, daß auch die verschiedenen von den Haushalten entwickelten Konsumaktivitäten, wie etwa die Ernährung, das Wohnen, die Freizeitgestaltung, mit teilweise erheblichen Umweltbelastungen einhergehen. Deshalb müssen in einem weiteren Schritt diese Umweltschäden in die IOT eingebaut werden.

Dabei führen wir wiederum das einfachst mögliche Beispiel vor, nämlich:

– unsere Modellwirtschaft mit den zwei Sektoren Landwirtschaft und Industrie,

- der private Konsum der beiden Güter wird jeweils als Anteil k_i der Gesamtwertschöpfung Y errechnet, die restliche Endnachfrage als E_i^R bezeichnet (i = 1, 2),
- die beim Konsumieren resultierende Verschmutzung wird durch Verschmutzungskoeffizienten d_{ij} ausgewiesen, und zwar fallen beim Konsum *einer* landwirtschaftlichen Produkteinheit d_{31} LVE und d_{41} WVE, beim Konsum einer Einheit des in Sektor 2 (Industrie) produzierten Gutes d_{32} LVE und d_{42} WVE an. Die Matrix der Verschmutzungskoeffizienten für das private Konsumieren lautet dann:

$$D = \begin{pmatrix} d_{31} & d_{32} \\ d_{41} & d_{42} \end{pmatrix};$$

- bei der Produktion der beiden Güter soll der Einfachheit halber keine Umweltverschmutzung auftreten, d.h. alle b_{ij} sind gleich O;
- es findet keine Entsorgung statt, also alle c_{ij} sind gleich 0, X_3 und X_4, die gesamten beseitigten Mengen an Luft- und Wasserverschmutzung sind ebenfalls Null, die tolerierten Verschmutzungsmengen E_3 und E_4 sind gleich der jeweiligen Gesamtverschmutzung.

Das Gleichungssystem für diesen einfachsten Fall einer Umweltverschmutzung durch das private Konsumieren lautet dann:

$$\begin{aligned} a_{11}X_1 + a_{12}X_2 + 0X_3 + 0X_4 + k_1Y + E_1^R &= X_1 \\ a_{21}X_1 + a_{22}X_2 + 0X_3 + 0X_4 + k_2Y + E_2^R &= X_2 \\ 0X_1 + 0X_2 + d_{31}k_1Y + d_{32}k_2Y + E_3 &= X_3 \\ 0X_1 + 0X_2 + d_{41}k_1Y + d_{42}k_2Y + E_4 &= X_4, \end{aligned}$$

wobei $X_3 = X_4 = 0$ und $E_3, E_4 < 0$, und durch die eingefügten Nullen für die Verschmutzungskoeffizientenmatrix der Produktion B sowie für die Entsorgungsmatrix C angedeutet werden soll, in welcher Richtung dieses Gleichungssystem wieder zu dem allgemeineren System ausgebaut werden kann.

Schreiben wir das Gleichungssystem in gewohnter Weise mittels Matrizen an, so folgt dieses Mal:

$$\left[\begin{array}{cc|cc} 1-a_{11} & -a_{12} & 0 & 0 \\ -a_{21} & 1-a_{22} & 0 & 0 \\ \hline 0 & 0 & 1 & 0 \\ 0 & 0 & 0 & 1 \end{array}\right] \begin{bmatrix} X_1 \\ X_2 \\ X_3 \\ X_4 \end{bmatrix} + \begin{bmatrix} -k_1 \\ -k_2 \\ -d_{31}k_1 - d_{32}k_2 \\ -d_{42}k_1 - d_{42}k_2 \end{bmatrix} \cdot Y = \begin{bmatrix} E_1^R \\ E_2^R \\ E_3 \\ E_4 \end{bmatrix}$$

Führen wir die Matrix $D = \begin{pmatrix} d_{31} & d_{32} \\ d_{41} & d_{42} \end{pmatrix}$ ein und setzen wir $k = \begin{pmatrix} k_1 \\ k_2 \end{pmatrix}$, so folgt in gekürzter Schreibweise:

$$\left[\begin{array}{c|c} I-A & 0 \\ \hline 0 & I \end{array}\right] X + \left[\begin{array}{c} -k \\ \hline -Dk \end{array}\right] Y = E;$$

Die entsprechende IOT ist in Abb. 107 zusammengestellt (s. S. 209 oben).

10.6 Input-Output-Tabelle mit Erfassung der Verschmutzung infolge spezieller Konsumaktivitäten der privaten Haushalte

Wir haben in Abschnitt 10.5 die einfachste IOT, die die Verschmutzung durch das Konsumieren der privaten Haushalte berücksichtigt, entwickelt. Hierbei sind nun noch eine Reihe von weiteren Verfeinerungen möglich.

	Landw.	Industrie	Luft (Entsorgung)	Wasser (Entsorgung)	Konsum	Restl. Endn.	Σ
Landw.	$a_{11}X_1$	$a_{12}X_2$	—	—	k_1Y	E_1^R	X_1
Industrie	$a_{21}X_1$	$a_{22}X_2$	—	—	k_2Y	E_2^R	X_2
Luft	—	—	—	—	$d_{31}k_1Y \quad d_{32}k_2Y$	E_3	X_3
Wasser	—	—	—	—	$d_{41}k_1Y \quad d_{42}k_2Y$	E_4	X_3
Primaufw.	PA_1	PA_2	—	—			

Abb. 107: IOT mit Erfassung der Verschmutzung durch Konsumieren

So kann man z. B. ganze **Konsumaktivitäten** der privaten Haushalte, wie etwa Ernährung, Wohnen, Freizeitgestaltung, einführen. Diesen Konsumaktivitäten, nehmen wir als Beispiel die Freizeitgestaltung, werden dann eigene **Inputkoeffizienten** für die verschiedenen dabei eingesetzten Güter der Produktionssektoren zugewiesen. Die unerwünschten Umweltbeeinträchtigungen lassen sich damit auf einzelne Konsumaktivitäten und dabei wiederum getrennt nach Verschmutzungsarten aufteilen, was eine wesentlich präzisere Basis für eine Umweltpolitik abgibt.

Unterstellen wir unter Beibehaltung der sonstigen Annahmen des Abschnittes 10.5, es gebe zwei Konsumaktivitäten, nämlich Ernährung und Freizeitgestaltung, und bezeichnen wir die Koeffizienten, die die Aufteilung der Produkte des Sektors i $(i = 1, 2)$ auf die Konsumaktivität j (j für Ernährung = 1, j für Freizeitgestaltung = 2) abbilden, mit k_{ij}, dann ergibt sich bei alleiniger Verschmutzung durch die Konsumaktivitäten der privaten Haushalte ohne jegliche Entsorgungsaktivitäten das untenstehende Gleichungssystem. Dabei wird realistischerweise weiter unterstellt, daß die Umweltverschmutzung bei den einzelnen Konsumaktivitäten auch für dasselbe dabei eingesetzte Gut unterschiedlich hoch ist, daß also konkret die Umweltverschmutzung bei der Aktivität Ernährung bei Einsatz von landwirtschaftlichen Produktionseinheiten von der Umweltverschmutzung bei der Aktivität Freizeit bei ebenfalls dem Einsatz von landwirtschaftlichen Produktionseinheiten abweicht:

$$a_{11}X_1 + a_{12}X_2 + 0X_3 + 0X_4 + k_{11}Y + k_{12}Y + E_1^R = X_1$$
$$a_{21}X_1 + a_{22}X_2 + 0X_3 + 0X_4 + k_{21}Y + k_{22}Y + E_2^R = X_2$$

$$0X_1 + 0X_2 + d_{31}^1 k_{11}Y + d_{31}^2 k_{12}Y + d_{32}^1 k_{21}Y + d_{32}^2 k_{22}Y + E_3 = X_3$$
$$0X_1 + 0X_2 + d_{41}^1 k_{11}Y + d_{41}^2 k_{12}Y + d_{42}^1 k_{21}Y + d_{42}^2 k_{22}Y + E_4 = X_4,$$

wobei die Konsumverschmutzungskoeffizienten d_{ij}^l die Menge an Verschmutzungsart i $(i = 3, 4)$ zeigen, die bei der Konsumaktivität l $(l = 1, 2)$ bei der Verwendung eines Gutes des Produktionssektors j $(j = 1, 2)$ auftritt und $E_3, E_4 < 0$ sind.

Stellen wir die Gleichungen in der gewohnten Weise um und benützen wiederum die Matrixschreibweise, so läßt sich das obige Gleichungssystem darstellen als:

$$\left[\begin{array}{cc|cc} (1-a_{11}) & -a_{12} & 0 & 0 \\ -a_{21} & (1-a_{22}) & 0 & 0 \\ \hline 0 & 0 & 1 & 0 \\ 0 & 0 & 0 & 1 \end{array}\right] \begin{bmatrix} X_1 \\ X_2 \\ X_3 \\ X_4 \end{bmatrix} +$$

$$\begin{bmatrix} -k_{11} & -k_{12} & & \\ -k_{21} & -k_{22} & & \\ -d_{31}^1 k_{11} & -d_{31}^2 k_{12} & -d_{32}^1 k_{21} & -d_{32}^2 k_{22} \\ -d_{41}^1 k_{11} & -d_{41}^2 k_{12} & -d_{42}^1 k_{21} & -d_{42}^2 k_{22} \end{bmatrix} \cdot Y = \begin{bmatrix} E_1^R \\ E_2^R \\ E_3 \\ E_4 \end{bmatrix};$$

Definieren wir:

$$\hat{K}_1 = \begin{pmatrix} k_{11} \\ k_{12} \end{pmatrix} \qquad \hat{K}_2 = \begin{pmatrix} k_{21} \\ k_{22} \end{pmatrix}$$

$$\hat{D}_1 = \begin{pmatrix} d_{31}^1 & d_{31}^2 \\ d_{41}^1 & d_{41}^2 \end{pmatrix}, \qquad \hat{D}_2 = \begin{pmatrix} d_{32}^1 & d_{32}^2 \\ d_{42}^1 & d_{42}^2 \end{pmatrix},$$

so läßt sich dafür die folgende Kurzschreibweise finden:

$$\left[\begin{array}{c|c} I-A & 0 \\ \hline 0 & I \end{array}\right] \cdot X + \left[\begin{array}{c} -\hat{K}_1^T \\ -\hat{K}_2^T \\ \hline -\hat{D}_1\hat{K}_1 - \hat{D}_2\hat{K}_2 \end{array}\right] \cdot Y = E;$$

10.7 Abschließende Würdigung der Ansätze

In die zuletzt aufgeführte IOT (Abb. 107) können nun wiederum die Umweltverschmutzung der Produzenten, sowie die Aktivitäten der Entsorgungsindustrien sowohl als staatliche Entsorgung wie auch als privatwirtschaftliche Entsorgung nach dem Verursacherprinzip eingebaut werden. Diese Übung bringt aber für den hier interessierenden Aufbau der IOTs keine wesentlichen neuen Erkenntnisse mehr, so daß wir darauf verzichten. (Interessant wäre allerdings die Durchführung der Mengen- und Preismodelle der IOA, die aber nicht Thema dieses Bandes sind.) Selbstverständlich lassen sich die vorgeführten Tabellentypen auch auf n Sektoren, m Umweltverschmutzungsarten, l Konsumaktivitäten und r Entsorgungsindustrien erweitern.

Neben die aufgeführten konzeptionellen Probleme treten nun aber gerade bei dem Versuch, die Umwelt in die Verflechtungsschemata einzubeziehen, erhebliche Datenerfassungsprobleme, was den praktischen Aussagewert derartiger Analysen zum gegebenen Zeitpunkt noch stark einschränkt. Im Idealfall müßten ja durch Koeffizienten ausgedrückte Beziehungen zwischen sämtlichen wesentlichen Umweltbelastungsarten und den in den bestehenden empirischen Tabellen ausgewiesenen **Produktionsaktivitäten** (und gegebenenfalls Konsumaktivitäten) erhoben werden. In der Bundesrepublik Deutschland ist mit einer Verflechtungsanalyse der SO_2-Emissionen (allerdings trotz der vorher formulierten Einwendungen im Rahmen einer institutionellen Tabelle des DIW) bereits ein Anfang gemacht worden (siehe Abb. 108, Umweltgutachten 1974, S. 240). Es müßten allerdings noch viele derartige Untersuchungen durchgeführt werden, bis man zu einer Gesamttabelle der Umweltverschmutzung für die Bundesrepublik Deutschland kommt.

Ein grundlegender Einwand gegen die vorliegenden Modellansätze besteht darin, daß viele Umweltprobleme nur auf einer **regionalen Ebene** zufriedenstellend behandelt werden können. Ideal wäre deshalb die Aufstellung von Umwelt-IOTs als **multiregionale Tabellen** (siehe Abschnitt 6.2), ein Vorhaben, das von der Datenseite her augenblicklich wohl auf unüberwindbare Schwierigkeiten stoßen würde.

Schwierigkeiten bei der Benützung einer IOT unter Einschluß von Umweltbelastungen für die IOA entstehen auch durch die dabei erforderliche Annahme konstanter Koeffizienten. Ökologische Beziehungen weisen typische Nichtlinearitäten auf (*Frey* 1972, S. 29).

Emissionen für Endnachfrage / von Produktion	Land- und Forstwirtschaft	Energiewirtschaft, Bergbau	Chemie, Steine und Erden	Eisen und Stahl, NE-Metalle	Stahl-, Maschinen-, Fahrzeugbau	Elektrotechnik, EBM	Holz, Papier, Leder, Textil	Nahrungs- und Genußmittel	Bauwirtschaft	Handel	Verkehr, Nachrichtenübermittlung	Sonstige Dienstleistungen	Staat	Private Haushalte	SO_2-Emissionen insgesamt
1 Land- u. Forstwirtschaft	12,6	0,1	0,6	0,1	0,8	0,5	2,6	22,1	0,6	0,8	0,1	3,6	1,8	0,1	46,4
2 Energiewirtschaft, Bergbau	16,6	503,5	89,8	49,2	113,2	57,2	57,0	65,1	68,2	28,6	21,4	74,3	98,0	3,2	1245,3
3 Chemie, Steine u. Erden	6,4	6,5	232,0	5,1	46,0	23,8	32,2	21,2	86,3	11,6	6,9	22,9	40,1	1,5	542,5
4 Eisen u. Stahl, NE-Metalle	2,4	5,8	8,0	110,5	102,8	49,0	6,9	7,5	35,1	3,9	4,6	9,2	15,9	0,6	362,2
5 Stahl-, Maschinen-, Fahrzeugbau	0,3	0,4	0,4	0,4	57,1	1,2	0,5	0,8	1,3	0,8	0,5	1,0	2,7	0,1	67,5
6 Elektrotechnik, EBM	0,1	0,2	0,4	0,2	2,7	18,0	0,6	0,4	1,0	0,2	0,2	0,7	1,3	0,1	26,1
7 Holz, Papier, Leder, Textil	0,8	1,0	3,6	0,9	7,2	5,0	123,9	4,7	7,6	4,1	1,4	9,6	9,4	0,6	179,8
8 Nahrungs- und Genußmittel	1,6	0,2	1,0	0,2	1,4	0,8	1,1	82,4	0,8	1,7	0,2	8,5	3,2	0,3	103,4
9 Bauwirtschaft	0,1	0,0	0,0	0,0	0,1	0,0	0,1	0,1	29,4	0,1	0,0	0,9	1,7	0,0	32,5
10 Handel	0,3	0,3	1,4	0,4	2,6	1,5	1,9	2,4	2,3	34,2	0,3	1,6	3,0	0,1	52,3
11 Verkehr, Nachrichtenübermittlung	1,0	1,9	9,0	2,4	10,6	5,6	6,4	8,1	11,1	12,9	58,9	8,2	13,2	0,4	149,7
12 Sonstige Dienstleistungen	0,3	0,2	0,6	0,2	1,6	0,8	0,9	1,3	0,7	1,5	0,3	34,2	5,9	0,4	48,9
13 Staat	0,1	0,1	0,2	0,1	0,4	0,2	0,2	0,6	0,4	0,4	0,2	1,3	83,1	0,1	87,4
14 Private Haushalte	—	—	—	—	—	—	—	—	—	—	—	—	—	—	—
SO_2-Gehalt insgesamt	42,6	520,2	347,0	169,7	346,5	163,6	234,3	216,7	244,8	100,8	95,0	176,0	279,3	7,5	2944,0
darunter direkt	12,6	503,5	232,0	110,5	57,1	18,0	123,9	82,4	29,4	34,2	58,9	34,2	83,1	—	1379,8

Quelle: Umweltgutachten 1974, S. 240

Abb. 108: Matrix der absoluten Verflechtung von SO_2-Emissionen 1966 nach Produktions- und Endnachfragesektoren in der Bundesrepublik Deutschland (1000 t SO_2)

So kann die Verbindung verschiedener Verschmutzungskomponenten z.B. chemische Reaktionen auslösen, die zu einer sprunghaften Erhöhung ihrer Umweltgefährlichkeit führen und damit die **Emissionskoeffizienten verändern.** Aber auch die Annahme **mittelfristig konstanter Produktionskoeffizienten** ist in diesen Modellen neben den üblichen Einwendungen gegen konstante Koeffizienten noch zusätzlicher Kritik ausgesetzt. So besteht bei stark verschmutzenden Industrien, bedingt durch Umweltgesetze, in der Regel ein starker Anreiz, umweltfreundlichere Verfahren zu entwickeln und dann einzusetzen, was in der Regel zu veränderten Produktionskoeffizienten führt.

Schließlich ist auch zu berücksichtigen, daß erhebliche Umweltbelastungen durch Aktivitäten entstehen, die **nicht in der VGR ausgewiesen werden.** Damit sind die vielen Nichtmarktaktivitäten, wie Hausfrauenarbeit und Do-It-Yourself-Tätigkeiten, aber auch die Schwarzarbeit angesprochen. Will man diese Aktivitäten ebenfalls in die Tabelle einbauen, muß man bei der Endnachfrage und damit auch bei den Bruttoproduktionswerten die verläßlichen Werte der VGR verlassen und eigene Schätzungen anstellen. Alle diese Einwendungen, so berechtigt sie sind, sollten aber nicht verhindern, daß weitere empirische Versuche unternommen werden, die Umweltbelastungen in die IOR einzubeziehen. Nur auf diesem Wege ist es nämlich möglich, ein umfassendes (die *direkten und indirekten* Wirkungen einbeziehendes) Bild der Verflechtungen im Umweltbereich zu erhalten, was wiederum eine unumgängliche Ausgangsbasis für eine rationale Umweltpolitik ist.

Verzeichnis der zitierten Literatur

Aujac, H., La hierarchie des industries dans un tableau des échanges interindustriel et ses conséquences sur la mis oeuvre d'un plan national décentralisé, Revue Economique 1960, S. 169–238,

Bacharach, M., Estimating Nonnegative Matrices from Marginal Data, International Economic Review 1965 (6), S. 294 ff.,

Bacharach, M., Biproportional Matrices and Input-Output-Changes, Cambridge 1970,

Bombach, G., Die öffentliche Finanzwirtschaft im Wirtschaftskreislauf, Handbuch der Finanzwissenschaft, Bd. I, 3. Aufl., Tübingen 1975, S. 53–75,

Bombach, G., Der Nettoproduktionswert in konstanten Preisen, in: Quantitative Wirtschaftsforschung, hrsg. v. H. Albach u.a., Tübingen 1977, S. 113–121,

Bonhoeffer, O., Wehle, E. U., Die Input-Output-Tabellen des Ifo-Instituts und ihre Nutzungsmöglichkeiten, Wirtschafts-Konjunktur 1970, Heft 2, S. 30–41,

Britschkat, G. (und Mitarbeiter), Die Energiekostenbelastung der Wirtschaftssektoren in der Bundesrepublik in den Jahren 1961 bis 1964, 1968, 1971, 1973 und 1974, Bd. 1 und 2, München, Mai 1976,

Brody, A., Prices, Proportions and Planning, London, u.a., 1970,

Brümmerhoff, D., Gesamtwirtschaftliches Rechnungswesen, Köln 1975,

Chenery, H. B., Watanabe, T., International Comparisons of the Structure of Production, Econometrica 1958 (26), S. 487–521,

Czayka, L., Qualitative Input-Output-Analyse, Schriften zur wirtschaftswissenschaftlichen Forschung, Band 42, Meisenheim am Glan 1972,

Deming, E. W., Stephan, F. F., On a Least Squares Adjustment of a Sample Frequency Table when the Expected Marginal Totals are known, in: Annals of Mathematical Statistics 1940 (XI), S. 427–444,

Dominion Bureau of Statistics, The Input-Output-Structure of the Canadian Economy 1961, Ottawa 1969,

Fink, G., Experiences in Input-Output-Comparisons: A Summary, Vortrag auf der 7. Internationalen Input-Output-Konferenz in Innsbruck, April 1979,

Fink, G., Price Distortions in the Austrian and in the Hungarian Economy, Zeitschrift für Nationalökonomie 1981 (41), S. 111–132,

Frey, B. S., Umweltökonomie, Göttingen 1972,

Freytag, H. L., Probleme der Preisbereinigung in Input-Output-Tabellen, Freiburg i. B. 1966,

Gehring, G., Konstruktion von Input-Output-Tabellen und -Modellen mit Hilfe elektronischer Datenverarbeitung, Berlin, München 1969,

Gehring, G., Input-Output-Analyse, in: HdWW, Stuttgart, New York, u.a. 1977,

Haberler, G., Der Sinn der Indexzahlen, Tübingen 1927,

Härtel, H. H., Bruttosozialprodukt zu konstanten Preisen – eine sinnvolle Konstruktion? Zur Legitimation der Methode der doppelten Deflationierung, Allgemeines Statistisches Archiv 1976, S. 390–414,

Helmstädter, E., Produktionsstruktur und Wachstum, Jahrbücher für Nationalökonomie und Statistik 1957 (169), S. 173–209 und S. 427–449,

Helmstädter, E., Replik, Jahrbücher für Nationalökonomie und Statistik 1961 (173), S. 146–153,

Helmstädter, E., Die geordnete Input-Output-Struktur, Jahrbücher für Nationalökonomie und Statistik 1962 (174), S. 322–361,

Helmstädter, E., Die Dreiecksform der Input-Output-Matrix und ihre möglichen Wandlungen im Wachstumsprozeß, Schriften des Vereins für Sozialpolitik, NF Bd. 30/II, 1964, S. 1005–1058,

Helmstädter, E., Ein Vergleich der Hierarchie der Wirtschaftsgruppen in den EWG-Ländern, Statistische Hefte 1964, S. 19–31,

Helmstädter, E., Linearität und Zirkularität des volkswirtschaftlichen Kreislaufs, Weltwirtschaftliches Archiv 1965 (94), S. 234–258,

Helmstädter, E., Ein Maß für das Ergebnis der Triangulation von Input-Output-Matrizen, Jahrbücher für Nationalökonomie und Statistik 1965 (177), S. 456–463,

Hillebrand, B., Stand und weitere Entwicklung der Input-Output-Arbeiten des Rheinisch Westfälischen Instituts für Wirtschaftsforschung, Manuskript Starnberg 1981,

Hübler, O., Regionale Sektorstrukturen, Beiträge zur angewandten Wirtschaftsforschung, Band 5, Berlin 1979,

Holub, H. W., Probleme der Erfassung der Staatstätigkeit, Wirtschaftswissenschaftliches Studium 1977 (6), Heft 7, S. 324–329,

Isard, W., Methods of Regional Analysis; An Introduction to Regional Science, Cambridge Mass. 1960,

Jaksch, H. J., König, H., Zur Ordnung der Produktionsstruktur von Vielsektorenmodellen, Jahrbücher für Nationalökonomie und Statistik 1960 (172), S. 400–415,

Jaksch, H. J., König, H., Zur Ordnung der Produktionsstruktur von Vielsektorenmodellen: Eine Erwiderung, Jahrbücher für Nationalökonomie und Statistik 1962 (174), S. 56–60,

Katzenbeisser, W., Klassifikation und Aggregation in der Input-Output-Analyse, Empirica 1975, S. 37–56,

Komarnicki, J., Neuhaus, K. H., Der Staatssektor in der Input-Output-Rechnung, Berlin 1971,

Korte, B., Oberhofer, W., Zwei Algorithmen zur Lösung eines komplexen Reihenfolgeproblems, Unternehmensforschung 1968 (12), S. 217–231,

Korthaus, E., I/O-Tabellen für die BRD 1962–1975, RWI-Papiere Nr. 8, Essen 1979,

Krelle, W. (Hrsg.), Volkswirtschaftliche Gesamtrechnung für die Bundesrepublik Deutschland – Einzelberechnungen, Berlin 1960,

Krelle, W., Volkswirtschaftliche Gesamtrechnung einschließlich Input-Output-Analyse mit Zahlen für die Bundesrepublik Deutschland, 2. Aufl., Berlin 1967,

Krengel, R., Input-Output-Rechnung für Berlin (West) 1962; Ein Beitrag zur regionalen Strukturanalyse, DIW-Beiträge zur Strukturforschung, Heft 9, Berlin 1969,

Lal, K., Compilation of Input-Output-Tables: Canada, Manuskript für die 17. Konferenz der International Association for Research in Income and Wealth, August 1981,

Lehbert, B., Bedeutung und Auswertung regionaler Input-Output-Tabellen; Mit Input-Output-Tabellen der Wirtschaft des Landes Schleswig-Holstein für 1962 und 1966, Kieler Studien, Nr. 105, Tübingen 1970,

Lehbert, B., Die volkswirtschaftlichen Kosten des Umweltschutzes; Ein erweitertes Input-Output-System, Weltwirtschaftliches Archiv 1972 (108), S. 298–318,

Leontief, W. W., Quantitative input output relations in the economic system of the United States, Review of Economics and Statistics 1936 (18), S. 105–125,

Leontief, W.W., The Structure of American Economy 1919–1939, An Empirical Application of Equilibrium Analysis, New York 1941,

Leontief, W., Die multiregionale Input-Output-Analyse, Arbeitsgemeinschaft für Forschung des Landes Nordrhein-Westfalen, Heft 123, Hrsg.: L. Brandt, Köln und Opladen 1963,

Leontief, W., Environmental Repercussions and the Economic Structure: An Input-Output Approach, Review of Economics and Statistics 1970 (52), S. 262–271,

Leontief, W., Carter, A.P., Petri, P.A., The Future of the World Economy, New York 1977,

Maaß, S., Die statistische Behandlung des Staatssektors in Input-Output-Tabellen, Statistische Hefte, Neue Folge 1968 (9), S. 210–234,

Masson, D., Methods de triangulation du tableau européen des échanges interindustriels, Revue Economique 1960, S. 239–257,

Mai, H., Das Input-Output-Programm des Statistischen Bundesamtes, in: Aufstellung und Analyse von Input-Output-Tabellen, Hrsg.: R. Krengel, Göttingen 1973,

Mai, H., Input-Output-Tabelle 1970, Wirtschaft und Statistik 1974, Heft 3, S. 167–176,

Meyer, U., Mengen-Preise, Einheiten und Spaltensummen in der Input-Output-Analyse, Zeitschrift für die gesamte Staatswissenschaft 1977 (135), S. 278–304,

Moses, L., The Stability of Interregional Trading Patterns and Input-Output-Analysis, American Economic Review 1955 (XLV), S. 810ff.,

Münzenmaier, W., Steiger, H.H., Perret, U., Input-Output-Tabelle Baden-Württemberg 1972, Baden-Württemberg in Wort und Zahl, Statistische Monatshefte, 26. Jg. 1978, Heft 8,

Neubauer, W., Irreales Inlandsprodukt in konstanten Preisen; Kritisches zur Deflationierung in der Volkswirtschaftlichen Gesamtrechnung, Allgemeines Statistisches Archiv 1974 (58), S. 237–271,

Neubauer, W., Reales Inlandsprodukt: „preisbereinigt“ oder „inflationsbereinigt“? Zur Deflationierung bei veränderter Preisstruktur, Allgemeines Statistisches Archiv 1978 (62), S. 115–161,

Neubauer, W., Gesamtwirtschaftliche Verflechtungsdarstellungen: Alternative Versionen und adäquate Deflationierungsmethoden, in: Input-Output-Rechnung: Energiemodelle und Methoden der Preisbereinigung, Reich, U.P., Stahmer, C. (Hrsg.), Frankfurt, New York 1981,

Nockermann, U., Der Private Verbrauch in der Bundesrepublik Deutschland, Verflechtungstabellen nach Ausgabearten und Lieferbereichen 1960 und 1976, Rheinisch-Westfälisches Institut für Wirtschaftsforschung: RWI-Papiere, Nr. 7, Essen 1978,

Nordhaus, W., Tobin, J., Is Growth Obsolete? National Bureau of Economic Research, General Series 96, New York 1972,

Oberhofer, W., Lineare Algebra für Wirtschaftswissenschaftler, München, Wien 1978.

Österr. Statistisches Zentralamt, Bundeskammer der gewerblichen Wirtschaft, Österr. Institut für Wirtschaftsforschung, Input-Output-Tabelle 1964, Wien 1973,

Ott, A.E., Schwarz, D., Wagner, A., Die räumliche Disaggregation von Input-Output-Tabellen, Schriftenreihe des Instituts für angewandte Wirtschaftsforschung, Tübingen 1970,

Quesnay, F., Tableau économique avec son explication, ou extrait des économies royales de Sully, Versailles 1758,

Raabe, K.H., Statistische Unterlagen für die Erstellung einer Input-Output-Tabelle, in: Allgemeines Statistisches Archiv 1965 (49),

Rat von Sachverstndigen für Umweltfragen, Umweltgutachten 1974, Stuttgart, Mainz 1974,

Reich, U.P., Der Realwert in der doppelten Deflationierung, Allgemeines Statistisches Archiv, 1979, S.149–175,

Richter, J.: Strukturen und Interdependenzen der österreichischen Wirtschaft; Ergebnisse der Provisorischen Input-Output-Tabelle 1976, Schriftenreihe der Bundeswirtschaftskammer, Nr.41, Wien 1981,

Rüschmann, H. H., Die regionale wirtschaftliche Verflechtung des norddeutschen Raumes – Schleswig-Holstein, Niedersachsen, Hamburg und Bremen –; Erstellung und Auswertung einer Input-Output-Tabelle dieses Raumes für das Jahr 1970, Fachbereich Wirtschaftswissenschaften der Universität Hamburg, Hamburg 1975,

Sagoroff, S. (Hrsg.), Input-Output-Analyse der österreichischen Volkswirtschaft im Jahre 1961, Wien 1972,

Schintke, J., Modell der doppelten Proportionalität zur Schätzung von nichtnegativen Matrizen, insbesondere Input-Output-Tabellen, in: Angewandte Informatik, H.4, 1973, S.153–156,

Schwarze, J., Graphentheoretische Parameter zur Charakterisierung und Klassifizierung ökonomischer Strukturen, Zeitschrift für die gesamte Staatswissenschaft 1974 (130), S.666ff.,

Skolka, J., Anwendung der Input-Output-Analyse, Stuttgart 1974,

Spehl, H., Regionale und multiregionale Input-Output-Rechnung, Münster (Westf.) 1971,

Sraffa, P., Warenproduktion mittels Waren, Frankfurt 1976,

Stäglin, R., Aufstellung von Input-Output-Tabellen, DIW-Beiträge zur Strukturforschung, Heft 4, Berlin 1968,

Stäglin, R., MODOP – Ein Verfahren zur Erstellung empirischer Transaktionsmatrizen, in: Anwendung statistischer und mathematischer Methoden auf sozialwissenschaftliche Probleme; Arbeiten zur angewandten Statistik, H.15, Würzburg 1972, S.69–81,

Stäglin, R., Methodische und rechnerische Grundlagen der Input-Output-Analyse, in: Aufstellung und Analyse von Input-Output-Tabellen, Hrsg.: R. Krengel, Göttingen 1973,

Stäglin, R., Zur Input-Output-Rechnung in der Bundesrepublik Deutschland; Eine Bestandsaufnahme, in: Empirische Wirtschaftsforschung, Festschrift für R. Krengel, Berlin 1980, S.95–130,

Stäglin, R., Übersicht über die Aktivitäten auf dem Gebiet der Input-Output-Rechnung in der Bundesrepublik Deutschland, in: R. Krengel (Hrsg.), Die Weiterentwicklung der Input-Output-Rechnung in der Bundesrepublik Deutschland, Sonderheft zum Allgemeinen Statistischen Archiv 1981, Heft 18,

Stahmer, C., Verbindung von Ergebnissen der herkömmlichen Sozialproduktsberechnung und der Input-Output-Rechnung: Überleitungsmodell des Statistischen Bundesamtes, Allgemeines Statistisches Archiv 1979, S.340ff.,

Stahmer, C., Connecting National Accounts and Input-Output Tables in the Federal Republic of Germany, Manuskript für die 17. Konferenz der International Association for Research in Income and Wealth, August 1981,

Statistisches Bundesamt, Fachserie 18, Reihe 2, Input-Output-Tabellen 1970, Stuttgart und Mainz 1977,

Stone, R., Utting, J. E. G., The Relationship between Input-Output Analysis and National Accounting, in: Input-Output-Relations, Proceedings of a Conference on Inter-Industrial Relations held at Driebergen (Holland) 1953,

Stone, R., Input-Output and the Social Accounts, in: T. Barna (Ed.), The Structural Interdependence of the Economy, Proceedings of an International Conference on Input Output Analysis, New York, Milan 1954.

Stone, R., Input-Output and National Accounts, OEEC, Paris 1961,

Strassert, G., Möglichkeiten und Grenzen der Erstellung und Auswertung regionaler Input-Output-Tabellen unter besonderer Berücksichtigung der derivativen Methode, Berlin 1968,

Timmermann, V., Methoden und Instrumente der empirischen Strukturanalyse, Diskussionsbeitrag Nr. 43, Sozialökonomisches Seminar der Universität Hamburg, Mai 1981,

United Nations, A System of National Accounts, Studies in Methods, Series F, No. 2, Rev. 3, New York 1968,

United Nations, Input-Output Tables and Analysis, Studies in Methods, Series F, No. 14, Rev. 1, New York 1973,

Wessels, H., Triangulation und Blocktriangulation von Input-Output-Tabellen und ihre Bedeutung, DIW-Beiträge zur Strukturforschung, Heft 63, Berlin 1981,

Weiss, J.P., Projektion von Input-Output-Tabellen für die Bundesrepublik Deutschland für die Jahre 1980 und 1985, Kommission für wirtschaftlichen und sozialen Wandel, Bd. 129, Göttingen 1976,

Weisshuhn, G., Input-Output-Rechnung für Berlin (West) 1962 und 1968, Vierteljahrshefte zur Wirtschaftsforschung, Heft 4/1971, S. 279–286,

Zeitel, G., Die Steuerlastverteilung in der Bundesrepublik, Tübingen 1953,

Zwer, R., Internationale Wirtschafts- und Sozialstatistik, München, Wien 1981;

Anhang 1

Input-Output-Tabelle
des Statistischen Bundesamts
für die Bundesrepublik Deutschland
Version B
(inländische Produktion)

(Nettosystem der Verbuchung der Umsatzsteuer)

1980

Vorsicht: Die vorliegende Tabelle ist wegen des Nettosystems der Verbuchung der Umsatzsteuer und einer modifizierten Gliederung der Produktionsbereiche mit den offiziellen Tabellen der Jahre 1965, 1970, 1974 und 1975 nicht voll vergleichbar.

1.2 INPUT-OUTPUT-TABELLE 1980 ZU AB-WERK-

MILL.

LFD. NR.	VERWENDUNG / AUFKOMMEN	INPUT DER: ERZG. V. PRODUKTEN DER LAND-WIRTSCHAFT	ERZG. V. PROD. DER FORSTWIRT-SCHAFT, FISCHEREI USW.	ERZG. U. VERTLG. V. ELEKTRI-ZITAET, DAMPF, WARMWASSER	ERZG. U. VERTLG. V. GAS	GEW. U. VERTLG. V. WASSER
		1	2	3	4	5
	OUTPUT NACH GUETERGRUPPEN (ZEILE 1 BIS 58):					
1	PRODUKTE DER LANDWIRTSCHAFT	7325	401	-	-	-
2	PRODUKTE DER FORSTWIRTSCHAFT, FISCHEREI USW.	24	54	-	-	-
3	ELEKTRIZITAET, DAMPF, WARMWASSER	732	157	2974	18	132
4	GAS	18	17	3869	42	5
5	WASSER	106	3	-	3	4
6	KOHLE, ERZEUGNISSE DES KOHLENBERGBAUS	2	-	9273	486	1
7	BERGBAUERZEUGNISSE (OHNE KOHLE, ERDOEL, ERDGAS)	243	14	-	-	-
8	ERDOEL, ERDGAS	-	-	57	3479	-
9	CHEMISCHE ERZEUGNISSE, SPALT- U. BRUTSTOFFE	3077	125	48	9	35
10	MINERALOELERZEUGNISSE	2861	428	1773	449	26
11	KUNSTSTOFFERZEUGNISSE	4	14	51	-	3
12	GUMMIERZEUGNISSE	194	19	3	-	1
13	STEINE U. ERDEN, BAUSTOFFE USW.	173	18	23	3	4
14	FEINKERAMISCHE ERZEUGNISSE	13	1	10	1	1
15	GLAS U. GLASWAREN	16	1	3	1	1
16	EISEN U. STAHL	12	26	481	87	51
17	NE-METALLE, NE-METALLHALBZEUG	-	-	6	7	5
18	GIESSEREIERZEUGNISSE	-	-	1	5	3
19	ERZEUGNISSE DER ZIEHEREIEN, KALTWALZWERKE USW.	634	30	86	26	23
20	STAHL- U. LEICHTMETALLBAUERZEUGN., SCHIENENFAHRZEUGE	37	8	568	49	102
21	MASCHINENBAUERZEUGNISSE	693	41	425	34	100
22	BUEROMASCHINEN, ADV-GERAETE U. -EINRICHTUNGEN	-	-	1	3	-
23	STRASSENFAHRZEUGE	463	68	37	15	3
24	WASSERFAHRZEUGE	-	24	1	-	-
25	LUFT- U. RAUMFAHRZEUGE	-	-	7	-	1
26	ELEKTROTECHNISCHE ERZEUGNISSE	243	30	568	1	17
27	FEINMECHANISCHE U. OPTISCHE ERZEUGNISSE, UHREN	3	24	24	35	78
28	EBM-WAREN	91	22	21	-	3
29	MUSIKINSTRUMENTE, SPIELWAREN, SPORTGERAETE, SCHMUCK USW.	1	-	2	1	-
30	HOLZ	27	11	14	1	1
31	HOLZWAREN	143	10	3	-	7
32	ZELLSTOFF, HOLZSCHLIFF, PAPIER, PAPPE	2	9	1	2	1
33	PAPIER- U. PAPPEWAREN	55	40	50	7	4
34	ERZEUGNISSE DER DRUCKEREI U. VERVIELFAELTIGUNG	148	34	22	7	3
35	LEDER, LEDERWAREN, SCHUHE	8	-	-	-	-
36	TEXTILIEN	7	13	10	-	1
37	BEKLEIDUNG	1	7	11	-	-
38	NAHRUNGSMITTEL (OHNE GETRAENKE)	8066	120	2	-	-
39	GETRAENKE	32	24	9	1	-
40	TABAKWAREN	2	-	14	7	-
41	HOCH- U. TIEFBAULEISTUNGEN U.AE.	106	17	114	1	70
42	AUSBAULEISTUNGEN	272	35	440	13	110
43	DIENSTLEISTUNGEN DES GROSSHANDELS U.AE., RUECKGEWINNUNG	749	76	323	41	9
44	DIENSTLEISTUNGEN DES EINZELHANDELS	309	12	26	4	1
45	DIENSTLEISTUNGEN DER EISENBAHNEN	298	50	597	39	4
46	DIENSTLEISTUNGEN D. SCHIFFAHRT, WASSERSTRASSEN, HAEFEN	54	1	124	6	-
47	DIENSTLEISTUNGEN D. POSTDIENSTES U. FERNMELDEWESENS	84	15	73	-	12
48	DIENSTLEISTUNGEN DES SONSTIGEN VERKEHRS	1360	305	163	28	11
49	DIENSTLEISTUNGEN DER KREDITINSTITUTE	28	6	18	14	2
50	DIENSTLSTG. D. VERSICHERUNGEN (OH. SOZIALVERSICHERUNG)	298	41	105	18	59
51	DIENSTLEISTUNGEN D. GEBAEUDE- U. WOHNUNGSVERMIETUNG	6	4	16	12	2
52	MARKTBESTIMMTE DIENSTLSTG. D. GASTGEWERBES U. D. HEIME	13	25	18	2	5
53	DIENSTLEISTUNGEN D. WISSENSCHAFT U. KULTUR U. D. VERLAGE	43	8	51	6	3
54	MARKTBESTIMMTE DIENSTLSTG. D. GESUNDH.- U. VETERINAERWES.	633	28	24	-	-
55	SONSTIGE MARKTBESTIMMTE DIENSTLEISTUNGEN	827	83	559	78	167
56	DIENSTLEISTUNGEN DER GEBIETSKOERPERSCHAFTEN	259	13	130	34	24
57	DIENSTLEISTUNGEN DER SOZIALVERSICHERUNG	-	-	-	-	-
58	DIENSTLSTG. D. PRIV.ORG.OH.ERWERBSZWECK, HAEUSL.DIENSTE	43	20	-	1	-
59	VORLEISTUNGEN DER PRODUKTIONSBEREICHE (SP.1 BIS 59) BZW. LETZTE VERWENDUNG VON GUETERN (SP.60 BIS 66) AUS INLAEND. PRODUKTION OHNE UMSATZSTEUER	30838	2532	23229	5076	1095
60	VORLEISTUNGEN DER PRODUKTIONSBEREICHE (SP.1 BIS 59) BZW. LETZTE VERWENDUNG VON GUETERN (SP.60 BIS 66) AUS EINFUHR OHNE UMSATZSTEUER	4819	688	2807	7117	168
61	NICHTABZUGSFAEHIGE UMSATZSTEUER	-	-	-	-	-
62	VORLEISTUNGEN DER PRODUKTIONSBEREICHE (SP.1 BIS 59) BZW. LETZTE VERWENDUNG VON GUETERN (SP.60 BIS 66) EINSCHL. NICHTABZUGSFAEHIGER UMSATZSTEUER	35657	3220	26036	12193	1263
63	ABSCHREIBUNGEN	8512	530	8184	901	1060
64	PRODUKTIONSSTEUERN ABZUEGL. SUBVENTIONEN	-744	-111	3132	396	328
65	EINKOMMEN AUS UNSELBSTAENDIGER ARBEIT	2871	3627	10762	1416	1491
66	EINKOMMEN AUS UNTERNEHMERTAETIGKEIT UND VERMOEGEN	13843	1546	3502	3232	1376
67	BRUTTOWERTSCHOEPFUNG ZU MARKTPREISEN	24482	5592	25580	5945	4255
68	PRODUKTIONSWERT	60139	8812	51616	18138	5518

PREISEN - INLAENDISCHE PRODUKTION

DM

PRODUKTIONSBEREICHE										
GEW. V. KOHLE, H.V. ERZEUGNISSEN DES KOHLENBERGBAUS	GEW. V. BERGBAUERZEUGN. (OH. KOHLE, ERDOEL, ERDGAS)	GEW. V. ERDOEL, ERDGAS	H.V. CHEMISCHEN ERZEUGN., SPALT- U. BRUTSTOFFEN	H.V. MINERALOELERZEUGNISSEN	H.V. KUNSTSTOFFERZEUGNISSEN	H.V. GUMMIERZEUGNISSEN	GEW. V. STEINEN U. ERDEN, H.V. BAUSTOFFEN USW.	H.V. FEINKERAMISCHEN ERZEUGNISSEN	H.V. GLAS U. GLASWAREN	LFD. NR.
6	7	8	9	10	11	12	13	14	15	
10	-	-	179	10	86	5	20	1	5	1
101	1	-	-	10	9	3	44	-	-	2
1376	171	44	4904	541	425	169	966	65	232	3
167	131	181	1503	17	45	44	555	114	191	4
72	1	2	196	13	22	21	52	7	27	5
7072	-	-	884	9	2	13	305	2	10	6
254	872	7	323	14	2	1	13	2	4	7
-	3	258	38	528	1	1	14	3	4	8
165	17	-	33052	227	5736	1020	796	94	337	9
127	24	4	4024	6471	185	129	1153	59	256	10
85	3	2	1581	45	2897	105	123	29	146	11
109	10	3	102	29	58	207	31	1	19	12
108	12	11	269	4	10	54	5542	65	147	13
1	1	-	121	3	3	-	22	3	21	14
1	2	3	351	6	414	-	29	3	1125	15
361	11	44	174	25	12	3	148	6	2	16
42	2	1	86	10	12	15	-	102	31	17
24	2	3	86	42	108	19	42	-	16	18
205	24	76	43	110	279	233	123	8	53	19
743	23	99	334	323	32	8	40	2	41	20
1811	70	71	1483	219	385	97	995	48	58	21
3	-	-	80	6	1	3	14	3	3	22
31	3	7	59	51	57	34	447	15	72	23
-	-	-	-	-	-	3	-	-	-	24
-	-	-	-	-	-	-	-	-	-	25
654	25	38	313	98	115	19	91	11	44	26
52	5	16	200	10	18	4	2	1	3	27
131	3	2	1280	23	500	26	100	11	57	28
1	-	-	-	-	9	7	-	-	-	29
32	1	3	52	6	80	21	52	-	1	30
6	-	3	48	18	92	7	73	15	57	31
4	-	2	538	18	96	16	64	12	10	32
8	45	2	1785	31	178	35	450	30	132	33
12	7	3	356	11	57	75	134	55	44	34
4	-	-	-	-	-	1	1	-	-	35
10	-	-	46	1	256	177	15	6	25	36
11	-	-	20	6	6	5	13	-	1	37
3	-	-	1198	15	50	2	14	-	-	38
9	1	2	268	22	11	-	17	2	1	39
-	-	-	16	12	5	1	12	-	1	40
516	1	1	31	3	4	2	1	-	18	41
262	8	12	92	87	65	21	24	12	28	42
212	22	1	1873	1086	493	252	1034	30	251	43
20	-	-	112	31	26	5	38	3	42	44
236	12	2	850	139	138	48	208	11	33	45
48	4	-	176	148	13	3	118	6	7	46
161	24	4	1165	29	249	67	160	16	41	47
193	59	197	2736	2472	470	141	1387	122	193	48
15	2	8	33	8	15	4	24	2	4	49
18	8	29	249	8	88	31	121	7	24	50
18	8	8	172	5	102	21	263	1	16	51
66	4	18	898	89	215	65	294	23	45	52
101	9	7	464	36	107	67	173	26	47	53
-	-	-	28	2	-	-	11	-	-	54
977	81	98	6518	761	1512	555	2445	185	398	55
89	5	4	935	77	177	23	115	8	24	56
-	-	-	-	-	-	-	-	-	-	57
2	-	-	96	1	-	-	2	-	-	58
16739	1717	1276	72420	13966	15928	3888	18930	1227	4347	59
1569	127	275	21308	46567	3811	1651	3037	264	686	60
-	-	-	-	-	-	-	-	-	-	61
18308	1844	1551	93728	60533	19739	5539	21967	1491	5033	62
1440	329	380	6142	1155	1463	585	2834	217	563	63
-1874	44	50	1029	19366	236	53	526	29	117	64
10318	745	451	27605	1557	8113	4174	9588	1995	2979	65
794	-66	3003	2818	-1046	2243	329	1927	288	683	66
10678	1052	3884	37594	21032	12055	5141	14875	2529	4342	67
28986	2896	5435	131322	81565	31794	10680	36842	4020	9375	68

1.2 INPUT-OUTPUT-TABELLE 1980 ZU AB-WERK-

MILL.

LFD. NR.	VERWENDUNG / AUFKOMMEN	INPUT DER				
		H.V. EISEN U. STAHL	H.V. NE-METALLEN, NE-METALL-HALBZEUG	H.V. GIESSEREI-ERZEUG-NISSEN	H.V. ERZEUGN. DER ZIEHE-REIEN, KALTWALZ-WERKE USW.	H.V.STAHL-U. LEICHT-METALLBAU-ERZEUGN., SCHIENEN-FAHRZG.
		16	17	18	19	20
	OUTPUT NACH GUETERGRUPPEN (ZEILE 1 BIS 58)					
1	PRODUKTE DER LANDWIRTSCHAFT	2	-	1	1	1
2	PRODUKTE DER FORSTWIRTSCHAFT, FISCHEREI USW.	-	-	8	2	-
3	ELEKTRIZITAET, DAMPF, WARMWASSER	2052	1796	390	441	69
4	GAS	959	133	110	249	29
5	WASSER	142	36	33	53	5
6	KOHLE, ERZEUGNISSE DES KOHLENBERGBAUS	4762	153	208	10	30
7	BERGBAUERZEUGNISSE (OHNE KOHLE, ERDOEL, ERDGAS)	32	8	6	3	-
8	ERDOEL, ERDGAS	19	3	2	7	1
9	CHEMISCHE ERZEUGNISSE, SPALT- U. BRUTSTOFFE	326	1244	361	166	130
10	MINERALOELERZEUGNISSE	620	155	129	197	188
11	KUNSTSTOFFERZEUGNISSE	69	13	23	75	191
12	GUMMIERZEUGNISSE	4	5	61	13	22
13	STEINE U. ERDEN, BAUSTOFFE USW.	977	24	282	122	40
14	FEINKERAMISCHE ERZEUGNISSE	14	3	2	32	120
15	GLAS U. GLASWAREN	42	1	2	43	142
16	EISEN U. STAHL	60615	32	605	5895	2261
17	NE-METALLE, NE-METALLHALBZEUG	254	6277	373	399	510
18	GIESSEREIERZEUGNISSE	936	59	994	192	384
19	ERZEUGNISSE DER ZIEHEREIEN, KALTWALZWERKE USW.	897	100	115	3448	1750
20	STAHL- U. LEICHTMETALLBAUERZEUGN., SCHIENENFAHRZEUGE	10	13	17	-	906
21	MASCHINENBAUERZEUGNISSE	377	109	100	224	1025
22	BUEROMASCHINEN, ADV-GERAETE U. -EINRICHTUNGEN	11	5	5	1	6
23	STRASSENFAHRZEUGE	73	117	10	51	31
24	WASSERFAHRZEUGE	3	-	-	-	-
25	LUFT- U. RAUMFAHRZEUGE	-	-	-	-	-
26	ELEKTROTECHNISCHE ERZEUGNISSE	420	74	82	61	327
27	FEINMECHANISCHE U. OPTISCHE ERZEUGNISSE, UHREN	63	37	50	70	119
28	EBM-WAREN	193	58	50	226	849
29	MUSIKINSTRUMENTE, SPIELWAREN, SPORTGERAETE, SCHMUCK USW.	1	3	1	6	-
30	HOLZ	28	14	8	29	73
31	HOLZWAREN	50	54	66	47	72
32	ZELLSTOFF, HOLZSCHLIFF, PAPIER, PAPPE	21	9	4	16	22
33	PAPIER- U. PAPPEWAREN	50	7	7	12	18
34	ERZEUGNISSE DER DRUCKEREI U. VERVIELFAELTIGUNG	28	19	13	36	30
35	LEDER, LEDERWAREN, SCHUHE	-	-	2	1	-
36	TEXTILIEN	1	1	1	5	-
37	BEKLEIDUNG	1	2	1	5	4
38	NAHRUNGSMITTEL (OHNE GETRAENKE)	26	-	1	-	2
39	GETRAENKE	39	4	3	4	2
40	TABAKWAREN	24	9	1	2	1
41	HOCH- U. TIEFBAULEISTUNGEN U.AE.	77	16	13	5	2
42	AUSBAULEISTUNGEN	24	10	41	83	28
43	DIENSTLEISTUNGEN DES GROSSHANDELS U.AE., RUECKGEWINNUNG	2629	1129	851	976	687
44	DIENSTLEISTUNGEN DES EINZELHANDELS	74	3	8	9	30
45	DIENSTLEISTUNGEN DER EISENBAHNEN	847	90	69	274	145
46	DIENSTLEISTUNGEN D. SCHIFFAHRT, WASSERSTRASSEN, HAEFEN	74	14	12	10	10
47	DIENSTLEISTUNGEN D. POSTDIENSTES U. FERNMELDEWESENS	146	46	49	264	147
48	DIENSTLEISTUNGEN DES SONSTIGEN VERKEHRS	1031	259	168	474	435
49	DIENSTLEISTUNGEN DER KREDITINSTITUTE	4	5	7	18	20
50	DIENSTLSTG. D. VERSICHERUNGEN (OH. SOZIALVERSICHERUNG)	61	34	36	77	69
51	DIENSTLEISTUNGEN D. GEBAEUDE- U. WOHNUNGSVERMIETUNG	32	24	20	320	58
52	MARKTBESTIMMTE DIENSTLSTG. D. GASTGEWERBES U. D. HEIME	298	69	68	113	348
53	DIENSTLEISTUNGEN D. WISSENSCHAFT U. KULTUR U. D. VERLAGE	162	69	85	184	140
54	MARKTBESTIMMTE DIENSTLSTG. D. GESUNDH.- U. VETERINAERWES.	-	-	-	1	-
55	SONSTIGE MARKTBESTIMMTE DIENSTLEISTUNGEN	1275	513	684	774	885
56	DIENSTLEISTUNGEN DER GEBIETSKOERPERSCHAFTEN	213	65	36	119	127
57	DIENSTLEISTUNGEN DER SOZIALVERSICHERUNG	-	-	-	-	-
58	DIENSTLSTG. D. PRIV.ORG.OH.ERWERBSZWECK, HAEUSL.DIENSTE	2	-	-	-	-
59	VORLEISTUNGEN DER PRODUKTIONSBEREICHE (SP.1 BIS 59) BZW. LETZTE VERWENDUNG VON GUETERN (SP.60 BIS 66) AUS INLAEND. PRODUKTION OHNE UMSATZSTEUER	81090	12923	6276	15845	12491
60	VORLEISTUNGEN DER PRODUKTIONSBEREICHE (SP.1 BIS 59) BZW. LETZTE VERWENDUNG VON GUETERN (SP.60 BIS 66) AUS EINFUHR OHNE UMSATZSTEUER	6999	8768	2021	2981	2351
61	NICHTABZUGSFAEHIGE UMSATZSTEUER	-	-	-	-	-
62	VORLEISTUNGEN DER PRODUKTIONSBEREICHE (SP.1 BIS 59) BZW. LETZTE VERWENDUNG VON GUETERN (SP.60 BIS 66) EINSCHL. NICHTABZUGSFAEHIGER UMSATZSTEUER	88089	21691	8297	18826	14842
63	ABSCHREIBUNGEN	2517	831	780	1266	564
64	PRODUKTIONSSTEUERN ABZUEGL. SUBVENTIONEN	73	62	50	295	128
65	EINKOMMEN AUS UNSELBSTAENDIGER ARBEIT	10996	3307	6372	9227	7115
66	EINKOMMEN AUS UNTERNEHMERTAETIGKEIT UND VERMOEGEN	-680	190	363	2366	2325
67	BRUTTOWERTSCHOEPFUNG ZU MARKTPREISEN	12906	4390	7565	13154	10132
68	PRODUKTIONSWERT	100995	26081	15862	31980	24974

PREISEN - INLAENDISCHE PRODUKTION

DM

PRODUKTIONSBEREICHE

H.V. MASCHINENBAUERZEUGNISSEN	H.V.BUEROMASCHINEN, ADV-GERAETEN U. -EINRICHTUNGEN	H.V. STRASSENFAHRZEUGEN	H.V. WASSERFAHRZEUGEN	H.V. LUFT- U. RAUMFAHRZEUGEN	H.V. ELEKTROTECHNISCHEN ERZEUGNISSEN	H.V. FEINMECHANISCHEN U. OPTISCHEN ERZEUGN., UHREN	H.V. EBM-WAREN	H.V.MUSIKINSTRUM., SPIELW., SPORTGER., SCHMUCK USW.	BEARB. V. HOLZ	LFD. NR.
21	22	23	24	25	26	27	28	29	30	
-	3	1	3	2	2	1	-	8	9	1
2	12	1	-	-	-	23	-	1	2746	2
549	75	909	47	32	513	63	214	27	212	3
117	12	161	12	11	60	6	58	2	15	4
69	7	57	11	4	57	11	44	4	4	5
19	-	33	-	1	6	2	2	-	5	6
2	-	2	-	-	2	-	27	-	-	7
3	-	4	-	-	2	-	1	-	1	8
609	36	1346	53	17	1244	146	561	222	210	9
854	61	583	37	39	640	109	277	46	160	10
1230	204	2376	85	38	2598	364	690	181	49	11
626	7	2166	4	3	284	24	93	20	9	12
165	24	375	36	9	125	2	40	9	20	13
14	2	6	-	1	153	13	18	-	25	14
46	10	741	7	2	501	180	132	24	8	15
2988	105	3643	382	66	728	41	2475	17	12	16
1691	82	726	10	164	3655	267	2047	31	6	17
4012	116	4007	85	61	998	129	545	14	2	18
3610	165	4463	79	46	1417	221	1302	110	7	19
621	3	45	126	1	15	18	16	-	5	20
18104	177	2246	955	52	1681	127	537	10	99	21
5	614	107	58	2	214	12	6	2	1	22
664	15	20492	18	3	39	10	9	3	16	23
5	2	1	127	11	-	11	1	-	-	24
-	1	-	-	379	12	-	-	-	-	25
4722	756	5294	344	110	11432	453	504	36	21	26
594	28	763	232	140	225	1626	122	36	-	27
766	60	1747	85	35	811	92	856	68	20	28
21	2	7	-	-	9	3	30	81	-	29
107	3	129	28	6	174	21	141	43	1142	30
255	19	188	30	22	139	21	237	56	8	31
96	96	92	2	-	154	20	103	47	37	32
159	11	85	-	1	527	54	199	31	32	33
266	144	205	4	8	246	181	79	161	23	34
11	3	9	-	-	1	8	7	7	2	35
30	3	672	9	5	27	14	81	25	5	36
7	10	19	4	-	2	4	3	3	-	37
21	-	2	-	-	20	1	9	1	6	38
12	3	23	1	2	17	6	14	1	3	39
18	1	11	1	2	14	2	5	2	2	40
30	16	30	-	-	3	1	5	1	10	41
74	56	85	4	1	18	8	66	17	13	42
1513	327	4357	171	122	1661	406	740	462	256	43
164	20	153	9	6	137	40	34	9	24	44
309	14	597	28	5	165	18	173	17	88	45
42	-	26	1	-	21	1	6	2	3	46
986	53	638	38	4	492	198	280	62	47	47
1562	94	1732	82	39	1071	262	603	167	332	48
99	22	72	2	1	48	14	31	4	8	49
413	2	446	18	9	80	41	53	9	38	50
308	33	169	3	69	422	36	165	15	4	51
1440	88	565	19	105	1217	136	441	66	66	52
743	39	667	25	19	291	73	218	26	28	53
22	11	18	-	-	25	4	17	-	-	54
5617	1313	5237	339	299	4963	887	1911	435	219	55
661	9	376	20	262	241	67	108	10	22	56
-	-	-	-	-	-	-	-	-	-	57
1	1	6	-	-	3	1	1	-	-	58
57074	4970	68911	3634	2216	39602	6479	16337	2631	6080	59
9665	1136	11031	620	1506	10028	1595	3572	1517	1264	60
-	-	-	-	-	-	-	-	-	-	61
66739	6106	79942	4254	3722	49630	8074	19909	4148	7344	62
4157	1420	5781	219	275	4118	697	1401	253	471	63
952	136	1017	-207	12	261	284	368	92	59	64
45619	3432	39354	2501	2982	41456	7571	12394	2342	1837	65
3523	174	3008	-349	178	5279	2522	2753	369	492	66
54251	5162	49160	2164	3447	51114	11074	16916	3056	2859	67
120990	11268	129102	6418	7169	100744	19148	36825	7204	10203	68

1.2 INPUT-OUTPUT-TABELLE 1980 ZU AB-WERK-

MILL.

LFD. NR.	VERWENDUNG / AUFKOMMEN	INPUT DER				
		H.V. HOLZWAREN	ZELLSTOFF, HOLZ-SCHLIFF, PAPIER, PAPPE	H.V. PAPIER- U. PAPPE-WAREN	ERZEUGN. DER DRUCKEREI U.VERVIEL-FAELTIGUNG	LEDER, LEDER-WAREN, SCHUHEN
		31	32	33	34	35
	OUTPUT NACH GUETERGRUPPEN (ZEILE 1 BIS 58):					
1	PRODUKTE DER LANDWIRTSCHAFT	18	14	25	5	-
2	PRODUKTE DER FORSTWIRTSCHAFT, FISCHEREI USW.	13	334	18	-	2
3	ELEKTRIZITAET, DAMPF, WARMWASSER	166	963	123	154	29
4	GAS	3	157	29	20	3
5	WASSER	6	17	8	15	4
6	KOHLE, ERZEUGNISSE DES KOHLENBERGBAUS	2	63	-	2	2
7	BERGBAUERZEUGNISSE (OHNE KOHLE, ERDOEL, ERDGAS)	-	-	-	-	-
8	ERDOEL, ERDGAS	-	4	1	1	-
9	CHEMISCHE ERZEUGNISSE, SPALT- U. BRUTSTOFFE	570	507	559	1020	189
10	MINERALOELERZEUGNISSE	455	314	106	131	68
11	KUNSTSTOFFERZEUGNISSE	1519	19	408	81	331
12	GUMMIERZEUGNISSE	24	1	7	10	52
13	STEINE U. ERDEN, BAUSTOFFE USW.	51	24	9	4	-
14	FEINKERAMISCHE ERZEUGNISSE	9	2	8	2	13
15	GLAS U. GLASWAREN	334	2	-	-	1
16	EISEN U. STAHL	18	3	17	2	1
17	NE-METALLE, NE-METALLHALBZEUG	-	1	2	-	1
18	GIESSEREIERZEUGNISSE	1	2	2	1	-
19	ERZEUGNISSE DER ZIEHEREIEN, KALTWALZWERKE USW.	383	27	64	23	28
20	STAHL- U. LEICHTMETALLBAUERZEUGN., SCHIENENFAHRZEUGE	6	26	3	-	-
21	MASCHINENBAUERZEUGNISSE	170	236	88	101	40
22	BUEROMASCHINEN, ADV-GERAETE U. -EINRICHTUNGEN	1	1	5	62	1
23	STRASSENFAHRZEUGE	233	27	40	53	7
24	WASSERFAHRZEUGE	-	-	-	-	-
25	LUFT- U. RAUMFAHRZEUGE	-	-	-	-	-
26	ELEKTROTECHNISCHE ERZEUGNISSE	146	67	26	38	8
27	FEINMECHANISCHE U. OPTISCHE ERZEUGNISSE, UHREN	3	-	-	4	20
28	EBM-WAREN	1076	2	177	74	139
29	MUSIKINSTRUMENTE, SPIELWAREN, SPORTGERAETE, SCHMUCK USW.	1	-	12	21	11
30	HOLZ	3452	60	14	7	6
31	HOLZWAREN	2321	33	10	7	30
32	ZELLSTOFF, HOLZSCHLIFF, PAPIER, PAPPE	70	2210	3357	2224	25
33	PAPIER- U. PAPPEWAREN	117	152	2381	412	57
34	ERZEUGNISSE DER DRUCKEREI U. VERVIELFAELTIGUNG	160	3	342	819	8
35	LEDER, LEDERWAREN, SCHUHE	60	-	9	1	456
36	TEXTILIEN	729	19	68	11	39
37	BEKLEIDUNG	4	1	3	-	24
38	NAHRUNGSMITTEL (OHNE GETRAENKE)	13	1	94	1	302
39	GETRAENKE	4	1	3	5	2
40	TABAKWAREN	5	1	1	4	1
41	HOCH- U. TIEFBAULEISTUNGEN U.AE.	21	3	1	-	2
42	AUSBAULEISTUNGEN	10	7	11	21	7
43	DIENSTLEISTUNGEN DES GROSSHANDELS U.AE., RUECKGEWINNUNG	914	1070	413	519	284
44	DIENSTLEISTUNGEN DES EINZELHANDELS	43	14	19	27	95
45	DIENSTLEISTUNGEN DER EISENBAHNEN	93	90	63	73	16
46	DIENSTLEISTUNGEN D. SCHIFFAHRT, WASSERSTRASSEN, HAEFEN	4	13	6	6	1
47	DIENSTLEISTUNGEN D. POSTDIENSTES U. FERNMELDEWESENS	362	37	130	256	142
48	DIENSTLEISTUNGEN DES SONSTIGEN VERKEHRS	813	483	464	458	92
49	DIENSTLEISTUNGEN DER KREDITINSTITUTE	21	10	15	11	7
50	DIENSTLSTG. D. VERSICHERUNGEN (OH. SOZIALVERSICHERUNG)	121	49	65	39	9
51	DIENSTLEISTUNGEN D. GEBAEUDE- U. WOHNUNGSVERMIETUNG	64	24	61	122	48
52	MARKTBESTIMMTE DIENSTLSTG. D. GASTGEWERBES U. D. HEIME	370	50	71	166	123
53	DIENSTLEISTUNGEN D. WISSENSCHAFT U. KULTUR U. D. VERLAGE	191	53	49	224	52
54	MARKTBESTIMMTE DIENSTLSTG. D. GESUNDH.- U. VETERINAERWES.	1	-	-	-	-
55	SONSTIGE MARKTBESTIMMTE DIENSTLEISTUNGEN	1625	330	953	1085	244
56	DIENSTLEISTUNGEN DER GEBIETSKOERPERSCHAFTEN	91	43	64	42	20
57	DIENSTLEISTUNGEN DER SOZIALVERSICHERUNG	-	-	-	-	-
58	DIENSTLSTG. D. PRIV.ORG.OH.ERWERBSZWECK, HAEUSL.DIENSTE	1	-	-	4	-
59	VORLEISTUNGEN DER PRODUKTIONSBEREICHE (SP.1 BIS 59) BZW. LETZTE VERWENDUNG VON GUETERN (SP.60 BIS 66) AUS INLAEND. PRODUKTION OHNE UMSATZSTEUER	16888	7570	10404	8368	3042
60	VORLEISTUNGEN DER PRODUKTIONSBEREICHE (SP.1 BIS 59) BZW. LETZTE VERWENDUNG VON GUETERN (SP.60 BIS 66) AUS EINFUHR OHNE UMSATZSTEUER	3090	3166	1708	2297	1537
61	NICHTABZUGSFAEHIGE UMSATZSTEUER	-	-	-	-	-
62	VORLEISTUNGEN DER PRODUKTIONSBEREICHE (SP.1 BIS 59) BZW. LETZTE VERWENDUNG VON GUETERN (SP.60 BIS 66) EINSCHL. NICHTABZUGSFAEHIGER UMSATZSTEUER	19978	10736	12112	10665	4579
63	ABSCHREIBUNGEN	1118	691	646	1128	245
64	PRODUKTIONSSTEUERN ABZUEGL. SUBVENTIONEN	287	53	116	209	58
65	EINKOMMEN AUS UNSELBSTAENDIGER ARBEIT	10322	2148	3973	8832	2585
66	EINKOMMEN AUS UNTERNEHMERTAETIGKEIT UND VERMOEGEN	3276	595	326	1711	984
67	BRUTTOWERTSCHOEPFUNG ZU MARKTPREISEN	15003	3487	5061	11880	3872
68	PRODUKTIONSWERT	34981	14223	17173	22545	8451

PREISEN - INLAENDISCHE PRODUKTION

DM

PRODUKTIONSBEREICHE									
H.V. TEXTILIEN	H.V. BEKLEIDUNG	H.V. NAHRUNGS-MITTELN (OHNE GETRAENKE)	H.V. GETRAENKEN	H.V. TABAKWAREN	HOCH- U. TIEFBAU U.AE.	AUSBAU	LEISTG. DES GROSS-HANDELS U.AE., RUECKGE-WINNUNG	LEISTG. DES EINZEL-HANDELS	LFD. NR.
36	37	38	39	40	41	42	43	44	
93	96	38224	1421	131	5	2	109	14	1
3	24	720	21	2	137	33	12	54	2
498	62	906	152	22	528	123	961	2589	3
134	5	295	47	5	19	11	184	270	4
40	5	159	67	2	121	19	128	146	5
12	-	62	9	-	8	5	6	12	6
-	-	51	-	-	1	-	6	3	7
3	-	8	1	-	-	-	-	-	8
2481	126	644	245	82	243	1299	122	100	9
331	188	1498	356	96	1578	552	2298	1361	10
164	228	927	205	27	3299	2746	106	159	11
49	6	57	19	2	112	97	239	79	12
2	-	11	1	2	18424	1171	27	37	13
-	-	3	3	1	104	761	3	-	14
3	-	597	643	1	249	351	3	12	15
6	2	35	-	1	1468	240	114	120	16
1	-	4	-	-	377	200	7	7	17
-	3	5	1	-	610	278	27	2	18
4	9	1	1	20	1588	261	6	48	19
3	6	9	-	-	1336	1524	16	7	20
330	83	310	178	72	495	1245	29	248	21
14	1	6	7	8	20	2	369	267	22
74	21	328	185	49	233	137	510	573	23
-	-	-	-	-	-	-	-	3	24
-	-	-	-	-	-	-	1	3	25
28	36	61	19	9	1209	2192	304	301	26
3	-	10	-	-	25	5	78	32	27
49	124	1149	620	49	861	2483	198	53	28
1	1	7	1	1	17	8	78	20	29
-	3	5	31	10	1963	1348	-	72	30
3	28	118	75	15	1375	2657	140	78	31
28	15	69	14	21	38	16	332	136	32
203	82	1205	339	174	58	234	573	374	33
84	93	705	222	76	127	70	564	2230	34
14	123	1	-	-	3	3	4	1	35
5472	4419	8	3	-	19	64	84	18	36
2	549	4	2	1	7	4	1	17	37
46	21	18082	1039	7	15	6	50	39	38
4	1	339	1968	11	25	9	136	24	39
6	2	32	14	11	18	17	202	53	40
-	1	7	2	-	1840	-	77	85	41
20	19	71	99	-	1768	1942	295	290	42
758	1383	3407	733	88	3022	1069	2232	501	43
227	88	435	81	3	165	164	62	63	44
73	39	781	67	24	454	123	134	64	45
5	1	90	4	1	190	7	145	95	46
230	311	431	125	2	840	183	1680	886	47
428	297	3604	855	62	2649	1539	2766	851	48
22	10	32	5	3	192	64	420	130	49
73	22	203	44	10	896	195	890	316	50
45	105	213	75	19	263	63	2576	6209	51
237	415	244	127	22	325	41	2735	267	52
215	103	358	112	40	184	233	960	958	53
-	-	13	1	-	48	7	50	25	54
1097	1375	2776	1273	573	3806	2912	8097	3855	55
82	81	501	105	45	840	92	436	217	56
-	-	-	-	-	-	-	-	-	57
1	-	2	-	-	-	-	-	-	58
13701	10612	79823	11617	1800	54197	28807	31582	24374	59
6226	3939	19202	1530	1258	7746	4358	3815	1730	60
-	-	-	-	-	-	-	-	-	61
19927	14551	99025	13147	3058	61943	33165	35397	26104	62
1303	377	3653	1589	289	4005	1055	5450	5901	63
185	133	-404	4037	11034	1244	622	-1302	3441	64
9193	6996	17109	4992	998	47671	19100	48691	43822	65
1339	1763	13310	212	1	15121	13652	26893	22254	66
12020	9269	33668	10830	12322	68041	34429	79732	75418	67
31947	23820	132693	23977	15380	129984	67594	115129	101522	68

1.2 INPUT-OUTPUT-TABELLE 1980 ZU AB-WERK-

MILL.

LFD. NR.	VERWENDUNG / AUFKOMMEN	INPUT DER				
		LEISTG. DER EISEN-BAHNEN	LEISTG. DER SCHIFF-FAHRT, WASSER-STRASSEN, HAEFEN	LEISTG. DES POST-DIENSTES U. FERN-MELDE-WESENS	LEISTG. DES SONSTIGEN VERKEHRS	LEISTG. DER KREDIT-INSTITUTE
		45	46	47	48	49
	OUTPUT NACH GUETERGRUPPEN (ZEILE 1 BIS 58):					
1	PRODUKTE DER LANDWIRTSCHAFT	-	4	-	5	7
2	PRODUKTE DER FORSTWIRTSCHAFT, FISCHEREI USW.	-	-	1	2	7
3	ELEKTRIZITAET, DAMPF, WARMWASSER	1080	36	364	187	574
4	GAS	7	6	83	67	83
5	WASSER	-	6	-	33	38
6	KOHLE, ERZEUGNISSE DES KOHLENBERGBAUS	28	2	3	1	1
7	BERGBAUERZEUGNISSE (OHNE KOHLE, ERDOEL, ERDGAS)	-	-	-	7	-
8	ERDOEL, ERDGAS	-	-	-	-	-
9	CHEMISCHE ERZEUGNISSE, SPALT- U. BRUTSTOFFE	37	13	33	156	33
10	MINERALOELERZEUGNISSE	570	1562	230	3098	287
11	KUNSTSTOFFERZEUGNISSE	6	1	3	20	3
12	GUMMIERZEUGNISSE	7	7	4	405	1
13	STEINE U. ERDEN, BAUSTOFFE USW.	12	1	28	55	-
14	FEINKERAMISCHE ERZEUGNISSE	23	-	3	3	-
15	GLAS U. GLASWAREN	25	-	9	2	1
16	EISEN U. STAHL	236	16	20	227	-
17	NE-METALLE, NE-METALLHALBZEUG	4	-	-	4	1
18	GIESSEREIERZEUGNISSE	46	-	5	11	1
19	ERZEUGNISSE DER ZIEHEREIEN, KALTWALZWERKE USW.	72	4	19	54	1
20	STAHL- U. LEICHTMETALLBAUERZEUGN., SCHIENENFAHRZEUGE	199	69	15	226	-
21	MASCHINENBAUERZEUGNISSE	69	7	16	117	14
22	BUEROMASCHINEN, ADV-GERAETE U. -EINRICHTUNGEN	16	2	42	33	18
23	STRASSENFAHRZEUGE	53	17	44	2225	16
24	WASSERFAHRZEUGE	-	377	-	116	-
25	LUFT- U. RAUMFAHRZEUGE	14	29	-	242	-
26	ELEKTROTECHNISCHE ERZEUGNISSE	114	9	305	218	334
27	FEINMECHANISCHE U. OPTISCHE ERZEUGNISSE, UHREN	2	1	9	42	9
28	EBM-WAREN	9	19	17	276	22
29	MUSIKINSTRUMENTE, SPIELWAREN, SPORTGERAETE, SCHMUCK USW.	4	7	1	99	2
30	HOLZ	2	2	4	-	-
31	HOLZWAREN	5	1	16	10	11
32	ZELLSTOFF, HOLZSCHLIFF, PAPIER, PAPPE	6	1	8	36	50
33	PAPIER- U. PAPPEWAREN	22	9	29	215	33
34	ERZEUGNISSE DER DRUCKEREI U. VERVIELFAELTIGUNG	202	51	307	629	513
35	LEDER, LEDERWAREN, SCHUHE	20	1	-	6	-
36	TEXTILIEN	26	9	14	29	5
37	BEKLEIDUNG	13	2	29	22	9
38	NAHRUNGSMITTEL (OHNE GETRAENKE)	-	49	-	113	9
39	GETRAENKE	4	41	-	45	7
40	TABAKWAREN	1	4	-	57	3
41	HOCH- U. TIEFBAULEISTUNGEN U.AE.	58	4	8	101	14
42	AUSBAULEISTUNGEN	64	2	165	313	186
43	DIENSTLEISTUNGEN DES GROSSHANDELS U.AE., RUECKGEWINNUNG	171	175	74	551	71
44	DIENSTLEISTUNGEN DES EINZELHANDELS	19	13	7	50	12
45	DIENSTLEISTUNGEN DER EISENBAHNEN	35	14	51	65	13
46	DIENSTLEISTUNGEN D. SCHIFFAHRT, WASSERSTRASSEN, HAEFEN	23	586	13	587	-
47	DIENSTLEISTUNGEN D. POSTDIENSTES U. FERNMELDEWESENS	79	57	-	1214	1057
48	DIENSTLEISTUNGEN DES SONSTIGEN VERKEHRS	413	245	154	4189	294
49	DIENSTLEISTUNGEN DER KREDITINSTITUTE	10	11	39	94	55655
50	DIENSTLSTG. D. VERSICHERUNGEN (OH. SOZIALVERSICHERUNG)	175	115	48	1634	2
51	DIENSTLEISTUNGEN D. GEBAEUDE- U. WOHNUNGSVERMIETUNG	35	10	119	870	597
52	MARKTBESTIMMTE DIENSTLSTG. D. GASTGEWERBES U. D. HEIME	70	67	24	1795	760
53	DIENSTLEISTUNGEN D. WISSENSCHAFT U. KULTUR U. D. VERLAGE	16	41	12	163	137
54	MARKTBESTIMMTE DIENSTLSTG. D. GESUNDH.- U. VETERINAERWES.	30	9	12	64	36
55	SONSTIGE MARKTBESTIMMTE DIENSTLEISTUNGEN	419	476	252	1987	5187
56	DIENSTLEISTUNGEN DER GEBIETSKOERPERSCHAFTEN	42	17	31	591	135
57	DIENSTLEISTUNGEN DER SOZIALVERSICHERUNG	-	-	-	-	-
58	DIENSTLSTG. D. PRIV.ORG.OH.ERWERBSZWECK, HAEUSL.DIENSTE	-	-	5	-	-
59	VORLEISTUNGEN DER PRODUKTIONSBEREICHE (SP.1 BIS 59) BZW. LETZTE VERWENDUNG VON GUETERN (SP.60 BIS 66) AUS INLAEND. PRODUKTION OHNE UMSATZSTEUER	4595	4207	2677	23363	66249
60	VORLEISTUNGEN DER PRODUKTIONSBEREICHE (SP.1 BIS 59) BZW. LETZTE VERWENDUNG VON GUETERN (SP.60 BIS 66) AUS EINFUHR OHNE UMSATZSTEUER	557	3018	846	5707	1104
61	NICHTABZUGSFAEHIGE UMSATZSTEUER	-	64	337	-	778
62	VORLEISTUNGEN DER PRODUKTIONSBEREICHE (SP.1 BIS 59) BZW. LETZTE VERWENDUNG VON GUETERN (SP.60 BIS 66) EINSCHL. NICHTABZUGSFAEHIGER UMSATZSTEUER	5152	7289	3860	29070	68131
63	ABSCHREIBUNGEN	3546	1221	6978	5817	1859
64	PRODUKTIONSSTEUERN ABZUEGL. SUBVENTIONEN	-5200	119	21	-607	2264
65	EINKOMMEN AUS UNSELBSTAENDIGER ARBEIT	12524	2946	17770	19069	23645
66	EINKOMMEN AUS UNTERNEHMERTAETIGKEIT UND VERMOEGEN	-1678	538	6635	12015	-31246
67	BRUTTOWERTSCHOEPFUNG ZU MARKTPREISEN	9192	4824	31404	36294	-3478
68	PRODUKTIONSWERT	14344	12113	35264	65364	64653

PREISEN - INLAENDISCHE PRODUKTION

DM

PRODUKTIONSBEREICHE

LEISTG. DER VERSI-CHERUNGEN (OHNE SO-ZIALVER-SICHERUNG)	VERMIETUNG VON GEBAEUDEN UND WOHNUNGEN	MARKTBEST. LEISTG. DES GAST-GEWERBES U. DER HEIME	LEISTG.DER WISSEN-SCHAFT U. KULTUR U. DER VERLAGE	MARKTBEST. LEISTG.DES GESUNDH.- U. VETE-RINAER-WESENS	SONSTIGE MARKTBEST. DIENST-LEISTUNGEN USW.	LEISTG. DER GEBIETS-KOERPER-SCHAFTEN	LEISTG. DER SOZIALVER-SICHERUNG	LEISTG.DER PRIV. ORG. OH. ER-WERBSZWECK, HAEUSL. DIENSTE	LFD. NR.
50	51	52	53	54	55	56	57	58	
21	182	1683	2	72	231	753	123	189	1
2	1422	63	70	178	659	59	2	118	2
236	638	954	141	259	889	2711	83	1022	3
32	8	75	24	60	167	679	42	56	4
25	2563	118	13	28	118	613	28	62	5
-	1	4	2	2	6	277	2	5	6
-	8	1	-	3	-	-	-	-	7
-	-	-	-	-	-	-	-	-	8
88	8	315	151	1316	2212	2515	6890	869	9
112	444	604	189	366	1113	3163	205	375	10
4	-	38	28	13	119	262	79	13	11
5	6	33	81	175	303	312	83	64	12
-	3	26	-	29	60	335	-	95	13
-	-	84	3	36	35	29	-	1	14
-	-	179	20	220	123	80	-	4	15
9	22	4	15	-	191	22	-	1	16
-	-	-	1	-	3	35	-	-	17
-	-	-	7	-	102	-	-	-	18
3	3	1	2	-	55	129	-	-	19
2	60	2	1	7	61	204	-	71	20
30	29	40	31	2	246	932	-	1	21
96	-	83	53	18	110	531	148	-	22
58	49	76	86	97	827	2394	104	89	23
-	-	-	3	-	54	220	-	10	24
-	-	-	1	-	-	1086	-	20	25
335	272	137	281	88	1778	2736	144	63	26
99	127	16	86	2953	226	876	1997	57	27
79	54	172	191	1	808	1179	46	31	28
13	16	3	4	1	13	45	68	10	29
12	2	36	2	5	6	15	22	10	30
11	104	25	6	14	267	314	12	21	31
23	-	10	18	7	194	551	96	18	32
79	57	128	417	35	539	510	192	67	33
169	35	171	7484	72	594	1144	57	139	34
-	-	-	22	103	48	38	23	12	35
28	23	121	78	136	552	354	46	107	36
31	18	78	57	41	166	206	31	64	37
13	2	5804	98	103	987	1681	385	1098	38
24	10	4996	116	5	744	109	66	671	39
27	19	2823	50	-	75	-	-	1	40
31	1028	9	44	10	51	2823	-	39	41
98	6782	2	34	23	351	2274	111	82	42
113	42	2446	503	536	1277	2284	1016	491	43
19	3	438	111	41	210	226	2772	39	44
5	6	88	16	10	50	556	140	25	45
1	3	13	-	1	53	21	1	26	46
776	17	407	770	273	850	2946	584	165	47
192	130	1187	447	442	1281	1715	540	414	48
585	836	86	31	22	255	405	50	181	49
151	834	148	260	317	1102	750	25	66	50
32	11	1400	214	677	1067	2062	118	126	51
250	142	145	1043	91	2727	611	288	256	52
326	280	292	1562	176	3552	2599	239	133	53
15	23	7	10	209	67	2948	33924	13	54
7986	3181	1191	1407	1833	14229	6714	370	1388	55
149	3706	103	72	220	743	390	15546	167	56
-	-	-	-	-	-	30	-	-	57
-	-	3	155	407	457	8746	12260	-	58
12395	23209	26870	16513	11733	43003	65199	78958	9045	59
937	1477	4021	2042	1270	6457	12242	1576	1518	60
842	1719	-	22	872	512	6681	2076	647	61
14174	26405	30891	18577	13875	49972	84122	82610	11210	62
556	39996	2582	1873	3500	7086	8961	300	2550	63
2722	919	951	-400	-22	6202	229	10	20	64
10484	1864	10442	5364	8026	30759	153318	9240	24630	65
88	56134	6229	8300	21438	67455	-	-	-	66
13850	98913	20204	15137	32942	111502	162508	9550	27200	67
28024	125318	51095	33714	46817	161474	246630	92160	38410	68

1.2 INPUT-OUTPUT-TABELLE 1980 ZU AB-WERK

MILL.

LFD. NR.	AUFKOMMEN / VERWENDUNG	INPUT DER PRODUK-TIONS-BEREICHE ZUSAMMEN	LETZTE: PRIVATER VERBRAUCH IM INLAND	STAATS-VERBRAUCH
		59	60	61
	OUTPUT NACH GUETERGRUPPEN (ZEILE 1 BIS 58)			
1	PRODUKTE DER LANDWIRTSCHAFT	51505	7055	-
2	PRODUKTE DER FORSTWIRTSCHAFT, FISCHEREI USW.	6997	956	-
3	ELEKTRIZITAET, DAMPF, WARMWASSER	36745	14058	-
4	GAS	11404	6091	-
5	WASSER	5448	-	-
6	KOHLE, ERZEUGNISSE DES KOHLENBERGBAUS	23807	1098	-
7	BERGBAUERZEUGNISSE (OHNE KOHLE, ERDOEL, ERDGAS)	1913	126	-
8	ERDOEL, ERDGAS	4447	-	-
9	CHEMISCHE ERZEUGNISSE, SPALT- U. BRUTSTOFFE	74232	13180	-
10	MINERALOELERZEUGNISSE	43714	30914	-
11	KUNSTSTOFFERZEUGNISSE	24082	1813	-
12	GUMMIERZEUGNISSE	6367	1096	-
13	STEINE U. ERDEN, BAUSTOFFE USW.	29100	2547	-
14	FEINKERAMISCHE ERZEUGNISSE	1730	1007	-
15	GLAS U. GLASWAREN	6696	796	-
16	EISEN U. STAHL	84100	-	-
17	NE-METALLE, NE-METALLHALBZEUG	17459	-	-
18	GIESSEREIERZEUGNISSE	13989	-	-
19	ERZEUGNISSE DER ZIEHEREIEN, KALTWALZWERKE USW.	22489	78	-
20	STAHL- U. LEICHTMETALLBAUERZEUGN., SCHIENENFAHRZEUGE	8060	-	-
21	MASCHINENBAUERZEUGNISSE	37514	787	-
22	BUEROMASCHINEN, ADV-GERAETE U. -EINRICHTUNGEN	3080	230	-
23	STRASSENFAHRZEUGE	31518	33032	-
24	WASSERFAHRZEUGE	972	68	-
25	LUFT- U. RAUMFAHRZEUGE	1796	22	-
26	ELEKTROTECHNISCHE ERZEUGNISSE	38161	5881	-
27	FEINMECHANISCHE U. OPTISCHE ERZEUGNISSE, UHREN	11262	3167	-
28	EBM-WAREN	18144	2475	-
29	MUSIKINSTRUMENTE, SPIELWAREN, SPORTGERAETE, SCHMUCK USW.	650	3248	-
30	HOLZ	9337	32	-
31	HOLZWAREN	9453	17086	-
32	ZELLSTOFF, HOLZSCHLIFF, PAPIER, PAPPE	11067	248	-
33	PAPIER- U. PAPPEWAREN	12738	2407	-
34	ERZEUGNISSE DER DRUCKEREI U. VERVIELFAELTIGUNG	19481	489	-
35	LEDER, LEDERWAREN, SCHUHE	1013	5336	-
36	TEXTILIEN	13927	8555	-
37	BEKLEIDUNG	1532	19096	-
38	NAHRUNGSMITTEL (OHNE GETRAENKE)	39617	80598	-
39	GETRAENKE	9903	13777	-
40	TABAKWAREN	3592	10893	-
41	HOCH- U. TIEFBAULEISTUNGEN U.AE.	7353	-	-
42	AUSBAULEISTUNGEN	17056	2550	-
43	DIENSTLEISTUNGEN DES GROSSHANDELS U.AE., RUECKGEWINNUNG	48882	29275	-
44	DIENSTLEISTUNGEN DES EINZELHANDELS	6795	94727	-
45	DIENSTLEISTUNGEN DER EISENBAHNEN	8672	4005	-
46	DIENSTLEISTUNGEN D. SCHIFFAHRT, WASSERSTRASSEN, HAEFEN	2826	316	-
47	DIENSTLEISTUNGEN D. POSTDIENSTES U. FERNMELDEWESENS	20360	14606	-
48	DIENSTLEISTUNGEN DES SONSTIGEN VERKEHRS	45152	13475	-
49	DIENSTLEISTUNGEN DER KREDITINSTITUTE	59740	4680	-
50	DIENSTLSTG. D. VERSICHERUNGEN (OH. SOZIALVERSICHERUNG)	11049	16790	-
51	DIENSTLEISTUNGEN D. GEBAEUDE- U. WOHNUNGSVERMIETUNG	19557	104874	-
52	MARKTBESTIMMTE DIENSTLSTG. D. GASTGEWERBES U. D. HEIME	20281	28430	-
53	DIENSTLEISTUNGEN D. WISSENSCHAFT U. KULTUR U. D. VERLAGE	17177	15313	-
54	MARKTBESTIMMTE DIENSTLSTG. D. GESUNDH.- U. VETERINAERWES.	38336	8481	-
55	SONSTIGE MARKTBESTIMMTE DIENSTLEISTUNGEN	117216	27800	-
56	DIENSTLEISTUNGEN DER GEBIETSKOERPERSCHAFTEN	28824	11500	205770
57	DIENSTLEISTUNGEN DER SOZIALVERSICHERUNG	30	-	92130
58	DIENSTLSTG. D. PRIV.ORG.OH.ERWERBSZWECK, HAEUSL.DIENSTE	22221	16189	-
59	VORLEISTUNGEN DER PRODUKTIONSBEREICHE (SP.1 BIS 59) BZW. LETZTE VERWENDUNG VON GUETERN (SP.60 BIS 66) AUS INLAEND. PRODUKTION OHNE UMSATZSTEUER	1240568	681254	297900
60	VORLEISTUNGEN DER PRODUKTIONSBEREICHE (SP.1 BIS 59) BZW. LETZTE VERWENDUNG VON GUETERN (SP.60 BIS 66) AUS EINFUHR OHNE UMSATZSTEUER	264322	70516	-
61	NICHTABZUGSFAEHIGE UMSATZSTEUER	14550	62800	-
62	VORLEISTUNGEN DER PRODUKTIONSBEREICHE (SP.1 BIS 59) BZW. LETZTE VERWENDUNG VON GUETERN (SP.60 BIS 66) EINSCHL. NICHTABZUGSFAEHIGER UMSATZSTEUER	1519440	814570	297900
63	ABSCHREIBUNGEN	173320		
64	PRODUKTIONSSTEUERN ABZUEGL. SUBVENTIONEN	53100		
65	EINKOMMEN AUS UNSELBSTAENDIGER ARBEIT	840710		
66	EINKOMMEN AUS UNTERNEHMERTAETIGKEIT UND VERMOEGEN	304330		
67	BRUTTOWERTSCHOEPFUNG ZU MARKTPREISEN	1371460		
68	PRODUKTIONSWERT	2890900		

PREISEN - INLAENDISCHE PRODUKTION

DM

VERWENDUNG VON GUETERN						
ANLAGEINVESTITIONEN		VORRATS-VERAEN-DERUNG	AUSFUHR VON WAREN UND DIENST-LEISTUNGEN	ZUSAMMEN	GESAMTE VERWENDUNG VON GUETERN	LFD. NR.
AUS-RUESTUNGEN	BAUTEN					
62	63	64	65	66	67	
-	-	-447	2026	8634	60139	1
-	321	-	536	1815	8812	2
-	-	-	813	14671	51616	3
-	-	39	604	6734	18138	4
-	-	-	70	70	5518	5
-	-	371	3710	5179	28986	6
-	-	-67	924	983	2896	7
-	-	434	554	988	5435	8
-	-	816	43094	57090	131322	9
-	-	1983	4954	37851	81565	10
-	-	114	5785	7712	31794	11
-	-	357	2860	4313	10680	12
-	16	2163	3016	7742	36842	13
-	-	33	1250	2290	4020	14
-	-	74	1809	2679	9375	15
-	-	703	16192	16895	100995	16
-	419	435	7768	8622	26081	17
841	-	108	924	1873	15862	18
-	4500	242	4671	9491	31980	19
3602	9424	99	3789	16914	24974	20
30710	374	-191	51796	83476	120990	21
3019	-	828	4111	8188	11268	22
17260	-	1028	46264	97584	129102	23
1434	-	2845	1099	5446	6418	24
683	-	2712	1956	5373	7169	25
19974	2996	3984	29748	62583	100744	26
1547	-	-2159	5331	7886	19148	27
4085	1030	2	11089	18681	36825	28
235	-	864	2207	6554	7204	29
-	-	-99	933	866	10203	30
4975	372	97	2998	25528	34981	31
-	-	213	2695	3156	14223	32
-	-	269	1759	4435	17173	33
-	-	100	2475	3064	22545	34
-	-	802	1300	7438	8451	35
158	-	525	8782	18020	31947	36
-	-	9	3183	22288	23820	37
-	-	-500	12977	93076	132693	38
-	-	-281	578	14074	23977	39
-	-	269	626	11788	15380	40
-	115471	-	7160	122631	129984	41
-	47941	-	47	50538	67594	42
12168	-	193	24611	66247	115129	43
-	-	-	-	94727	101522	44
263	-	44	1360	5672	14344	45
-	-	65	8906	9287	12113	46
-	-	-	298	14904	35264	47
1345	-	255	5137	20212	65364	48
-	-	-	233	4913	64653	49
-	-	-	185	16975	28024	50
-	-	-	887	105761	125318	51
-	-	-	2384	30814	51095	52
-	-	-	1224	16537	33714	53
-	-	-	-	8481	46817	54
-	10586	-	5872	44258	161474	55
-	-	-	536	217806	246630	56
-	-	-	-	92130	92160	57
-	-	-	-	16189	38410	58
102299	193450	19331	356098	1650332	2890900	59
22431	-	-431	20532	114048	378370	60
2140	16660	-	300	81900	96450	61
127870	210110	18900	376930	1846280	3365720	62
						63
						64
						65
						66
						67
						68

Anhang 2

DIW-Input-Output-Tabelle für die
Bundesrepublik Deutschland
Version B

1976

INPUT-OUTPUT-TABELLE
BUNDESREPUBLIK DEUTSCHLAND 1976, ZU JEWEILIGEN PREISEN — IN MILL. DM — DIW BERLIN BLATT: 1

	1 LANDW	2 ENERGIE	3 KOHLENBB	4 UEBR.BB	(3- 4)	5 CHEMIE	6 MINOELV	7 KUNST.GU	8 STEINERD	9 FEINK.GL	10 METALL
1 LANDW	701.	20.	213.	0.	213.*	519.	3.	21.	58.	7.	67.
2 ENERGIE	1268.	20938.	765.	138.	903.*	3624.	315.	790.	1379.	633.	4320.
3 KOHLENBB	258.	8041.	734.	0.	734.*	1076.	116.	15.	135.	5.	4258.
4 UEBR.BB	103.	843.	46.	204.	250.*	557.	210.	0.	55.	0.	234.
(3- 4)	361.*	8884.*	780.*	204.*	984.*	1633.*	326.*	15.*	190.*	5.*	4492.*
5 CHEMIE	3418.	387.	889.	161.	1050.*	24641.	1133.	6071.	532.	598.	1449.
6 MINOELV	2152.	2367.	234.	87.	321.*	4646.	6574.	229.	1771.	340.	1503.
7 KUNST.GU	263.	142.	191.	7.	198.*	1250.	96.	1632.	137.	116.	256.
8 STEINERD	545.	276.	203.	10.	213.*	409.	8.	17.	6457.	211.	1257.
9 FEINK.GL	39.	66.	2.	0.	2.*	462.	2.	4.	113.	809.	161.
10 METALL	449.	907.	1164.	80.	1244.*	1197.	108.	325.	462.	66.	25096.
11 STAHLBAU	40.	259.	283.	3.	286.*	50.	1.	0.	14.	0.	440.
12 MBAU.ADV	2293.	1151.	1423.	64.	1487.*	636.	124.	227.	401.	77.	2974.
13 FAHRZBAU	482.	59.	20.	2.	22.*	58.	5.	76.	104.	4.	528.
14 ELTECHN	98.	982.	650.	20.	670.*	486.	45.	186.	105.	29.	1168.
15 F.O..EBM	119.	346.	116.	17.	133.*	904.	74.	506.	91.	103.	1053.
16 HOLZ.PAP	452.	540.	262.	38.	300.*	2503.	39.	734.	493.	362.	734.
17 TEXTIL	137.	56.	0.	2.	2.*	306.	2.	1140.	12.	15.	76.
18 LED.BEKL	10.	21.	32.	1.	33.*	40.	1.	24.	14.	4.	27.
19 ERNAEHR	7325.	117.	37.	2.	39.*	1834.	9.	109.	81.	42.	359.
20 TABAKVER	0.	7.	1.	0.	1.*	13.	0.	7.	5.	3.	18.
(5- 20)	17822.*	7683.*	5507.*	494.*	6001.*	39435.*	8221.*	11287.*	10792.*	2779.*	37099.*
21 BAUHAUPT	288.	219.	189.	8.	197.*	69.	10.	12.	78.	10.	103.
22 AUSBAUG	66.	46.	25.	12.	37.*	42.	14.	19.	51.	15.	78.
(21- 22)	354.*	265.*	214.*	20.*	234.*	111.*	24.*	31.*	129.*	25.*	181.*
23 GROSSHD	1721.	647.	749.	58.	807.*	4692.	2158.	832.	873.	340.	3748.
24 EINZELHD	259.	40.	16.	2.	18.*	96.	7.	29.	58.	6.	87.
(23- 24)	1980.*	687.*	765.*	60.*	825.*	4788.*	2165.*	861.*	931.*	346.*	3835.*
25 EISENBHN	140.	255.	290.	18.	308.*	320.	251.	66.	162.	31.	964.
26 SCHIFFRT	32.	22.	43.	15.	58.*	188.	159.	15.	62.	6.	165.
27 UEB.VERK	597.	388.	668.	119.	787.*	1343.	1015.	283.	2520.	144.	2034.
28 NACHRICH	197.	147.	88.	8.	96.*	563.	76.	197.	137.	29.	407.
(25- 28)	966.*	812.*	1089.*	160.*	1249.*	2414.*	1501.*	561.*	2881.*	210.*	3570.*
29 KREDITIN	1114.	77.	58.	6.	64.*	52.	7.	16.	32.	2.	129.
30 VERSICHE	1465.	124.	110.	6.	116.*	220.	29.	45.	65.	30.	239.
(29- 30)	2579.*	201.*	168.*	12.*	180.*	272.*	36.*	61.*	97.*	32.*	368.*
31 WOHNVERM	0.	0.	0.	0.	0.*	0.	0.	0.	0.	0.	0.
32 S.DIENST	574.	1393.	1230.	51.	1281.*	8639.	857.	1372.	1257.	290.	4072.
(1- 32)	26605.*	40883.*	10731.*	1139.*	11870.*	61435.*	13448.*	14999.*	17714.*	4327.*	58004.*
33 STAAT	471.	152.	128.	31.	159.*	243.	63.	98.	108.	32.	274.
34 PR.HH.PO	0.	0.	0.	0.	0.*	0.	0.	0.	0.	0.	0.
(1- 34)	27076.*	41035.*	10859.*	1170.*	12029.*	61678.*	13511.*	15097.*	17822.*	4359.*	58278.*
35 EINFUHR	3914.	5056.	637.	444.	1081.*	15140.	27609.	3930.	905.	877.	12030.
(1- 35)	30990.*	46091.*	11496.*	1614.*	13110.*	76818.*	41120.*	19027.*	18727.*	5236.*	70308.*
36 EINF.ABG	100.	462.	24.	92.	116.*	1541.	3326.	359.	70.	73.	1030.
37 BRUTTOWS	32770.	31710.	11430.	1720.	13150.*	41750.	20650.	13360.	13800.	5790.	36020.
(36- 37)	32870.*	32172.*	11454.*	1812.*	13266.*	43291.*	23976.*	13719.*	13870.*	5863.*	37050.*
(1- 37)	63860.*	78263.*	22950.*	3426.*	26376.*	120109.*	65096.*	32746.*	32597.*	11099.*	107358.*

INPUT-OUTPUT-TABELLE
BUNDESREPUBLIK DEUTSCHLAND 1976, ZU JEWEILIGEN PREISEN IN MILL. DM

DIW BERLIN
BLATT: 2

	11 STAHLBAU	12 MBAU.ADV	13 FAHRZBAU	14 ELTECHN	15 F.O..EBM	16 HOLZ.PAP	17 TEXTIL	18 LED.BEKL	19 ERNAEHR	20 TABAKVER	(5- 20)
1 LANDW	17.	86.	75.	73.	40.	2632.	81.	167.	36356.	58.	40260.*
2 ENERGIE	237.	1542.	1426.	1058.	639.	1217.	824.	208.	1490.	37.	19739.*
3 KOHLENBB	6.	58.	43.	23.	21.	103.	41.	5.	94.	1.	6000.*
4 UEBR.BB	0.	4.	0.	29.	5.	5.	0.	0.	48.	0.	1147.*
(3- 4)	6.*	62.*	43.*	52.*	26.*	108.*	41.*	5.*	142.*	1.*	7147.*
5 CHEMIE	193.	2087.	3330.	2821.	2068.	4299.	4665.	486.	1342.	107.	55822.*
6 MINOELV	106.	873.	1206.	416.	252.	1120.	405.	159.	1337.	35.	20972.*
7 KUNST.GU	333.	2431.	5524.	1512.	1355.	1679.	158.	876.	695.	47.	18097.*
8 STEINERD	199.	42.	38.	14.	22.	295.	8.	3.	50.	0.	9030.*
9 FEINK.GL	94.	160.	1039.	863.	334.	338.	13.	11.	1017.	17.	5437.*
10 METALL	2523.	9602.	10697.	6853.	6165.	599.	9.	75.	123.	0.	63900.*
11 STAHLBAU	1562.	1598.	182.	156.	24.	18.	1.	0.	17.	0.	4063.*
12 MBAU.ADV	1362.	23567.	5527.	1365.	735.	374.	253.	107.	331.	19.	38079.*
13 FAHRZBAU	47.	1409.	18878.	109.	103.	121.	24.	33.	177.	13.	21689.*
14 ELTECHN	596.	6566.	4912.	16251.	1382.	330.	59.	22.	187.	6.	32330.*
15 F.O..EBM	119.	703.	2740.	1150.	2387.	1043.	129.	276.	789.	66.	12133.*
16 HOLZ.PAP	360.	1109.	1017.	2012.	1260.	12478.	478.	573.	2730.	272.	27154.*
17 TEXTIL	37.	51.	1020.	213.	189.	1277.	4963.	6086.	110.	3.	15500.*
18 LED.BEKL	13.	46.	61.	17.	51.	99.	30.	778.	8.	1.	1214.*
19 ERNAEHR	114.	545.	482.	410.	241.	508.	154.	145.	33399.	33.	38465.*
20 TABAKVER	8.	27.	22.	34.	15.	22.	7.	10.	12.	204.	407.*
(5- 20)	7666.*	50816.*	56675.*	34196.*	16583.*	24600.*	11356.*	9640.*	42324.*	823.*	364292.*
21 BAUHAUPT	52.	67.	241.	50.	36.	72.	23.	25.	90.	11.	949.*
22 AUSBAUG	39.	40.	168.	38.	36.	55.	16.	20.	58.	0.	689.*
(21- 22)	91.*	107.*	409.*	88.*	72.*	127.*	39.*	45.*	148.*	11.*	1638.*
23 GROSSHD	703.	4671.	2965.	2843.	2406.	3524.	1373.	1220.	5523.	133.	38004.*
24 EINZELHD	57.	281.	339.	115.	68.	223.	39.	72.	455.	19.	1951.*
(23- 24)	760.*	4952.*	3304.*	2958.*	2474.*	3747.*	1412.*	1292.*	5978.*	152.*	39955.*
25 EISENBHN	50.	264.	256.	157.	122.	261.	74.	45.	337.	16.	3376.*
26 SCHIFFRT	14.	45.	81.	29.	20.	74.	21.	12.	85.	4.	980.*
27 UEB.VERK	125.	835.	930.	585.	757.	1626.	298.	161.	2167.	44.	14867.*
28 NACHRICH	97.	720.	273.	644.	312.	568.	144.	224.	533.	37.	4961.*
(25- 28)	286.*	1864.*	1540.*	1415.*	1211.*	2529.*	537.*	442.*	3122.*	101.*	24184.*
29 KREDITIN	22.	120.	361.	52.	43.	102.	45.	47.	981.	8.	2019.*
30 VERSICHE	8.	277.	263.	155.	122.	158.	121.	77.	366.	14.	2189.*
(29- 30)	30.*	397.*	624.*	207.*	165.*	260.*	166.*	124.*	1347.*	22.*	4208.*
31 WOHNVERM	0.	0.	0.	0.	0.	0.	0.	0.	0.	0.	0.*
32 S.DIENST	792.	4518.	3703.	4606.	1916.	3105.	1178.	1667.	4453.	397.	42822.*
(1- 32)	9885.*	64344.*	67799.*	44653.*	23126.*	38325.*	15634.*	13590.*	95360.*	1602.*	544245.*
33 STAAT	56.	306.	283.	222.	227.	250.	89.	118.	878.	30.	3277.*
34 PR.HH.PO	0.	0.	0.	0.	0.	0.	0.	0.	0.	0.	0.*
(1- 34)	9941.*	64650.*	68082.*	44875.*	23353.*	38575.*	15723.*	13708.*	96238.*	1632.*	547522.*
35 EINFUHR	1617.	9981.	9544.	12040.	5425.	8943.	6241.	5981.	16722.	1151.	138136.*
(1- 35)	11558.*	74631.*	77626.*	56915.*	28778.*	47518.*	21964.*	19689.*	112960.*	2783.*	685658.*
36 EINF.ABG	142.	857.	806.	1168.	514.	760.	555.	586.	1849.	162.	13798.*
37 BRUTTOWS	8110.	54810.	45440.	45990.	25860.	34640.	12620.	12570.	38970.	11780.	422160.*
(36- 37)	8252.*	55667.*	46246.*	47158.*	26374.*	35400.*	13175.*	13156.*	40819.*	11942.*	435958.*
(1- 37)	19810.*	130298.*	123872.*	104073.*	55152.*	82918.*	35139.*	32845.*	153779.*	14725.*	1121616.*

INPUT-OUTPUT-TABELLE
BUNDESREPUBLIK DEUTSCHLAND 1976, ZU JEWEILIGEN PREISEN — IN MILL. DM — DIW BERLIN BLATT: 3

	21 BAUHAUPT	22 AUSBAUG	(21- 22)	23 GROSSHD	24 EINZELHD	(23- 24)	25 EISENBHN	26 SCHIFFRT	27 UEB.VERK	28 NACHRICH	(25- 28)
1 LANDW	121.	82.	203.*	246.	69.	315.*	36.	3.	12.	4.	55.*
2 ENERGIE	522.	341.	863.*	548.	810.	1358.*	649.	104.	786.	275.	1814.*
3 KOHLENBB	6.	0.	6.*	3.	7.	10.*	131.	25.	146.	11.	313.*
4 UEBR.BB	0.	0.	0.*	0.	0.	0.*	6.	0.	3.	0.	9.*
(3- 4)	6.*	0.*	6.*	3.*	7.*	10.*	137.*	25.*	149.*	11.*	322.*
5 CHEMIE	416.	2898.	3314.*	146.	125.	271.*	108.	21.	69.	43.	241.*
6 MINOELV	1531.	593.	2124.*	647.	1148.	1795.*	511.	344.	4174.	261.	5290.*
7 KUNST.GU	418.	873.	1291.*	521.	330.	851.*	42.	25.	815.	31.	913.*
8 STEINERD	15109.	853.	15962.*	35.	17.	52.*	254.	1.	501.	4.	760.*
9 FEINK.GL	199.	1319.	1518.*	2.	4.	6.*	14.	8.	32.	3.	57.*
10 METALL	3196.	1458.	4654.*	152.	63.	215.*	626.	30.	222.	4.	882.*
11 STAHLBAU	2570.	78.	2648.*	22.	23.	45.*	464.	25.	202.	38.	729.*
12 MBAU.ADV	1201.	459.	1660.*	507.	452.	959.*	384.	28.	264.	31.	707.*
13 FAHRZBAU	312.	66.	378.*	1063.	1015.	2078.*	74.	226.	2608.	139.	3047.*
14 ELTECHN	362.	1893.	2255.*	472.	418.	890.*	352.	19.	382.	1279.	2032.*
15 F.O.+EBM	345.	3999.	4344.*	251.	213.	464.*	80.	18.	203.	21.	322.*
16 HOLZ.PAP	3573.	1692.	5265.*	1234.	716.	1950.*	307.	61.	702.	401.	1471.*
17 TEXTIL	15.	15.	30.*	99.	91.	190.*	10.	14.	59.	37.	120.*
18 LED.BEKL	19.	13.	32.*	77.	125.	202.*	14.	17.	86.	14.	131.*
19 ERNAEHR	99.	67.	166.*	279.	249.	528.*	1.	32.	134.	17.	184.*
20 TABAKVER	9.	8.	17.*	122.	86.	208.*	0.	3.	7.	0.	10.*
(5- 20)	29374.*	16284.*	45658.*	5629.*	5075.*	10704.*	3241.*	872.*	10460.*	2323.*	16896.*
21 BAUHAUPT	717.	104.	821.*	253.	293.	546.*	58.	8.	49.	50.	165.*
22 AUSBAUG	7714.	272.	7986.*	183.	229.	412.*	36.	7.	47.	30.	120.*
(21- 22)	8431.*	376.*	8807.*	436.*	522.*	958.*	94.*	15.*	96.*	80.*	285.*
23 GROSSHD	2160.	1548.	3708.*	3634.	19240.	22874.*	292.	57.	939.	58.	1346.*
24 EINZELHD	103.	611.	714.*	326.	1232.	1558.*	22.	5.	503.	4.	534.*
(23- 24)	2263.*	2159.*	4422.*	3960.*	20472.*	24432.*	314.*	62.*	1442.*	62.*	1880.*
25 EISENBHN	415.	322.	737.*	1666.	418.	2084.*	20.	21.	2187.	335.	2563.*
26 SCHIFFRT	251.	37.	288.*	389.	67.	456.*	9.	536.	2297.	5.	2847.*
27 UEB.VERK	1559.	1015.	2574.*	7319.	1757.	9076.*	531.	171.	11550.	235.	12487.*
28 NACHRICH	338.	382.	720.*	3342.	1958.	5300.*	52.	86.	678.	0.	816.*
(25- 28)	2563.*	1756.*	4319.*	12716.*	4200.*	16916.*	612.*	814.*	16712.*	575.*	18713.*
29 KREDITIN	238.	200.	438.*	679.	678.	1357.*	283.	15.	211.	38.	547.*
30 VERSICHE	248.	233.	481.*	382.	408.	790.*	357.	44.	399.	128.	928.*
(29- 30)	486.*	433.*	919.*	1061.*	1086.*	2147.*	640.*	59.*	610.*	166.*	1475.*
31 WOHNVERM	0.	0.	0.*	0.	0.	0.*	0.	0.	0.	0.	0.*
32 S.DIENST	1032.	978.	2010.*	4462.	4613.	9075.*	385.	89.	2083.	389.	2946.*
(1- 32)	44798.*	22409.*	67207.*	29061.*	36854.*	65915.*	6108.*	2043.*	32350.*	3885.*	44386.*
33 STAAT	394.	79.	473.*	319.	607.	926.*	103.	113.	292.	12.	520.*
34 PR.HH.PO	0.	0.	0.*	0.	0.	0.*	0.	0.	0.	0.	0.*
(1- 34)	45192.*	22488.*	67680.*	29380.*	37461.*	66841.*	6211.*	2156.*	32642.*	3897.*	44906.*
35 EINFUHR	3234.	2083.	5317.*	3131.	1127.	4258.*	394.	4090.	1623.	383.	6490.*
(1- 35)	48426.*	24571.*	72997.*	32511.*	38588.*	71099.*	6605.*	6246.*	34265.*	4280.*	51396.*
36 EINF.ABG	62.	22.	84.*	16356.	1350.	17706.*	1.	3.	6.	0.	10.*
37 BRUTTOWS	50400.	23910.	74310.*	50600.	58000.	108600.*	10410.	4990.	25670.	25720.	66790.*
(36- 37)	50462.*	23932.*	74394.*	66956.*	59350.*	126306.*	10411.*	4993.*	25676.*	25720.*	66800.*
(1- 37)	98888.*	48503.*	147391.*	99467.*	97938.*	197405.*	17016.*	11239.*	59941.*	30000.*	118196.*

INPUT-OUTPUT-TABELLE
BUNDESREPUBLIK DEUTSCHLAND 1976, ZU JEWEILIGEN PREISEN — IN MILL. DM — DIW BERLIN BLATT: 4

		29 KREDITIN	30 VERSICHE	(29- 30)	31 WOHNVERM	32 S.DIENST	(1- 32)	33 STAAT	34 PR.HH.PO	(1- 34)	35 PRIV.VBR	36 OEFF.VBR
1	LANDW	1774.	123.	1897.*	78.	1027.	44769.*	986.	90.	45845.*	14429.	0.
2	ENERGIE	290.	122.	412.*	3540.	1659.	52494.*	3537.	154.	56185.*	19654.	0.
3	KOHLENBB	5.	5.	10.*	3.	27.	15402.*	592.	4.	15998.*	2521.	0.
4	UEBR.BB	38.	1.	39.*	0.	0.	2391.*	85.	0.	2476.*	30.	0.
	(3- 4)	43.*	6.*	49.*	3.*	27.*	17793.*	677.*	4.*	18474.*	2551.*	0.*
5	CHEMIE	363.	116.	479.*	12.	2110.	67104.*	6440.	370.	73914.*	10290.	0.
6	MINOELV	150.	86.	236.*	509.	1585.	37351.*	2393.	195.	39939.*	21264.	0.
7	KUNST.GU	43.	38.	81.*	0.	824.	22660.*	578.	131.	23369.*	2326.	0.
8	STEINERD	164.	0.	164.*	121.	131.	27254.*	179.	23.	27456.*	1721.	0.
9	FEINK.GL	44.	59.	103.*	12.	290.	7530.*	138.	51.	7719.*	853.	0.
10	METALL	43.	15.	58.*	246.	69.	72624.*	751.	59.	73434.*	2820.	0.
11	STAHLBAU	9.	14.	23.*	104.	59.	8256.*	190.	20.	8466.*	106.	0.
12	MBAU.ADV	309.	267.	576.*	19.	1264.	48195.*	1067.	227.	49489.*	1517.	0.
13	FAHRZBAU	10.	20.	30.*	10.	362.	28157.*	3519.	87.	31763.*	30885.	0.
14	ELTECHN	158.	160.	318.*	164.	1773.	41512.*	2913.	245.	44670.*	10022.	0.
15	F.O..EBM	82.	85.	167.*	48.	897.	18973.*	2556.	191.	21720.*	11261.	0.
16	HOLZ.PAP	857.	564.	1421.*	155.	6568.	45276.*	3803.	591.	49670.*	20167.	0.
17	TEXTIL	9.	9.	18.*	28.	46.	16127.*	570.	7.	16704.*	9176.	0.
18	LED.BEKL	6.	6.	12.*	2.	249.	1906.*	773.	21.	2700.*	25633.	0.
19	ERNAEHR	781.	69.	850.*	12.	15522.	63208.*	1604.	459.	65271.*	77455.	0.
20	TABAKVER	8.	4.	12.*	2.	2683.	3347.*	7.	35.	3389.*	10826.	0.
	(5- 20)	3036.*	1512.*	4548.*	1444.*	34432.*	509480.*	27481.*	2712.*	539673.*	236322.*	0.*
21	BAUHAUPT	110.	39.	149.*	3401.	590.	7325.*	2557.	29.	9911.*	355.	0.
22	AUSBAUG	82.	20.	102.*	3118.	794.	13370.*	2166.	43.	15579.*	2787.	0.
	(21- 22)	192.*	59.*	251.*	6519.*	1384.*	20695.*	4723.*	72.*	25490.*	3142.*	0.*
23	GROSSHD	219.	160.	379.*	35.	1687.	71208.*	4053.	195.	75456.*	7916.	0.
24	EINZELHD	293.	219.	512.*	5.	1031.	6622.*	4049.	147.	10818.*	83670.	0.
	(23- 24)	512.*	379.*	891.*	40.*	2718.*	77830.*	8102.*	342.*	86274.*	91586.*	0.*
25	EISENBHN	27.	41.	68.*	7.	380.	9918.*	981.	22.	10921.*	2993.	0.
26	SCHIFFRT	10.	14.	24.*	3.	32.	4742.*	116.	2.	4860.*	256.	0.
27	UEB.VERK	69.	49.	118.*	30.	730.	41654.*	1928.	55.	43637.*	8846.	0.
28	NACHRICH	568.	402.	970.*	16.	2712.	15935.*	2361.	202.	18498.*	10837.	0.
	(25- 28)	674.*	506.*	1180.*	56.*	3854.*	72249.*	5386.*	281.*	77916.*	22932.*	0.*
29	KREDITIN	38355.	542.	38897.*	517.	554.	45584.*	1272.	79.	46935.*	3298.	0.
30	VERSICHE	70.	683.	753.*	641.	564.	8051.*	137.	101.	8289.*	11945.	0.
	(29- 30)	38425.*	1225.*	39650.*	1158.*	1118.*	53635.*	1409.*	180.*	55224.*	15243.*	0.*
31	WOHNVERM	0.	0.	0.*	0.	0.	0.*	0.	131.	131.*	77155.	0.
32	S.DIENST	2922.	5278.	8200.*	1120.	29454.	98875.*	36545.	2798.	138218.*	53757.	0.
	(1- 32)	47868.*	9210.*	57078.*	13958.*	75673.*	947820.*	88846.*	6764.*	1043430.*	536771.*	0.*
33	STAAT	169.	54.	223.*	2215.	1418.	9834.*	11220.	206.	21260.*	8549.	227190.
34	PR.HH.PO	0.	0.	0.*	0.	0.	0.*	14790.	0.	14790.*	10190.	0.
	(1- 34)	48037.*	9264.*	57301.*	16173.*	77091.*	957654.*	114856.*	6970.*	1079480.*	555510.*	227190.*
35	EINFUHR	553.	45.	598.*	168.	5868.	170886.*	11104.	0.	181990.*	68080.	0.
	(1- 35)	48590.*	9309.*	57899.*	16341.*	82959.*	1128540.*	125960.*	6970.*	1261470.*	623590.*	227190.*
36	EINF.ABG	0.	1.	1.*	1.	42.	32320.*	480.	0.	32800.*	0.	0.
37	BRUTTOWS	2200.	11100.	13300.*	62100.	127900.	952790.*	131420.	18010.	1102220.*	0.	0.
	(36- 37)	2200.*	11101.*	13301.*	62101.*	127942.*	985110.*	131900.*	18010.*	1135020.*	0.*	0.*
	(1- 37)	50790.*	20410.*	71200.*	78442.*	210901.*	2113650.*	257860.*	24980.*	2396490.*	623590.*	227190.*

INPUT-OUTPUT-TABELLE
BUNDESREPUBLIK DEUTSCHLAND 1976, ZU JEWEILIGEN PREISEN

IN MILL. DM

DIW BERLIN
BLATT: 5

	37 BAUINV	38 AUSR.INV	(37- 38)	39 VORRATSV	40 AUSFUHR	(35- 40)	(1- 40)
1 LANDW	725.	6.	731.*	-300.	3155.	18015.*	63860.*
2 ENERGIE	1840.	201.	2041.*	11.	372.	22078.*	78263.*
3 KOHLENBB	70.	31.	101.*	32.	4298.	6952.*	22950.*
4 UEBR.BB	30.	8.	38.*	-18.	900.	950.*	3426.*
(3- 4)	100.*	39.*	139.*	14.*	5198.*	7902.*	26376.*
5 CHEMIE	376.	322.	698.*	1029.	34178.	46195.*	120109.*
6 MINOELV	32.	12.	44.*	650.	3199.	25157.*	65096.*
7 KUNST.GU	145.	181.	326.*	274.	6451.	9377.*	32746.*
8 STEINERD	599.	28.	627.*	231.	2562.	5141.*	32597.*
9 FEINK.GL	34.	51.	85.*	-60.	2502.	3380.*	11099.*
10 METALL	3278.	2989.	6267.*	1093.	23744.	33924.*	107358.*
11 STAHLBAU	4401.	2651.	7052.*	793.	3393.	11344.*	19810.*
12 MBAU.ADV	1591.	25214.	26805.*	-351.	52838.	80809.*	130298.*
13 FAHRZBAU	236.	15994.	16230.*	579.	44415.	92109.*	123872.*
14 ELTECHN	2034.	20302.	22336.*	729.	26316.	59403.*	104073.*
15 F.O..EBM	1688.	5141.	6829.*	585.	14757.	33432.*	55152.*
16 HOLZ.PAP	527.	3893.	4420.*	551.	8110.	33248.*	82918.*
17 TEXTIL	22.	97.	119.*	219.	8921.	18435.*	35139.*
18 LED.BEKL	11.	17.	28.*	447.	4037.	30145.*	32845.*
19 ERNAEHR	54.	12.	66.*	1341.	9646.	88508.*	153779.*
20 TABAKVER	11.	2.	13.*	16.	481.	11336.*	14725.*
(5- 20)	15039.*	76906.*	91945.*	8126.*	245550.*	581943.*	1121616.*
21 BAUHAUPT	85036.	10.	85046.*	104.	3472.	88977.*	98888.*
22 AUSBAUG	29779.	3.	29782.*	51.	304.	32924.*	48503.*
(21- 22)	114815.*	13.*	114828.*	155.*	3776.*	121901.*	147391.*
23 GROSSHD	185.	1266.	1451.*	4364.	10280.	24011.*	99467.*
24 EINZELHD	95.	787.	882.*	1979.	589.	87120.*	97938.*
(23- 24)	280.*	2053.*	2333.*	6343.*	10869.*	111131.*	197405.*
25 EISENBHN	790.	348.	1138.*	18.	1946.	6095.*	17016.*
26 SCHIFFRT	260.	1.	261.*	-1.	5863.	6379.*	11239.*
27 UEB.VERK	460.	1059.	1519.*	38.	5901.	16304.*	59941.*
28 NACHRICH	460.	106.	566.*	0.	99.	11502.*	30000.*
(25- 28)	1970.*	1514.*	3484.*	55.*	13809.*	40280.*	118196.*
29 KREDITIN	65.	0.	65.*	65.	427.	3855.*	50790.*
30 VERSICHE	35.	0.	35.*	0.	141.	12121.*	20410.*
(29- 30)	100.*	0.*	100.*	65.*	568.*	15976.*	71200.*
31 WOHNVERM	810.	0.	810.*	-36.	382.	78311.*	78442.*
32 S.DIENST	9132.	0.	9132.*	54.	9740.	72683.*	210901.*
(1- 32)	144811.*	80732.*	225543.*	14487.*	293419.*	1070220.*	2113650.*
33 STAAT	190.	0.	190.*	200.	471.	236600.*	257860.*
34 PR.HH.PO	0.	0.	0.*	0.	0.	10190.*	24980.*
(1- 34)	145001.*	80732.*	225733.*	14687.*	293890.*	1317010.*	2396490.*
35 EINFUHR	0.	17370.	17370.*	0.	15980.	101430.*	283420.*
(1- 35)	145001.*	98102.*	243103.*	14687.*	309870.*	1418440.*	2679910.*
36 EINF.ABG	0.	0.	0.*	0.	0.	0.*	32800.*
37 BRUTTOWS	-3791.	-7422.	-11213.*	-987.	2180.	-10020.*	1092200.*
(36- 37)	-3791.*	-7422.*	-11213.*	-987.*	2180.*	-10020.*	1125000.*
(1- 37)	141210.*	90680.*	231890.*	13700.*	312050.*	1408420.*	3804910.*

Anhang 3

Provisorische Input-Output-Tabelle
für die Republik Österreich
Version B

1976

PIO 76 VERSION B, TRANSAKTIONEN — I. UND III. QUADRANT

in Mio S, Verkäuferpreise netto Mehrwertsteuer.

	1	2	3	4	5	6	7	8	9	10	
1	0.	23.	0.	6.	0.	22365.	35.	17.	63.	1.	1
2	48.	820.	0.	46.	4.	62.	0.	1.	2.	0.	2
3	1485.	181.	10028.	695.	52.	708.	9.	199.	56.	31.	3
4	138.	28.	18.	4238.	45.	36.	0.	90.	0.	0.	4
5	98.	0.	0.	3.	365.	559.	0.	0.	0.	0.	5
6	4513.	0.	60.	0.	17.	14537.	1.	10.	7.	85.	6
7	0.	0.	0.	0.	0.	0.	18.	0.	0.	0.	7
8	0.	0.	0.	0.	0.	31.	0.	4286.	534.	165.	8
9	44.	3.	32.	3.	1.	36.	0.	62.	1120.	1.	9
10	4.	1.	0.	0.	0.	0.	0.	1.	38.	72.	10
11	2370.	101.	423.	695.	223.	1248.	19.	1152.	59.	888.	11
12	6.	52.	0.	311.	0.	5.	0.	0.	1.	0.	12
13	1142.	237.	548.	666.	43.	506.	43.	292.	81.	97.	13
14	0.	0.	35.	14.	0.	3.	0.	0.	0.	0.	14
15	0.	0.	0.	0.	21.	4.	0.	0.	0.	0.	15
16	110.	122.	380.	182.	51.	999.	20.	125.	84.	88.	16
17	93.	38.	75.	79.	11.	98.	3.	38.	17.	5.	17
18	875.	32.	117.	151.	8.	245.	0.	28.	16.	10.	18
19	10.	27.	0.	70.	2.	6.	0.	2.	0.	57.	19
20	41.	24.	16.	68.	27.	54.	0.	40.	3.	138.	20
21	22.	0.	0.	5.	5.	289.	32.	45.	21.	30.	21
22	81.	21.	50.	181.	48.	855.	187.	224.	126.	87.	22
23	134.	106.	336.	102.	28.	746.	8.	138.	29.	23.	23
24	557.	327.	330.	887.	173.	1158.	12.	341.	77.	56.	24
25	2435.	244.	602.	845.	151.	3297.	35.	754.	812.	471.	25
26	279.	353.	691.	890.	180.	1939.	9.	622.	373.	227.	26
27	355.	79.	240.	119.	35.	561.	4.	178.	208.	61.	27
28	11.	11.	10.	33.	15.	76.	5.	27.	20.	20.	28
29	485.	272.	199.	150.	12.	903.	113.	397.	89.	104.	29
30	0.	60.	15.	172.	36.	405.	13.	149.	163.	53.	30
31	420.	71.	44.	208.	11.	758.	54.	237.	110.	76.	31
32	0.	0.	0.	0.	0.	0.	0.	0.	0.	0.	32
Σ	15756.	3233.	14249.	10819.	1564.	52489.	620.	9455.	4109.	2846.	Σ
Importe	2246.	544.	12759.	1216.	289.	6412.	455.	6437.	4116.	1793.	
Importabhängige Abgaben	37.	4.	4.	16.	6.	191.	28.	40.	179.	34.	
Wertschöpfung	36455.	4206.	12552.	10959.	2360.	24722.	6319.	9218.	6526.	3054.	
BPW*	54494.	7987.	39564.	23010.	4219.	83814.	7422.	25150.	14930.	7727.	

PIO 76 VERSION B, TRANSAKTIONEN – I. UND III. QUADRANT

in Mio S, Verkäuferpreise netto Mehrwertsteuer.

	11	12	13	14	15	16	17	18	19	20	
1	0.	2.	9.	2.	9.	3.	7.	4.	5146.	711.	1
2	385.	1639.	1.	1.	330.	1.	0.	0.	5.	0.	2
3	229.	563.	196.	23.	106.	124.	76.	284.	54.	186.	3
4	91.	117.	64.	92.	1.	30.	63.	4.	8.	25.	4
5	110.	1.	27.	1.	2.	50.	273.	5.	2.	100.	5
6	132.	8.	8.	0.	10.	5.	0.	0.	12.	13.	6
7	0.	0.	0.	0.	0.	0.	0.	0.	0.	0.	7
8	240.	1.	11.	0.	0.	2.	15.	9.	0.	52.	8
9	16.	21.	16.	4.	3.	8.	6.	13.	1.	7.	9
10	0.	0.	0.	0.	0.	4.	0.	9.	1.	4.	10
11	6942.	480.	315.	82.	219.	584.	100.	303.	59.	1623.	11
12	116.	6310.	3717.	235.	20.	2260.	688.	308.	1.	86.	12
13	490.	497.	3170.	69.	102.	425.	409.	280.	163.	311.	13
14	12.	298.	1784.	203.	14.	249.	262.	386.	0.	1.	14
15	8.	325.	589.	132.	699.	1255.	987.	57.	0.	17.	15
16	484.	1273.	1230.	375.	1457.	1596.	1003.	474.	57.	876.	16
17	124.	262.	639.	19.	34.	381.	4462.	137.	37.	97.	17
18	91.	49.	63.	10.	19.	56.	51.	5324.	68.	59.	18
19	18.	26.	85.	12.	4.	20.	40.	47.	431.	631.	19
20	122.	110.	92.	10.	44.	21.	212.	44.	38.	3250.	20
21	1121.	0.	41.	1.	84.	13.	78.	9.	0.	38.	21
22	427.	17.	99.	8.	21.	189.	383.	61.	10.	197.	22
23	297.	110.	642.	25.	19.	141.	110.	76.	50.	60.	23
24	1871.	1064.	400.	125.	489.	320.	304.	227.	131.	351.	24
25	3899.	716.	1338.	138.	256.	997.	1646.	1576.	204.	1499.	25
26	1922.	692.	789.	52.	133.	540.	590.	485.	683.	574.	26
27	300.	29.	203.	5.	9.	140.	340.	288.	56.	242.	27
28	146.	2.	138.	2.	2.	34.	95.	27.	6.	74.	28
29	727.	18.	263.	5.	9.	276.	360.	517.	37.	209.	29
30	280.	118.	273.	10.	34.	185.	285.	188.	28.	154.	30
31	415.	20.	176.	4.	5.	90.	340.	152.	22.	241.	31
32	0.	0.	0.	0.	0.	0.	0.	0.	0.	0.	32
Σ	21015.	14768.	16378.	1645.	4134.	9999.	13185.	11294.	7310.	11728.	Σ
Importe	12312.	7366.	9498.	222.	2192.	4534.	7646.	6105.	578.	3609.	
Importabhängige Abgaben	200.	53.	150.	5.	21.	86.	70.	155.	34.	70.	
Wertschöpfung	19787.	12546.	26821.	2806.	2680.	15084.	17132.	14487.	2747.	12473.	
BPW*	53314.	34733.	52847.	4678.	9027.	29703.	38033.	32041.	10669.	27280.	

PIO 76 VERSION B, TRANSAKTIONEN — I. UND III. QUADRANT

in Mio S, Verkäuferpreise netto Mehrwertsteuer.

	21	22	23	24	25	26	27	28	29	30	
1	1795.	0.	239.	4.	116.	2.	0.	2238.	233.	0.	1
2	233.	0.	3.	960.	45.	6.	0.	62.	14.	0.	2
3	211.	54.	390.	2995.	1183.	1843.	63.	634.	351.	0.	3
4	31.	0.	8747.	94.	117.	88.	0.	166.	63.	227.	4
5	0.	0.	464.	1.	350.	0.	0.	173.	5.	0.	5
6	34.	5.	0.	10.	80.	11.	0.	7424.	436.	0.	6
7	0.	0.	0.	0.	0.	0.	0.	0.	0.	0.	7
8	9.	33.	14.	4.	74.	14.	1.	17.	41.	0.	8
9	12.	3.	34.	14.	52.	21.	9.	181.	94.	0.	9
10	0.	2.	4.	1.	10.	1.	0.	3.	3.	0.	10
11	810.	227.	3355.	160.	613.	303.	41.	675.	2114.	138.	11
12	0.	8.	3894.	0.	336.	58.	6.	23.	11.	0.	12
13	220.	191.	3108.	519.	517.	656.	2.	216.	418.	224.	13
14	0.	0.	83.	14.	132.	11.	0.	3.	0.	0.	14
15	0.	0.	700.	0.	121.	43.	0.	0.	0.	0.	15
16	168.	87.	1068.	233.	1054.	309.	52.	140.	387.	0.	16
17	59.	30.	1543.	786.	244.	170.	48.	90.	176.	57.	17
18	17.	22.	517.	92.	762.	1606.	50.	101.	430.	0.	18
19	0.	0.	1010.	13.	69.	32.	0.	5.	18.	0.	19
20	182.	6.	704.	114.	597.	222.	67.	318.	597.	581.	20
21	1192.	4310.	9.	4.	370.	30.	78.	69.	392.	0.	21
22	137.	494.	360.	41.	1931.	357.	1194.	290.	1500.	0.	22
23	117.	109.	1251.	770.	358.	353.	175.	1017.	660.	5182.	23
24	717.	153.	410.	697.	1225.	1116.	213.	1259.	493.	1592.	24
25	191.	481.	7332.	636.	2382.	1384.	1873.	2918.	1783.	262.	25
26	642.	414.	577.	311.	5322.	5286.	1617.	674.	1530.	65.	26
27	6.	145.	586.	78.	2252.	1253.	508.	389.	349.	733.	27
28	1.	19.	191.	5.	359.	667.	427.	68.	280.	0.	28
29	5.	113.	505.	38.	1495.	331.	614.	733.	1871.	2704.	29
30	39.	151.	1030.	70.	5590.	663.	687.	1218.	827.	0.	30
31	5.	59.	398.	34.	355.	235.	251.	39.	271.	4417.	31
32	0.	0.	0.	0.	0.	0.	0.	0.	0.	0.	32
Σ	6833.	7116.	38526.	8698.	28111.	21071.	7976.	21143.	15347.	16186.	Σ
Importe	2207.	1451.	6759.	3105.	3523.	4292.	1192.	1238.	2019.	26.	
Importabhängige Abgaben	74.	62.	196.	9.	68.	34.	2.	84.	21.	0.	
Wertschöpfung	4912.	9471.	61356.	21434.	97157.	37561.	37110.	21416.	37313.	25561.	
BPW*	14026.	18100.	106837.	33246.	128859.	63358.	46280.	43881.	54700.	41773.	

PIO 76 VERSION B, TRANSAKTIONEN — I. UND III. QUADRANT

in Mio S, Verkäuferpreise netto Mehrwertsteuer.

	31	32	Σ
1	0.	0.	33030.
2	0.	0.	4668.
3	0.	0.	23009.
4	0.	0.	14621.
5	0.	0.	2589.
6	0.	0.	27418.
7	0.	0.	18.
8	0.	0.	5553.
9	0.	0.	1817.
10	0.	0.	158.
11	0.	0.	26321.
12	0.	0.	18452.
13	0.	0.	15642.
14	0.	0.	3504.
15	0.	0.	4958.
16	0.	0.	14484.
17	0.	0.	9852.
18	0.	0.	10869.
19	0.	0.	2635.
20	0.	0.	7742.
21	0.	0.	8288.
22	0.	0.	9576.
23	0.	0.	13172.
24	0.	0.	17075.
25	0.	0.	41157.
26	0.	0.	32465.
27	0.	28650.	38401.
28	0.	0.	2771.
29	0.	0.	13554.
30	0.	0.	12936.
31	0.	0.	9518.
32	0.	0.	0.
Σ	0.	28650.	426253.
Importe	0.	0.	115541.
Importabhängige Abgaben	0.	0.	1933.
Wertschöpfung	92323.	-28650.	660298.
BPW*	92323.	0.	1204025.

PIO 76 VERSION B, TRANSAKTIONEN – II. UND IV. QUADRANT

in Mio S, Verkäuferpreise netto Mehrwertsteuer.

	1	2	3	4	5	6	Σ	BPW*	
1	15105.	1256.	567.	971.	994.	2571.	21464.	54494.	1
2	417.	1.	177.	187.	271.	2266.	3319.	7987.	2
3	11677.	2351.	968.	50.	852.	657.	16555.	39564.	3
4	299.	8.	198.	4910.	502.	2472.	8389.	23010.	4
5	50.	7.	8.	127.	68.	1370.	1630.	4219.	5
6	47104.	3464.	535.	65.	1095.	4133.	56396.	83814.	6
7	6659.	617.	2.	2.	86.	38.	7404.	7422.	7
8	7493.	499.	152.	197.	674.	10582.	19597.	25150.	8
9	7966.	595.	69.	172.	621.	3690.	13113.	14930.	9
10	3285.	193.	23.	101.	204.	3763.	7569.	7727.	10
11	3149.	196.	2035.	1166.	1123.	19324.	26993.	53314.	11
12	249.	2.	49.	968.	759.	14254.	16281.	34733.	12
13	76.	8.	265.	7223.	1757.	27876.	37205.	52847.	13
14	9.	1.	14.	299.	28.	823.	1174.	4678.	14
15	0.	0.	21.	507.	242.	3299.	4069.	9027.	15
16	1457.	107.	562.	2803.	498.	9792.	15219.	29703.	16
17	3018.	101.	277.	9171.	1057.	14557.	28181.	38033.	17
18	10067.	554.	719.	3260.	-464.	7036.	21172.	32041.	18
19	231.	2.	6.	362.	173.	7260.	8034.	10669.	19
20	6158.	358.	626.	7418.	517.	4461.	19538.	27280.	20
21	163.	0.	119.	106.	-127.	5477.	5738.	14026.	21
22	2253.	310.	1068.	24.	84.	4785.	8524.	18100.	22
23	5025.	0.	4263.	83505.	157.	715.	93665.	106837.	23
24	8955.	27.	1944.	3108.	0.	2137.	16171.	33246.	24
25	57388.	4329.	4962.	11690.	990.	8343.	87702.	128859.	25
26	14628.	3478.	3791.	3145.	3.	5848.	30893.	63358.	26
27	4145.	5.	1346.	0.	0.	2383.	7879.	46280.	27
28	13608.	26977.	430.	93.	0.	2.	41110.	43881.	28
29	19903.	969.	15814.	3724.	0.	736.	41146.	54700.	29
30	27189.	0.	1078.	0.	0.	570.	28837.	41773.	30
31	6035.	54.	76371.	345.	0.	0.	82805.	92323.	31
32	0.	0.	0.	0.	0.	0.	0.	0.	32
Σ	283761.	46469.	118459.	145699.	12164.	171220.	777772.	1204025.	Σ
Importe	54439.	3202.	6158.	34277.	3923.	0.	101999.		
Importabhängige Abgaben	2780.	161.	197.	886.	157.	0.	4181.		

Sachregister

www.ingramcontent.com/pod-product-compliance
Lightning Source LLC
LaVergne TN
LVHW010649300926
849161LV00005B/1079